VIS-À-VIS

SCHWEIZ

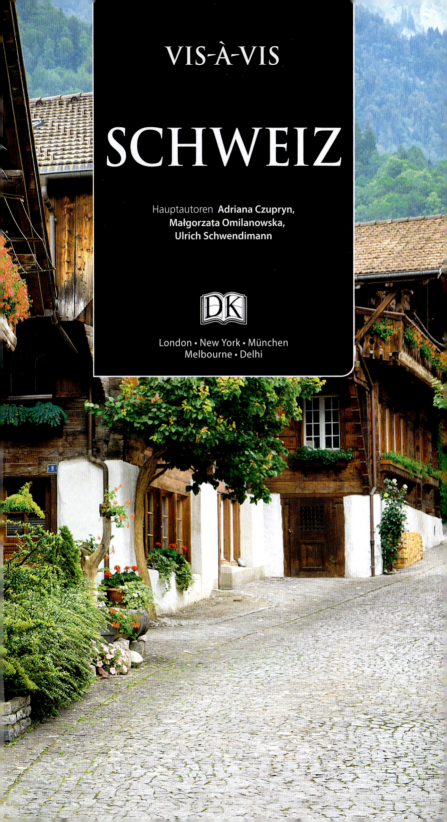

VIS-À-VIS

SCHWEIZ

Hauptautoren **Adriana Czupryn, Małgorzata Omilanowska, Ulrich Schwendimann**

DK

London • New York • München
Melbourne • Delhi

www.dorlingkindersley.de

Produktion
Hachette Livre Polska, Warschau

Texte
Małgorzata Omilanowska, Ulrich Schwendimann,
Adriana Czupryn, Marek Pernal, Marianna Dudek

Fotografien
Wojciech und Katarzyna Mędrzakowie, Oldrich Karasek

Illustrationen
Michał Burkiewicz, Paweł Marczaki

Kartografie Magdalena Polak, Olaf Rodowald, Uma Bhattacharya,
Mohammad Hassan, Jasneet Kaur, Casper Morris

Redaktion und Gestaltung
Hachette Livre Polska, Warschau: Teresa Czerniewicz-Umer,
Joanna Egert-Romanowska, Pawel Pasternak
Dorling Kindersley Ltd., London: Douglas Amrine, Helen Townsend, Jacky
Jackson, Kate Poole, Luciall Watson, Gerhard Bruschke, Vinod Harish,
Vincent Kurien, Jason Little, Azeem Siddiqui

© 2004, 2018 Dorling Kindersley Limited, London
Titel der englischen Originalausgabe:
Eyewitness Travel Guide *Switzerland*
Zuerst erschienen 1999 in Großbritannien
bei Dorling Kindersley Ltd., London
A Penguin Random House Company

Für die deutsche Ausgabe:
© 2000, 2018 Dorling Kindersley Verlag GmbH, München
Ein Unternehmen der Penguin Random House Group

Aktualisierte Neuauflage 2018/2019

Alle Rechte vorbehalten, Reproduktionen, Speicherung in Daten-
verarbeitungsanlagen, Wiedergabe auf elektronischen, fotomechanischen
oder ähnlichen Wegen, Funk und Vortrag – auch auszugsweise –
nur mit schriftlicher Genehmigung des Copyright-Inhabers.

Programmleitung Dr. Jörg Theilacker, DK Verlag
Projektleitung Stefanie Franz, DK Verlag
Projektassistenz Antonia Wiesmeier, DK Verlag
Übersetzung Dr. Ulrike Kretschmer, München
Redaktion Matthias Liesendahl, Berlin
Schlussredaktion Philip Anton, Köln
Umschlaggestaltung Ute Berretz, München
Satz und Produktion DK Verlag
Druck RR Donnelley Asia Printing Solutions Ltd., China

ISBN 978-3-7342-0194-3
9 10 11 12 21 20 19 18

Dieser Reiseführer wird regelmäßig aktualisiert. Angaben wie
Telefonnummern, Öffnungszeiten, Adressen, Preise und Fahrpläne kön-
nen sich jedoch ändern. Der Verlag kann für fehlerhafte oder veraltete
Angaben nicht haftbar gemacht werden. Für Hinweise, Verbesserungs-
vorschläge und Korrekturen ist der Verlag dankbar. Bitte richten Sie Ihr
Schreiben an:

Dorling Kindersley Verlag GmbH
Redaktion Reiseführer
Arnulfstraße 124 • 80636 München
travel@dk-germany.de

◀ Straße in Brienz, dem Zentrum der Schweizer Holzschnitzerei *(siehe S. 82)*
◀◀ Umschlag: Château de Chillon am Ostufer des Genfer Sees *(siehe S. 126f)*

Inhalt

Benutzer-
hinweise **6**

Die gotische Cathédrale St-Nicolas
in Fribourg *(siehe S. 130)*

Die Schweiz stellt sich vor

Die Schweiz entdecken **10**

Die Schweiz
auf der Karte **16**

Ein Porträt der Schweiz **20**

Das Jahr
in der Schweiz **34**

Die Geschichte der
Schweiz **38**

Die Piazza Grande in Locarno mit
Cafés und Restaurants *(siehe S. 218)*

Die Regionen der Schweiz

Die Schweiz im Überblick **50**

Bern **52**

Mittelland, Berner Oberland und Wallis **70**

Genf **96**

Westschweiz **112**

Nordschweiz **138**

Der Vierwaldstättersee im Herzen der Schweiz *(siehe S. 229)*

Altarbild von 1513, Église des Cordeliers, Fribourg *(siehe S. 131)*

Zürich **162**

Ostschweiz und Graubünden **180**

Zentralschweiz und Tessin **210**

Zu Gast in der Schweiz

Hotels **246**

Restaurants **256**

Sport und Aktivurlaub **276**

Ski-Urlaub **280**

Spas und Wellness **282**

Grundinformationen

Praktische Hinweise **286**

Reiseinformationen **294**

Textregister **302**

Danksagung und Bildnachweis **316**

Sprachführer **318**

Straßenkarte
Hintere Umschlaginnenseiten

Berner Münster *(siehe S. 62f)*

Benutzerhinweise

Dieser Reiseführer soll Ihren Besuch in der Schweiz zu einem Erlebnis machen, bei dem Sie die schönsten Seiten des Landes kennenlernen. Das Kapitel *Die Schweiz stellt sich vor* befasst sich mit Geografie, Geschichte und Kultur des Landes und stellt Feste und Festivals vor. *Die Regionen der Schweiz* geht in drei Kapiteln auf die Städte Bern, Genf und Zürich ein, in fünf Kapiteln auf die einzelnen Regionen mit ihren Sehenswürdigkeiten. *Zu Gast in der Schweiz* enthält neben Restaurant- und Hotelempfehlungen Informationen über Wintersport und andere Freizeitmöglichkeiten sowie über Spas und Wellness. Die Tipps in den *Grundinformationen* helfen bei der Reiseplanung und vor Ort.

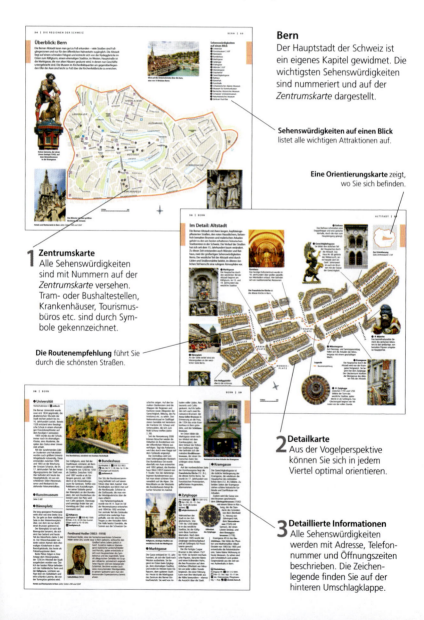

Bern
Der Hauptstadt der Schweiz ist ein eigenes Kapitel gewidmet. Die wichtigsten Sehenswürdigkeiten sind nummeriert und auf der *Zentrumskarte* dargestellt.

Sehenswürdigkeiten auf einen Blick listet alle wichtigen Attraktionen auf.

Eine Orientierungskarte zeigt, wo Sie sich befinden.

1 Zentrumskarte
Alle Sehenswürdigkeiten sind mit Nummern auf der *Zentrumskarte* versehen. Tram- oder Bushaltestellen, Krankenhäuser, Tourismusbüros etc. sind durch Symbole gekennzeichnet.

Die Routenempfehlung führt Sie durch die schönsten Straßen.

2 Detailkarte
Aus der Vogelperspektive können Sie sich in jedem Viertel optimal orientieren.

3 Detaillierte Informationen
Alle Sehenswürdigkeiten werden mit Adresse, Telefonnummer und Öffnungszeiten beschrieben. Die Zeichenlegende finden Sie auf der hinteren Umschlagklappe.

BENUTZERHINWEISE | 7

1 Einleitung
Hier werden Landschaft, Charakter und Geschichte einer Region beschrieben. Außerdem erfahren Sie, wie sie sich im Lauf der Geschichte entwickelt hat und welche Sehenswürdigkeiten interessant sind.

Die Regionen der Schweiz
Die Schweiz wird in diesem Buch in acht Kapiteln beschrieben, drei davon konzentrieren sich auf die wichtigsten Städte, fünf auf die verschiedenen Regionen *(siehe Karte auf den vorderen Umschlaginnenseiten)*. Die Sehenswürdigkeiten sind nummeriert und auf der *Regionalkarte* eingetragen.

2 Regionalkarte
Die *Regionalkarte* zeigt das Straßennetz und eine Übersicht der gesamten Region. Alle Sehenswürdigkeiten sind nummeriert. Hier finden Sie auch Tipps für die Erkundung des Gebiets mit dem Auto oder öffentlichen Verkehrsmitteln.

Farbige Griffmarken am Rand jeder Seite erleichtern das Auffinden der Regionen. Die Farben werden auf der vorderen Umschlagklappe erläutert.

3 Detaillierte Informationen
Alle interessanten Städte und Ausflugsziele werden einzeln beschrieben. Die Reihenfolge entspricht der Nummerierung auf der *Regionalkarte*. Zu jedem Ort finden Sie Informationen über die wichtigsten Sehenswürdigkeiten.

Kästen enthalten interessante Hintergrundinformationen zu Geschichte und Kultur.

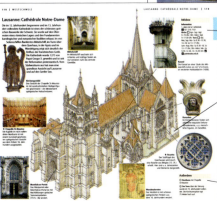

Die Infobox liefert alle praktischen Einzelheiten und Hinweise für Hauptsehenswürdigkeiten.

4 Hauptsehenswürdigkeiten
Highlights werden auf mindestens einer Doppelseite mit Grundrissen und Schnittzeichnungen dargestellt. Sterne zeigen Ihnen, was Sie keinesfalls versäumen sollten.

Straßenkarte *siehe hintere Umschlagklappe.*

Außerdem-Kästen erklären interessante Details der Zeichnung.

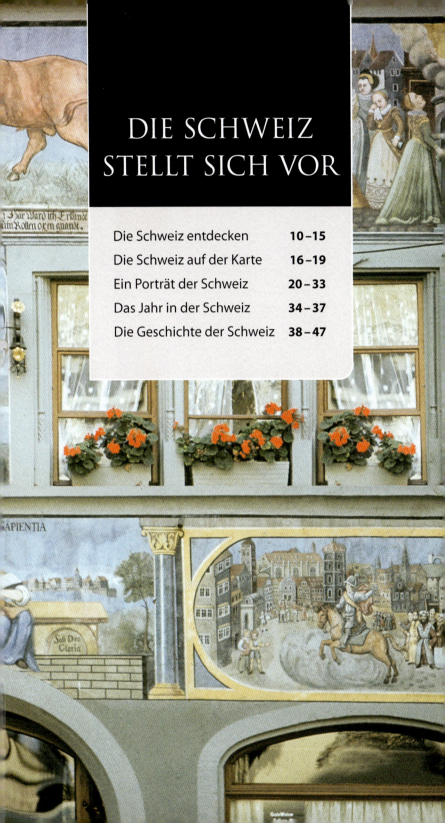

DIE SCHWEIZ STELLT SICH VOR

Die Schweiz entdecken	10–15
Die Schweiz auf der Karte	16–19
Ein Porträt der Schweiz	20–33
Das Jahr in der Schweiz	34–37
Die Geschichte der Schweiz	38–47

Die Schweiz entdecken

Die folgenden Touren sind so konzipiert, dass Sie möglichst viele Sehenswürdigkeiten der Schweiz sehen, ohne allzu weite Wege zurücklegen zu müssen. Zunächst stellen wir Ihnen drei Zwei-Tage-Touren vor, die Sie in die wichtigsten Schweizer Städte führen: Zürich, Bern und Genf. Sie können auch zu einer Sechs-Tage-Tour zusammengefasst werden – mit zusätzlichen Tipps zur Verlängerung. Es folgen eine Drei- und eine Vier-Tage-Tour. Die erste führt in die italienischsprachige Schweiz, ins Tessin, die zweite in die überwiegend französischsprachige Westschweiz. Letztere beginnt (oder endet) in Genf. Schließlich gibt es eine Sechs-Tage-Tour zu den wichtigsten Highlights des Landes: seiner grandiosen Bergwelt und seinen charmanten historischen Städten und Orten.

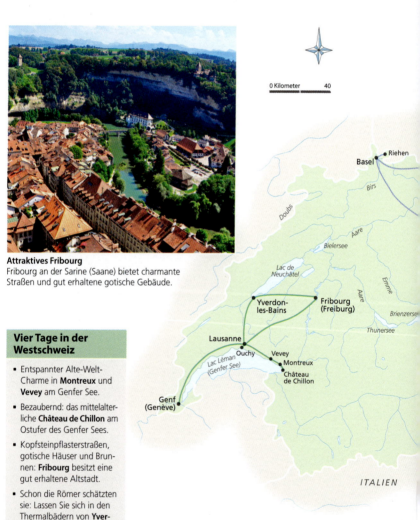

Attraktives Fribourg
Fribourg an der Sarine (Saane) bietet charmante Straßen und gut erhaltene gotische Gebäude.

Vier Tage in der Westschweiz

- Entspannter Alte-Welt-Charme in **Montreux** und **Vevey** am Genfer See.
- Bezaubernd: das mittelalterliche **Château de Chillon** am Ostufer des Genfer Sees.
- Kopfsteinpflasterstraßen, gotische Häuser und Brunnen: **Fribourg** besitzt eine gut erhaltene Altstadt.
- Schon die Römer schätzten sie: Lassen Sie sich in den Thermalbädern von **Yverdon-les-Bains** verwöhnen.
- Die historische Universitätsstadt **Lausanne** bietet Kultur und Nachtleben.

◀ Bemalte Fassade des »Roten Ochsen« am Rathausplatz in Stein am Rhein *(siehe S. 186)*

DIE SCHWEIZ ENTDECKEN | 11

Kapellbrücke in Luzern
Das Wahrzeichen der Stadt aus dem 14. Jahrhundert ist die älteste überdachte Holzbrücke Europas.

Sechs Tage lang Schweizer Highlights

- Historisches **Luzern**: Picasso und Kunst des 20. Jahrhunderts in der Sammlung Rosengart.
- Fahrt mit der Zahnradbahn auf das gewaltige Massiv des **Pilatus**.
- **Basel** – Stadt der exzellenten Kunstsammlungen und Museen.
- Spaß in den Bergen: Fahrt mit den sich drehenden Seilbahngondeln auf den **Titlis** oder Fahrt mit dem CabriO®, einer doppelstöckigen Pendelbahn mit offenem Oberdeck, aufs **Stanserhorn**.
- Spaziergang durch das schöne **Schaffhausen** – ganz in der Nähe des Rheinfalls – mit seiner Architektur aus Gotik, Renaissance und Barock.
- Besonders romantisch: **Stein am Rhein** mit seiner erhaltenen Altstadt.
- Einer der schönsten Barockbauten: Benediktinerabtei **Kloster Einsiedeln**.

Legende
- Vier Tage in der Westschweiz
- Drei Tage in der italienischsprachigen Schweiz
- Sechs Tage lang Schweizer Highlights

Drei Tage in der italienischsprachigen Schweiz

- **Ascona** am Lago Maggiore war einst Treff europäischer Künstler und Literaten.
- Mediterranes Lebensgefühl im palmenbestandenen **Locarno**.
- Spazieren Sie am **Lago di Lugano** nach **Gandria**, jetzt ein Stadtteil Luganos, mit alten Gassen und dörflichem Flair.
- Unvergesslich: die Fahrt mit der Schmalspurbahn **Centovallibahn**.
- Die drei Burgen des schön im Tal und am Fuß des Gotthard gelegenen **Bellinzona** sind Welterbe der UNESCO.
- Markantes Wahrzeichen: Das **Matterhorn** ist der bekannteste Gipfel der Alpen.

12 | DIE SCHWEIZ ENTDECKEN

Zwei Tage in Zürich

Die Schweizer Finanzmetropole liegt attraktiv am Zürichsee und bietet interessante Architektur und viel Kultur.

- **Anreise** Der Flughafen Zürich liegt nur zehn Minuten Fahrt vom Hauptbahnhof entfernt. Von dort hat man exzellente Anbindungen.
- **Weiterreise** Mit dem Auto fährt man in 90 Minuten von Zürich nach Bern, eine Zugfahrt ist sogar noch etwas kürzer.

Erster Tag
Bummeln Sie die **Bahnhofstrasse** (S. 168f) mit ihren exklusiven Läden und Boutiquen entlang. Dann überqueren Sie die Limmat, um zur mittelalterlichen Altstadt zu gelangen. Auch hier macht es Spaß, auf Kopfsteinpflasterstraßen einen Schaufensterbummel durch **Niederdorf** (S. 171) zu machen. Bei der Fahrt auf dem **Zürichsee** (S. 173) sieht man das **Grossmünster** (S. 170f) mit seinen Glasfenstern aus dem 20. Jahrhundert. Zurück an Land kann man im Restaurant beim **Kunsthaus Zürich** (S. 174f) zu Mittag essen, bevor man Sammlung und aktuelle Ausstellung des Museums besucht. Wer nach dem Abendessen noch fit ist, begibt sich in die vibrierende Clubszene von **Zürich West** (S. 177).

Blick vom Grossmünster auf Zürichs Altstadt

Zweiter Tag
Lernen Sie im weitläufigen **Schweizerischen Landesmuseum** (S. 166f) die Schweizer Geschichte kennen – von prähistorischer Zeit bis heute. Kehren Sie dann zur Bahnhofstrasse zurück, und besuchen Sie das **Globus** (S. 179), eines der großen Warenhäuser Zürichs mit einer erstklassigen Delikatessen- und Lebensmittelabteilung – ideal für ein schnelles, gleichwohl gutes Mittagessen. Am Nachmittag entspannen Sie sich bei Kaffee und Kuchen in einem der renommierten Cafés der Stadt. Uhrenliebhaber machen einen Abstecher ins **Uhrenmuseum Beyer** (S. 168).

> **Tipp zur Verlängerung**
> Nur 30 Minuten Fahrt entfernt liegt **Winterthur** (S. 160f) mit dem Museum Oskar Reinhart und dem Kunstmuseum. Beide zeigen Kunst des 19. und 20. Jahrhunderts, u.a. Monet, van Gogh und Picasso.

Zwei Tage in Bern

Die Schweizer Hauptstadt besitzt eine Altstadt, die seit 1983 UNESCO-Welterbe ist. Große Teile des mittelalterlichen Zentrums sind verkehrsberuhigt und leicht per Fuß zu besichtigen.

- **Anreise** Die Zugfahrt von Zürich nach Bern dauert etwa 90 Minuten. Der Flughafen Basel-Mülhausen liegt etwa eine Stunde entfernt.
- **Weiterreise** Nach Genf braucht man mit dem Zug knapp zwei Stunden.

Erster Tag
Am Vormittag besichtigen Sie die **Altstadt** (S. 56f) mit ihren Laubengängen. Beeindruckend sind das **Rathaus** (S. 64) und das spätgotische **Münster** (S. 62f). Ein Muss ist der **Zytglogge** (S. 59), Berns berühmter Uhrturm und einst westliches Stadttor. Sein Glockenspiel beginnt vier Minuten vor der vollen Stunde. Von der Aare aus blickt man auf das imposante **Bundeshaus** (S. 58f), Sitz von Regierung und Parlament. Zum Mittagessen gehen Sie in die **Marktgasse** (S. 59), eine mittelalterliche Straße voller Restaurants und Cafés. Der Nachmittag ist dem schönsten Museum der Stadt gewidmet, dem **Kunstmuseum** (S. 60f) mit rund 3000 Gemälden vom 14. bis zum 20. Jahrhundert.

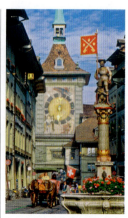
Der mittelalterliche Zytglogge steht am Ende der Marktgasse in Bern

Zweiter Tag
Der **BärenPark** (S. 64) liegt im Osten. In dem Landschaftspark leben Braunbären. Die Bern Show im nahen Tourist Center zeigt eine audiovisuelle Show zur Berner Geschichte. Vom schönen Rosengarten sieht man auf die Altstadt. Nach einer kleinen Stärkung machen Sie sich zum Museumsviertel südlich der Aare auf. In der **Kunsthalle** (S. 64) gibt es Modernes, im **Museum für Kommunikation** (S. 64f) u.a. eine Briefmarkensammlung und im **Naturhistorischen Museum** (S. 65) Infos zu den Alpen.

> **Tipp zur Verlängerung**
> **Interlaken** (S. 79) liegt zwischen **Thunersee** (S. 78f) und **Brienzersee** (S. 82). Von hier aus nimmt man Bahn oder Standseilbahn zum **Jungfraujoch** (S. 83) mit der imposanten Dreiergruppe Jungfrau, Mönch und Eiger.

Weitere Infos zu Verkehrsmitteln in der Schweiz siehe S. 296–301

ZÜRICH, BERN, GENF UND ITALIENISCHSPRACHIGE SCHWEIZ | 13

Auf der Piazza della Riforma in Lugano kann man gut im Freien essen

Zwei Tage in Genf

Das dynamische und kosmopolitische Genf liegt sehr schön am westlichen Ende des gleichnamigen Sees.

- **Anreise** Der internationale Flughafen Genf liegt sechs Kilometer nordwestlich der Stadt.
- **Weiterreise** Züge fahren in sechs Minuten ins Zentrum, Busse brauchen 15 Minuten.

Erster Tag
Vom Tourismusbüro am Pont de la Machine spazieren Sie am Kai entlang zum **Jardin Anglais** (S. 101). Von dort geht es zum **Jet d'Eau** (S. 101). Besichtigen Sie dann die Altstadt (S. 100f). Imposant sind die **Cathédrale St-Pierre** des 12. Jahrhunderts (S. 102f) und das älteste Haus, die **Maison Tavel** (S. 104), heute ein Museum, das über das Alltagsleben vom 14. bis 19. Jahrhundert informiert. Genügend Auswahl für ein gutes Mittagessen gibt es auf der **Place du Bourg-de-Four** (S. 103). Dann geht es zu den ethnologischen Exponaten im **Musée Barbier-Mueller** (S. 104).

Zweiter Tag
Gehen Sie zur Avenue de la Paix, um eine Führung durch das **Palais des Nations** (S. 105), den Sitz der Vereinten Nationen, zu machen. Nahebei liegt das bewegende **Musée International de la Croix-Rouge et du Croissant-Rouge** (S. 105). Der Nachmittag ist ideal für eine Bootsfahrt auf dem **Genfer See** (S. 122f). Steigen Sie in **Lausanne** (S. 116–121) aus, um dort zu Abend zu essen. Nach Genf kommen Sie per Zug oder Boot zurück.

Tipp zur Verlängerung
Die quirlige Universitätsstadt Lausanne liegt ebenfalls grandios am See – mit einer treppenreichen Altstadt auf drei Hügeln und der gotischen **Cathédrale Notre-Dame** (S. 118f).

Drei Tage italienischsprachige Schweiz

Piazzas und Palmen – erleben Sie die mediterrane Schweiz.

- **Anreise** Vom Flughafen Mailand-Malpensa ist man in 90 Minuten in Lugano. Flüge gibt es auch von Zürich und Genf. Von Zürich aus fährt man knapp drei Stunden mit dem Zug.

Erster Tag: Lugano
Lugano (S. 216f) am Lago di Lugano mutet stark italienisch an. Die kleine **Santa Maria degli Angioli** (S. 217) besitzt Renaissance-Fresken von Bernardino Luini. Essen Sie im Freien auf der **Piazza della Riforma** (S. 216), dann fahren Sie mit der Seilbahn zum **Monte Brè** (S. 215). Am See entlang kann man zum Bergdorf **Gandria** (S. 215) spazieren, bevor es nach Lugano zurückgeht.

Zweiter Tag: Bellinzona, Locarno und Ascona
Machen Sie einen Ausflug zum **Lago Maggiore** (S. 220f). Halten Sie in **Bellinzona** (S. 224f), seine drei Burgen sind UNESCO-Welterbe, bevor Sie nach **Locarno** (S. 218f) weiterfahren. Dort spazieren Sie am See entlang. Über die **Piazza Grande** (S. 218) kommen Sie zur Altstadt mit ihren Cafés und Läden, ein idealer Ort fürs Mittagessen. Besteigen Sie die Standseilbahn zum Sanktuarium **Madonna del Sasso** (S. 219) aus dem 16. Jahrhundert. Fahren Sie dann weiter zum schicken **Ascona** (S. 221). Von hier nehmen Sie das Schiff zur **Isole di Brissago** (S. 220), wo es einen kleinen botanischen Garten gibt. Übernachten kann man in Ascona oder Locarno.

Dritter Tag: Centovalli und Italien
Die Zugfahrt von **Centovalli** (S. 222) zum italienischen Domodossola bietet Panoramaausblicke. Von dort geht es weiter nach Stresa und den Isole Borromee im Lago Maggiore. Per Schiff kommen Sie nach Locarno zurück.

Tipp zur Verlängerung
Auf der Zugfahrt nach **Zermatt** (S. 93) sieht man das **Matterhorn** (S. 94). Übernachten Sie in Zermatt, und fahren Sie dann zum Genfer See für eine erlebnisreiche Vier-Tage-Tour durch die Westschweiz (S. 14).

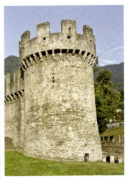

Mächtig: Castello di Montebello in Bellinzona, ein UNESCO-Welterbe

Das mittelalterliche Château de Chillon am Ostufer des Genfer Sees

Vier Tage in der Westschweiz

Die hauptsächlich französischsprachige Westschweiz bietet abwechslungsreiche Landschaften, Seen und Weinberge. Hinzu kommen charmante Orte und schöne Städte.

- **Anreise** Die Flughäfen in Genf und Zürich sind ideale Ausgangspunkte für die Westschweiz. Von beiden führen exzellente Straßen sowie Bahnverbindungen weiter.

Erster Tag: Genf
Siehe Stadttour Genf (S. 13).

Zweiter Tag: Vevey und Montreux
Die Fahrt nach Vevey und Montreux entlang der Weinberge ist vor allem im Sommer eine Augenfreude. Das charmante **Vevey** *(S. 124)* zog schon immer die Reichen und Berühmten an, darunter Charlie Chaplin oder den Maler Oskar Kokoschka. Spazieren Sie am Genfer See entlang und durch das historische Viertel zum Musée Jenisch mit Bildern von Kokoschka und einer exquisiten Sammlung an Drucken aus dem 16. Jahrhundert. Dann fahren Sie weiter nach **Montreux** *(S. 124f)*, das für sein jährliches Jazzfestival bekannt ist. Montreux ist glamouröser als Vevey und besitzt noch viele Belle-Époque-Hotels mit Blick auf See und Alpen.

Dritter Tag: Château de Chillon und Fribourg
Von Montreux spazieren Sie in 45 Minuten am See entlang zum mittelalterlichen **Château de Chillon** *(S. 126f)*. Die Wasserburg auf einer Felsinsel am Ostufer des Genfer Sees kann etwas überlaufen sein. Beeindruckend: die Aula Magna mit einer Decke aus dem 15. Jahrhundert, der reich bemalte Große Burggrafsaal, die frühgotische Kapelle mit Fresken und das Kellergewölbe, das einst als Gefängnis diente. Weiter geht es zur Universitätsstadt **Fribourg** *(S. 130f)*. Die Zugfahrt dauert 75 Minuten mit Umsteigen in Lausanne. Autofahrer sollten die panoramareiche A12 nehmen. Sehenswert sind das Hôtel de Ville (16. Jh.), die **Cathédrale St-Nicolas** und die **Rue d'Or** mit ihren gotischen Häusern.

Vierter Tag: Lausanne und Ouchy
Zurück am Genfer See besichtigen Sie **Lausanne** *(S. 116–121)*, eine der attraktivsten Schweizer Städte. Lausanne zieht sich vom See ziemlich steil die Hügel hoch, die Metro bringt einen nach oben. Zunächst besichtigen Sie die **Cathédrale Notre-Dame** *(S. 118f)* aus dem 12. Jahrhundert. Dann spazieren Sie durch die Altstadt. Das **Palais de Rumine** *(S. 117)*, jetzt Sitz von fünf Museen, bietet interessante Exponate. Nach dem Mittagessen in der Altstadt gehen Sie zur nördlich gelegenen **Fondation de l'Hermitage** *(S. 120)*, einer Villa mit einer Sammlung französischer Impressionisten. Im umliegenden Park stehen exotische Bäume. Außerhalb liegt das hübsche Dorf **Ouchy** *(S. 121)* mit dem beliebten Musée Olympique. An der Allee des Orts kann man sich niederlassen und entspannen, bevor es nach Genf zurückgeht.

> **Tipp zur Verlängerung**
> Auf der Route nach Fribourg halten Sie in **Yverdon-les-Bains** *(S. 132)*. Das größte Schweizer Thermalzentrum ist perfekt, um nach dem Sightseeing zu relaxen.

Gotische Raffinesse der Cathédrale Notre-Dame, Lausanne

Sechs Tage lang Schweizer Highlights

Diese Tour entführt Sie in die wundervolle Schweizer Bergszenerie und zeigt Ihnen schöne mittelalterliche Städte.

- **Anreise** Nach der Landung in Zürich fahren Sie nach **Luzern** *(S. 236–243)* – mit dem Auto sind es 30, mit dem Zug 45 Minuten. Dort übernachten Sie zweimal.

Erster Tag: Luzern und Vitznau
Gönnen Sie sich eine Führung durch Luzerns schöne **Altstadt** *(S. 238f)*. Bewundern Sie die **Kapellbrücke** *(S. 236)*, die älteste Holzbrücke Europas, die **Jesuitenkirche** *(S. 237)* und das

Weitere Infos zu Verkehrsmitteln in der Schweiz siehe S. 296–301

Rathaus (S. 240) aus der Renaissance. Liebhaber moderner Kunst sollten sich die **Sammlung Rosengart** (S. 236) ansehen. Ein Muss ist das faszinierende **Verkehrshaus** (S. 242f), ein Museum voller Fortbewegungsmittel aller Art. Nach dem Mittagessen begeben Sie sich mit dem Schiff – mit Glück per Dampfer – zum kleinen Ort **Vitznau** (S. 229) und nehmen die Zahnradbahn zum Gipfel der Rigi – der Blick ist atemberaubend. Abends kehren Sie nach Luzern zurück.

Zweiter Tag: Pilatus
Das Ziel heißt heute **Pilatus** (S. 232f), einer der berühmtesten Schweizer Gipfel. Von Luzern aus nimmt man das Schiff oder den Zug, dann die Zahnradbahn. Die Zahnradbahn ist die steilste der Welt mit einer Steigung von 48 Prozent, sie verkehrt nur im Sommer. Oben erwartet Sie ein fantastischer Blick auf den Vierwaldstättersee. Abends kehren Sie nach Luzern zurück.

Dritter Tag: Stans oder Engelberg
Das winzige **Stans** (S. 233) liegt nur 20 Minuten von Luzern entfernt. Besichtigen Sie zuerst den hübschen Ortskern, bevor Sie mit der neuen doppelstöckigen Pendelbahn mit offenem Verdeck aufs Stanserhorn fahren. Eine Alternative ist das 45 Minuten Zugfahrt von Luzern entfernte **Engelberg** (S. 233) am Fuß des Titlis. Von Stand, oberhalb von Engelberg gelegen, führt eine Seilbahn mit sich drehenden Gondeln auf 3238 Meter Höhe. Nachdem Sie Bergluft geschnuppert haben, fahren Sie nach Basel. Mit dem Auto braucht man etwa 1:45 Stunden, die Zugfahrt dauert länger, da man in Luzern umsteigen muss.

Vierter Tag: Basel
Bummeln Sie durch das historische Zentrum **Basels** (S. 142–151) am Rheinufer. Kaufen Sie auf dem Marktplatz für ein Picknick ein, dann gehen Sie zum **Münster** (S. 148f). Die Kathedrale besitzt noch romanische und gotische Skulpturen sowie Fresken in der Krypta (14. Jh.). Das **Rathaus** (S. 143) wurde restauriert, die Fassade sieht nun wieder aus wie um 1600. Das **Kunstmuseum Basel** (S. 150f) besitzt eine wertvolle Kunstsammlung (15. bis 20. Jh.). Um moderne Kunst zu sehen, besichtigen Sie die **Kunsthalle** (S. 146). Die Nacht verbringen Sie in Basel.

Fünfter Tag: Riehen, Schaffhausen und Stein am Rhein
Mit dem Zug geht es nach **Riehen** (S. 154) nordöstlich von Basel. Die Fondation Beyeler zeigt Kunst des 19. und 20. Jahrhunderts, darunter Werke von van Gogh, Picasso, Matisse und Rothko. Zum Mittagessen geht es nach Basel zurück, dann weiter nach **Schaffhausen** (S. 184f). Mit Zug oder Auto dauert die Fahrt etwa 90 Minuten. Falls möglich, sollten Sie in **Baden** (S. 158f), einer der ältesten

Die leuchtend rote Fassade des gotischen Rathauses in Basel

Kurstädte der Schweiz, haltmachen. Schaffhausen am Hochrhein besitzt noch viele Häuser aus Gotik, Renaissance, Barock und Rokoko. Vier Kilometer westlich der Stadt tost der Rheinfall. Im nahen **Stein am Rhein** (S. 186) können Sie übernachten. Mittelalterliche Bauten mit bemalten Fassaden, Fachwerk und Erker prägen das Stadtbild.

Sechster Tag: St. Gallen
Nach einstündiger Autofahrt oder anderthalbstündiger Zugfahrt gelangen Sie nach **St. Gallen** (S. 188–191). Die Universitätsstadt war im 19. Jahrhundert ein Zentrum der Spitzenfertigung. Bewundern Sie die vielen Fachwerkhäuser, bevor Sie das **Textilmuseum** (S. 188) mit seiner exzellenten Spitzen- und Stickereisammlung besichtigen. St. Gallens Hauptattraktion ist zweifellos der Stiftsbezirk mit **Stiftskirche** (S. 190f) und der prächtigen barocken **Stiftsbibliothek** (S. 188), beide sind UNESCO-Welterbe. Nach der Besichtigung kehren Sie wieder nach Zürich zurück.

> **Tipp zur Verlängerung**
> Zwischen Zürich und Luzern liegt **Kloster Einsiedeln** (S. 230f). Die Benediktinerabtei gehört zu den weltweit schönsten Beispielen der Barockarchitektur. Die Zugfahrt von Zürich dauert eine Stunde.

Von der Rigi blickt man auf Vierwaldstättersee und Pilatus

Die Schweiz auf der Karte

Die Schweiz ist ein Binnenstaat in Mitteleuropa und bedeckt eine Fläche von etwa 41 300 Quadratkilometern. Sie hat rund 8,4 Millionen Einwohner. Im Norden grenzt das Land an Deutschland, im Osten an Österreich und Liechtenstein, im Süden an Italien und im Westen bzw. Nordwesten an Frankreich. Die Schweiz gliedert sich in drei geografische Regionen, die das Land von Südwesten nach Nordosten durchziehen: den Jura im Nordwesten, die zentrale Hochebene des Mittellands und die Alpen, das flächenmäßig größte Gebiet im Süden und Osten. In der Hauptstadt Bern leben 142 000 Menschen.

Weitere Zeichenerklärungen *siehe hintere Umschlagklappe*

DIE SCHWEIZ AUF DER KARTE | 17

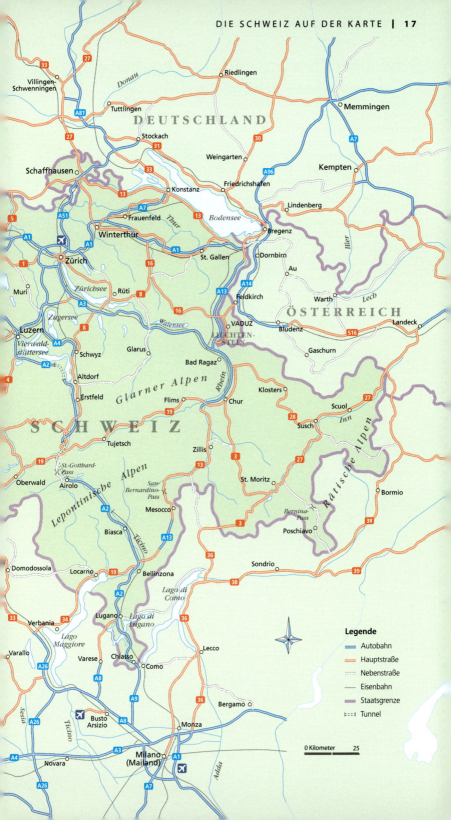

Schweizer Kantone und Sprachgebiete

Die Schweiz ist ein Bundesstaat mit 20 Vollkantonen und sechs Halbkantonen (Appenzell-Ausserrhoden, Appenzell-Innerrhoden, Basel-Landschaft, Basel-Stadt, Nidwalden und Obwalden), die sich in ihrem Status jedoch kaum unterscheiden. Jeder Kanton und Halbkanton hat ein gewähltes Parlament sowie eine eigene Verfassung und Gesetzgebung. In der Schweiz gibt es drei große Sprachgebiete: In der Nord-, Ost- und Zentralschweiz dominiert Deutsch, im Westen wird Französisch, im Süden Italienisch gesprochen. Das Wallis (Valais) ist französisch- und deutschsprachig. In Graubünden spricht man neben Deutsch und Italienisch noch vereinzelt Rätoromanisch.

Schweizer Kantone

- **Westschweiz**
- **JU** Jura
- **NE** Neuchâtel (Neuenburg)
- **VD** Vaud (Waadt)
- **FR** Fribourg (Freiburg)
- **GE** Genève (Genf)
- **Mittelland, Berner Oberland und Wallis**
- **SO** Solothurn
- **BE** Bern
- **VS** Valais (Wallis)
- **Nordschweiz**
- **BS** Basel-Stadt
- **BL** Basel-Landschaft
- **AG** Aargau
- **ZH** Zürich
- **Ostschweiz und Graubünden**
- **SH** Schaffhausen
- **TG** Thurgau
- **AR** Appenzell-Ausserrhoden
- **SG** St. Gallen
- **AI** Appenzell-Innerrhoden
- **GL** Glarus
- **GR** Graubünden
- **Zentralschweiz und Tessin**
- **ZG** Zug
- **LU** Luzern
- **SZ** Schwyz
- **UR** Uri
- **TI** Ticino (Tessin)
- **NW** Nidwalden
- **OW** Obwalden

SCHWEIZER KANTONE UND SPRACHGEBIETE

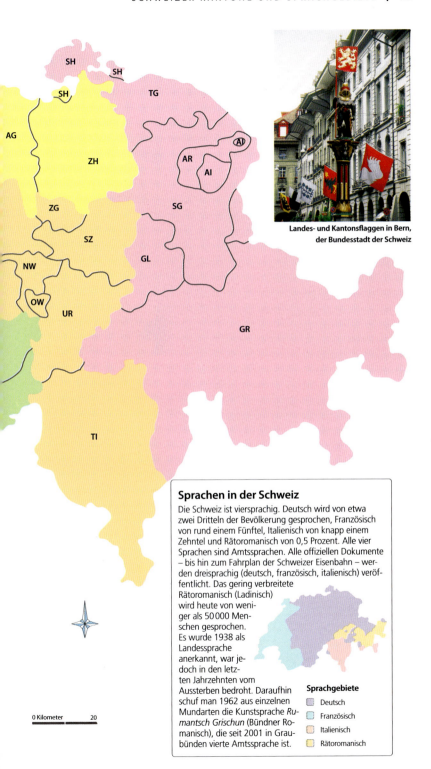

Landes- und Kantonsflaggen in Bern, der Bundesstadt der Schweiz

Sprachen in der Schweiz

Die Schweiz ist viersprachig. Deutsch wird von etwa zwei Dritteln der Bevölkerung gesprochen, Französisch von rund einem Fünftel, Italienisch von knapp einem Zehntel und Rätoromanisch von 0,5 Prozent. Alle vier Sprachen sind Amtssprachen. Alle offiziellen Dokumente – bis hin zum Fahrplan der Schweizer Eisenbahn – werden dreisprachig (deutsch, französisch, italienisch) veröffentlicht. Das gering verbreitete Rätoromanisch (Ladinisch) wird heute von weniger als 50 000 Menschen gesprochen. Es wurde 1938 als Landessprache anerkannt, war jedoch in den letzten Jahrzehnten vom Aussterben bedroht. Daraufhin schuf man 1962 aus einzelnen Mundarten die Kunstsprache *Rumantsch Grischun* (Bündner Romanisch), die seit 2001 in Graubünden vierte Amtssprache ist.

Sprachgebiete
- Deutsch
- Französisch
- Italienisch
- Rätoromanisch

Ein Porträt der Schweiz

Der Binnenstaat Schweiz (Schweizerische Eidgenossenschaft), eines der reichsten Länder der Welt, liegt im geografischen Zentrum Europas und besitzt einen ganz eigenen Charakter und eine eigene Dynamik. Das Land gehört zu den am dichtesten besiedelten Ländern Europas. Die nationale Identität der Schweizer basiert auf ihrem Vertrauen in die direkte Demokratie und die relativ hohe regionale Autonomie. Bekannt ist die Schweiz nicht allein für die Schönheit der Alpen, sondern auch für ihre industriellen Leistungen und Innovationen, die Banken sowie für ihren ausgeprägten Föderalismus.

Die Schweiz besitzt fast keine natürlichen Grenzen. Die Alpen, die weite Teile im Süden und Osten des Landes bedecken, erstrecken sich östlich bis nach Österreich, westlich bis nach Frankreich und südlich – mit mehreren Seen – bis in die Lombardei hinein. Die nördliche Landesgrenze folgt dem Verlauf des Rheins, bildet aber auch hier um Basel und Schaffhausen herum kleinere Ausbuchtungen, die ein Mosaik aus deutsch-schweizerischen Enklaven schaffen.

Die Bevölkerung des gebirgigen Landes zeichnet sich vor allem durch ein ausgeprägtes Bestreben nach Eigenständigkeit aus. Trotz religiöser und kultureller Vielfalt herrscht ein besonderes Nationalgefühl vor, das sich in der direkten Demokratie, der hohen politischen Kompromissbereitschaft und nicht zuletzt in der konsequenten Neutralität des Landes äußert. Trotz ihrer zentralen Lage in Europa ist es der Schweiz über zwei Jahrhunderte lang gelungen, sich aus den meisten Konflikten herauszuhalten – sie nimmt deshalb eine geopolitische Sonderstellung ein.

Die moderne Schweiz ist eine wohlhabende, hochindustrialisierte und weltoffene Nation – einerseits also sehr innovativ und fortschrittlich, andererseits aber auch traditionsbewusst und konservativ. Die Schweizer legen großen Wert auf Stabilität, kulturelle Kontinuität und ihr historisches Erbe.

Der Aletschgletscher vom Gipfel des 2934 Meter hohen Eggishorns aus gesehen

◄ Das Freilichtmuseum Ballenberg bei Brienz im Berner Oberland *(siehe S. 84f)*

Biel, Bielersee und St. Petersinsel im Schweizer Jura, vom Bözingenberg aus gesehen

Bevölkerung, Sprache, Religion

Der Schweizer Jura im Norden und die Alpenregion im Süden und Osten (Graubünden) sind relativ dünn besiedelt. Am größten sind Bevölkerungs- und Industriedichte im zentralen Mittelland um Bern sowie um die an Seen liegenden Städte Luzern, Genf (Genève), Lausanne und Zürich.

Auch was Sprache und Religion betrifft, ist die Schweiz deutlich unterteilt. Der deutschsprachige Teil der Bevölkerung (rund zwei Drittel) lebt überwiegend in der Mittelland-Hochebene sowie im nördlichen Teil der Schweizer Alpen. Die Nordküste des Genfer Sees (Lac Léman), die sanften Hügel des Schweizer Jura und die Westalpen werden von französischsprachigen Schweizern (rund einem Fünftel der Bevölkerung) bewohnt. Italienisch ist südlich des Hauptalpenkamms verbreitet und wird von knapp einem Zehntel der Schweizer gesprochen. Die Rätoromanisch sprechende Minderheit lebt in abgelegenen Hochgebirgstälern im Osten des Landes. Unabhängig von der Verbreitung der Sprachen setzt sich die Bevölkerung etwa zu gleichen Teilen aus Protestanten und Katholiken zusammen (jeweils rund 40 Prozent). Daneben gibt es kleine jüdische und islamische Glaubensgemeinschaften. Etwa zehn Prozent der Schweizer sind konfessionslos.

Spannungen zwischen deutsch-, französisch- und italienischsprachigen sowie zwischen protestantischen und katholischen Schweizern, die im Lauf der Geschichte die Einheit der Eidgenossen immer wieder gefährdeten, sind noch heute spürbar.

Volkstümliche Tracht der Region um Fribourg

Gelebte Demokratie

Der Bundesstaat Schweiz besteht aus 20 Kantonen und sechs Halbkantonen. Jeder hat sein eigenes Steuer-, Gerichts-, Finanz- und Bildungssystem und verfügt innerhalb der Eidgenossenschaft über einen hohen Grad an Autonomie.

Das Land wird vom Bundesrat regiert, der aus sieben Ministern (»Bundesräten«) besteht, die alle vier Jahre vom Parlament (Bundesversammlung) gewählt werden.

Regatta auf dem Lej da Silvaplana in Graubünden

Die Bundesversammlung ist ein Zweikammerparlament (bestehend aus Ständerat und Nationalrat). Im Ständerat sind 46 Vertreter der Kantone, im Nationalrat 200 Abgeordnete.

Stärkste Parteien sind die Sozialdemokratische Partei der Schweiz (SP), die Liberalen (FDP.Die Liberalen), die Schweizerische Volkspartei (SVP), die Christlichdemokratische Volkspartei (CVP), die Grüne Partei der Schweiz (GPS) und die Bürgerlich-Demokratische Partei (BDP). Daneben gibt es viele regionale und politische Parteien. Die Bevölkerung hat per Referendum eine direkte Mitsprachemöglichkeit. Die Abstimmungen – sei es zu Fragen der Geschwindigkeitsbegrenzung für die gesamte Schweiz oder zu lokalen Angelegenheiten – finden auf nationaler, kantonaler und kommunaler Ebene statt.

Wirtschaft

Die Schweizer Wirtschaft gründet sich auf Bankgewerbe, Handel, Industrie, Landwirtschaft und Tourismus. Der Lebensstandard ist hoch, die Zahl der Arbeitslosen relativ gering und das Pro-Kopf-Einkommen mit das höchste der Welt. Hauptexportartikel der Schweiz sind Präzisionsmaschinen, Textilien, Uhren, chemisch-pharmazeutische Produkte, Schokolade und Milchprodukte (vor allem Käse). Obwohl nur vier Prozent der Bevölkerung in der Landwirtschaft arbeiten, hat dieser Wirtschaftszweig doch einen besonderen Status und erhält zudem sehr hohe Fördermittel.

Was die Nutzung der Agrarflächen anbelangt, so spielt die Weidewirtschaft eine größere Rolle als der Ackerbau. Etwa ein Drittel der Milch wird zu Käse verarbeitet und weltweit exportiert. Zu den beliebtesten Schweizer Käsesorten gehört neben dem Emmentaler der Hartkäse Gruyère (Greyerzer).

Fest in Beatenberg am Thunersee vor eindrucksvoller Bergkulisse

Kunst und Wissenschaft

Die Schweiz hat eine beachtliche Kulturszene und spielt eine führende Rolle in der Kunstwelt. Die renommierten Veranstaltungen reichen vom Musikfestival in Luzern über das Montreux Jazz Festival bis hin zum in Montreux gegründeten Rose-d'Or-Festival. Die »Art Basel« ist eine der weltweit größten zeitgenössischen Kunstmessen. Das Kunsthaus in Zürich genießt internationalen Ruf.

Die bekannteste Schweizer Geistesgröße ist wohl der Philosoph Jean-Jacques Rousseau (1712–1778), der in Genf zur Welt kam, den Großteil seines Lebens allerdings in Frankreich verbrachte. Zu den großen Schriftstellern des Landes zählen Max

Viehabtrieb in der Gegend um Schwarzenburg

Frisch (1911–1991) und Friedrich Dürrenmatt (1921–1990). Hermann Hesse (1877–1962) ist zwar in Deutschland geboren, wurde aber Schweizer Staatsbürger und schrieb viele seiner bekannten Werke in der Schweiz.

Schweizer Künstler und Architekten haben internationale Anerkennung erlangt, darunter der eher als »Franzose« eingestufte Le Corbusier (1887–1965), der jedoch in La Chaux-de-Fonds (Neuchâtel) geboren und aufgewachsen ist, und der Bildhauer und Maler Alberto Giacometti (1901–1966), der aus Graubünden stammt, aber fast sein ganzes Leben in Paris verbrachte. Der Maler Paul Klee (1879–1940) hingegen wird als Schweizer angesehen, obwohl er die deutsche Staatsbürgerschaft besaß.

Weitere berühmte Künstler sind der Maler Ferdinand Hodler (1853–1918), der Bildhauer Jean Tinguely (1925–1991) und der Zeichner Max Bill (1908–1994). Der renommierte Architekt Mario Botta (geb. 1943) entwarf das Museum of Modern Art in San Francisco. Jacques Herzog und Pierre de Meuron konzipierten u. a. das Olympiastadion in Beijing und die Hamburger Elbphilharmonie.

Auch in den Wissenschaften genießt die Schweiz einen exzellenten Ruf. Albert Einstein, der Staatsbürger mehrerer Länder, darunter auch der Schweiz, war, entwickelte seine Relativitätstheorie in Bern – er und weitere 25 Schweizer wurden mit

Clearing, ein Kunstwerk von Gillian White, das die Verbindung von Kunst und Natur thematisiert

dem Nobelpreis ausgezeichnet. Zu Ruhm gelangten auch die Eidgenössische Technische Hochschule Zürich sowie die Europäische Organisation für Kernforschung (CERN) bei Genf.

Von Ski alpin bis Jodeln
Die Schweizer lieben den Sport – von Langlauf und Ski alpin im Winter bis zu Kajakfahren, Wildwasser-Rafting und Bergwandern im Sommer.

Einige ländliche Gebiete haben ihre eigenen Sportarten, etwa das »Schwingen« (auch »Hosenlupf«), eine spezielle Form des Ringkampfs, »Hornussen«, ein Ballspiel mit langen, gebogenen Schlägern, das »Steinstossen«, bei dem ein über 80 Kilogramm schwerer Stein geworfen wird, und Kuhkämpfe *(combats des reines)*, die meist im Wallis stattfinden.

Jodeln und Alphornblasen werden automatisch mit alpinem Leben assoziiert. Beides kommt et-

Wettkampfteilnehmer beim »Schwingen«, einer Schweizer Form des Ringens was aus der Mode, ebenso wie der »Waffenlauf«, ein Marathon, dessen Teilnehmer Uniformen, Rucksäcke und Waffen tragen.

Umweltfragen

Die Schweizer sind darauf bedacht, die Umwelt ihres kleinen Landes zu schützen. Beispiele sind das gut entwickelte und effektive öffentliche Verkehrssystem sowie das ausgeklügelte Abfall-Recyclingsystem. Die Schweiz war das erste Land, in dem der Einbau von Katalysatoren in Autos verpflichtend war. Die Bestimmungen bezüglich der Abgasemission gehören zu den strengsten der Welt. Ein solch aktiver Umweltschutz wirkt sich natürlich positiv auf die Lebensqualität im Land aus. Selbst in Großstädten wie Luzern, Bern und Zürich sind die Flüsse und Seen so sauber, dass man bedenkenlos darin baden kann.

Viele Pflanzen- und Tierarten in den Alpen stehen unter Naturschutz. Zudem ist es gelungen, einige Tierarten, z. B. den Steinbock, wieder heimisch zu machen.

Die Schweizergarde bei einer Zeremonie im Vatikan in Rom

Auch die Wälder, die ein Drittel der Landesfläche bedecken, werden geschützt: Die Forstwirtschaft unterliegt strengen Bestimmungen. Abholzung, die das Risiko von Erdrutschen und Lawinen erhöht, ist verboten. 1991 wurde von der Schweiz und den Alpenstaaten Deutschland, Frankreich, Italien, Österreich, Liechtenstein, Slowenien sowie der Europäischen Union die Alpenkonvention beschlossen. Sie zielt darauf ab, die einzigartige alpine Landschaft zu erhalten. Schon vor 100 Jahren wurde der Schweizerische Nationalpark gegründet.

Die Schweiz auf der Weltbühne

Trotz ihrer Neutralität unterhält die Schweiz eine Armee. Es besteht allgemeine Wehrpflicht für Männer vom 20. bis zum 34. Lebensjahr. Die historisch gewachsene Neutralität der Schweiz wird seit 1815 von allen Ländern Europas anerkannt. Die letzten Mobilmachungen erfolgten 1914 und 1939 als Vorsichtsmaßnahmen zur Bewahrung der Neutralität. Die einzigen »aktiven« Schweizer Söldner bilden heute die Schweizergarde, die päpstliche Leibwache im Vatikan – in diese dürfen nur Schweizer eintreten.

Die europäischen Hauptquartiere der Vereinten Nationen und des Internationalen Roten Kreuzes haben ihren Sitz in der Schweiz. In der internationalen Politik sieht die Schweiz ihre Rolle vor allem in humanitärer Hilfe.

Kajakfahrer auf dem Rhein in Graubünden

Schweizer Alpen

Rund zwei Drittel der Schweiz nehmen alpine und subalpine Regionen ein. Bis in etwa 1500 Meter Höhe herrschen Agrarflächen und Laubwälder vor. Diese weichen allmählich Nadelwäldern, die oberhalb von etwa 2200 Meter in niedrigeren Bewuchs und alpine Matten übergehen. Ab etwa 3000 Meter Höhe bedecken Moose und Flechten eine karge Felslandschaft. Darüber gibt es nur noch Schneefelder, Gletscher und schneebedeckte Berggipfel. Mit zunehmender Höhe fallen vermehrt Schnee und Regen. Großen Einfluss auf das Klima haben zwei Winde: im Winter der kalte, trockene Nordostwind Bise, im Sommer in den Leelagen der warme Föhn.

Wiesen und Weiden bedecken etwa die Hälfte der Schweiz. Im Berner Oberland blühen Wiesenklee und Glockenblumen.

Moose und Flechten bedecken die zerklüfteten Felsspalten und steil abfallenden Geröllfelder.

Niedriger Bewuchs, z. B. Zwergbergkiefern, Rhododendron und Erlen, wachsen in der Übergangszone zwischen Wäldern und den kahlen Berggipfeln. In dieser Höhe ist die Wachstumsperiode sehr kurz (Juni bis August).

Gletscherseen findet man häufig in den Alpen. Der Bachalpsee in der Nähe des Wetterhorns liegt im Herzen eines landschaftlich besonders reizvollen Teils der Schweizer Alpen.

Üppige Vegetation gedeiht an geschützten Hängen und entlang den von Gebirgsbächen gebildeten Schluchten.

Hochalpine Weiden bieten dem Vieh ideale Sommerweideplätze.

Berglandschaft

Die Alpen sind von tiefen Tälern, terrassenförmigen Abhängen und Schluchten durchzogen. Im Tessin, im Süden des Landes, flachen die Bergketten allmählich ab. In dieser Region herrscht – auch unter dem Einfluss größerer Seen – ein mediterranes Klima. Im Norden gehen die Alpen in das flachere Mittelland über, die relativ niedrige Hochebene der Zentralschweiz.

Die Wälder der Schweiz werden systematisch auf Schäden untersucht. Eine Abholzung erhöht die Lawinengefahr und ist daher strikt verboten.

Gebirgsbäche, die durch dichte Kiefernwälder fließen, sind Teil des landschaftlich außergewöhnlich reizvollen Schweizerischen Nationalparks.

Flora und Fauna der Alpen

Im Frühling sind die Almwiesen mit Blumen übersät – mit Astern, Edelweiß, Lichtnelken und verschiedenen Enzianarten. Die meisten stehen unter Naturschutz, es ist verboten, sie zu pflücken. Zur Fauna der Schweizer Alpen gehören Alpensteinbock, Gämse, Murmeltier, Feldhase, Steinadler, Geier und der seltene europäische Luchs. Einige Tierarten – insbesondere diejenigen, die hier wieder heimisch gemacht werden konnten – sind ebenfalls geschützt.

In höher gelegenen Wäldern gibt es überwiegend Fichten.

Edelweiß, das Symbol der Schweiz, wächst in Felsspalten auf Höhen bis zu 3500 Meter. Es besitzt eine sternförmige Blüte und samtige Blätter.

Die Alpenrose, eine Unterart des Rhododendrons, gedeiht auf etwa 2500 Meter Höhe. Die dichten Blütenstände wirken intensiv farbig.

Enzian wächst hauptsächlich an felsigen Abhängen und in Wäldern. Seine Wurzeln werden in der pharmazeutischen Industrie genutzt.

Der Alpensteinbock lebt den größten Teil des Jahrs oberhalb der Baumgrenze. Die Wildziegenart bewegt sich in bergigem Terrain sehr geschickt.

Die Gämse findet man zwischen bewaldeten Berghängen und der Schneegrenze. Einen Blick auf das kletterfreudige und scheue Tier hat man eher selten.

Das Murmeltier legt seinen Bau auf den Alpenwiesen an. Bei Gefahr gibt es typische Pfeiftöne von sich.

Grasgebiete wie dieses um den Schwarzsee am Fuß des Matterhorns sind im Sommer Weidegründe für Schafe. Im Winter liegen die Wiesen unter einer dicken Schneedecke.

Entstehung der Alpen

Vor rund 70 Millionen Jahren bewegte sich die Afrikanische Kontinentalplatte Richtung Norden und stieß auf die Eurasische Platte. Der Meeresboden dazwischen wurde nach unten, die Adriatische Platte nach oben gedrückt – so entstanden die Alpen. Die tektonische Bewegung, bei der sich die oberen Felsschichten übereinanderfalten, hält immer noch an. An zahlreichen Stellen bilden die ältesten Gesteinsschichten die höchsten Teile der Alpen. Die unteren Zonen bestehen oft aus jüngeren Sediment- und Eruptivgesteinen. Die Bewegungen der Gletscher während der nachfolgenden Eiszeiten formten dann die heutige Gestalt des Hochgebirges.

Das Matterhorn erhielt seine unverwechselbare Gestalt durch Gletschereis. Es ist der bekannteste Schweizer Berg und weist eine Ehrfurcht gebietende Höhe von 4478 Meter auf.

Der Aletschgletscher in den Berner Alpen bedeckt eine Fläche von 86 Quadratkilometern und ist bis zu 900 Meter mächtig. Er ist der größte Gletscher der Alpen.

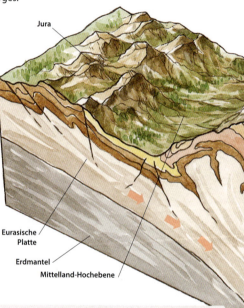

Jura
Eurasische Platte
Erdmantel
Mittelland-Hochebene

Alpengletscher

Die Überbleibsel der Eiszeit tragen weiterhin Erdschichten ab. Bei ihrer unermüdlichen Bewegung ins Tal zermahlen sie Felsen, die sie mitführen und schließlich in Form von Seiten- und Endmoränen ablagern. Die ausgehöhlten Becken füllen sich mit Gletscherseen. Durch das Zufließen von Gletschern von der Seite entstehen Hängetäler.

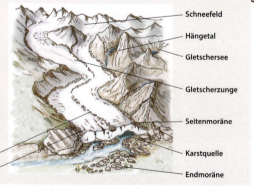

Schneefeld
Hängetal
Gletschersee
Gletscherzunge
Seitenmoräne
Karstquelle
Endmoräne
Mittelmoräne
Gletscherspalten

ENTSTEHUNG DER ALPEN | 29

Der Jura besteht aus fossilreichem, mineralhaltigem Sedimentgestein und ist wegen seines hohen Alters relativ niedrig. Charakteristisch sind Höhlen, Senken und unterirdische Flüsse. Aufgrund der gut erhaltenen Gesteinsschichten benannte man eine geologische Epoche, den Jura, nach ihnen.

Schweizer Alpen

Abgesehen von den Alpen im östlichen Teil des Kantons Graubünden gehören die Schweizer wie die Französischen Alpen zu den Westalpen, die wiederum aus verschiedenen Bergketten bestehen. Die Schweizer Alpen weisen die höchsten und steilsten Gipfel sowie die bizarrsten Formationen auf. Die Schnee- und Eislandschaften sind geradezu atemberaubend. In den Walliser Alpen befinden sich einige der beeindruckendsten Berge der Schweiz, darunter das Matterhorn und die Dufourspitze, mit 4634 Metern der höchste Berg des Landes. Das Tessin hat Anteil an den Südalpen, die Ostalpen umfassen u. a. den Schweizerischen Nationalpark.

Legende
- Westalpen
- Ostalpen
- Südalpen
- Mittelland
- Jura

Alpine Landschaft

Die gegenwärtige Oberfläche entstand vor 600 000 bis 10 000 Jahren im Lauf mehrerer Eiszeiten. In den verschiedenen Vergletscherungsperioden war die Eisschicht zeitweilig bis zu 2000 Meter dick. Charakteristisch für die Gletscherlandschaft sind scharfe Kanten, tiefe Schluchten, flache, von den Gletschern geschaffene Täler, Gletscherseen und Hängetäler mit in Wasserfällen mündenden Flüssen.

Der Schweizerische Nationalpark liegt in den Rätischen Alpen, einem Teil der Ostalpen. Die unberührte alpine Landschaft erstreckt sich in Graubünden über eine Fläche von 170 Quadratkilometer und reicht von immergrünem Wald zu kargen Felsen und ewigem Schnee.

Architektur

Schlichte romanische Abteien, erhabene gotische Kathedralen, üppig verzierte Barockkirchen und Stadthäuser mit bemalten Fassaden – all dies ist Teil des architektonischen Erbes der Schweiz. Der Einfluss der Nachbarländer ist oft unverkennbar: Im Norden und Osten dominieren deutsche Stilrichtungen, im Westen französische und im Süden italienische. Erst Mitte des 19. Jahrhunderts trat ein deutlich eigener Stil hervor, der in der ländlichen Architektur schon immer vorhanden war und in den unterschiedlichen Variationen des Alpenchalets seinen Höhepunkt fand.

Bemalte Fassade eines Stadthauses (16. Jh.) in Stein am Rhein, Schaffhausen.

Romanik (10.–12. Jh.)

Wie überall im westlichen Europa hatte die Romanik in der Schweiz ihre Blütezeit großteils dem Eifer beim Bau sakraler Einrichtungen zu verdanken. Der Ruf nach einer neuen Kirchenarchitektur schuf den neuen Stil. Romanische Bauwerke zeichnen sich durch massive Mauern, Rundbogen, Gratgewölbe und eine schlichte Innenausstattung aus. Zu den schönsten Beispielen des Stils in der Schweiz gehören das Benediktinerkloster in St. Gallen, das Münster Allerheiligen in Schaffhausen und – als Highlight – das imposante Münster in Basel.

Das Grossmünster in Zürich (Baubeginn 11. Jh.) ging während der Reformation seines Innendekors verlustig.

Die romanische Krypta des Basler Münsters (12. Jh.)

Gotik (13.–15. Jh.)

Typisch für die Gotik ist – neben Spitz- und Strebebogen sowie Rippengewölben – die Betonung der Vertikalen. Durch Bleiglasfenster fällt Licht ins Innere der Kirche, auf die Verzierungen von Türmen und Portalen. Zu den schönsten gotischen Kirchen der Schweiz zählen die Kathedralen St-Pierre in Genf und Notre-Dame in Lausanne, beide französisch beeinflusst, sowie das Münster in Bern in deutscher Gotik. Die wichtigsten gotischen Profanbauten sind Château de Vufflens und Château de Chillon sowie die drei Schlösser Montebello, Sasso Corbaro und Castelgrande in Bellinzona.

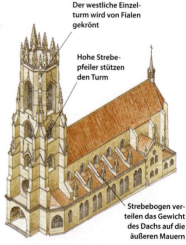

Der westliche Einzelturm wird von Fialen gekrönt

Hohe Strebepfeiler stützen den Turm

Strebebogen verteilen das Gewicht des Dachs auf die äußeren Mauern

Die Cathédrale St-Nicolas in Fribourg, ein schönes Beispiel der Hochgotik, wurde im 14. und 15. Jahrhundert errichtet.

Das Château de Chillon, einer der schönsten Festungsbauten der Schweizer Gotik, wurde von den Herzögen von Savoyen in der Nähe von Montreux erbaut.

Renaissance (15./16. Jh.)

Die Renaissance erreichte die Schweiz im späten 15. und frühen 16. Jahrhundert und fiel mit der Reformation zusammen. Der Stil setzte sich vor allem bei Profanbauten wie Rathäusern, Villen mit Arkadenhöfen und Stadthäusern, etwa denjenigen in Bern, durch. Während im deutschsprachigen Teil des Landes die Gotik andauerte, wurden die Süd- und Zentralschweiz stark von der Renaissance beeinflusst.

Das Rathaus in Luzern ist im Stil eines florentinischen Renaissance-Palazzo erbaut. Es wurde 1606 vollendet. Das Mansardendach spiegelt Schweizer Traditionen wider.

Das Collegio Pontificio di Papio in Ascona (um 1584) weist einen wohlproportionierten, mit einer Doppelreihe Arkaden geschmückten Innenhof auf.

Barock (17./18. Jh.)

Mit dem Ende des Dreißigjährigen Kriegs 1648 erhielt die Bautätigkeit in der Schweiz neuen Schwung. In den katholischen Gebieten entstanden viele neue Kirchen. Ältere wurden im gerade aktuellen Barockstil, der sich durch üppige Ornamentierung, bemalte Decken und Vergoldungen auszeichnete, umgebaut. Bei Schweizer Barockbauten findet man norditalienische und süddeutsche Einflüsse. Zu den schönsten Beispielen barocker Architektur zählen die Klosterkirche in Einsiedeln (1745 vollendet) und die Kathedrale von St. Gallen (1768 vollendet).

Die Klosterkirche in Einsiedeln besitzt eine üppig mit Gold verzierte, bemalte Decke – typisch barock.

Die wunderschöne barocke Kathedrale von St. Gallen

Schweizer Chalet

Das Chalet, typisch für die Schweiz und die angrenzenden Alpenregionen, war ursprünglich die Behausung der Schäfer. Es gibt viele regionale Varianten, doch charakteristisch sind das Fachwerk, der quadratische Grundriss und das niedrige Dach aus Holz, Schiefer oder Stein. Typisch für das Chalet ist ein flaches Satteldach mit weitem Dachüberstand, das sich manchmal tief herunterziehen kann. Viele Chalets verfügen auch über Balkone, die bisweilen mit Schnitzereien reich verziert sind.

Die Türen von Holzhäusern sind meist mit Schnitzereien verzierte Paneelkonstruktionen, die durch ornamentale Metallarbeiten verstärkt werden.

Fachwerkchalet im Freilichtmuseum Ballenberg

Landhaus – ein typischer Bau für die Berner Region im Mittelland während des Barock. Das Dach ist so konstruiert, dass es großen Schneemassen standhalten kann.

Tunnel und Eisenbahnen

Die berühmten Tunnel, Eisenbahnen und Viadukte der Schweiz entstanden Mitte des 19. Jahrhunderts im Zug der fortschreitenden Industrialisierung – sie wurden durch die großen technologischen Errungenschaften des Zeitalters erst möglich. In den scheinbar unzugänglichen Bergregionen wurden Schienen verlegt, in die Berge wurden Tunnel gegraben, Viadukte überspannten tiefe Täler. Von 1999 (erste Sprengung) bis Mitte 2016 bauten die Schweizer den Gotthard-Basistunnel. Mit seinen beiden 57 Kilometer langen, parallel verlaufenden Tunnelröhren (mit Verbindungsstollen insgesamt 153,5 km) ist er der längste Eisenbahntunnel der Welt.

Ein InterCity der Schweizer Bundesbahn überquert den Fluss Sarine (Saane) auf dem Grandfey-Viadukt bei Fribourg.

Die Niesenbahn, eine Standseilbahn, bringt Besucher aus Mülenen auf den Niesen (2362 m). Vom Gipfel aus hat man eine wunderbare Aussicht auf Thunersee, Spiez und Jungfrau-Gruppe.

Legende
- Eisenbahn (Hauptstrecke)
- Eisenbahn (Nebenstrecke)
- Tunnel

0 Kilometer 50

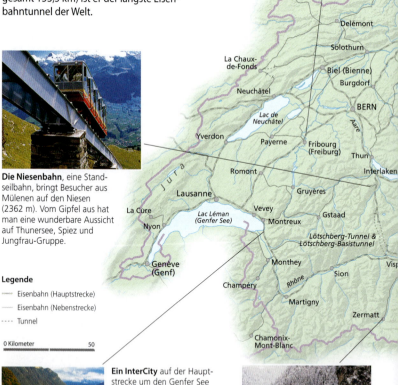

Ein InterCity auf der Hauptstrecke um den Genfer See fährt ganz nah am Château de Chillon vorbei.

Der Glacier Express überquert auf seiner reizvollen Route zwischen Zermatt und St. Moritz 291 Brücken und Viadukte und fährt durch 91 Tunnel.

TUNNEL UND EISENBAHNEN | 33

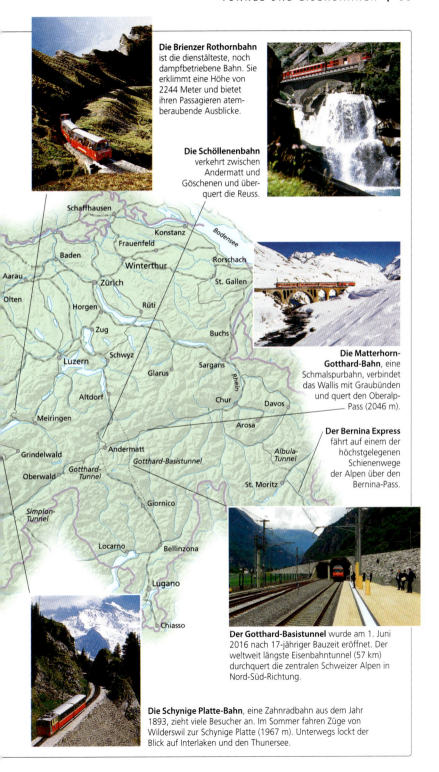

Die Brienzer Rothornbahn ist die dienstälteste, noch dampfbetriebene Bahn. Sie erklimmt eine Höhe von 2244 Meter und bietet ihren Passagieren atemberaubende Ausblicke.

Die Schöllenenbahn verkehrt zwischen Andermatt und Göschenen und überquert die Reuss.

Die Matterhorn-Gotthard-Bahn, eine Schmalspurbahn, verbindet das Wallis mit Graubünden und quert den Oberalp-Pass (2046 m).

Der Bernina Express fährt auf einem der höchstgelegenen Schienenwege der Alpen über den Bernina-Pass.

Der Gotthard-Basistunnel wurde am 1. Juni 2016 nach 17-jähriger Bauzeit eröffnet. Der weltweit längste Eisenbahntunnel (57 km) durchquert die zentralen Schweizer Alpen in Nord-Süd-Richtung.

Die Schynige Platte-Bahn, eine Zahnradbahn aus dem Jahr 1893, zieht viele Besucher an. Im Sommer fahren Züge von Wilderswil zur Schynige Platte (1967 m). Unterwegs lockt der Blick auf Interlaken und den Thunersee.

Das Jahr in der Schweiz

Die Schweiz erfreut sich einer großen Vielfalt an Festen und Feierlichkeiten. Sie reichen von bunten Spektakeln, an denen ganze Städte und Dörfer teilnehmen, bis zu international bekannten Kunst-, Musik- und Filmfestivals. Zu Letzteren zählen das Lucerne Festival für klassische Musik und das Internationale Jazzfestival in Bern. Daneben gibt es Festivals für traditionelle Musik wie das Appenzeller-Ländlermusikfest.

Das ganze Land begeht am 1. August den Nationalfeiertag, den wohl wichtigsten Tag im Schweizer Jahr. Doch auch viele der kleinen Volksfeste, z. B. das Berner Zwiebelfest im November, haben große historische Bedeutung. Einige der Feste, vor allem diejenigen, die die Ankunft des Frühlings feiern, sind heidnischen Ursprungs. In zahlreichen Bergdörfern finden Festlichkeiten statt, die den Auf- und Abtrieb der Kühe im Frühjahr bzw. im Herbst begleiten.

Zwischen Dezember und März werden zudem viele Wintersportereignisse veranstaltet, darunter immer wieder auch Weltmeisterschaften. Die größte Karnevalsveranstaltung der Schweiz ist die Basler Fasnacht.

Chalandamarz, ein Frühlingsfest für Kinder am 1. März im Engadin

Frühling
Wenn sich die Wintersportsaison ihrem Ende zuneigt und die Tage länger werden, finden die ersten Frühlingsfeste zur rituellen Austreibung des Winters statt. Es werden Volksabstimmungen im Freien abgehalten, der Viehauftrieb beginnt, und im Wallis werden die ersten Kuhkämpfe der Saison vorbereitet.

März
Internationales Jazzfestival *(März–Mai)*, Bern. Wichtiges, fünftägiges Festival für Blues, Jazz und Gospelmusik.
Chalandamarz *(1. März)*, in Dörfern im Engadin. Frühlingsfest für Kinder mit Kostümumzügen.
Engadin Skimarathon *(2. So im März)*. Wichtigster Skilanglauf von Maloja nach S-chanf mit rund 13 000 Teilnehmern.
Internationaler Autosalon *(1. Märzhälfte)*, Genf. Prestigeträchtiges zehntägiges Event.
Xtreme Verbier *(2. Märzhälfte)*. Snowboard-Meisterschaften in Bec des Rosses, Verbier.
Basel World *(3. Woche im März)*, Basel. Uhren- und Schmuckmesse.
Snow and Symphony *(Ende März–Anfang Apr)*, St. Moritz. Weltberühmte Orchester und Solisten geben Konzerte mit klassischer Musik und Jazz.
Osterfestspiele *(Ostern)*, Luzern. Konzerte geistlicher Musik.

April
Sechseläuten *(3. Mo im Apr)*, Zürich. Frühlingsfest mit Umzug der mittelalterlichen Zünfte sowie der rituellen Verbrennung des Bööggs (Winters).
Lugano Festival *(Mitte Apr–Anfang Juli)*, Lugano. Konzerte mit klassischer Musik.
Fête de la Tulipe *(Mitte Apr–Mitte Mai)*, Morges. Buntes Fest in einem Meer von Tulpen.
Combat des reines *(Mitte Apr–Mai)*, in mehreren Dörfern im Wallis. Traditioneller Kuhkampf.
Fête du Soleil *(Ende Apr–Mai)*, Lausanne. Karneval (»Sonnenfest«) mit Musikkapellen und Markttreiben.
Landsgemeinde *(letzter So im Apr)*, Appenzell-Innerrhoden. Open-Air-Abstimmung im Halbkanton.

Mai
Landsgemeinde *(1. So im Mai)*, Glarus. Kantonale Open-Air-Abstimmung auf dem Zaunplatz mit begleitender Show.
Bike Days *(Anfang Mai)*, Solothurn. Beim »nationalen Velo-Festival« dreht sich drei Tage lang alles um das Fahrrad.
Ruderwelt Luzern *(Ende Mai)*, Luzern. Internationale Ruderregatten auf dem Rotsee.

Traditionelle Kuhkämpfe in den Dörfern des Wallis *(Apr/Mai)*

DAS JAHR IN DER SCHWEIZ: FRÜHLING UND SOMMER | 35

Durchschnittliche tägliche Sonnenstunden

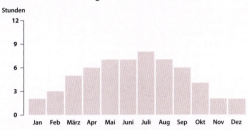

Sonnenschein
Der Juli ist der sonnigste Monat, aber auch im Mai, Juni und August ist das Wetter oft schön. Zwischen November und Februar ist es häufig bewölkt und trüb.

Tänzer in Tracht bei einem Sommerfest in Appenzell

Sommer
Vor allem in den Bergdörfern wird der Sommer mit Volksfesten gefeiert. Anderenorts finden viele Open-Air-Veranstaltungen, z. B. Musikfestivals und Sportwettkämpfe, statt. Im Hochsommer wird der Nationalfeiertag (1. August) der Schweiz begangen und die Gründung der Eidgenossenschaft gefeiert.

Juni
Almauftrieb *(Mitte Juni)*, in allen Alpenregionen. Auftrieb der Kühe auf die Sommerweiden.
Fronleichnam, katholische Kantone. Prozessionen mit Trachtengruppen.
Art Basel *(Mitte Juni)*, Basel. Internationale Kunstmesse.
JazzAscona *(Ende Juni)*, Ascona. Konzerte mit Künstlern des New Orleans Jazz und des Hot Jazz.

Fêtes des Vignerons, Vevey (nächstes Mal 2019)

Wilhelm-Tell-Aufführungen *(Ende Juni–Mitte Sep)*, Interlaken. Freilichtaufführungen von Schillers Drama.
OpenAir St. Gallen *(Ende Juni)*, St. Gallen. Pop und Rock im Naturschutzgebiet.

Juli
Montreux Jazz Festival *(Juli)*, Montreux. Jazz, Blues, Rock, Reggae und Soul.
Swiss Open Gstaad *(Mitte Juli)*, Gstaad. Internationales Tennisturnier der Männer.
Festival d'Opéra Avenches *(Juli)*, Avenches. Opern u. a. im römischen Amphitheater.
Moon and Stars *(Juli)*, Locarno. Zehn Tage Rock- und Popmusik auf der Piazza Grande.
Fêtes des Vignerons *(Ende Juli–Mitte Aug)*, Vevey. Das legendäre Winzerfest, seit 2016 ein UNESCO-Welterbe, findet nur alle 25 Jahre statt (nächster Termin: 2019).

August
Nationalfeiertag *(1. Aug)*, in der ganzen Schweiz. Feierlichkeiten mit Feuerwerk, Musik, Light-Shows und Laternenprozessionen anlässlich der Gründung der Eidgenossenschaft im Jahr 1291.
Fêtes de Genève *(Anfang Aug)*, Genf. Zehn Tage mit Open-Air-Konzerten sowie mit Theater, Sportveranstaltungen und Feuerwerk *(siehe S. 109)*.
Internationales Filmfestival *(Anfang Aug)*, Locarno. Renommiertes internationales Filmfestival seit 1946 mit Open-Air-Kino auf der Piazza Grande. Als Preise werden die »Leoparden« verliehen.
Street Parade *(1. oder 2. Wochenende im Aug)*, Zürich. Open-Air-Event mit einer halben Million Techno-Fans.
Inferno Triathlon *(Mitte Aug)*, Mürren, Schilthorn (Jungfrau-Region). Schwimmen, Radfahren und Laufen für sehr gut trainierte Sportler.
Lucerne Festival *(Mitte Aug– Mitte Sep)*, Luzern. Berühmtes Festival klassischer Musik mit internationalen Orchestern, Dirigenten und Solisten.

Nationalfeiertag *(1. Aug)* in Oberhofen am Thunersee

Durchschnittliche monatliche Niederschläge

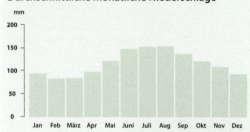

Niederschläge
Die meisten Niederschläge fallen in der Schweiz während der Sommermonate. Im Winter schneit es in größeren Höhen ausgiebig. Die Niederschläge in einigen Regionen (z. B. im Wallis) liegen unter dem landesweiten Durchschnitt.

Herbst

Wenn sich die Blätter der Bäume in den Alpen herbstlich verfärben und die Rebstöcke unter ihrer süßen Last ächzen, ist die Erntedankzeit gekommen. Dann werden überall im Land farbenfrohe Landwirtschaftsmessen abgehalten und Kastanien- und Weinfeste gefeiert. Die Kühe werden festlich geschmückt von ihren Sommerweiden zurück ins Tal getrieben.

September

European Masters *(Anfang Sep)*, Crans-Montana. Renommiertestes Golfturnier der Schweiz und einer der Höhepunkte der PGA-Tour.
La Bénichon *(Mitte Sep)*, Kanton Fribourg. Erntedankfeste im ganzen Kanton.
Knabenschiessen *(2. Wochenende im Sep)*, Zürich. Schießwettbewerb für Mädchen und Jungen im Alter von zwölf bis 16 Jahren.
Fête des Vendanges *(Ende Sep)*, Neuchâtel. Das größte Schweizer Fest zur Weinlese. Auch in anderen Orten finden solche Feste statt.
Fête de la Désalpe *(letzter Sa im Sep)*, Charmey. Den Almabtrieb begleitende Feiern, wenn die Kühe von ihren Sommerweiden ins Tal getrieben werden.

Oktober

Combats des reines *(Anfang Okt)*, Martigny. Kuhkämpfe im römischen Amphitheater. Die Gewinnerin wird offiziell zur »Reine des Reines« (Königin der Königinnen) ausgerufen.

Der Viehabtrieb von den Sommerweiden wird feierlich begangen

La Bénichon *(3. So im Okt)*, Châtel-St-Denis. Erntedankfest mit einem Umzug in historischen Kostümen sowie einem Bankett.
Älplerchilbi *(Okt–Anfang Nov)*, Obwalden und Nidwalden. Volksfest mit Jodeln und Alphornblasen.

Basler Herbstmesse *(Ende Okt–Anfang Nov)*, Basel. Der größte und älteste Jahrmarkt der Schweiz, mit Buden und Fahrgeschäften.

November

Räbechilbi *(2. Sa im Nov)*, Richterswil. Junge Leute führen bei einem Umzug Rüben-Laternen mit sich.
Bach-Festival *(2 Wochen Anfang Nov)*, Lausanne. 14 Tage Bach total.
Gansabhauet *(Martinstag im Nov)*, Sursee. Teilnehmer versuchen mit verbundenen Augen eine aufgehängte tote Gans mit einem einzigen Säbelhieb herunterzuhauen.
Zibelemärit *(4. Mo im Nov)*, Bern. Zwiebelfest mit Konfettischlacht und vergnüglichen Aktivitäten zum Winterauftakt.
Expovina *(erste 2 Wochen im Nov)*, Zürich. Weinmesse mit Verkostungen von Weinen aus der ganzen Welt.

Fête des Vendanges, das Weinfest in Neuchâtel *(Sep)*

HERBST UND WINTER | 37

Durchschnittliche monatliche Temperaturen

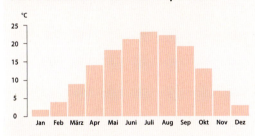

Temperaturen
Die Temperaturen sind zwischen Juni und August am höchsten, liegen jedoch selten über 30 °C. Der Januar ist der kälteste Monat, dann fallen die Werte häufig unter den Gefrierpunkt.

Eisskulpturen beim World Snow Festival in Grindelwald *(Jan)*

World Snow Festival *(Mitte Jan)*, Grindelwald. Fantastische Eisskulpturen auf einer natürlichen Eislaufbahn.
Heißluftballonwoche *(Ende Jan)*, Château d'Oex. Spektakel mit Heißluftballons.
Cartier Polo World Cup on Snow *(Ende Jan)*, St. Moritz. Auf dem zugefrorenen See bei St. Moritz treffen sich die weltbesten Polospieler.

Februar
Roitschäggättä *(Woche vor Aschermittwoch)*, Lötschental. Nächtliche Umzüge von Männern mit grotesken Masken.
White Turf *(1. Hälfte im Feb)*, St. Moritz. Internationales Pferderennen auf dem zugefrorenen See.
Basler Fasnacht *(Feb oder März)*, Basel. Karneval für 72 Stunden am Montag nach Aschermittwoch, mit Tausenden von kostümierten Trommlern und Flötenspielern. Fasnacht wird u. a. auch in Bern und Luzern gefeiert, dort jedoch zum üblichen Termin.

Winter
Die Adventszeit, von Nikolaus bis Weihnachten, bestimmt die Veranstaltungen im Dezember. Neujahr wird im ganzen Land ausgiebig gefeiert – und in einigen Teilen der Schweiz sogar zweimal, zuerst nach dem bekannten Datum des gregorianischen Kalenders und ein zweites Mal nach dem Datum des älteren julianischen Kalenders. Im Winter finden natürlich auch viele Wintersportereignisse statt, von Eishockey über Curling bis hin zu Pferderennen auf den zugefrorenen Seen. Zwischen Neujahr und Mitte März vertreibt der Karneval mit Bällen, Kostümfesten und Umzügen den tristen Winter. Den Höhepunkt stellt die Fasnacht dar, drei närrische Tage vor der Fastenzeit, die vielerorts in der Schweiz gefeiert wird.

Dezember
Nikolaus *(am oder um den 6. Dez)*, in der ganzen Schweiz. Mit Umzügen und Jahrmärkten feiert man die Ankunft des hl. Nikolaus.
Fête de l'Escalade *(1. Sa im Dez)*, Genf. Das Fest erinnert an den gescheiterten Versuch des Herzogs von Savoyen, 1602 Genf einzunehmen.
Spengler Cup *(Ende Dez)*, Davos. Internationales Eishockey-Turnier.
Silvester, Dörfer in Appenzell. Maskierte Bewohner läuten mit Kuhglocken das neue Jahr ein.

Januar
Vogel Gryff *(Mitte bis Ende Jan)*, Basel. Dreitägiges Volksfest mit den mythischen Figuren Löwe, Greif und dem »Wilden aus dem Wald«.
Coppa Romana *(Mitte Jan)*, Silvaplana. Größter europäischer Open-Air-Curling-Wettkampf.

Fasnachtsteilnehmer im Teufelskostüm

Feiertage
Neujahr *(1. Jan)*
Karfreitag Vendredi Saint *(Apr)*
Ostermontag Lundi de Pâques *(Apr)*
Auffahrt Ascension *(Mai)*
Pfingstmontag Lundi de Pentecôte *(Juni)*
Bundesfeier Nationalfeiertag *(1. Aug)*
Weihnachten *(25. und 26. Dez)*

Weitere Feiertage sind von Kanton zu Kanton unterschiedlich.

Die Geschichte der Schweiz

Die Geschichte der Schweiz begann – so will es der Gründungsmythos – im Jahr 1291, als drei kleine »Urkantone« (Waldstätte), nämlich Uri, Schwyz und Unterwalden, zum Schutz ihrer alten Rechte ein Bündnis gegen die Fremdherrschaft der Habsburger eingingen. De facto gab es im 13. und 14. Jahrhundert Dutzende solcher regionalen Bünde auf dem Gebiet der heutigen Schweiz. Laut Mythos vergrößerte sich dieser Bund, doch es vergingen noch Jahrhunderte der Instabilität voller kantonaler und religiöser Konflikte. Erst 1848 konnte sich eine zentrale Regierung etablieren – die moderne Schweiz entstand.

Helvetier und Räter
Ab etwa 500 v. Chr. wurde das Gebiet der heutigen Schweiz von zwei Völkern besiedelt: den etruskischen Rätern im Osten und den mächtigen keltischen Helvetiern im Westen. Letztere gründeten einige kleinere Siedlungen, u. a. La Tène in der Nähe von Neuchâtel.

Von der römischen zur fränkischen Vorherrschaft
Im Jahr 58 v. Chr. gehörten die Helvetier und Räter zum Römischen Reich. Die Helvetier unterstützten die Römer im Kampf gegen aufständische Stämme im Norden des Landes. Unter der römischen Herrschaft wurde Aventicum (Avenches), die Hauptstadt Helvetiens, römische Provinz. Weitere Städte mit Villen entstanden. Die Landwirtschaft blühte, neue Straßen wurden gebaut. 260 n. Chr. wurden die Helvetier und Räter erneut von germanischen Stämmen angegriffen. Der Osten wurde von den Alemannen besetzt, die Räter mussten ins Hinterland fliehen. Der Westen fiel Burgund zu. 401 gaben die Römer schließlich ihre Alpenprovinz auf.

Ende des 6. Jahrhunderts übernahmen die Franken die alemannischen und burgundischen Gebiete, die später in das Heilige Römische Reich Karls des Großen integriert und 843 zwischen seinen Enkeln aufgeteilt wurden.

Bündnis der Kantone
1033 wurde Burgund mit dem Heiligen Römischen Reich wiedervereinigt, doch mit dem Schwinden der kaiserlichen Macht erhielten feudale Dynastien mehr Einfluss. Am mächtigsten waren zweifellos die Habsburger. 1291 sollen die drei »Urkantone« (Waldstätte) Schwyz, Uri und Unterwalden auf der Rütli-Wiese einen Bund gegen die Habsburger (»Rütli-Schwur«) geschlossen haben. Daraus entstand später die Schweizerische Eidgenossenschaft. Im 14. Jahrhundert schlossen sich die Kantone Luzern, Zürich, Glarus, Zug und Bern dem Bund an. In ihrem Versuch, die Konföderation zu zerschlagen, erlitten die Habsburger in mehreren Schlachten niederschmetternde Verluste. 1499 erlangte die Schweiz schließlich die Unabhängigkeit, für die sie so lange gekämpft hatte.

---

5. Jh. v. Chr. Helvetier und Räter siedeln sich allmählich in den Alpen an

69 n. Chr. Die Helvetier lehnen sich gegen die Römer auf

260 Erste Invasionen der Alemannen

6. Jh. Franken erobern alemannische und burgundische Gebiete

1033 Burgund wird Teil des Heiligen Römischen Reichs

1291 Die drei »Urkantone« bilden einen Bund

| 500 v. Chr. | 1 n. Chr. | 500 | 1000 | 1500 |

500 v. Chr. Helvetier gründen die Siedlung La Tène

401 Die Römer geben ihre Alpenprovinz auf

5. Jh. Besiedlung durch Alemannen, Burgunder und Lombarden

1499 Die Schweiz erlangt die Unabhängigkeit

Reliquienschrein in Form eines Fußes

◀ Vertreter der drei Waldstätte Uri, Schwyz und Unterwalden geloben ihre Gefolgschaft beim »Rütli-Schwur« 1291

Kampf um die Unabhängigkeit

Nach dem Tod von Kaiser Rudolf I. im Jahr 1291 schlossen Vertreter der drei »Urkantone« Schwyz, Uri und Unterwalden einen Bund gegen die Herrschaft und Tyrannei der Habsburger. Der Treueschwur auf der Rütli-Wiese im August desselben Jahres legte den Grundstein für die spätere Schweizer Eidgenossenschaft. Die Kriege der Konföderierten gegen die Habsburger und gegen Burgund im 14. und 15. Jahrhundert zeigten, dass die mobilen Bauerntruppen den schwer bewaffneten Rittern überlegen waren. Die Schweiz wurde für den Mut ihrer Soldaten berühmt. Schweizer Söldner waren in ganz Europa gefragt.

Offizier der Schweizergarde
Vom Mut der Schweizer Soldaten sprach man in ganz Europa. Julius II. gründete 1506 die Schweizergarde als Leibwache des Papstes und zum Schutz des Vatikans.

Schlacht von Dornach (1499)
Konföderierte Soldaten wagten einen Überraschungsangriff auf die Truppen Heinrichs von Fürstenberg, der in der Schlacht ums Leben kam.

Söldnertruppen von Charles VII von Frankreich kommen den Habsburgern bei Basel zu Hilfe.

Schlacht von Morgarten (1315)
Bei Morgarten erlitt die Armee von Prinz Leopold von Habsburg im Kampf gegen die Truppen der späteren Eidgenossenschaft eine schwere Niederlage.

Schwyzer Schild
Der rote Schild wurde erst später mit einem weißen Kreuz verziert. Ein weißes Kreuz auf rotem Grund war das Wappen der Konföderation.

KAMPF UM DIE UNABHÄNGIGKEIT | 41

Konföderierte versammeln sich an einem Turm hinter einem Banner mit dem Wappen von Basel.

Armbrust
Die Armbrust stellte die Hauptwaffe im Arsenal der Schweizer Armee dar.

Wehrmauer um Basel

Konföderierte Verteidiger in einem befestigten Lager um die Kirche.

St.-Jakobs-Kirche

Wilhelm Tell
Der Sage nach wurde der Jäger Wilhelm Tell vom habsburgischen Landvogt Gessler gezwungen, mit der Armbrust einen Apfel vom Kopf des eigenen Sohns zu schießen. Später tötete Tell den verhassten Habsburger Gessler.

Schlacht von St. Jakob
Auf Wunsch des habsburgischen Königs Friedrich III. schickte Charles VII von Frankreich 1444 eine 20 000 Mann starke Söldnerarmee in die Schweiz. Die konföderierten Soldaten, die ihr Lager in St. Jakob an der Birs bei Basel aufgeschlagen hatten, wehrten sich tapfer, wurden jedoch besiegt.

Schlacht von Laupen (1339)
Nach der Belagerung Berns dankten die Armeen von Bern und Luzern Gott für ihren Sieg über den Herzog von Burgund und den Kanton Fribourg.

Niederlage der Schweizer in der Schlacht von Marignano (1515)

Höhepunkt territorialer Macht

Ermutigt durch die neue Unabhängigkeit, doch weiterhin umgeben von Gebieten unter Habsburger und anderer Fremdherrschaft, versuchte die Eidgenossenschaft, ihr Territorium zu sichern und nach Norden, Osten und Süden auszudehnen. 1512 eroberten konföderierte Truppen die Lombardei und besetzten Locarno und Lugano. Ihr Kampf gegen die vereinigten französischen und venezianischen Streitkräfte endete jedoch 1515 bei Marignano in einer Niederlage. Danach gab die Schweiz die Expansionspläne auf und verschrieb sich der militärischen Neutralität. Die Eidgenossenschaft wuchs weiter. 1481 hatten sich ihr Fribourg und Solothurn angeschlossen. Basel und Schaffhausen kamen 1501, Appenzell 1513 hinzu. Die Zahl der Kantone war damit auf 13 angewachsen.

Reformation

Die religiöse und politische Bewegung zur Reformierung der Römisch-Katholischen Kirche entstand im frühen 16. Jahrhundert in Deutschland und breitete sich rasch in Westeuropa aus. An der Spitze der Reformation in der Schweiz standen der Humanist Ulrich Zwingli (1484–1531), der überwiegend in Zürich aktiv war, und Johann Calvin (1509–1564), der die Bewegung in Genf anführte. Während die städtischen Kantone die Reformation begrüßten, blieben die ärmeren, konservativen Kantone der Zentralschweiz beim Katholizismus. Dennoch hielten alle Kantone auch zur Zeit der Religionskriege (17. Jh.) der Eidgenossenschaft die Treue.

Wohlstand und Industrie

Formal wurde die Unabhängigkeit der Schweiz im Westfälischen Frieden, der den Dreißigjährigen Krieg (1618–48) beendete, anerkannt. Die Eidgenossen hatten sich aus dem Konflikt herausgehalten, was einen Aufschwung im Land bewirkte.

Während des Kriegs hatte die Schweiz eine Schlüsselrolle im europäischen Handel gespielt. Die Ankunft von Kriegsflüchtlingen (vor allem Hugenotten) belebte nun die Textilindustrie. Die Industrialisierung

Verbrennung religiöser Bilder als Reaktion auf Zwinglis Predigt gegen die Bilderverehrung

---

1515 Schlacht von Marignano. Danach erklärt die Konföderation ihre Neutralität

1559 Johann Calvin gründet die Calvin-Akademie in Genf

1680er/1690er Jahre Die Brüder Jakob und Johann Bernoulli legen an der Universität von Basel den Grundstein für die Wahrscheinlichkeits- und die Integralrechnung

1500 — 1550 — 1600 — 1650 — 1700

1525 Zwinglis Reformen werden von der Kirche in Zürich anerkannt

1684 Westfälischer Friede garantiert Neutralität der Schweiz

Louis XIV und Vertreter der Eidgenossenschaft

AUF DEM WEG ZUM BUNDESSTAAT | 43

Symbol des Schweizer Widerstands: Wilhelm Tell besiegt den Drachen der Französischen Revolution

setzte sich im 18. Jahrhundert fort, als Maschinen zum Weben von Seide, Leinen und Baumwolle erfunden wurden. Zum wichtigsten Industriezweig des Landes entwickelte sich die Uhrmacherei, die französische Flüchtlinge im 16. Jahrhundert in die Schweiz brachten.

Helvetische Republik
Die französischsprachigen Gebiete der Schweiz unterstützten die Prinzipien der Französischen Revolution – doch dies gefährdete die Stabilität der Eidgenossenschaft. 1798 fiel Napoléon in der Schweiz ein, nachdem er Norditalien erobert hatte. Er wollte die Straßen zwischen Italien und Frankreich kontrollieren, schaffte die Kantone ab und gründete die kurzlebige und unbeliebte Helvetische Republik. 1803 erhielt die Eidgenossenschaft ihren Namen zurück, ihre Unabhängigkeit allerdings erst nach Napoléons Sturz 1815.

Schweizerische Eidgenossenschaft
1803 schlossen sich sechs weitere Kantone – St. Gallen, Graubünden, Aargau, Thurgau, Tessin und Waadt – der Eidgenossenschaft an. Das Wallis, Genf und Neuchâtel (nur bedingt) kamen 1815 hinzu. Die religiösen Auseinandersetzungen hielten jedoch an. 1845 bildeten sieben katholische Kantone den sogenannten Sonderbund. Dies führte zum Bürgerkrieg, bei dem die Protestanten die Katholiken besiegten.

1848 wurde eine neue Verfassung ins Leben gerufen, die die Schweiz zum Bundesstaat und Bern zu dessen Bundesstadt machte. Regierungsorgan war der von National- und Ständerat gewählte Bundesrat.

1857 wurde es abermals kritisch für den Bund, als Preußen Neuchâtel (Neuenburg) bedrohte. Eine 100 000 Mann starke Schweizer Armee marschierte zur Rheingrenze. Der preußische König verzichtete schließlich auf seinen Anspruch.

Die Schweizer Armee 1857 bei der Verteidigung Neuchâtels

1723 Leonhard Euler, Begründer der modernen Mathematik mit fast 900 Publikationen, macht seinen Abschluss in Basel

1815 Niederlage Napoléons. Wiener Kongress bestätigt die Neutralität der Schweiz

1857 Der preußische König verzichtet auf Neuchâtel, es wird vollwertiger Kanton der Schweiz

Henri Dunant

1750 — **1800** — **1850** — **1900**

1798 Invasion der Franzosen. Gründung der Helvetischen Republik

Französischer Grenadier

1847 Bürgerkrieg und Niederlage des »Sonderbunds«

1864 Henri Dunant gründet das Internationale Rote Kreuz in Genf

1848 Die neue Verfassung sieht eine zentralistische Regierung vor

Wirtschaftlicher Aufstieg

Bereits im 17. Jahrhundert besaß die Schweiz eine gut funktionierende Textil- und Uhrenindustrie, die die hugenottischen Flüchtlinge aus Frankreich aufgebaut hatten. Ende des 18. Jahrhunderts war das Land aufgrund seiner politischen Neutralität, des zunehmenden Wohlstands der Mittelklasse und der langen Friedensperiode zu einer der wohlhabenden Nationen Europas aufgestiegen. Im 19. Jahrhundert wurde durch die Mechanisierung der Textilindustrie und die steigenden Exporte das Wachstum der Wirtschaft noch beschleunigt. Präzisionstechnologie und chemische Industrie boomten. Auch Schweizer Lebensmittel wie Philippe Suchards Schokolade, Henri Nestlés Milchpulver und Julius Maggis Brühwürfel wurden zu international bekannten Marken.

Aufgeregte Massen versammeln sich um die Statue im ägyptischen Stil, eine Personifikation der Industrie.

Allegorie der Gerechtigkeit

Schweizer Pavillon bei der Londoner Weltausstellung von 1851
Unter den 270 Ausstellungsstücken befanden sich Textilien und Seide, Uhren und pharmazeutische Produkte. Es gab auch ein Modell des Straßburger Münsters von dem Berner Bildhauer Jules Leemann.

Die Lokomotive ist das Symbol technischen Fortschritts.

Frauen arbeiten an Maschinen mit Riemenantrieb.

Ein Unternehmer präsentiert seine Produkte interessierten Händlern.

Erfindung des Telegrafen
Den ersten elektrischen Telegrafen baute der Physiker George-Louis Lesage 1774 in Genf.

Entwicklung der Eisenbahn
Zürichs beeindruckender Hauptbahnhof entstand 1867–71.

Uhrmacherei
Die Schweizer Uhr ist ein Symbol für Genauigkeit und Verlässlichkeit.

St.-Gotthard-Pass
Der Weg über die Alpen auf dem St.-Gotthard-Pass zwischen der südlichen und der Zentralschweiz führt auf eine Höhe von 2108 Meter. Durch den verkehrstechnisch wichtigen Pass ist die Schweiz mit Deutschland und Italien verbunden. Von 1871 bis 1882 wurden Tunnel und Bahnlinie gebaut. 2016 wurde einer neuer Eisenbahntunnel, der Gotthard-Basistunnel, eröffnet.

Allegorie der Industrie

Werbeplakat für St. Moritz
Ab dem 19. Jahrhundert erfreuten sich die Schweizer Ferienorte rasch wachsender Beliebtheit.

Eine Postkutschenfahrt über den Pass war beschwerlich, manchmal gefährlich und aufgrund des heftigen Schneefalls nur im Sommer möglich.

Alpenstraßen
Im 19. Jahrhundert zog die eindrucksvolle Alpenlandschaft der Schweiz immer mehr Besucher an.

Italienische Arbeiter, die den Tunnel graben sollten, streikten 1875. Durch das Eingreifen der Armee konnten die Männer zur Wiederaufnahme der Arbeit »überredet« werden.

Unter diesen Händlern befinden sich ein deutscher Besucher, der einen Mantel mit Pelzbesatz trägt, und ein Amerikaner mit breitkrempigem Hut.

Höhepunkt der Industrialisierung
Das monumentale Fresko im Musée d'art et d'histoire in Neuchâtel (siehe S. 135) zeigt die Errungenschaften der Schweizer Industrie im 19. Jahrhundert. Mithilfe einer Allegorie wird die Konsolidierung der Schweizer Wirtschaft auf dem internationalen Markt dargestellt.

Schweizer Schokolade
Unter den Chocolatiers, die im 19. Jahrhundert zu internationalem Ruhm gelangten, war auch Philippe Suchard (1797–1884).

Erste Versammlung des Völkerbunds 1920 in Genf

Erster Weltkrieg

Als der Erste Weltkrieg ausbrach, musste sich die Schweiz ernsthafte Sorgen um ihre Neutralität machen. Die Beziehungen zwischen den französisch- und deutschsprachigen Landesteilen verschlechterten sich, da beide Seiten Partei ergriffen. Appelle, an die Einheit des Landes zu denken, verhinderten das Schlimmste.

1915 standen rund 100 000 Schweizer Soldaten zur Verteidigung der Landesgrenzen bereit. Als sich der Krieg in die Länge zog, organisierte die Schweiz ein Hilfsprogramm für etwa 68 000 Kriegsgefangene und Flüchtlinge. Unter denen, die um politisches Asyl baten, befanden sich viele Staatsoberhäupter und führende Politiker, auch die Revolutionäre Lenin und Trotzki.

Die revolutionären Ideen, die Letzterer mitbrachten, sorgten bei den Schweizer Arbeitern für Unruhe, die im Generalstreik von 1918 gipfelte. Der Streik wurde von der Armee zwar rasch niedergeschlagen, doch die Arbeiter gewannen immer mehr Einfluss, konnten ihre Lage verbessern und erreichten schließlich die Einführung der 48-Stunden-Woche.

Zwischen den Kriegen

1920 trat die Schweiz nach einer Abstimmung dem neu gegründeten Völkerbund bei. In Anerkennung ihrer Neutralität wählte man Genf als Hauptsitz der Organisation.

Während die 1920er Jahre eine Phase des wirtschaftlichen Wohlstands waren, bekam auch die Schweiz in den 1930er Jahren die Auswirkungen der Wirtschaftsdepression zu spüren. Zudem ließen sich erste faschistische Stimmen in der Bevölkerung vernehmen.

Gegen Ende der 1930er Jahre, als erneut ein Krieg drohte, bekam die Schweizer Rüstungsindustrie zunächst Auftrieb. Darüber hinaus hatten sich die Schweizer Banken eine bedeutende Rolle in der Weltwirtschaft erobert.

General Henri Guisan, Oberbefehlshaber der Streitkräfte, bei Kriegsausbruch 1939

1901 Henri Dunant, Gründer des Internationalen Roten Kreuzes, erhält den ersten Friedensnobelpreis, der verliehen wird

1918 Generalstreik und Einführung der 48-Stunden-Woche

1934 Carl G. Jung, Begründer der analytischen Psychologie, wird Leiter der Psychologieabteilung der Universität Zürich

1960 Professor Auguste Piccards Sohn Jacques erreicht in einer Tauchkugel eine Rekordtiefe von 10 916 Meter

1900 | 1910 | 1920 | 1930 | 1940 | 1950 | 1960

1914–18 Schweiz kann Neutralität im Ersten Weltkrieg wahren

1920 Beitritt zum Völkerbund

1922 Eröffnung des Simplon-Tunnels

1939–45 Schweiz bleibt im Zweiten Weltkrieg neutral

Bohrungen im Simplon-Tunnel

Schweizer Künstler und Wissenschaftler waren mittlerweile ebenfalls weltbekannt, etwa die Maler Paul Klee (1879–1940) und Alberto Giacometti (1901–1966), der Architekt Le Corbusier (1887–1965) und der Psychologe C. G. Jung (1875–1961).

Zweiter Weltkrieg

1940 fand sich die Schweiz von Nazi-Deutschland im Norden und Osten, dem deutsch besetzten Frankreich im Westen und dem faschistischen Italien im Süden umzingelt. Eine Invasion schien nur noch eine Frage der Zeit zu sein. General Henri Guisan, Oberbefehlshaber der Schweizer Armee, erneuerte daraufhin den Rütli-Schwur und die Verpflichtung der Schweiz zur Neutralität.

Obwohl die Schweiz am Zweiten Weltkrieg nicht direkt teilnahm, spielte sie dennoch eine wichtige Rolle. Das Land fungierte als geheimer Treffpunkt der Alliierten sowie der Achsenmächte und gewährte deutschen Juden anonyme Konten. Die Schweizer Banken tauschten aber auch das Raubgold der Nazis in Geld um, das im Dritten Reich dringend benötigt wurde.

Nachkriegsjahre und Gegenwart

Als einziges europäisches Land blieb die Schweiz von den Nachwehen des Kriegs und der neuen Weltordnung recht unberührt. Erst 1971 z. B. erhielten Frauen das Bundeswahlrecht. 1996 wurde das Land vom »Nazi-Gold-Skandal« erschüttert: Es stellte sich heraus, dass Schweizer Banken geraubte Werte von Juden besaßen, die im Holocaust umgekommen waren. Unter internationalem Druck zeigte sich die

1929 lancierte der Schweizerische Verband für Frauenstimmrecht eine Petition für allgemeines Wahlrecht

Schweiz 1998 bereit, den Angehörigen ermordeter Juden 1,25 Milliarden US-Dollar Entschädigung zu zahlen.

Bis heute ist die Schweiz kein EU-Mitglied (1992 lehnten die Schweizer den Beitritt ab). Allerdings sichert die Schweiz mit zahlreichen staatlichen Verträgen mit der EU die Verkehrs- und Handelsfreiheit mit den EU-Staaten. 2002 trat die Schweiz den Vereinten Nationen bei, 2004 dem Schengen-Abkommen (volle Umsetzung erst seit 2008).

Das ehemals berühmte Schweizer Bankgeheimnis ist faktisch abgeschafft: 2014 ist die Schweiz der Erklärung der OECD über den automatischen Informationsaustausch in Steuerangelegenheiten beigetreten. Seit 2018 werden alle Kontodaten mit den Behörden in der EU geteilt.

Die isolationistischen Tendenzen in der Schweiz werden durch die Globalisierung immer weiter zurückgedrängt. Die Beziehungen zur EU stehen in der Schweiz zweifellos an erster Stelle der Politik. 2016 unterzeichnete die Schweiz das Pariser Abkommen zum Klimaschutz.

DIE REGIONEN DER SCHWEIZ

Bern	52–69
Mittelland, Berner Oberland und Wallis	70–95
Genf	96–111
Westschweiz	112–137
Nordschweiz	138–161
Zürich	162–179
Ostschweiz und Graubünden	180–209
Zentralschweiz und Tessin	210–243

Die Schweiz im Überblick

Von den schneebedeckten Alpen und dem grünen Jura bis zur dicht besiedelten Hochebene des Mittellands hat die Schweiz eine Fülle von verschiedenen Eindrücken zu bieten. Wer das Meer vermisst, wird von den großen, kristallklaren Seen reichlich entschädigt. Malerische Bergdörfer und mittelalterliche Orte voller Atmosphäre in den abgelegeneren Regionen stehen kosmopolitischen Städten wie Bern, Zürich, Lausanne, Genf und Basel gegenüber. Für viele Besucher sind die Alpen mit ihren vielen Wintersportmöglichkeiten und der weitgehend unberührten Natur am interessantesten. Das südlich der Alpen gelegene Tessin bietet dagegen eine lebhafte italienische Kultur und mediterranes Klima.

Bern, Bundesstadt der Schweiz mit Regierungssitz, ist eine historisch bedeutsame Stadt mit mittelalterlichem Flair. Auf dem Stadtwappen ist ein Bär dargestellt.

Lausanne am Nordufer des Genfer Sees ist eine bedeutende Kulturstadt. Die Kathedrale im mittelalterlichen Stadtzentrum gehört zu den wichtigsten gotischen Gebäuden der Schweiz.

Westschweiz
Seiten 112–137

Bern
Seiten 52–69

Mittelland, Berner Oberland und Wallis
Seiten 70–95

Genf
Seiten 96–111

Genf erfreut sich einer großartigen Lage am größten See der Schweiz. Die kosmopolitische Stadt ist Sitz einer großen Zahl internationaler Organisationen.

Das Matterhorn hat eine unverwechselbare Gestalt und ist der markanteste Gipfel der Schweizer Alpen. An seinem Fuß liegt Zermatt.

◀ Seeschloss Oberhofen am Thunersee *(siehe S. 79)*

DIE SCHWEIZ IM ÜBERBLICK | 51

Schaffhausen, die Hauptstadt des nördlichsten Kantons der Schweiz, hat ein wunderschönes mittelalterliches Stadtzentrum. Die Renaissance-Festung Munot erhebt sich über dem Rhein.

Zürich an der Limmat ist die größte Stadt der Schweiz sowie Zentrum des Bankwesens und Goldhandels. Wahrzeichen der Altstadt ist das beeindruckende Grossmünster mit zwei Türmen.

Val Bregaglia ist eines der zahlreichen schönen Alpentäler in Graubünden. Es gilt als Paradies für Kletterer und ist von Granitgipfeln und einer Vielzahl von Felsformationen umgeben.

Nordschweiz
Seiten 138–161

- Schaffhausen
- Konstanz
- Frauenfeld
- Bodensee
- Winterthur
- Zürich

Zürich
Seiten 162–179

- Muri
- Luzern
- Vierwaldstättersee
- Stans
- Walensee
- Glarus
- Bad Ragaz
- Altdorf
- Erstfeld
- Meiringen
- ndelwald
- Chur
- Klosters

Ostschweiz und Graubünden
Seiten 180–209

- Arosa
- Zillis
- St. Moritz

Zentralschweiz und Tessin
Seiten 210–243

- Mesocco
- Val Bregaglia
- Maggia
- Locarno
- Bellinzona
- Lago Maggiore
- Lugano

Die Hofkirche ist eines der zahllosen sehenswerten Gebäude in Luzern. Die malerische Stadt liegt an einem See, ist von Bergen umgeben und Kulturhauptstadt der Zentralschweiz.

Bellinzona, die Hauptstadt des Tessins, liegt strategisch ausgesprochen günstig am Beginn der Straßen zu den Pässen St. Gotthard und San Bernardino.

Bern

Mit seiner malerischen Lage an der Aare und den hübschen Gebäuden im mittelalterlichen Zentrum ist Bern eine der schönsten historischen Städte der Schweiz. Die Bundesstadt hat zwar nur 141 000 Einwohner, doch sie ist Universitätsstadt und Sitz von Regierung (Bundesrat) und Parlament. Zahlreiche internationale Organisationen haben ebenfalls ihren Sitz in der Hauptstadt.

Bern (französisch Berne, italienisch Berna) liegt auf einer schmalen, erhöhten Landzunge an einer steilen Biegung des Flusses Aare. Es wurde 1191 von Berthold V., Herzog von Zähringen, gegründet. Das Stadtwappen ziert ein Bär. Einer Sage zufolge sollte die neue Siedlung den Namen des Tiers tragen, das der Herzog als Erstes auf der nächsten Jagd erlegte. Dies war ein Bär. Der Herzog nannte die Stadt folglich »Bärn«. Nach dem Niedergang der Zähringer-Dynastie wurde Bern eine freie Stadt. Sie blühte und gedieh und trat 1353 der Eidgenossenschaft bei.

Nachdem ein Brand 1405 viele der Holzhäuser zerstört hatte, wurde Bern mit Steinhäusern wiederaufgebaut. Aus dieser Zeit stammt ein Großteil der wunderschönen Altstadt.

Im Jahr 1528 bekannten sich die Berner offiziell zur Reformation und unterstützten die Protestanten. Durch seinen wohlhabenden Adel war Bern am Ende des 16. Jahrhunderts zu einem mächtigen Stadtstaat aufgestiegen. Im 17. und 18. Jahrhundert erweiterte es sein Territorium durch Annexion umliegender Gebiete. Diese verlor die Stadt beim Einfall napoléonischer Truppen 1798 teilweise wieder. Bern blieb jedoch wichtig und mächtig genug, um 1848 zur Bundesstadt zu werden.

Bern expandiert noch immer. Heute ist die vorwiegend deutschsprachige Stadt ein Zentrum von Verwaltung, Bildung und Industrie. Die historische Altstadt wurde im Jahr 1983 von der UNESCO zum Welterbe erklärt.

Das Rathaus von Bern stammt aus dem 15. Jahrhundert und wurde später umgebaut

◀ Bleiglasfenster im gotischen Münster *(siehe S. 62f)* in Bern

Überblick: Bern

Die Berner Altstadt kann man gut zu Fuß erkunden – viele Straßen sind Fußgängerzonen und nur für den öffentlichen Nahverkehr zugänglich. Die Altstadt liegt auf einem schmalen Felsgrat und erstreckt sich von der Nydeggbrücke im Osten zum Käfigturm, einem ehemaligen Stadttor, im Westen. Hauptstraße ist die Marktgasse, die von alten Häusern gesäumt wird, in denen nun Geschäfte untergebracht sind. Die Museen im Kirchenfeldquartier am gegenüberliegenden Ufer der Aare sind leicht zu Fuß über die Kirchenfeldbrücke zu erreichen.

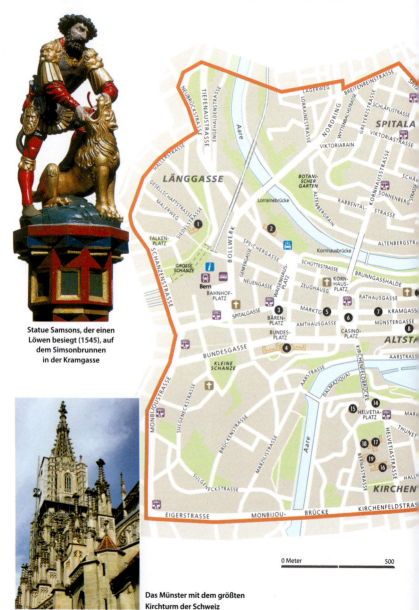

Statue Samsons, der einen Löwen besiegt (1545), auf dem Simsonbrunnen in der Kramgasse

Das Münster mit dem größten Kirchturm der Schweiz

Hotels und Restaurants in Bern *siehe Seiten 248 und 264f*

BERN | 55

Blick auf die Untertorbrücke über die Aare, eine von 18 Brücken Berns

Sehenswürdigkeiten auf einen Blick

1. Universität
2. *Kunstmuseum S. 60f*
3. Bärenplatz
4. Bundeshaus
5. Marktgasse
6. Zytglogge
7. Kramgasse
8. *Münster S. 62f*
9. Münstergasse
10. Erlacherhof
11. Gerechtigkeitsgasse
12. Rathaus
13. BärenPark
14. Kunsthalle
15. Schweizerisches Alpines Museum
16. Museum für Kommunikation
17. Bernisches Historisches Museum
18. Schweizer Schützenmuseum
19. Naturhistorisches Museum
20. Zentrum Paul Klee

Statuen der Klugen und Törichten Jungfrauen am Hauptportal des Münsters

Zeichenerklärung *siehe hintere Umschlagklappe*

Im Detail: Altstadt

Die Berner Altstadt mit ihren langen, kopfsteingepflasterten Straßen, den roten Hausdächern, farbenfroh bemalten Brunnen und malerischen Arkaden gehört zu den am besten erhaltenen historischen Stadtzentren in der Schweiz. Der Verlauf der Straßen hat sich seit dem 15. Jahrhundert kaum verändert. Zu dieser Zeit entstanden auch Münster und Rathaus, zwei der großartigen Sehenswürdigkeiten Berns. Der westliche Teil der Altstadt wird durch Läden und Straßenmärkte belebt, im älteren östlichen Teil herrscht eine ruhigere Atmosphäre vor.

Kornhaus
Das heutige Kulturzentrum wurde im 18. Jahrhundert über großen gewölbten Weinkellern erbaut. Hier befindet sich ein traditionsreiches Restaurant.

❺ Marktgasse
Die Hauptachse durch den westlichen Teil der Altstadt beginnt am Käfigturm, im 13. und 14. Jahrhundert das westliche Stadttor.

Die Französische Kirche ist die älteste Kirche in Bern.

❸ Bärenplatz
An der Stelle verlief einst ein Wassergraben an der westlichen Seite Berns.

Die Heiliggeistkirche ist die schönste protestantische Kirche der Schweiz.

Bundesplatz
Das Bundeshaus ist mit Gemälden geschmückt, die Szenen aus der Schweizer Geschichte darstellen.

0 Meter 100

Hotels und Restaurants in Bern *siehe Seiten 248 und 264f*

ALTSTADT | **57**

⑫ Rathaus
Das Rathaus schmücken eine Doppeltreppe und eine gotische Vorhalle, durch die man zum Haupteingang gelangt.

⑪ Gerechtigkeitsgasse
Sie bildet den östlichen Teil der Hauptachse durch die Altstadt. Das Haus Nr. 68 gehörte der Weberzunft, seine Fassade ziert ein Greif. Sehenswert ist auch ein Brunnen mit der Statue der Gerechtigkeit.

Zur Orientierung
Siehe Zentrumskarte S. 54f

⑧ ★ Münster
Das beeindruckendste Element des gotischen Münsters ist das großartige, von bemalten Figuren umgebene Hauptportal.

⑨ Münstergasse
Am Dienstag- und Samstagvormittag füllen sich die Arkaden der Münstergasse mit einem geschäftigen Markt.

Legende
— Routenempfehlung

⑦ Kramgasse
Die Hauptachse durch die Altstadt wird von der Kramgasse fortgesetzt. Sie beginnt bei dem Zytglogge. Der Glockenturm markiert die Westgrenze des ältesten Teils der Altstadt.

⑥ ★ Zytglogge
Zwischen 1191 und 1250 bildete der Turm das westliche Stadttor, später diente er als Gefängnis. Das Glockenspiel beginnt vier Minuten vor der vollen Stunde.

❶ Universität

Hochschulstrasse 4. ⓦ unibe.ch

Die Berner Universität wurde zwar erst 1834 gegründet, die akademischen Wurzeln der Stadt reichen jedoch bis ins 16. Jahrhundert zurück. Bereits 1528 entstand eine theologische Schule in einem ehemaligen Franziskanerkloster auf dem heutigen Casinoplatz.

1805 wurde aus der Schule, immer noch im ehemaligen Kloster, eine Akademie, die später den Status einer Universität erhielt.

Mit der zunehmenden Zahl an Studenten und Fakultäten wurden auch größere Universitätsgebäude notwendig. Diese entstanden zwischen 1899 und 1903 an der Böschung der Grossen Schanze, die im 17. Jahrhundert Teil des Verteidigungssystems der Stadt war. Hier befindet sich heute das Hauptgebäude, ein aus verschiedenen Stilen (Neorenaissance und Neobarock) bestehender Monumentalbau.

❷ Kunstmuseum

Siehe S. 60f.

❸ Bärenplatz

Die lang gezogene Promenade wirkt eher wie eine breite Straße. Sie geht an ihrer nördlichen Seite in den Waisenhausplatz über, von dem sie nur durch einen Brunnen getrennt ist.

Der Bärenplatz ist nach der Bärengrube benannt, die sich einst hier befand und heute Teil des BärenParks *(siehe S. 64)* ist. Der Waisenhausplatz verdankt seinen Namen dem ehemaligen Kinderheim in dem Barockgebäude, das heute als Polizeihauptrevier dient.

Beide Plätze folgen in ihrer Anlage dem Wassergraben, der 1256 im Westteil der Stadt ausgehoben worden war. Östlich der beiden Plätze befinden sich der Holländische Turm und der **Käfigturm**. Letzterer verfügt über ein Giebeldach und eine schlanke Laterne, die von der Turmspitze gekrönt wird.

Das Bundeshaus, umrahmt von buntem Herbstlaub

Der Käfigturm, einst Teil der Stadtmauer, entstand, als Bern sich nach Westen ausdehnte. Er fungierte von 1250 bis 1350 als Stadttor. Zwischen 1643 und 1897 wurde er als Gefängnis genutzt, seit 1999 dient er als Veranstaltungsraum für Seminare, Treffen von Politikern und Ausstellungen.

An seiner Südseite grenzt der Bärenplatz an den Bundesplatz, der vom Bundeshaus dominiert wird. Der Platz wird von Cafés gesäumt. Dienstags und samstags findet hier am Vormittag ein Obst- und Blumenmarkt statt.

Käfigturm
Marktgasse 67. ☎ 058 462 7500.
🕒 Mo–Fr 8–18 Uhr (bei Ausstellungen auch Sa 10–16 Uhr).
ⓦ kaefigturm.ch

❹ Bundeshaus

Bundesplatz 3. ☎ 058 322 9022.
🕒 Mo, Mi, Fr 11.30, Mo–Sa 15 Uhr (Führungen auf Deutsch).
ⓦ parlament.ch

Der Sitz der Bundesversammlung befindet sich auf einem Felsen über dem Aaretal. Vom Bundesplatz aus blickt man auf die Nordfassade. Schöner ist die Südfassade, die man von der Monbijoubrücke über die Aare erblickt.

Das Parlamentsgebäude wurde von W. H. Auer im Stil der Neorenaissance entworfen und 1894 bis 1902 errichtet. Der zentrale Teil des Gebäudes umfasst eine saalartige Kuppelhalle, von der eine breite Treppe zu den Ratssälen führt. Die Halle besitzt Gemälde, die Szenen aus der Schweizer Ge-

Ferdinand Hodler (1853–1918)

Selbstbildnis (1912)

Ferdinand Hodler, einer der bemerkenswertesten Schweizer Maler seiner Zeit, wurde zwar in Bern geboren, verbrachte den Großteil seines Lebens jedoch in Genf. Zunächst malte er überwiegend realistische Landschaftsbilder und Porträts, später entwickelte er sich zum Hauptvertreter des Symbolismus und des Jugendstils. Seine oft allegorischen Gemälde mit Gruppen stilisierter, symmetrisch angeordneter Figuren sind von bewegender Schönheit. Berühmt wurden auch seine monumentalen Wandgemälde. In seinem Spätwerk kann man den kommenden Expressionismus bereits ahnen.

Hotels und Restaurants in Bern *siehe Seiten 248 und 264f*

schichte zeigen. Auf den bemalten Glasfenstern sind die Wappen der Regionen und Kantone sowie Allegorien der Gerechtigkeit, Bildung, des Patriotismus etc. zu sehen. Den Nationalratssaal im Südflügel zieren Gemälde mit Vertretern der Kantone Uri, Schwyz und Unterwalden, die sich zum Rütli-Schwur treffen *(siehe S. 39)*.

Seit der Renovierung 2008 können Besucher wieder die Debatten im Bundeshaus von der öffentlichen Tribüne aus verfolgen. Tagt das Parlament, wird dies durch eine Flagge auf dem Gebäude angezeigt.

Der Zentralbau wird von zwei Seitengebäuden flankiert: Das Bundeshaus Ost wurde ebenfalls von Auer entworfen und 1892 gebaut, das Bundeshaus West (1857) stammt von F. Studer. Von der dahintergelegenen Bundesterrasse aus hat man einen schönen Panoramablick auf die Alpen. Die Marzilibahn an der Westseite des Bundeshauses bringt Besucher hinunter ins Aaretal.

Käfigturm, einstiges Stadttor am westlichen Ende der Marktgasse

❺ Marktgasse

Die Gasse entstand im 13. Jahrhundert, als sich die Stadt nach Westen ausbreitete. Sie beginnt im Osten beim Zytglogge, dem ehemaligen Stadttor, und endet im Westen beim Käfigturm, dem späteren Stadttor. Heute ist die Marktgasse das Zentrum des Berner Einkaufsviertels: Sie wird von Arkaden voller Läden, Restaurants und Cafés gesäumt. Auf ihr befinden sich auch zwei Renaissance-Brunnen: der **Anna-Seiler-Brunnen** in Erinnerung an die Frau, die 1354 das erste Krankenhaus in Bern gründete, und der **Schützenbrunnen**.

Im Osten bildet die Marktgasse einen rechten Winkel mit dem Kornhausplatz, der dem Verlauf der frühesten Stadtmauer folgt. Hier befindet sich der makabre **Kindlifresserbrunnen**, der einen Unmenschen beim Verschlingen eines Kindes zeigt.

Auf der nordwestlichen Seite der Kornhausgasse liegt die **Französische Kirche** (12. Jh.), die älteste Kirche Berns. Sie wurde im 17. Jahrhundert von französischen Protestanten, geflüchteten Hugenotten, übernommen.

❻ Zytglogge

Bim Zytglogge 3. 031 328 1212. Apr–Okt, 26.–31. Dez: tägl. 14.30 Uhr (online buchen).
zeitglockenturm.ch

Wahrzeichen der Stadt ist der Zeitglockenturm. Von 1191 bis 1250 bildete er das westliche Stadttor, bis der Käfigturm diese Funktion übernahm. Nach dem Brand von 1405 wurde der Zytglogge wiederaufgebaut und als Gefängnis für Prostituierte genutzt.

Die Uhr fertigte Caspar Brunner in den Jahren 1527 bis 1530. Sie besitzt mechanische Figuren, darunter Bären und einen krähenden Hahn, die ihre Prozession auf dem östlichen Zifferblatt vier Minuten vor jeder vollen Stunde beginnen. Bei einer Führung kann man ihre Mechanik aus der Nähe bewundern – ebenso die Aussicht über die Stadt.

Restaurant in einer Arkade der Kramgasse

❼ Kramgasse

Die Gerechtigkeitsgasse ist die östliche Verlängerung der Kramgasse, die wiederum die Hauptachse des mittelalterlichen Bern (12. Jh.) bildete. Zu beiden Seiten der Kramgasse stehen schöne historische Gebäude und Zunfthäuser mit Arkaden.

Zudem wird die Gasse von drei Brunnen geschmückt: dem **Zähringerbrunnen** (1542) mit einem Bären in Rüstung, der die Standarte des Gründers von Bern (Berthold V., Herzog von Zähringen) hält, dem **Simsonbrunnen** (1545) mit Samson, der einen Löwen besiegt, und dem **Kreuzgassbrunnen** (1778).

Zifferblatt des Zytglogge

Kramgasse 49 ist das **Einsteinhaus**. Hier lebte der Physiker und Mathematiker Albert Einstein von 1903 bis 1905 und entwickelte die Relativitätstheorie. Seine kleine Wohnung ist heute Museum. Zu sehen sind sein Schreibtisch und andere Gegenstände aus der Zeit seines Aufenthalts in Bern.

 Einsteinhaus
Kramgasse 49. 031 312 0091. Feb–22. Dez: tägl. 10–17 Uhr. Jan, Ostersonntag, Pfingstsonntag, 1. Aug. einstein-bern.ch

❷ Kunstmuseum

Berns Kunstmuseum beherbergt über 3000 Gemälde sowie rund 48 000 Handzeichnungen, Druckgrafiken, Fotografien, Videos und Filme. Die Sammlung umfasst acht Jahrhunderte und besitzt Gemälde der Frührenaissance, Alte Meister des 16. und 17. Jahrhunderts sowie Werke französischer Künstler des 19. und 20. Jahrhunderts, von Delacroix, Manet und Monet bis hin zu Cézanne, Braque und Picasso. Auch Schweizer Künstler, u. a. Ferdinand Hodler und Giovanni Giacometti, sind mit einigen Werken vertreten. 1809 wurde die erste Kunstsammlung gegründet, 1879 der erste Museumsbau eröffnet.

Eis auf dem Fluss
Die Winterlandschaft mit Eisschollen auf einem breiten Fluss schuf der französische Impressionist Claude Monet 1882.

Haupteingang

★ **Der Auserwählte**
Die parallele Anordnung stilisierter Figuren in diesem Gemälde Ferdinand Hodlers (1893/94) ist typisch für die Spätphase des Künstlers. Er selbst bezeichnete den Stil als Parallelismus.

Kurzführer
Im Untergeschoss sind die Gemälde Alter Meister ausgestellt, im Erdgeschoss befinden sich Werke aus dem 19. Jahrhundert und im ersten Stock Bilder aus dem 20. Jahrhundert.

★ **Die Versuchung des heiligen Antonius durch die Dämonen**
Das Gemälde des Berner Künstlers Niklaus Manuel Deutsch (16. Jh.) ist Teil eines zweiflügligen Altars.

KUNSTMUSEUM | 61

In einem südlichen Garten
Pierre Bonnards (1867–1947) Bild zeigt die Neigung des Malers für kräftige Farben.

Infobox

Information
Hodlerstrasse 8–12. 031 328 0944. Di 10–21, Mi–So 10–17 Uhr.
w kunstmuseumbern.ch

Erster Stock

★ Ad Parnassum
Paul Klee schuf das Gemälde 1932 unter dem Einfluss des Pointillismus. Es besteht aus einer Vielzahl kleiner Farbpigmente.

Blaues Pferd II
Franz Marcs Gemälde von 1911 spiegelt seine Liebe zur Farbe Blau sowie zu Pferden wider, denen er eine große spirituelle Kraft zuschrieb.

Erdgeschoss

Eingeschlafene Trinkerin
Die große Picasso-Sammlung des Museums enthält viele Gemälde aus der Blauen Periode des Meisters, etwa dieses Porträt von 1902.

Legende

- Gemälde Alter Meister
- Gemälde des 19. Jahrhunderts
- Moderne Malerei
- Wechselausstellungen

Untergeschoss

Zeichenerklärung *siehe hintere Umschlagklappe*

❽ Münster

Das Berner Münster ist ein großartiges Beispiel der von Deutschland beeinflussten Spätgotik. Es ist die jüngste der großen gotischen Kirchen der Schweiz. Der Baumeister Matthäus Ensinger von Ulm entwarf sie als dreischiffige Basilika mit Fächergewölbe, Seitenkapellen und Turm. Die Arbeiten begannen 1421 und zogen sich bis ins 16. Jahrhundert. Erst 1893 wurde die Kirche durch Hinzufügung der Turmspitze vollendet. Das Münster ist gut 100 Meter hoch und damit die größte Kirche der Schweiz. Der Turm wurde bis 2007 von Turmwächtern gehütet.

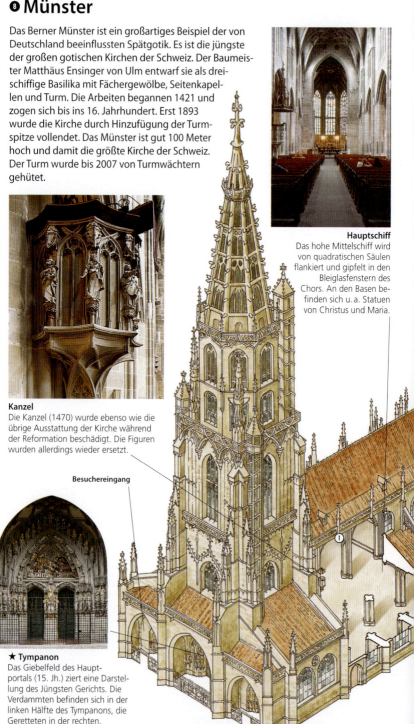

Hauptschiff
Das hohe Mittelschiff wird von quadratischen Säulen flankiert und gipfelt in den Bleiglasfenstern des Chors. An den Basen befinden sich u. a. Statuen von Christus und Maria.

Kanzel
Die Kanzel (1470) wurde ebenso wie die übrige Ausstattung der Kirche während der Reformation beschädigt. Die Figuren wurden allerdings wieder ersetzt.

Besuchereingang

★ **Tympanon**
Das Giebelfeld des Hauptportals (15. Jh.) ziert eine Darstellung des Jüngsten Gerichts. Die Verdammten befinden sich in der linken Hälfte des Tympanons, die Geretteten in der rechten.

MÜNSTER | 63

Infobox

Information
Münsterplatz 1. 031 312 0462. Sommer: Mo–Sa 10–17, So 11.30–17 Uhr; Winter: Mo–Fr 12–16, Sa 10–17, So 11.30–16 Uhr. **Turm** letzter Einlass: 30 Min. vor Schließung. bernermuenster.ch

★ **Bleiglasfenster**
Der Chor wird durch Bleiglasfenster (1441–50) erhellt. In der Mitte ist die Passion Christi dargestellt.

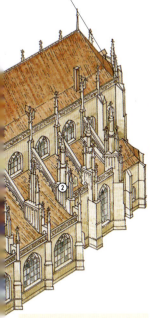

Außerdem

① **Das Rippengewölbe** von Daniel Heintz stammt aus den 1570er Jahren.

② **Strebebogen** verteilen das Gewicht des Dachs nach außen und unten auf die äußeren Mauern.

❾ Münstergasse

Die Gasse verläuft parallel zur Kramgasse und verbindet den Theaterplatz mit dem von Arkaden gesäumten **Münsterplatz**. Dienstag- und samstagvormittags (Apr–Okt auch Do) beherbergt er einen Fleisch- und Käsemarkt. In der Adventszeit findet hier ein großer Christkindlmarkt statt.

An der Kreuzung von Münstergasse und Theaterplatz befindet sich die **Stadt- und Universitätsbibliothek**. In dem Gebäude (18. Jh.) finden Buch- und Manuskriptausstellungen zur Geschichte Berns und zu anderen Themen statt.

An der Kreuzung von Münstergasse und Münsterplatz steht der **Mosesbrunnen** von 1791, den eine Mosesstatue mit den Zehn Geboten ziert. Moses zeigt auf das zweite, für die Reformation besonders wichtige Gebot (»Du sollst dir kein Bildnis machen«). Südlich des Münsters schließt sich die Münsterplattform an, eine Terrasse mit Bäumen, Barockpavillons – und einem traumhaften Blick auf das Mattequartier und die Aare.

Mosesstatue am Mosesbrunnen

🏛 **Stadt- und Universitätsbibliothek**
Münstergasse 61. 031 631 9211. Mo–Fr 8–21, Sa 8–12 Uhr. ub.unibe.ch

Bunte Flaggen in der Münstergasse

❿ Erlacherhof

Junkerngasse 47. für Besucher.

Östlich des Münsterplatzes geht die Münstergasse in die Junkerngasse über, einst Berns wohlhabendste Straße.

Das Gebäude Nr. 47 wurde ab 1747 von Albrecht Stürler erbaut. Die Barockvilla im französischen Stil, der **Erlacherhof**, gehörte Hieronymus von Erlach, dem einstigen Bürgermeister von Bern. Flügel und Hauptgebäude bilden einen rechten Winkel und umschließen einen eleganten Innenhof. Hinter der Villa wurde ein französischer Garten angelegt. Der Erlacherhof ist heute Sitz von Bürgermeister und Stadtrat von Bern.

⓫ Gerechtigkeitsgasse

Die Straße wird von einigen der ältesten und schönsten Häuser Berns gesäumt. Viele davon sind ehemalige Zunfthäuser. Die Fassaden sind mit Motiven der jeweiligen Handwerkskünste geschmückt.

Auch in der Gerechtigkeitsgasse steht ein Brunnen – der **Gerechtigkeitsbrunnen**, den eine Statue, eine Allegorie der Gerechtigkeit, krönt.

In einer Nebenstraße bei Haus Nr. 31 befindet sich das Berner Puppentheater (*siehe S. 67*), das nicht nur Kasperletheater für Kinder, sondern auch Aufführungen für Erwachsene bietet.

Im Osten geht die Gerechtigkeitsgasse in die Nydegggasse über. Dort stand einst eine Burg, etwa 100 Jahre bevor Berthold V. an diesem Platz eine neue Stadt gründete (*siehe S. 53*). Im späten 15. Jahrhundert musste die Burg einer kleinen Kirche, der **Nydeggkirche**, weichen. Im 19. Jahrhundert wurde die **Nydeggbrücke** über die Aare gebaut. Sie verbindet die Altstadt Berns mit den östlichen Stadtteilen.

Hotels und Restaurants in Bern *siehe Seiten 248 und 264f*

Blick vom Rosengarten auf die Berner Altstadt

⓬ Rathaus

Rathausplatz 2. ☏ 031 633 7550.
🕐 Mo–Do 8.30–12, 13.15–17 Uhr.
🌐 gr.be.ch/gr/de

Das Rathaus ist Sitz der Legislative des Kantons und der Stadt Bern. Das Gebäude mit gotischer Fassade *(siehe S. 53)* wurde 1406–16 erbaut.

Seit dem 15. Jahrhundert ist das Rathaus mehrfach umgebaut worden, das Erdgeschoss entstand 1939 bis 1942 unter Bewahrung seines gotischen Charakters völlig neu. Die Fassade ziert eine doppelte Treppe mit geschmückten Balustraden. Darunter befinden sich Steinreliefs mit menschlichen Figuren. In der Vorhalle am Ende der Treppe sind eine Uhr und Statuen auf Vorsprüngen mit Baldachinen angebracht.

Die nahe neugotische katholische **Kirche St. Peter und St. Paul** wurde 1858 vollendet.

⓭ BärenPark

Bärengraben. ☏ 031 357 1525 (Infos zu Fütterungszeiten). 🕐 Rundgang um den Park tägl. 24 Std.
🌐 tierpark-bern.ch

Bei der Gründung von Bern 1191 *(siehe S. 53)* soll das erste erlegte Wild – ein Braunbär – dem Ort den Namen gegeben haben. Bären wurden daher ab dem frühen 16. Jahrhundert in Gräben (»Bärengraben«) am anderen Ende der Nydeggbrücke östlich der Altstadt gehalten. Seit Oktober 2009 leben sie in einem rund 6000 Quadratmeter großen Park am Ufer der Aare. Im Unterschied zu früher steht den Bären in diesem Landschaftspark nun mehr Raum zur Verfügung.

Bern Tourismus betreibt ein Tourist Center neben dem Park in einem ehemaligen Straßenbahndepot – nebst Restaurant mit selbst gebrautem Bier.

Ein steiler Pfad führt vom BärenPark zum **Rosengarten**, der auf einem Hügel liegt und mehr als 200 Rosenarten besitzt. 1765–1877 diente er als Friedhof.

⓮ Kunsthalle

Helvetiaplatz 1. ☏ 031 350 0040.
🕐 Di–Fr 11–18, Sa, So 10–18 Uhr.
🌐 kunsthalle-bern.ch

Die Kunsthalle, ein modernistischer Bau, wurde 1918 gegründet und gilt als herausragendes Museum moderner Kunst. Das Museum besitzt zwar keine eigene Sammlung, beherbt jedoch zahlreiche Wechselausstellungen.

Zu den bemerkenswertesten gehörten Einzelausstellungen der Künstler Paul Klee, Alberto Giacometti und Henry Moore.

⓯ Schweizerisches Alpines Museum

Helvetiaplatz 4. ☏ 031 350 0440.
🕐 Di 10–20, Mi–So 10–17 Uhr.
🌐 alpinesmuseum.ch

Anhand von Videos, Fotografien, Dioramen, Modellen und Gemälden beschreibt dieses Museum die einzigartige Geologie, Topografie und Naturgeschichte der Alpen. Auch das alpine Klima und das Leben der Menschen dieser einmaligen Gebirgslandschaft werden dargestellt.

Zur Ausstellung gehören die grafische Veranschaulichung der Gletscherbildung sowie ein maßstabsgetreues Modell des Berner Oberlands.

Die Abteilungen widmen sich den diversen Aspekten alpinen Lebens, etwa Transport, Industrie, Tourismus und Wintersport. Alltag und Kultur der Alpenbewohner stehen ebenso im Fokus wie Umweltschutz.

Ein Kuriosum sind die zersägten Einzelteile des Monumentalbilds *Aufstieg und Absturz* von Ferdinand Hodler *(siehe S. 58)*. Fast comicartig stellen sie die Erstbesteigungsversuche des Matterhorns im Jahr 1865 dar.

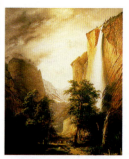

Landschaft von Alexandre Calame, Schweizerisches Alpines Museum

⓰ Museum für Kommunikation

Helvetiastrasse 16. ☏ 031 357 5555. 🕐 Di–So 10–17 Uhr.
🌐 mfk.ch

Das interessante Museum erzählt die spannende Geschichte der Kommunikation über große Entfernungen hinweg. Die Ausstellung reicht von Signalfeuern bis zu Satelliten. Multimedia-Shows führen den Besucher in die komplexe Welt moderner Kommunikationssysteme ein.

Zudem besitzt das Museum eine der weltweit größten Briefmarkensammlungen. Unter den mehr als eine halbe Million Marken befindet sich auch die begehrte Penny Black

Hotels und Restaurants in Bern *siehe Seiten 248 und 264f*

Telefonanlage mit Handvermittlung, Museum für Kommunikation

von 1840. Zahlreiche Wechselausstellungen ergänzen die sehenswerte, 2017 komplett überarbeitete Dauerausstellung des Museums.

⓱ Bernisches Historisches Museum

Helvetiaplatz 5. 031 350 7711. Di–So 10–17 Uhr. bhm.ch

Das Museum verteilt sich auf sieben Stockwerke eines neugotischen Gebäudes (1894). Zu den Exponaten zählen originale Sandsteinfiguren von der Westfassade des Münsters *(siehe S. 62f)* sowie eine Totentanzdarstellung, die Kopie eines klösterlichen Wandbilds (16. Jh.).

Stolz des Museums ist eine Sammlung von zwölf Gobelins aus Burgund (teilweise 15. Jh.). Beeindruckend ist die Millefleurs-Tapisserie, die einst Karl dem Kühnen, Herzog von Burgund, gehörte.

Der hier präsentierte Berner Silberschatz versammelt rund 90 kostbare Objekte der Gold- und Silberschmiedekunst aus dem 16. bis 18. Jahrhundert, darunter Pokale, figürliche Trinkgefäße und Ehrengaben aus Renaissance und Barock.

Neben Exponaten aus der Steinzeit, Münzen und Rüstungen ist ein maßstabsgetreues Modell von Bern um 1800 zu sehen.

Das **Einstein Museum** präsentiert eine Dauerausstellung zum Lebensweg des Physikers und seinen Erkenntnissen.

⓲ Schweizer Schützenmuseum

Bernastrasse 5. 031 351 0127. Di–Sa 14–17, So 10–12, 14–17 Uhr. schuetzenmuseum.ch

Die Wurzeln des Museums reichen bis 1885 zurück, als die Teilnehmer eines Schützenfests eine Waffenabteilung im Historischen Museum Bern gründeten. Heute sind die Ausstellungsstücke in einem eigenen Gebäude untergebracht. Es beherbergt eine enorme Waffensammlung und zeigt die Geschichte der Feuerwaffen seit dem frühen 19. Jahrhundert. Hinzu kommen Münzen, Pokale und Uhren.

⓳ Naturhistorisches Museum

Bernastrasse 15. 031 350 7111. Mo 14–17, Di, Do, Fr 9–17, Mi 9–18, Sa, So 10–17 Uhr. nmbe.ch

Das Naturhistorische Museum hat seine Wurzeln im 19. Jahrhundert. Am bekanntesten sind seine zahlreichen Dioramen, in denen ausgestopfte Tiere in ihrem natürlichen Lebensraum gezeigt werden. Interessant ist die Abteilung »Fauna der Alpen«. Zu sehen sind auch der Bernhardiner Barry, ein berühmter Rettungshund aus dem 19. Jahrhundert *(siehe S. 88)*, sowie viele Mineralien und Fossilien aus den Alpen.

⓴ Zentrum Paul Klee

Monument im Fruchtland 3. 031 359 0101. Di–So 10–17 Uhr. zpk.org

Das 2005 im Osten der Stadt eröffnete Kunstzentrum besitzt die weltweit größte zusammenhängende Sammlung von Werken des Schweizer Künstlers Paul Klee (1879–1940), der lange Zeit in Bern lebte. Rund 4000 Gemälde und Zeichnungen Klees lagern im Depot des Zentrums. Trotz der großen Ausstellungsfläche können davon jeweils nur ca. 150 Werke gezeigt werden. Der Architekt Renzo Piano entwarf hierfür ein wellenförmiges Gebäudeensemble, in dem neben der Klee-Präsentation auch ein Forschungszentrum zu Leben und Wirken des großen Malers, ein Kindermuseum sowie verschiedenste Events, von Musik bis Tanz, Platz finden. Regelmäßige Wechselausstellungen mit Arbeiten moderner und zeitgenössischer Künstlers, Lesungen und Workshops vervollständigen das Programm.

Wellenförmige Glas-Stahl-Konstruktion des Zentrums Paul Klee

Unterhaltung

Berns lebhafte Kulturszene bietet für jeden Geschmack etwas, von Ballett bis Jazz, von klassisch bis modern. Die vielen Kulturzentren der Schweizer Hauptstadt bzw. Bundesstadt bieten ein buntes Programm von Kunst- und Fotoausstellungen sowie anderen kulturellen Ereignissen. Klassische Stücke des Stadttheaters werden durch Produktionen kleiner, unabhängiger Theater ergänzt. Das angesehene Berner Symphonieorchester spielt das klassische Musikrepertoire, doch die Bundesstadt kann auch auf eine lange Tradition von Jazz- und Rockfestivals zurückblicken. Wie in den anderen größeren Städten der Schweiz, so werden auch die Straßen Berns von Straßenmusikern belebt. Clubs und Discos findet man ebenfalls zur Genüge.

Information und Tickets
Die beste Informationsquelle für Unterhaltung in Bern ist das städtische Fremdenverkehrsbüro **Bern Tourismus**. Dort erhält man kostenlose Broschüren. Der Donnerstagsausgabe der *Berner Zeitung* liegt *Agenda* bei, ein ausführlicher Veranstaltungskalender.

Karten für viele Events bekommt man im Tourist Center am Bahnhof bzw. beim BärenPark am Bärengraben. Bern hat eine zentrale Ticket-Vorverkaufsstelle in der Stadtmitte: **Bern Billett**. Agenturen sind **Ticketcorner** und **Starticket**.

Theater und Kino
Zentrum der Theateraktivitäten in Bern ist das **Stadttheater**, in dem klassische und zeitgenössische Stücke auf Deutsch und Französisch aufgeführt werden. Seit 2012 ist es Teil der Institution **Konzert Theater Bern**, zu dem auch das Berner Symphonieorchester gehört. Weitere beliebte Theater sind **DAS Theater an der Effingerstrasse**, das sich auf moderne Dramen spezialisiert hat, das kleine **Theater Remise** mit Tanz und Schauspiel sowie das **Theater am Käfigturm**, in dem oft Kabarettabende, Komödien und Gastspiele stattfinden. Bern hat zudem eine große Zahl an Kleinkunstbühnen. Viele davon findet man in den Kellern der Altstadt. Infos zu deren Produktionen erhält man in den Tourismusinfos.

Die über 20 Kinos in Bern zeigen international erfolgreiche Filme in der jeweiligen Originalsprache mit Untertiteln (oft deutsch und französisch). Kunstfilme und Klassiker gibt es im Kunstmuseum *(siehe S. 60f)*.

Theaterschild in der Gerechtigkeitsgasse

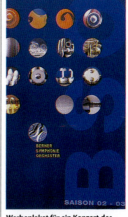

Werbeplakat für ein Konzert des Berner Symphonieorchesters

Festivals
In Bern gibt es eine Reihe von Musikfestivals – das Repertoire reicht von Kammermusik bis Jazz. Vor allem im Sommer kann man Live-Musik genießen. Das größte und bekannteste jährliche Musikereignis der Stadt ist das von März bis Mai dauernde **Internationale Jazzfestival Bern**. Die Konzerte sind auf mehrere Veranstaltungsorte in ganz Bern verteilt. Viele Besucher ziehen auch die Berner Tanztage im Juni an.

Das **Gurtenfestival** fällt auf das vorletzte Wochenende im Juli. Das groß angelegte Rockmusik-Ereignis findet im Gurtenpark statt, der sich jenseits der Aare südlich der Altstadt befindet.

Der Altstadtsommer bietet eine Reihe von Sommerkonzerten in der Altstadt, **Buskers Bern** gibt Straßenmusikern eine Plattform.

Berner Stadttheater am Kornhausplatz

UNTERHALTUNG | 67

Kulturcasino Bern, Herrengasse

Kulturzentren
Hauptkulturzentrum Berns ist das **Kornhaus**, der ehemalige Kornspeicher der Stadt. In dem großen Gebäude findet eine Vielzahl von Veranstaltungen statt, von Ausstellungen zu Architektur, Design und Fotografie über Seminare bis hin zu Konzerten und Theateraufführungen.

Zu den weiteren wichtigen Kulturzentren gehört die **Dampfzentrale Bern** in einem ehemaligen Dampfkesselgebäude. Die geräumigen »Kulturhallen« widmen sich zeitgenössischen Formen von Tanz und Musik. Zudem gibt es ein Restaurant, eine Kneipe und eine Bar.

Die **Reitschule** (auch Reithalle) wurde in den 1980er Jahren von Hausbesetzern gegründet. Das alternative und politisch umstrittene Film- und Konzerthaus wird als Kooperative geführt und verfügt über einen Club und eine Café-Bar.

Musik und Clubs
Die meisten Konzerte des renommierten Berner Symphonieorchesters finden im **Kulturcasino Bern** statt. Es gibt auch Aufführungen im Kornhaus und in Kirchen.

Bern ist zudem stolz auf mehrere Musikclubs, in denen man eine Vielzahl musikalischer Stilrichtungen hören kann. Im berühmten **Marians Jazzroom** wird traditioneller Jazz gespielt. Andere Clubs haben sich auf Rock, Funk und Pop spezialisiert. Die Clubs sind oft in ehemaligen Fabrikhallen untergebracht, was häufig schon in den Namen zum Ausdruck kommt. Sehr beliebt sind die Konzerte im Musig-Bistrot, im **Gaskessel** und im **Club BM1**. Letzterer bietet überwiegend Techno. Die Clubs haben sowohl Bars als auch Discos und bieten Live-Konzerte.

Im **Shakira**, einer lateinamerikanischen Bar und Disco, und im Babalu in der Gurtengasse hat man sich auf Techno und House spezialisiert.

Casinos
Berns Hauptcasino ist das Grand Casino im Hotel Allegro (Kornhausstrasse 3). Neben Spieltischen und -automaten gibt es ein Restaurant und Bars (geöffnet bis 2 Uhr).

Spaß für Kinder
Bern hat auch für Kinder sowohl bei schönem als auch bei schlechtem Wetter einiges zu bieten. Die Aufführungen am **Berner Puppentheater** sind seit über zwei Jahrzehnten beliebt. Im **Tierpark Dählhölzli** sind vor allem nordeuropäische Tiere zu sehen. Der Tierpark bietet auch ein zoopädagogisches Programm.

Bär im Tierpark Dählhölzli

Auf einen Blick

Information und Tickets

Bern Billett
Nägeligasse 1. 📞 031 329 5252. 🌐 konzerttheaterbern.ch

Bern Tourismus
Bahnhofplatz 10a. 📞 031 328 1212. 🌐 bern.com

Starticket
📞 0900 325 325.
🌐 starticket.ch

Ticketcorner
📞 0900 800 800.
🌐 ticketcorner.ch

Theater

DAS Theater an der Effingerstrasse
Effingerstrasse 14. 📞 031 382 7272. 🌐 das theater-effingerstr.ch

Konzert Theater Bern
Kornhausplatz 20.
📞 031 329 5111.
🌐 konzerttheaterbern.ch

Theater am Käfigturm
Spitalgasse 4.
📞 031 311 6100.
🌐 theater-am-kaefigturm.ch

Theater Remise
Laupenstrasse 51.
📞 031 859 1277.
🌐 theaterremisebern.ch

Festivals

Buskers Bern
🌐 buskersbern.ch

Gurtenfestival AG
🌐 gurtenfestival.ch

Internationales Jazzfestival Bern
🌐 jazzfestivalbern.ch

Kulturzentren

Dampfzentrale Bern
Marzilistrasse 47.
📞 031 310 0540.
🌐 dampfzentrale.ch

Kornhaus
Kornhausplatz 18.
📞 031 312 9110.

Reitschule
Neubrückstrasse 8.
📞 031 306 6969.

Musik und Clubs

Club BM1
Aarbergergasse 28.
📞 031 382 7777.
🌐 bm1.ch

Gaskessel
Sandrainstrasse 25.
📞 031 372 4900.

Kulturcasino Bern
Herrengasse 25.
📞 031 328 0228.
🌐 kulturcasino.ch

Marians Jazzroom
Engestrasse 54.
📞 031 309 6111.

Shakira
Hirschengraben 24.
📞 031 381 7767.

Spaß für Kinder

Berner Puppentheater
Gerechtigkeitsgasse 31.
📞 031 311 9585.

Tierpark Dählhölzli
Tierparkweg 1.
📞 031 357 1515.
🌐 tierpark-bern.ch

Shopping

Berns Einkaufsviertel konzentriert sich auf Gerechtigkeitsgasse, Kramgasse, Marktgasse und Spitalgasse. Alle Straßen liegen auf einer Ost-West-Achse und führen durch das Zentrum der Altstadt. Auch die Postgasse, die nördlich parallel zur Gerechtigkeitsgasse verläuft, wird von Geschäften gesäumt.

In den unter Arkaden liegenden Läden ist das Warenangebot nahezu unerschöpflich. Hier gibt es viele Souvenirs – auffällig sind die Namensgeber der Stadt: Bären in allen erdenklichen Formen –, in der Schweiz gefertigte Schuhe, hochwertige Kleidung und Lederwaren, teuren Schmuck und Uhren, Schweizer Offiziersmesser, handgewebte Textilien und Holzschnitzereien – und natürlich die berühmte Schweizer Schokolade.

An den Plätzen im westlichen Teil der Altstadt finden farbenfrohe Blumen- und Lebensmittelmärkte unter freiem Himmel statt. In der Spitalgasse gibt es zwei große Kaufhäuser.

Handgefertigte Waren im Heimatwerk in der Kramgasse

Märkte

Auf einigen Plätzen der Berner Altstadt findet dienstags und samstags (im Sommer auch werktäglich) ein großer Obst-, Gemüse- und Blumenmarkt statt. Zentren des bunten Treibens sind der **Bärenplatz** und der angrenzende **Bundesplatz**. In der **Münstergasse** kann man dienstags- und samstagsmorgens (im Sommer auch donnerstagsmorgens) Fleisch-, Wurst- und Milchprodukte kaufen.

Ein allgemeiner Markt wird dienstags und samstags auf dem **Waisenhausplatz** abgehalten. Handwerksartikel findet man am ersten Samstag im Monat von März bis Oktober auf der **Münsterplattform**. Auch einen Flohmarkt gibt es: auf dem Mühlenplatz im Matte-Viertel am dritten Samstag im Monat von Mai bis Oktober.

Die großen Märkte Berns sind Attraktionen. Der Geranienmarkt (»Graniummärit«) findet im Mai auf Bundesplatz, Bärenplatz und Waisenhausplatz statt, der Zwiebelmarkt (»Zibelemärit«) mit Zwiebelzöpfen und -figuren am vierten Montag im November (siehe S. 36).

Im Dezember wird auf dem Waisenhaus- und dem Münsterplatz ein **Weihnachtsmarkt** mit Kunsthandwerksständen abgehalten.

Kunst und Antiquitäten

Die besten Kunstgalerien und Antiquitätenläden Berns liegen in der Kram-, Post- und Gerechtigkeitsgasse. Einige Galerien stellen auch zeitgenössische Kunst aus.

Antike Puppen und Spielzeug bietet die **Puppenklinik** in der Gerechtigkeitsgasse an.

Filigranes Mitbringsel: Schweizer Scherenschnitt

Kunsthandwerk und Souvenirs

Die Schweizer sind auf ihr traditionelles Handwerk sehr stolz, vor allem wenn es um das Kunsthandwerk der Alpen geht.

Handwerkskunst aus der ganzen Schweiz – Holzschnitzereien, Keramik, Spieldosen, Schmuck, Textilien, Leinen und Stickereien – bekommt man im **Heimatwerk Bern** in der Kramgasse. Eine große Auswahl an Taschenmessern, allen voran die bekannten Schweizer Offiziersmesser, bietet **Klötzli Messerschmiede** in der Rathausgasse.

Kunsthandwerk Anderegg (Kramgasse) hat sich auf handgefertigtes Spielzeug aus der Schweiz und anderen Ländern spezialisiert.

Obst- und Gemüsestand auf dem Markt am Bärenplatz

Mehrwertsteuer in der Schweiz: 7,7 Prozent, ermäßigt 3,7 bzw. 2,5 Prozent (siehe S. 290)

SHOPPING | 69

Auslage des Juweliers Bucherer in der Marktgasse

Uhren und Schmuck
Viele Juweliere und Uhrmacher, für welche die Schweiz ja berühmt ist, haben Einzelhandelsgeschäfte in Bern. Zu den wichtigsten gehören: **Bucherer** in der Marktgasse und **Gübelin** am Bahnhofplatz.

Musik und Bücher
Die Berner sind Musikliebhaber – weshalb es auch einige ausgezeichnete Musikhandlungen gibt. Während sich **Musik Müller** (Zeughausgasse) auf Instrumente spezialisiert hat, bietet das Musikhaus **Krompholz** (Effingerstrasse) eine gute Auswahl an CDs und Noten sowie zahlreiche Bücher zum Thema »Musik«. Bern verfügt zudem über die grösste und ihrem Ruf nach beste Buchhandlung der Schweiz: **Stauffacher** in der Neuengasse. Hier bekommt man auch eine exzellente Auswahl an fremdsprachigen Büchern.

Schuhe und Lederwaren
Lederschuhe und Lederaccessoires des international bekannten Schweizer Schuhfabrikanten **Bally** gibt es neben anderen Bally-Geschäften auch in der Kramgasse.

Qualitativ hochwertige Lederwaren führt **Hummel Lederwaren** (Marktgasse und Bahnhof). Sie reichen von Koffern, Brief- und Aktentaschen bis zu Geldbeuteln und anderen Accessoires, die in der Schweiz und in anderen europäischen Ländern produziert werden.

Schokolade und Pralinés
Wie eigentlich jede Schweizer Stadt verfügt auch Bern über zahlreiche Läden mit verführerischer Schokolade und köstlichem Konfekt. Zwei davon sind **Eichenberger Tea Room** am Bahnhofplatz (berühmt für seine unvergleichlichen Haselnussleibkuchen) und **Tschirren** in der Kramgasse, ein Laden mit über 90-jähriger Chocolatier-Tradition.

Kaufhäuser
Die beiden grössten Kaufhäuser in Bern sind **Loeb** und **Globus**, beide befinden sich in der Spitalgasse im westlichen Teil der Altstadt. Auf mehreren Stockwerken wird eine Vielzahl von Waren angeboten. Interessant ist vor allem die Herren- und Damenbekleidung (mit Designer-Marken).

Puppe in traditioneller Schweizer Tracht

Auf einen Blick

Märkte

Bundes-/Bärenplatz
Obst, Gemüse, Blumen.
Di, Sa 8–12 Uhr.

Münstergasse
Fleisch, Milchprodukte.
Di, Sa 7–12 Uhr.

Münsterplattform
Handwerk.
März–Okt: 1. Sa im Monat.

Waisenhausplatz
Allgemein.
Di, Sa 8–17 Uhr.

Kunst und Antiquitäten

Mäder Wohnkunst
Kramgasse 54.
031 311 6235.

Puppenklinik
Gerechtigkeitsgasse 36.
031 312 0771.

Kunsthandwerk und Souvenirs

Heimatwerk Bern
Kramgasse 61.
031 311 3000.

Klötzli Messerschmiede
Rathausgasse 84.
031 311 0080.

Kunsthandwerk Anderegg
Kramgasse 48.
031 311 0201.

Uhren/Schmuck

Bucherer
Marktgasse 2.
031 328 9090.

Gübelin
Bahnhofplatz 11.
031 310 5030.

Musik und Bücher

Musik Müller
Zeughausgasse 22.
031 311 4134.

Musikhaus Krompholz
Effingerstrasse 51.
031 328 5211.

Stauffacher
Neuengasse 25–37.
031 313 6563.

Schuhe und Lederwaren

Bally
Kramgasse 55.
031 311 5481.

Hummel Lederwaren
Marktgasse 18.
031 311 2066.

Schokolade

Eichenberger Tea Room
Bahnhofplatz 5.
031 311 3325.

Tschirren
Kramgasse 73.
031 311 1717.

Kaufhäuser

Globus
Spitalgasse 17–21.
058 578 4040.

Loeb
Spitalgasse 47–51.
031 320 7111.

Mittelland, Berner Oberland und Wallis

Die drei Regionen erstrecken sich über den westlichen Teil der Zentralschweiz. Das Mittelland ist ein fruchtbares Gebiet mit sanften Hügeln, während das Berner Oberland einige spektakuläre Gipfel aufzuweisen hat. Im südlich gelegenen Wallis (Valais) erheben sich die höchsten Berge des Gebiets, darunter Matterhorn und Eiger. Hier findet man auch weltbekannte Skiorte.

Das Mittelland, das Zentralgebiet der Schweizer Landwirtschaft, besteht in der Hauptsache aus dem kleinen Kanton Solothurn und dem nördlichen Teil des großen Kantons Bern. Im Gegensatz zu Bern und Basel blieb Solothurn nach der Reformation katholisch. Die überwiegend deutschsprachige Bevölkerung des Kantons Bern hingegen ist seit dem 16. Jahrhundert protestantisch.

Der südliche Teil des Kantons Bern wird als Berner Oberland bezeichnet. Die bergige Region erhebt sich im Süden des Thuner- und des Brienzersees. An diesen Seen liegen die Städte Thun, Interlaken und Brienz. Das Berner Oberland ist mit einer wunderschönen Landschaft gesegnet, mit imposanten Berggipfeln, ausgezeichneten Skipisten und sanfteren Tälern, in denen man herrlich wandern kann.

Der überwiegend katholische, zu etwa zwei Dritteln französischsprachige Kanton Wallis umfasst das Rhônetal und die Walliser Alpen. Er unterteilt sich in zwei Regionen: in Unterwallis, ein französischsprachiges Gebiet im Westen, und in Oberwallis, ein deutschsprachiges Gebiet (teilweise Walliserdeutsch) im Osten. Die tiefer gelegenen Teile des Wallis werden industriell genutzt, die bergigeren Regionen mit den großen, international bekannten Ferienorten Verbier, Crans-Montana, Zermatt und Saas-Fee leben hingegen vom ganzjährig blühenden Tourismus.

Umrahmt von gigantischen Felswänden: Lauterbrunnen in einem der eindrucksvollsten Trogtäler der Alpen

◀ Obere Schleuse (1726/1818) an der Aare in Thun *(siehe S. 75)*

Überblick: Mittelland, Berner Oberland und Wallis

Alle drei Regionen sind landschaftlich außergewöhnlich schön. Hier liegen nicht nur einige der historisch bedeutsamsten Städte, etwa Bern, Solothurn und Sion – auch die Landschaft ist grandios. Thuner- und Brienzersee befinden sich am Fuß des Berner Oberlands, einem Paradies für Skifahrer und Wanderer, in dem die Gipfel von Eiger, Mönch und Jungfrau aufragen. Weiter südlich, im Kanton Wallis, liegen das sonnige Rhônetal und die zerklüfteten Walliser Alpen mit dem Matterhorn.

Im Mittelland, Berner Oberland und Wallis unterwegs

Bern besitzt nur einen kleinen Flughafen. Am besten fährt man mit dem Zug, der auch Autos durch den Lötschberg-Tunnel transportiert. Die A1 führt von Zürich über Olten und Solothurn nach Bern. Bern hat via Autobahn Anschluss an Thun und Biel (Bienne). Zwei Straßen verlaufen nach Süden ins Rhônetal. Die A6 führt an der Aare entlang, die A11 um die Berge gen Westen. Die A9, die Martigny mit Sion und Sierre verbindet, quert das Rhônetal. Interlaken ist Knotenpunkt vieler Alpenzüge und Seilbahnen, die u. a. zu Jungfraujoch, Schilthorn und Schynige Platte führen.

Weinberge im Rhônetal

Legende

- ═══ Autobahn
- = = Autobahn (im Bau)
- ─── Hauptstraße
- ····· Nebenstraße
- ─── Panoramastraße
- ─── Eisenbahn (Hauptstrecke)
- ─── Eisenbahn (Nebenstrecke)
- ▬▬▬ Staatsgrenze
- ▬▬▬ Kantonsgrenze
- △ Gipfel

Weitere Zeichenerklärungen siehe hintere Umschlagklappe

MITTELLAND, BERNER OBERLAND UND WALLIS | 73

Zermatt mit dem Matterhorn im Hintergrund

Romantische Gasse in Sion

Sehenswürdigkeiten auf einen Blick

1. Olten
2. Weissenstein
3. *Solothurn S. 76f*
4. Biel (Bienne)
5. Emmental
6. Thun
8. Interlaken
9. Brienzersee
10. Brienz
11. *Freilichtmuseum Ballenberg S. 84f*
12. Meiringen
13. Jungfraujoch
14. Kandersteg
15. Adelboden
16. Grindelwald
17. Wengen
18. Mürren
19. Simmental
20. Gstaad
21. Martigny
22. Großer St.-Bernhard-Pass
23. Verbier
24. St-Pierre-de-Clages
25. *Sion S. 90f*
26. Barrage de la Grande Dixence
27. Val d'Hérens
28. Crans-Montana
29. Sierre
30. Val d'Anniviers
31. Leukerbad
32. Zermatt
33. Matterhorn
34. Monte Rosa
35. Saas-Fee
36. Brig
37. Simplon-Pass
38. Aletschgletscher

Tour

7. *Thunersee S. 78f*

❶ Olten

Straßenkarte D2. 🚉 17 000. 🚌 🚆
ℹ️ Frohburgstrasse 1, 062 213
1616. 🌐 oltentourismus.ch

Die kleine Stadt Olten liegt malerisch am Ufer der Aare. Fußgänger gelangen über die überdachte Alte Brücke (1802) in die Altstadt.

Diese wird von einem gotischen Glockenturm überragt, der im 19. Jahrhundert beschädigt wurde. Hier stehen noch viele schöne alte Häuser, vor allem in der Hauptgasse und am Flussufer. Sehenswert sind auch Klosterkirche (17. Jh.) und klassizistische Stadtkirche. Letztere wurde 1806–1812 erbaut und ist mit Gemälden von Martin Disteli geschmückt. Weitere Werke des Künstlers sowie einige Gemälde und Skulpturen aus dem 19. und 20. Jahrhundert sind im **Kunstmuseum** ausgestellt.

🏛 **Kunstmuseum**
Kirchgasse 8. 📞 062 212 8676.
🕐 Di–Fr 14–17 Uhr (Do bis 19 Uhr), Sa, So 10–17 Uhr.
🌐 kunstmuseumolten.ch

Malerische Häuser am Ufer der Aare in Olten

❷ Weissenstein

Straßenkarte C2. ℹ️ Solothurn, Hauptgasse 69, 032 626 4646.

Den schönsten Blick über das Mittelland hat man vom Weissenstein, einem Gebirgszug des Jura, der sich wie eine Wehrmauer bis zu 1395 Meter hoch erhebt. Er liegt 40 Kilometer südwestlich von Olten und zehn Kilometer nördlich von Solothurn. Man erreicht ihn mit dem Auto oder dem Zug nach Oberdorf. Von dort aus kann man hinaufwandern oder mit der Gondelbahn hinauffahren.

Auf dem Grat liegt das Kurhaus Weissenstein, ein Hotel mit Restaurant. Es ist ein guter Ausgangspunkt zum Wandern, Klettern, Paragliden und Rodeln. Zu den weiteren Attraktionen gehören ein botanischer Garten mit Pflanzen des Jura, ein kleines Regionalmuseum, die Kalksteinhöhle Nidlenloch und der Planetenweg mit schematischen Darstellungen des Sonnensystems.

❸ Solothurn

Siehe S. 76f.

❹ Biel (Bienne)

Straßenkarte C3. 🚉 53 000. 🚌 🚆
🚢 ℹ️ Im Bahnhof, 032 329 8484.
🎭 Bieler Lauftage (Juni), Bieler Seefest (Juli, Aug), Zibelemärit (Okt).
🌐 biel-seeland.ch

Biel (franz. Bienne) ist die zweitgrößte Stadt des Kantons Bern. Sie wurde im 13. Jahrhundert gegründet und stand bis ins 19. Jahrhundert unter der Herrschaft der Fürstbischöfe von Basel. Biels hauptsächlicher Industriezweig ist die Uhrmacherei. In den Fabriken der Stadt entstehen Uhren so namhafter und führender Marken wie Omega und Rolex. Biel ist die einzige offiziell zweisprachige Stadt in der Schweiz: Zwei Fünftel der Einwohner sprechen Französisch, der Rest der Bevölkerung Deutsch.

Die Stadt liegt am Ufer des Bielersees (Lac de Bienne), an dem Punkt, an dem die Schüss (Suze) in den See mündet. Die Altstadt mit ihren engen, kopfsteingepflasterten Gassen und hübschen Brunnen liegt auf einem Hügel.

Mittelpunkt ist ein Platz namens **Ring**, der von Häusern mit Arkaden umgeben ist, u. a. vom Haus der Försterzunft. Dessen runder Eckturm (16. Jh.) wird von einer Zwiebelkuppel gekrönt. In der Nähe befindet sich die Kirche St. Benedict (15. Jh.) mit spätgotischen Bleiglasfenstern.

An der Kreuzung von Burggasse und Rathausgasse, im Westen des Ring, steht das Rathaus, ein gotischer Bau aus den 1530er Jahren. Davor befindet sich der Gerechtigkeitsbrunnen. Das in der Nähe gelegene Zeughaus (spätes 16. Jh.), einst Waffenkammer, dient heute als Theater.

Das **Neue Museum Biel** versammelt Nachbauten von Interieurs aus dem 19. Jahrhundert sowie Ausstellungsstücke zur Geschichte der Stadt und ihrer Industrie.

Im lebhaften **Centre Pasquart** finden Wechselausstellungen zeitgenössischer Kunst und Fotografie statt.

🏛 **Neues Museum Biel**
Seevorstadt 52. 📞 032 328 7030.
🕐 Di–So 11–17 Uhr.
🌐 nmbiel.ch

🏛 **Centre Pasquart**
Seevorstadt/Faubourg du Lac 71–73.
📞 032 322 5586. 🕐 Mi, Fr 12–18, Do 12–20, So, So 11–18 Uhr.
🌐 pasquart.ch

Umgebung: Bootsausflüge ab Biel (Bienne) führen nach **Twann**, einer mittelalterlichen Stadt, **La Neuveville** (mit kopfsteingepflasterten Straßen), **Erlach** (mit Burg) und zur **St. Petersinsel**. Es gibt auch Bootsausflüge, auf denen man die umgebenden Weinberge bewundern kann.

Zwischen Biel und Solothurn verkehren ebenfalls regelmäßig Boote.

Haus der Försterzunft, Biel (Bienne)

MITTELLAND | 75

Burgdorf mit der Residenz der Herzöge von Zähringen, Emmental

❺ Emmental

Straßenkarte C3. 🚆 🚌 ℹ️ Burgdorf, Bahnhofstrasse 14, 034 402 4252. 🌐 emmental.ch

Das Emmental, ein langes und breites Tal an der Emme, ist für seine wunderschöne Landschaft und die saftig-grünen Wiesen voller weidender Kühe bekannt. Zwischen den traditionellen Holzchalets mit den Dächern, die fast bis auf den Boden reichen, und dem dekorativen Fensterschnitzwerk kann man ausgezeichnet Rad fahren und wandern.

Das Emmental ist traditionell von der Landwirtschaft geprägt. Hier wird der berühmte Emmentaler Käse hergestellt, meist noch von Hand. In der **Schaukäserei** in Affoltern kann man jede Stufe zur Herstellung der löchrigen, nussig schmeckenden Köstlichkeit verfolgen. Dort kann man den Käse auch kaufen oder vorher bzw. nachher im Restaurant probieren. Viele Gasthöfe im Tal bieten die Spezialität ebenfalls an.

Burgdorf ist eine Kleinstadt im Norden des Emmentals. Die Altstadt mit Arkadenhäusern, gotischer Kirche und der Burg (Teile aus dem 12. Jh.) der Herzöge von Zähringen liegt auf einem Hügel.

In den Töpferwerkstätten von **Trubschachen**, einem Dorf weiter oben im Tal, kann man farbenprächtige Töpferwaren erstehen.

Das Emmental verfügt über die längste hölzerne Bogenbrücke in Europa. Die »Holzbrücke« wurde 1839 erbaut und führt bei **Hasle-Rüegsau** über die Emme.

🏛 Schaukäserei
Schaukäsereistrasse 6, Affoltern. 📞 034 435 1611. 🕐 tägl. 9–18.30 Uhr (Winter: bis 17 Uhr). 🌐

❻ Thun

Straßenkarte C3. 👥 43 000. 🚆 🚌 ℹ️ Bahnhof, 033 225 9000. 🌐 thuntourismus.ch

Die Marktstadt Thun an der Aare liegt am nördlichen Ende des Thunersees. Ihre Wurzeln reichen bis 1191 zurück, als Berthold V., Herzog von Zähringen, hier eine Hügelburg erbaute.

Die Altstadt liegt am rechten Flussufer am Fuß der Burg. Die Obere Hauptgasse verläuft parallel zum Fluss und teilt sich in zwei Ebenen: Fußgänger spazieren auf den Dächern der Arkadenhäuser und müssen zum Betreten der Läden auf die Straße hinunter. Treppen führen zum **Schloss Thun** hinauf, von dem aus man eine herrliche Aussicht auf die Stadt und das Berner Oberland hat. Im Inneren des massiven, mit Ecktürmen versehenen Turmbaus, der ganz Thun überragt, befindet sich ein Museum zur Stadtgeschichte. In den anderen Räumen sind Sammlungen von Uhren, Puppen, Haushaltsgegenständen, Waffen, Uniformen, Keramik, Münzen und Spielzeug zu sehen. Der riesige Rittersaal mit seinem gewaltigen Kamin wird heute als Konzerthalle genutzt. Ebenfalls auf dem Hügel liegt die Stadtkirche, deren Turm aus dem 14. Jahrhundert stammt. Ein kurzer Spaziergang östlich am Schloss vorbei hinunter zum Fluss führt zum **Kunstmuseum** mit Schweizer und internationaler moderner Kunst sowie Wechselausstellungen.

Am linken Flussufer liegt der Schadaupark. Beim See stehen ein neugotischer Prachtbau und ein zylindrischer Pavillon mit dem **Thun-Panorama**. Das Rundbild des Thuner Alltags (1809–1814) stammt von Marquard Wocher und ist das weltweit älteste seiner Art.

Detail eines Brunnens in Thun

🏛 Schloss Thun
Schlossberg 1. 📞 033 223 2001. 🕐 Feb, März: tägl. 13–16 Uhr; Apr–Okt: 10–17 Uhr; Nov–Jan: So 13–16 Uhr. 🌐 schlossthun.ch

🏛 Kunstmuseum
Hofstettenstr. 14. 📞 033 225 8420. 🕐 Di–So 10–17 Uhr (Mi bis 19 Uhr). 🌐 kunstmuseumthun.ch

🏛 Thun-Panorama
Seestrasse 45, Schadaupark. 📞 033 223 2462. 🕐 Apr–Nov: Di–So 11–17 Uhr. 🌐 kunstmuseumthun.ch/thun-panorama

Häuser am Ufer der Aare in Thun

❸ Solothurn

Die schöne Barockstadt, die auf Französisch Soleure und auf Italienisch Soletta heißt, ist die Hauptstadt des Kantons Solothurn. Sie wurde von den Kelten gegründet und war später die zweitgrößte römische Stadt nördlich der Alpen (nach Trier). Da sie während der Reformation katholisch blieb, wurde sie zur Residenz französischer Botschafter in der Schweizer Konföderation. In dieser Zeit, zwischen 1530 und 1792, entstanden die schönsten Gebäude der Stadt. Heute ist Solothurn eine lebendige Stadt, in der sich gut Urlaub machen lässt.

Überblick: Solothurn

Der historische Kern Solothurns umfasst einen kleinen Bereich am Nordufer der Aare. In wenigen Minuten erreicht man ihn zu Fuß vom Bahnhof aus über den Fluss. Die Kreuzackerbrücke führt zum Klosterplatz und verbindet Alt- und Neustadt. Von hier aus sind die Hauptsehenswürdigkeiten Solothurns, z. B. die Überreste der Befestigungen im nordöstlichen Teil der Stadt, leicht zu erreichen.

Ein Bootsausflug von Solothurn nach Biel (Bienne) führt an einem landschaftlich besonders reizvollen Teil der Aare entlang.

Barockkanzel, St.-Ursen-Kathedrale

🏛 St.-Ursen-Kathedrale

Hauptgasse. 📞 032 626 4646. **Kirche** ⊙ tägl. 8–18.30 Uhr. **Turm** ⊙ Apr–Okt: Mo–Sa 9.30–12, 13.30–17.30, So 12–17.30 Uhr.

Die monumentale klassizistische Kathedrale entstand 1762–73. Sie ist als dreischiffige Basilika mit Querhaus und Vierungskuppel angelegt. Im Osten erhebt sich ein Glockenturm neben dem Presbyterium.

Man erreicht die auf einem Hügel stehende Kathedrale über Treppen, die von Zierbrunnen gesäumt werden. Die zweigeteilte, vom italienischen Barock beeinflusste Fassade zieren korinthische Säulen mit Fries. Der Fries ist mit Figuren geschmückt, u. a. mit den Stadtpatronen Ursus und Victor, die als Märtyrer starben. Im Inneren finden sich kunstvolle Stuckarbeiten. Die Schatzkammer in der Krypta ist nur im Rahmen einer Führung zu besichtigen. Sie enthält u. a. liturgische Gewänder (10. Jh.) und das Hornbacher Sakramentar (um das Jahr 983).

🏛 Altes Zeughaus

Zeughausplatz 1. 📞 032 627 6070. ⊙ Di–Sa 13–17, So 10–17 Uhr. 🌐 museum-alteszeughaus.so.ch

Solothurns ehemalige Waffenkammer ist in einem großen, vierstöckigen Barockgebäude (1609–14) untergebracht. Es besitzt noch einen Kran, mit dem einst schwere Waffen hochgehievt wurden. Heute dient das Zeughaus als Militärmuseum. Es enthält eine große Sammlung an Schwertern, Rüstungen und Kanonen sowie einen Panzer aus dem Zweiten Weltkrieg. Besonders sehenswert sind die Waffen und Uniformen der Schweizer Söldner, die die französischen Könige beschützten.

🏛 Riedholzschanze

Solothurn wurde im Lauf der Geschichte mehrmals befestigt. Die ältesten Mauern, deren Überreste man heute noch auf dem Friedhofplatz und in der Löwengasse sehen kann, umgaben ein römisches Lager. Im Mittelalter wurde ein weiterer Mauerring mit Toren und Türmen erbaut. Im 16. Jahrhundert wurden die Verteidigungsanlagen modernisiert: Bieltor, Baseltor, Buristurm, Krummturm und Riedholzturm kamen hinzu. 1667 begann die Arbeit an neuen Befestigungen mit Bastionen. Von ihnen hat sich nur die Riedholzschanze, eine Bastion im Nordosten der Altstadt, erhalten. Die anderen mussten Straßen und Parkanlagen weichen.

🏛 Kunstmuseum

Werkhofstrasse 30. 📞 032 624 40 00. ⊙ Di–Fr 11–17, Sa, So 10–17 Uhr. 🌐 kunstmuseum-so.ch

Die kleine Kunstgalerie besitzt einige schöne Werke. Unter den Gemälden Alter Meister befinden sich die *Madonna von Solothurn* (1522) von Hans Holbein d. J. und die *Madonna in den Erdbeeren* (1425) von einem anonymen Künstler. Den größten Teil der Sammlung machen Schweizer und französische Gemälde aus dem 19. und 20. Jahrhundert aus: Landschaften von Caspar Wolf, Alexandre Calame und Giovanni Giacometti, eine dramatische Darstellung von Wilhelm

Teil der Fassade des Alten Zeughauses, der ehemaligen Waffenkammer

Hotels und Restaurants im Mittelland, Berner Oberland und Wallis *siehe Seiten 248f und 265f*

SOLOTHURN | 77

Das beeindruckende Rathausportal

Tell von Ferdinand Hodler (siehe S. 58) sowie zahlreiche Gemälde von van Gogh, Degas, Matisse, Cézanne und Picasso. Eine Abteilung widmet sich Schweizer Künstlern, darunter Dieter Roth, Markus Raetz und Meret Oppenheim.

Rathaus
Rathausplatz.
Das Rathaus von Solothurn auf der östlichen Seite des Rathausplatzes präsentiert sich in manieristischem Stil. Das komplexe Erscheinungsbild des Gebäudes ist das Ergebnis ungewöhnlich langer Bauperioden. Baubeginn des ursprünglich gotischen Gebäudes war 1476. Es wurde jedoch erst 1711 vollendet. Zu dieser Zeit erhielt es seine schmale, dreigeteilte Fassade mit Mittelturm und Zwiebelkuppeln auf den Seitentürmen. Im Inneren befindet sich eine Wendeltreppe, im Volksmund auch »Schnecke« genannt, die nach oben in den großen Saal führt.

Jesuitenkirche
Hauptgasse.
Die Kirche entstand 1680–89 und ist ein großartiges Beispiel des Spätbarock. Das Äußere ist recht schlicht gehalten, das Innere hingegen glänzt mit Fresken und Stuckarbeiten von Meistern aus dem Tessin.

Barockes Mittelschiff und Hochaltar der Jesuitenkirche

Infobox

Information
Straßenkarte C3. 17 000.
Hauptgasse 69.
032 626 4646.
Solothurner Filmtage (Jan), Fasnacht (Feb), Solothurner Literaturtage (Mai), Chlausemäret (Dez).
solothurn-city.ch

Anfahrt

Den Hochaltar aus dem frühen 18. Jahrhundert ziert ein Altargemälde von Franz Carl Stauder mit einer Darstellung von Mariä Himmelfahrt. Neben der Kirche befindet sich das Steinmuseum Solothurn.

Zytglogge
Marktplatz.
Der untere Teil des Glockenturms stammt aus dem 12., der obere aus dem 15. Jahrhundert. Er ist das älteste erhaltene Gebäude der Stadt. Die astronomische Uhr (1545) besitzt Glockenspielfiguren – z. B. einen Ritter, den Tod und den König der Narren –, die sich zur vollen Stunde bewegen.

Zentrum von Solothurn
① St.-Ursen-Kathedrale
② Altes Zeughaus
③ Riedholzschanze
④ Kunstmuseum
⑤ Rathaus
⑥ Jesuitenkirche
⑦ Zytglogge

Zeichenerklärung siehe hintere Umschlagklappe

❼ Thunersee

Der schmale See erstreckt sich in einer spektakulären Berglandschaft zwischen Thun und Interlaken im Aaretal. Er ist rund 18 Kilometer lang, fast vier Kilometer breit und bietet zahlreiche Wassersportmöglichkeiten wie Segeln, Windsurfen, Wasserski und Tauchen. Die Umgebung eignet sich zum Wandern und Radfahren. Städte und Sehenswürdigkeiten am See sind durch Fähren miteinander verbunden. Auf alten Dampfschiffen kann man einen Ausflug auf dem See machen.

① **Thun**
Über der Thuner Altstadt ragt Schloss Thun mit einem Wehrturm aus dem 12. Jahrhundert auf. Auch die Hochtrottoirs in der Oberen Hauptgasse lohnen einen Besuch.

② **Hilterfingen**
Hilterfingen besitzt mit Schloss Hüneg ein Neorenaissance-Gebäude (19. Jh.) mit Jugendstil-Interieur. Außerdem gibt es hier eine Segelschule.

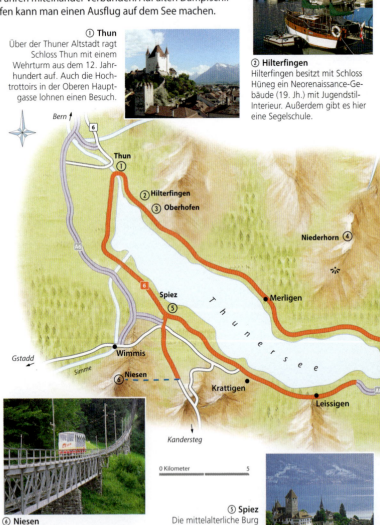

⑥ **Niesen**
Eine Standseilbahn fährt in 30 Minuten von Mülenen zur Bergstation des Niesen (2336 m). Von dort genießt man eine wunderbare Aussicht auf den Thunersee.

⑤ **Spiez**
Die mittelalterliche Burg von Spiez liegt auf einer Landzunge am See. In ihrer Nähe steht eine romanische Kirche mit schönem barockem Interieur.

Zeichenerklärung *siehe hintere Umschlagklappe*

THUNERSEE | 79

Routeninfos

Länge: rund 50 km.
Rasten: In jedem Ort am Thunersee gibt es Restaurants.
Bootsausflüge auf dem Thunersee: BLS Schiffahrt, Lachenweg 19, Thun.
📞 058 327 4811.
🌐 bls.ch/schiff

③ Oberhofen
Das Seeschloss stammt aus dem 12. Jahrhundert. Es gehört zum Bernischen Historischen Museum *(siehe S. 65).*

④ Niederhorn
Eine Gondelbahn bringt Besucher auf das Niederhorn – mit Aussicht über die Berner Alpen.

Legende
- Autobahn
- Routenempfehlung
- Panoramastraße
- Andere Straße
- Standseilbahn

Hôtel du Lac in Interlaken und Bootsanlegestelle am Brienzersee

❽ Interlaken

Straßenkarte C4. 🚉 5700. 🚌 🚆
ℹ Marktgasse 1, 033 826 5300.
🎭 Musikfestwochen (Aug.)
🌐 interlaken.ch

Auf einem schmalen Landstrich zwischen Thuner- und Brienzersee liegt Interlaken. Die Stadt verdankt ihren Namen einem Kloster, das im 12. Jahrhundert hier gegründet wurde. Ihr lateinischer Name »Inter Lacus« bedeutet »zwischen den Seen«.

Heute ist Interlaken ein beliebter Ferienort mit Bergsport- und Wandermöglichkeiten im Sommer sowie Skipisten im Winter. Interlaken liegt zudem an der Kreuzung zweier Zahnradbahnlinien zur Jungfrau *(siehe S. 83)* und nach Wengen *(siehe S. 87).* Eine Standseilbahn führt zur Heimwehfluh (669 m) hinauf.

Der **JungfrauPark Interlaken** widmet sich als Themenpark den Welträtseln. Er besteht aus Pavillons mit Ausstellungen zu sagenumwobenen Zeugnissen der Vergangenheit, etwa den ägyptischen Pyramiden. Eine weitere Abteilung hat die Raumfahrt und die Suche nach außerirdischem Leben zum Thema. Man kann auch auf einem fliegenden Teppich virtuell die Alpen überqueren. Im Mysty Land gibt es Spiel- und Fahrtenangebote für Kinder.

Der Rugenwald im Süden von Interlaken bildet die idyllische Kulisse für Aufführungen von Schillers *Wilhelm Tell.* Am gegenüberliegenden Ufer der Aare, in Untersee, befindet sich das **Touristikmuseum**, das sich dem Tourismus in der Jungfrau-Region seit dem 19. Jahrhundert widmet.

Eine Standseilbahn führt in nur zehn Minuten auf den Interlakener Hausberg, den **Harder Kulm**, hinauf. Die Aussichtsplattform Zweiseensteg bietet einen Rundblick auf Eiger, Mönch und Jungfrau sowie den Thuner- und den Brienzersee.

Umgebung: Das Plateau der **Schynige Platte** in 2000 Metern Höhe erreicht man von Wilderswil aus per Zahnradbahn. Hier gibt es einen schönen Alpengarten mit herrlicher Aussicht auf Seen und Berge.

🏛 **JungfrauPark Interlaken**
Obere Bönigstrasse 100, Interlaken.
📞 033 827 5757. 🕒 Mai–Mitte Okt: tägl. 11–18 Uhr (Winter kürzer).
🌐 jungfraupark.ch

🎭 **Tellspiele Interlaken**
Tickets 📞 033 822 3722, in Tourismusbüros oder über Website. Aufführungen: Mitte Juni–Aug.
🌐 tellspiele.ch

🏛 **Touristikmuseum**
Obere Gasse 28, Untersee. 📞 033 822 9839. 🕒 Mai–Okt: Di–So 14–17 Uhr. 🌐 touristikmuseum.ch

Blumenuhr vor dem Kursaal in Interlaken

Hotels und Restaurants im Mittelland, Berner Oberland und Wallis *siehe Seiten 248f und 265f*

82 | MITTELLAND, BERNER OBERLAND UND WALLIS

Brienz an der Ostspitze des Brienzersees, im Hintergrund das Brienzer Rothorn

❾ Brienzersee

Straßenkarte D4. 🚗 🚌 🚂 *i* Hauptstrasse 143, Brienz, 033 952 8080.
Bootsausflüge ☎ 058 327 4811.
W bls.ch/schiff
Grandhotel Giessbach ☎ 033 952 2525. ◯ Apr–Okt.

Malerisch dehnen sich die klaren Wasser des Brienzersees östlich von Interlaken und vom Thunersee *(siehe S. 78f)* inmitten bewaldeter Hänge und Wasserfälle aus. Im Hintergrund erheben sich majestätische Berge. Der See ist rund 14 Kilometer lang und fast drei Kilometer breit – also etwas kleiner als der Thunersee. Er bietet auch weniger Sportmöglichkeiten und Bootsausflüge als Letzterer, was ihn für Angler umso attraktiver macht.

Von Interlaken aus kann man die Attraktionen um den See per Fahrrad oder auf einer Bootsfahrt erkunden. Am Nordufer befinden sich die Ruinen der Burg **Goldswil** und der Ort **Ringgenberg**, in dem es eine kleine Barockkirche gibt.

Brienz liegt am Ostausläufer des Sees. Am Südufer lockt die hoch gelegene Axalp im Winter zum Skifahren und im Sommer zum Wandern. Die spektakulären **Giessbachfälle** kann man von der Terrasse des Grandhotel Giessbach (mit der ältesten Standseilbahn Europas erreichbar) bestaunen.

◀ Alpenszenerie bei Wengen im Kanton Bern *(siehe S. 87)*

❿ Brienz

Straßenkarte D3. 🚗 3000. 🚌 🚂
i Hauptstrasse 143, 033 952 8080. W brienz-tourismus.ch

Die größte Gemeinde am Brienzer See liegt an dessen Ostende. Sie ist ein guter Ausgangspunkt für Bergwanderungen, Angeltrips und Wassersport. Das nahe gelegene Wintersportgebiet Axalp hat ein kleines Ski- und Snowboard-Center.

Brienz ist das Zentrum der Schweizer Holzschnitzerei, deren Produkte man in den zahlreichen Läden des Orts erwerben kann. Die Werkstätten der berühmten **Schule für Holzbildhauerei** stehen Besuchern während des Semesters offen. Man kann den Studen-

Gasse in Brienz, gesäumt von traditionellen Häusern

ten bei der Arbeit zusehen sowie die Kunstausstellung besuchen.

Brienz ist auch für seine Geigen berühmt. In der **Geigenbauschule** lernen die künftigen Geigenbauer ihr Handwerk. Man kann die Werkstätten der Schule und eine Ausstellung der fertigen Instrumente besichtigen.

Umgebung: Das **Brienzer Rothorn** (2350 m) rund fünf Kilometer nördlich von Brienz ist mit einer bis in 2244 Meter Höhe fahrenden, dampfbetriebenen Zahnradbahn – eine der wenigen, die noch erhalten sind – zu erreichen. Manchmal werden Wagen der Brienz-Rothorn-Bahn auch von einer Diesellok gezogen. Die 7,6 Kilometer lange Fahrt führt durch Tunnel auf den Gipfel, der einen Blick auf den See und die Berner Alpen bietet.

🏛 **Schule für Holzbildhauerei**
Schleegasse 1. ☎ 033 952 1751.
Ausstellung ◯ Mo–Fr 8–11.30, 14–17 Uhr. W holzbildhauerei.ch

🏛 **Geigenbauschule**
Oberdorfstrasse 94. ☎ 033 951 1861. ◯ nach Vereinbarung.
W geigenbauschule.ch

⓫ Freilichtmuseum Ballenberg

Siehe S. 84f.

BERNER OBERLAND | 83

⓬ Meiringen

Straßenkarte D4. 🏔 4700. 🚆 🚌
ℹ Bahnhofplatz 12, 033 972 5050.
w haslital.ch

Die Gemeinde liegt im Herzen des Haslitals im Oberen Aaretal östlich des Brienzersees. Der Wintersportort eignet sich im Sommer hervorragend zum Wandern und Mountainbiken.

Den nahen **Reichenbachfällen** verhalf Sir Arthur Conan Doyle zu literarischem Ruhm: Hier lässt er Sherlock Holmes nach einem Kampf mit Professor Moriarty sterben (natürlich nur zum Schein). Das **Sherlock-Holmes-Museum** im Untergeschoss einer Kirche ist Holmes' Wohnzimmer in der Baker Street 221b nachgebildet. Eine Statue des Detektivs ziert den Conan-Doyle-Platz.

Sehenswert ist auch eine kleine Kirche im oberen Teil der Stadt, die im Jahr 1684 über der Krypta eines romanischen Baus entstand.

🏛 **Sherlock-Holmes-Museum**
Bahnhofstrasse 26. 📞 033 972 6008.
⊙ Mai–Okt: tägl. 13.30–18 Uhr; Dez–Apr: Mi, So 13.30–17 Uhr.
w sherlockholmes.ch

Umgebung: Von Meiringen aus führt eine Zahnradbahn (mit nachgebauten Holzwagen) zu den durch Conan Doyle bekannten **Reichenbachfällen**, einer Kaskade von sieben Wasserfällen. Der oberste Fall ist der größte – das Wasser stürzt hier 120 Meter in die Tiefe. Auch die **Aareschlucht** zwischen Meiringen und Innertkirchen ist imposant.

🏔 **Reichenbachfälle**
Werkseilbahn 📞 033 972 9010.
⊙ Mai–Okt: tägl. 9–17.30 Uhr.
w grimselwelt.ch

🏔 **Aareschlucht**
📞 033 971 4048. ⊙ Apr–Okt: Mi, Fr 8.30–17.30 Uhr (im Sommer länger; abends beleuchtet).
w aareschlucht.ch

Eiger, Mönch und Jungfrau – die höchsten Gipfel des Jungfrau-Massivs

Sherlock-Holmes-Statue in Meiringen

⓭ Jungfraujoch

Straßenkarte D4. ℹ Höheweg 37, Interlaken, 033 826 5300.
w jungfrau.ch

Südlich von Interlaken erhebt sich die imposante Berglandschaft des Berner Oberlands – mit der Dreiergruppe von Eiger (3970 m), Mönch (4107 m) und Jungfrau (4158 m). Ein Netzwerk von Eisen- und (Stand-)Seilbahnen erleichtert von Interlaken *(siehe S. 79)* aus den Zugang.

Die bekannteste Bahnstrecke ist diejenige zum Jungfraujoch. Sie ist nicht gerade preisgünstig, dafür aber einzigartig. Der vereiste Bergsattel liegt knapp unterhalb des Jungfraugipfels und wird als »Dach Europas« bezeichnet. Der Bahnhof auf 3454 Metern Höhe ist der höchste Europas.

Da die Bahnreise zum Jungfraujoch auf zwei verschiedenen Routen gemacht werden kann, bietet sich eine Rundreise an. Züge fahren von Interlaken aus nach Lauterbrunnen, wo man auf die Wengenalpbahn (Zahnradbahn) umsteigen kann, die über Wengen *(siehe S. 87)* zur Passhöhe Kleine Scheidegg (2061 m) führt, direkt unterhalb der berühmten Eigernordwand. Die andere Route führt von Interlaken nach Grindelwald *(siehe S. 86)*. Von dort erreicht man mit der Zahnradbahn aus der anderen Richtung die Kleine Scheidegg. Von der Passhöhe fährt die Jungfraubahn zum Jungfraujoch hoch.

Die Ingenieurskunst, die in den unteren Bereichen der Bahnlinie bei Wengen zum Ausdruck kommt, ist an sich schon beeindruckend genug. Noch spektakulärer ist jedoch die obere Route, oberhalb der Kleinen Scheidegg. Sie führt durch tiefe Tunnel, die ins Innere des Eiger gegraben worden sind.

Auf dem Gipfel gibt es Restaurants und ein Postamt (das Briefe mit der Sonderbriefmarke »Dach Europas« versieht). Per Aufzug gelangt man zum Observatorium mit der Aussichtsplattform »Sphinx«. Die Aussicht ist »länderübergreifend«: Im Osten sieht man den Schwarzwald in Deutschland, im Westen die französischen Vogesen und im Süden Italien. Von hier führt ein Tunnel zum atemberaubenden »Eispalast«.

Für Wanderer und Skifahrer gibt es grandiose Möglichkeiten. Die berühmte Konkordiahütte, wo man übernachten kann, liegt nicht weit entfernt. Direkt unterhalb erstreckt sich der Aletschgletscher.

Entsprechende Ausrüstung sowie ein Bergführer für Touren sind empfehlenswert.

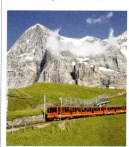
Zug zum Jungfraujoch nahe der Station Kleine Scheidegg

Hotels und Restaurants im Mittelland, Berner Oberland und Wallis *siehe Seiten 248f und 265f*

Freilichtmuseum Ballenberg

Das riesige Museumsdorf besteht aus rund 100 historischen ländlichen Gebäuden, vom einfachen Alpenchalet bis hin zu großen Bauernhöfen. Die Gebäude auf dem 66 Hektar großen Areal sind aus Holz oder Stein. Sie wurden in der ganzen Schweiz abgetragen, hier original wiederaufgebaut und so vor der Zerstörung bewahrt. In dem bewaldeten Park sind die Häuser nach ihrer Ursprungsregion gruppiert und durch Wege miteinander verbunden. Dazwischen liegen Gärten, Felder und Weiden mit Vieh. Alle Gebäude sind authentisch eingerichtet.

★ Richterswil-Haus
Das Zweifamilienhaus wurde 1780 in Richterswil bei Zürich erbaut und ist ein typisches Beispiel für die Fachwerkgebäude in der nordöstlichen Schweiz. Das Haus wurde einst von einem Weinbergbesitzer bewohnt.

Villnachern-Familienhaus
Das Kalksteinhaus von 1635 war vermutlich Sitz einer wohlhabenden Familie.

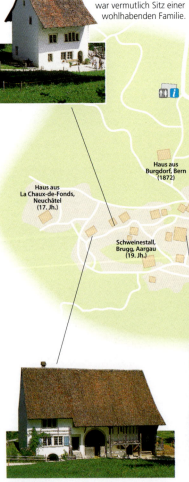

- Haus aus Burgdorf, Bern (1872)
- Weinkellerei aus Schaffhausen (17. Jh.)
- Haus aus La Chaux-de-Fonds, Neuchâtel (17. Jh.)
- Schweinestall, Brugg, Aargau (19. Jh.)
- Scheune vom Faulensee, Bern (1702)
- Bauernhaus mit Taubenschlag, Lancy, Genf (1762)
- Feuerwehrhaus, Mühledorf, Bern (1834)
- Tentlingen-Haus (1790)
- Haus aus Malvaglia, Tessin (1515–64)

Therwil-Haus
Das Steinhaus mit einem Nebengebäude aus Holz ist typisch für die Architektur im Schweizer Jura. Es stammt von 1675.

★ Ostermundigen-Haus
Die Fassade des 1797 erbauten großen Holzhauses wurde grau angestrichen – es sollte wie ein steinernes Gebäude wirken. Im Haus sind heute Ausstellungen untergebracht.

FREILICHTMUSEUM BALLENBERG | 85

Werkstätten

Einige der Häuser verfügen über Werkstätten, in denen Handwerker mit authentischem Werkzeug Handwerk der Schweizer Regionen demonstrieren, darunter etwa Weben, Spinnen, Töpfern, Korbflechterei, Seidenweberei, Spitzen- und Käseherstellung sowie Schokoladenproduktion. Im Museum finden auch Messen und Festivals zur Belebung alter Volkstraditionen statt.

Infobox

Information
Straßenkarte D3. Brienzwiler.
Freilichtmuseum Ballenberg
Museumsstrasse 131, 3 km östlich von Brienz. 033 952 1030. **Innenräume** Mitte Apr–Okt: tägl. 10–17 Uhr.
Tickets und Gelände Mitte Apr–Okt: tägl. 9–17 Uhr.
w ballenberg.ch

Anfahrt

Törbel-Mühle
Die Mühle aus dem Wallis wurde im 19. Jahrhundert erbaut. Bereits seit dem Mittelalter benutzte man die Wasserkraft der Bergflüsse zum Mahlen von Getreide.

EICHHOF

Alp- und Temporärstallungen

Gasthaus Degen, Hünenberg, Zug (1891)

Kapelle aus Turtig, Wallis (18. Jh.)

Versammlungssaal aus Sarnen, Obwalden (1909)

BALLENBERG
MUSEUMSSTRASSE

0 Meter 200

Brienzwiler

Aare

Brülisau-Haus
Das Holzhaus ist für die Architektur der Ostschweiz charakteristisch. Es wurde 1754 erbaut.

Lütschental-Käselager
Wie andere Gebäude im Berner Oberland besitzt auch dieses Lagerhaus für Käse einen Dachfirst mit Dachvorsprung und Giebelabschlüssen.

Zeichenerklärung siehe hintere Umschlagklappe

Gemeindekirche von Kandersteg

⓮ Kandersteg

Straßenkarte C4. 🏔 800. 🚆
ℹ Äussere Dorfstrasse 26, 033 675 8080. 🌐 **kandersteg.ch**

Kandersteg liegt im Kandertal, westlich des Jungfrau-Massivs, am Nordeingang des Lötschberg-Tunnels, eines Eisenbahntunnels (15 km) nach Goppenstein im östlichen Wallis. 2008 wurde ein neuer Tunnel unter dem alten eröffnet, der die Reisezeit erheblich verkürzt.

Kandersteg besitzt eine hübsche Kirche (16. Jh.), ist ansonsten aber vor allem als Ferienort mit vielfältigen Sporteinrichtungen bekannt. Die sanften Hügel der Umgebung sind auch für Ski-Anfänger gut geeignet. Im Sommer wimmelt es hier von Bergwanderern und Paragliedern.

Der von Gletscherbächen gespeiste **Oeschinensee**, ein von Dreitausendern umgebenes Gewässer, liegt oberhalb von Kandersteg. Man kann ihn mit einem Sessellift vom östlichen Ortsrand aus erreichen. Die Anlage ist von Mai bis Oktober in Betrieb. Geübte Wanderer können anschließend nach Kandersteg zurückgehen. Der **Blausee**, ein kleines Gewässer inmitten eines Kiefernwalds, liegt zehn Autominuten nördlich von Kandersteg. Er bietet sich für Bootsfahrten an.

Blümlisalphorn (3664 m) und Hockenhorn (3293 m), beide bei Kandersteg, sind für Bergsteiger eine Herausforderung.

⓯ Adelboden

Straßenkarte C4. 🚆 🏔 3600.
ℹ Dorfstrasse 23, 033 673 8080.
🌐 **adelboden.ch**

Der attraktive Ort mit den typischen Chalets, hübschen Straßen und gepflegten Gärten liegt am oberen Ende des Engstligentals. Die Gemeindekirche (1433) besitzt imposante Fresken und Bleiglasfenster von Augusto Giacometti. Sehenswert ist auch das Museum des Orts, das sich der Alltagsgeschichte des Engstligentals widmet.

Adelboden ist wie Kandersteg in erster Linie ein Winterferienort – und mit über 70 Skiliften und rund 210 Kilometer Skipisten vor allem bei Familien beliebt. Doch auch Extremsportler kommen hier auf ihre Kosten, ebenso Skating- und Curling-Fans. Im Sommer trifft man in Adelboden eher auf Mountainbiker und Wanderer.

Die **Engstligenfälle**, spektakuläre Wasserfälle an der Engstligenalp, die 370 Meter hinabstürzen, liegen vier Kilometer oberhalb von Adelboden (per Seilbahn erreichbar). Hier beginnen mehrere Wanderwege, die in größere Höhen hinaufführen, etwa zur Ammertenspitz (2613 m), oder an den Wasserfällen vorbei wieder hinab ins Tal.

Epitaph, Gemeindekirche Adelboden

⓰ Grindelwald

Straßenkarte D4. 🚆 🏔 3800.
ℹ Dorfstrasse 110, 033 854 1212.
🌐 **grindelwald.ch**

Südlich von Interlaken trennen sich Straße und Eisenbahnlinie, die in die Berge führen. Die eine Route verläuft ins Lauterbrunnental mit den Orten Lauterbrunnen, Wengen und Mürren, die andere nach Osten, am Lütschental entlang nach Grindelwald.

Der Ferienort schmiegt sich an die riesigen Berge Wetterhorn, Mettenberg und Eiger. Er ist seit Langem eines der beliebtesten Reiseziele der Alpen. Im Winter bietet er ausgezeichnete Ski-, im Sommer ebenso gute Wandermöglichkeiten. Nach einem einstündigen Spaziergang Richtung Osten kommt man zum Beginn des Panoramawegs, der durch Waldgebiet zum Oberen Gletscher am Wetterhorn führt. Die besten Wanderwege findet man um den **First**, zu dem eine Seilbahn fährt. Eine halbtägige Tour führt vom First auf einem Grat zum Bachalpsee und weiter zum Gipfel des **Faulhorns** (2681 m), wo man im Restaurant oder im Gasthof Pause machen kann. Die Sonnenaufgänge oder -untergänge am Faulhorn sind atemberaubend.

Schneebedeckte Chalets in Wengen

Hotels und Restaurants im Mittelland, Berner Oberland und Wallis *siehe Seiten 248f und 265f*

BERNER OBERLAND | 87

Schloss Wimis aus dem 16. Jahrhundert im Niedersimmental

⓱ Wengen

Straßenkarte C4. 🚠 1300. 🚉
🛈 Dorfstrasse, 033 856 8585.
🌐 wengen.ch

Das ruhige, vollständig autofreie Dorf liegt in 1274 Metern Höhe im reizvollen Lauterbrunnental, dem tiefstgelegenen Trogtal der Welt. Die hier anzutreffende »klassische« Landschaft der Schweizer Alpen besteht aus schroffen Abhängen, Wasserfällen, grünen Almen mit weidenden Kühen und schneebedeckten Berggipfeln.

Die Bergbahnen von Lauterbrunnen zum Jungfraujoch (siehe S. 83) halten auf halbem Weg in Wengen mit seinen vielen Chalets und großen Hotels. Das Dorf schmiegt sich im Südwesten an die Almhänge und weist selbst im Winter viele Sonnenstunden auf. Wie seine Nachbarn Grindelwald und Mürren zieht auch Wengen seit über 100 Jahren zahlreiche Besucher, darunter viele Familien mit Kindern, an.

In Wengen gibt es exzellente Möglichkeiten zum Ski- und Snowboardfahren sowie zum Wandern. Die Wanderwege führen zu den blumenübersäten Wiesen des Wengwalds und hinauf zum Männlichen (Seilbahnstation). Von hier aus genießt man eine traumhafte Aussicht über Grindelwald auf der einen Seite und das Lauterbrunnental auf der anderen.

⓲ Mürren

Straßenkarte D4. 🚠 400. 🚉 🛈
033 856 8686. 🌐 muerren.ch

Von Lauterbrunnen aus gibt es zwei Möglichkeiten, zum autofreien Bergdorf Mürren auf der Wengen gegenüberliegenden Seite des Tals zu gelangen. Beide Routen sind bildschön. Eine Standseilbahn fährt zur Grütschalp. Von dort aus geht es mit der Schmalspurbahn am Rand der Abhänge weiter nach Mürren. Alternativ fahren auch Busse von Lauterbrunnen aus am spektakulären Wasserfall bei Trümmelbach vorbei nach Stechelberg, wo man die Seilbahn ins 800 Meter hoch gelegene Mürren nehmen kann.

Die Aussicht ins Tal und der Blick hinauf zu den schneebedeckten Felsspalten sind atemberaubend. Die Seilbahn führt weiter hinauf zum eisbedeckten Schilthorn (2973 m). Auf dem Gipfel gibt es ein bekanntes Drehrestaurant, das schon im James-Bond-Film *Im Geheimdienst Ihrer Majestät* (1969) eine Rolle spielte.

⓳ Simmental

Straßenkarte C4. 🚠 🚉 🛈 Rawilstrasse 3, Lenk, 033 736 3535.
🌐 lenk-simmental.ch

Das sehr lange Simmental im westlichen Berner Oberland ist in zwei Abschnitte unterteilt: Das Niedersimmental erstreckt sich von Spiez, wo die Simme in den Thunersee mündet, bis nach Boltigen im Westen. Hier krümmt sich das Tal nach Süden und wird zum Obersimmental. In diesem Teil liegt das Thermalbad **Lenk** in der Nähe der Quelle der Simme.

Im Simmental befinden sich mehrere Ferienorte: **Erlenbach** ist ein guter Ausgangspunkt für Rafting-Touren auf der Simme. In **Zweisimmen**, wo Kleine Simme und Grosse Simme zusammenfließen, beginnen die Straßen, die sich durch das Tal nach Lenk und Gstaad schlängeln. Von Lenk aus führen Sessellifte nach Metschberg, Betelberg und Mülkerblatten.

Die Saane in der Nähe von Gstaad – ideal für Rafting

⓴ Gstaad

Straßenkarte C4. 🚠 7000. 🚉 🚌
🛈 Promenade 41, 033 748 8181.
🎭 Heißluftballon-Woche (Jan), Swiss Open Gstaad (Tennisturnier, Anfang Juli), Menuhin Festival (Juli–Sep). 🌐 gstaad.ch

Das international bekannte Gstaad ist einer der beliebtesten Ferienorte der Schweiz – und dafür überraschend klein. Gstaad liegt zwischen vier Tälern und verfügt über rund 250 Skipisten sowie zahlreiche Skilifte an Wispile, Eggli und Wasserngrat.

Im Sommer zieht der Ort Kletterer, Wanderer, Radfahrer, Tennisspieler und auch Extremsportler an, etwa Rafter, die es mit den Wassern der Saane aufnehmen.

In Gstaad gibt es keine hohen Gebäude. Alle Häuser des Promi-Ferienorts sind im traditionellen Chalet-Stil erbaut, was Gstaad ein romantisches Flair verleiht. Die Hauptstraße säumen Läden, Cafés, Restaurants und Kunstgalerien. Auf der Promenade kann man Kunsthandwerkern bei der Arbeit zusehen.

Luxuriös eingerichtetes Chalet in Gstaad

㉑ Martigny

Straßenkarte B5. 16 000.
i Avenue de la Gare 6, 027 720 4949. **w** martigny.com

Die Kleinstadt liegt am Zusammenfluss von Drance und Rhône, die ab dort Richtung Norden fließt. Sie wurde im Jahr 15 v. Chr. als »Octodorus« von den Römern gegründet. Bei Ausgrabungen wurden römische Gebäude, darunter ein Minervatempel, Bäder und ein Amphitheater, freigelegt.

Martigny wird von der **Tour de la Bâtiaz** überragt, einer Festung (13. Jh.), die weithin sichtbar auf einem Felsvorsprung thront. Sehenswert in der Altstadt sind auch die **Maison Supersaxo** (15. Jh.) und die **Chapelle Notre-Dame de Compassion** (um 1620).

Hauptattraktion der Stadt ist die **Fondation Pierre Gianadda**, ein Museum, das auf den Ruinen eines gallisch-römischen Tempels erbaut wurde. Es umfasst mehrere Sammlungen: In der Hauptabteilung finden zeitgenössische Ausstellungen statt. Das Musée Archéologique Gallo-Romain zeigt die Statuen, Münzen, Keramiken und Bronzearbeiten, die bei den Ausgrabungen gefunden wurden. Im Musée de l'Auto im Untergeschoss sind rund 50 Oldtimer (auch Schweizer Modelle) zu sehen, in der etwas kleineren Salle Franck u. a. Gemälde von van Gogh, Cézanne und Toulouse-Lautrec. Den Parc des Sculptures des Museums zieren moderne Skulpturen.

Fondation Pierre Gianadda
59, rue du Forum. 027 722 3978. Juni–Nov: tägl. 9–19 Uhr; Dez–Mai: tägl. 10–18 Uhr.
w gianadda.ch

Umgebung: Im Städtchen **St-Maurice**, 15 Kilometer nördlich von Martigny, steht eine Augustinerabtei aus dem Jahr 515. Die Kirche ist Teil der ältesten erhaltenen Abtei nördlich der Alpen.

Unterstand am Col du Grand St-Bernard

Nordwestlich von Martigny liegt das Skigebiet **Portes du Soleil**, das man über Monthey erreichen kann. Es umfasst zwölf Ferienorte und besitzt etwa 650 Kilometer Skipisten.

㉒ Großer St.-Bernard-Pass

Straßenkarte B5.
i La Fouly, 027 783 2717.
w st-bernard.ch

Der St.-Bernard-Pass (Col du Grand St-Bernard) liegt an der Grenze zu Italien auf 2469 Meter Höhe und ist der älteste aller Pässe über die Alpen. Der isoliert liegende Verbindungsweg zwischen Westeuropa und Italien wurde schon seit etwa 800 v. Chr. genutzt: im 1. Jahrhundert v. Chr. von Julius Caesar, im Jahr 800 von Karl

Stierkopf aus der Römerzeit, Martigny

dem Großen, als er von seiner Krönung aus Mailand zurückkehrte, und 1000 Jahre später von Napoléon.

Der Pass ist nach Bernhard von Menthon, Bischof von Aosta, benannt, der hier 1049 ein Hospiz für Reisende errichten ließ. Für seine missionarische Tätigkeit wurde Bernhard nach seinem Tod (um 1080) seliggesprochen. Später wurde er Schutzheiliger der Alpen. Das Hospiz wird seither von Mönchen bewohnt und steht Reisenden das ganze Jahr über offen (wobei man im Winter nur zu Skiern hinkommt). Der Komplex stammt aus dem 18. Jahrhundert. In der Kirche (17. Jh.) liegen die Gebeine des hl. Bernhard, die Schatzkammer enthält liturgische Geräte. Im **Musée et Chiens du Saint-Bernard** wird die Geschichte des Passes dokumentiert. Man kann auch beim Bernhardiner-Training zusehen.

Bernhardiner

Die kräftigen, bis zu 100 Kilogramm schweren Hunde sind nach dem Hospiz am St.-Bernhard-Pass benannt, wo sie wohl seit dem Mittelalter und noch heute von Mönchen gezüchtet werden. Erste Erwähnungen von Bernhardinern als ausgebildeten Bergrettungs- und Spürhunden finden sich im 17. und 18. Jahrhundert. Die Hunde waren darauf abgerichtet, unter Lawinen begrabene Menschen mittels ihres Geruchssinns aufzuspüren. Heute werden für die Bergrettung meist Hubschrauber eingesetzt.

Bernhardiner mit Führer

Aufgrund der Höhe und des oftmals heftigen Schneefalls im Winter ist der Pass nur zwischen Mitte Juni und Oktober geöffnet. Doch seit 1964 gelangt man durch den sechs Kilometer langen St.-Bernhard-Tunnel unter dem Pass das ganze Jahr über von der Schweiz nach Italien.

Musée et Chiens du Saint-Bernard
Rue du Levant 34, CP 245, Martigny. 027 720 4920.
tägl. 10–18 Uhr.
fondation-barry.ch

❷ Verbier

Straßenkarte C5. 1800.
Place Centrale, 027 775 3888.
Verbier Xtreme (März), Verbier Festival (Ende Juli). verbier.ch

Nur wenige Ferienorte in der Schweiz können mit der wunderschönen Lage des Städtchens Verbier und dessen riesigem Angebot an Winter- und Sommeraktivitäten mithalten. Der Ferienort lockt jedes Jahr etwa eine Million Besucher an. Er liegt gut 1500 Meter hoch auf einem weiten Plateau, das sich im Süden zum Mont Blanc und zum Grand Combin hin öffnet. Unterhalb von Verbier erstreckt sich das Val de Bagnes.

Verbier und weitere fünf Dörfer in den Walliser Alpen bilden das Wintersportgebiet 4 Vallées, das mit insgesamt 410 Pistenkilometern das größte Skigebiet der Schweiz bildet. Höchster Punkt ist Mont Fort (3300 m), wo man eine wunderbare Aussicht über die Schweizer Alpen bis zum Mont Blanc genießen kann.

Verbier richtet im Rahmen der Freeride World Tour »Verbier Xtreme« aus, bei dem die besten Snowboarder der Welt den Bec des Rosses in halsbrecherischer Geschwindigkeit über Hindernisse hinabfahren. Im Sommer bietet das Verbier Festival klassische Musik und Workshops.

Auch immer Sommer ist das Gebiet mit vielfältigem Angebot eine Reise wert.

Romanische Kirche (11./12. Jh.) in St-Pierre-de-Clages

❷ St-Pierre-de-Clages

Straßenkarte B5. 600.
Fête du Livre (Ende Aug.).

Das kleine Dorf St-Pierre-de-Clages liegt an den südlichen Weinberghängen des Rhônetals. Abgesehen vom jährlichen Literaturfestival, besteht die Hauptattraktion des Dorfs in seiner wunderschönen romanischen Kirche (11./12. Jh.), die ursprünglich Teil einer Benediktinerabtei war. Der rippengewölbte Innenraum des Baus ist recht schmucklos – diese angenehme Strenge wird durch den unverzierten Stein der Mauern und Säulen noch betont. Die Bleiglasfenster stammen von 1948.

❷ Sion

Siehe S. 90f.

❷ Barrage de la Grande Dixence

Straßenkarte C5. Ende Juni–Mitte Okt. Mitte Juni–Sep: tägl. 11.30, 13.30, 15, 16.30 Uhr.
grande-dixence.ch

Der Barrage de la Grande Dixence ist einer der größten Staudämme der Welt und ein Beispiel moderner Schweizer Ingenieurskunst. Der hydroelektrische Damm am oberen Ende des Val d'Hérémence überspannt den Fluss Dixence in 285 Meter Höhe.

Der lang gestreckte, von Bergen umgebene Lac des Dix versorgt das Tal oberhalb des Damms mit Wasser. Im Westen erheben sich Rosablanche (3336 m), im Osten Les Aiguilles Rouges (3646 m) und im Süden Mont Blanc de Cheilon (3870 m) und Pigne d'Arolla (3796 m). Eine Seilbahn bringt Besucher vom Fuß des Damms, wo es ein Restaurant gibt, auf die Höhe des Sees. Hier kann man mit dem Boot zur Berghütte Cabane des Dix gelangen, um den See spazieren oder einen Wanderweg einschlagen – etwa zum kleinen Ort Arolla.

Das Val d'Hérémence grenzt bei Hérémence an das Val d'Hérens (*siehe S. 92*), eine gute Ausgangsbasis für Skifahrten am Osthang des Mont Rouge.

Idyllischer Lac des Dix, im Hintergrund der Mont Blanc de Cheilon

Sion

Die Hauptstadt des Wallis ist stolz auf ihr reiches Erbe. Die Wurzeln von Sion (Sitten) reichen ins 1. Jahrhundert zurück, als die Römer hier die Siedlung Sedunum gründeten. Sion liegt auf einem Plateau am Nordufer der Rhône und wird von zwei Hügeln überragt, die jeweils von einer mittelalterlichen Burg gekrönt sind – Überbleibsel eines mächtigen Bistums, das das Wallis jahrhundertelang regierte. Schon im Mittelalter handelte Sion mit Obst und Wein. Letzterer gedeiht noch heute im Rhônetal. Die Weine der Gegend wurden mehrfach ausgezeichnet.

Sion, vom Valère aus gesehen, einem der beiden Hügel über der Stadt

Überblick: Sion

Die Altstadt von Sion mit ihren mittelalterlichen Gassen erkundet man am besten zu Fuß. Zu den Burgen gelangt man ebenfalls zu Fuß oder im Sommer mit einer Tourismusbahn von der Rue des Châteaux aus. Ein steiler Pfad führt vom Endpunkt der Bahn links nach Tourbillon und rechts nach Valère. Beide Hügel bieten einen Panoramablick.

Château de Tourbillon

027 606 4745. Mai–Sep: tägl. 10–18 Uhr; Okt–Apr: tägl. 11–17 Uhr.

Die mittelalterliche Festung steht auf dem höheren der beiden Hügel. Sie wurde im späten 13. Jahrhundert als befestigte Residenz des Bischofs Boniface de Challant erbaut, in der Folgezeit mehrfach belagert, verschiedentlich wiederaufgebaut und 1788 schließlich durch einen Brand zerstört. Große Teile der Wehrmauern sind jedoch erhalten geblieben. In der Kapelle kann man ein Rippengewölbe, die Steinmetzarbeiten der Kapitelle und Fresken betrachten.

Château de Valère

Kirche 027 606 4715. Juni–Sep: tägl. 10–18 Uhr; Okt–Mai: Di–So 10–17 Uhr. Musée d'Histoire du Valais 027 606 4715. Juni–Sep: tägl. 11–18 Uhr; Okt–Mai: Di–So 11–17 Uhr.

Das Château (12./13. Jh.) mit quadratischem Turm und dem begehbaren Wall war früher die befestigte Kirche Notre-Dame de Valère. Es wurde an der Stelle einer Festung (11. Jh.) und eines römischen Gebäudes errichtet. Im Inneren sind romanische Kapitelle, gotische Wandmalereien, die Orgel und das Chorgestühl (17. Jh.) sehenswert. Die Orgel von 1390 ist die älteste spielbare Orgel der Welt.

Neben der Kirche beherbergt das einstige Wohnhaus des Kantors (12. Jh.) das Musée d'Histoire du Valais (Geschichtsmuseum Wallis). Hier werden 50 000 Jahre Walliser Geschichte – von den Anfängen menschlicher Besiedlung bis heute – mit über 1000 Artefakten, Modellen und interaktiven Exponaten lebendig.

Musée d'Art du Valais

15, place de la Majorie. 027 606 4690. Juni–Sep: Di–So 11–18 Uhr; Okt–Mai: Di–So 11–17 Uhr. musees-valais.ch

Die Kunstgalerie ist auf zwei Gebäude aus dem 15. Jahrhundert verteilt, in denen einst bischöfliche Amtsträger wohnten. Die Sammlung umfasst Gemälde von Künstlern aus dem Wallis, vom 17. Jahrhundert bis zur Gegenwart.

Musée de la Nature du Valais

12, rue des Châteaux. 027 606 4730. Juni–Sep: Di–So 11–18 Uhr; Okt–Mai: Di–So 11–17 Uhr.

In den Räumen des ehemaligen archäologischen Museums macht das Naturmuseum mit vielfältigen Sammlungen die Beziehungen zwischen Mensch und Natur im Wallis – in der Vergangenheit und heute – verständlich.

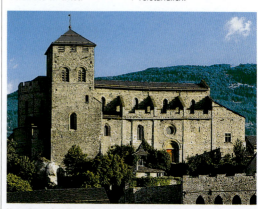

Notre-Dame de Valère, befestigte Kirche auf einem Hügel über Sion

Hotels und Restaurants im Mittelland, Berner Oberland und Wallis *siehe Seiten 248f und 265f*

Rue du Grand-Pont mit dem weiß leuchtenden Hôtel de Ville

Hôtel de Ville
12, rue du Grand-Pont.

Das weiß getünchte Rathaus sticht mit seinem Glockenturm mit Kuppel und Laterne unter den vielen schönen Gebäuden der Rue du Grand-Pont hervor. Das Gebäude wurde 1657–65 errichtet und besitzt kunstvoll geschnitzte Holztüren.

In die Wände des großen Saals sind Steine mit römischen Inschriften eingelassen, darunter findet man auch eine christliche Inschrift von 377, die älteste ihrer Art in der Schweiz. Der Ratssaal im Obergeschoss ist aufwendig ausgestattet und mit dekorativen Holzschnitzereien verziert.

Maison Supersaxo
Rue de Contheyn. 027 323 8550.
Mo–Fr 9–12, 14–17 Uhr.

Die spätgotische, reich verzierte Villa wurde um 1505 für Georges Supersaxo, den Befehlshaber der Region, erbaut. Eine hölzerne Wendeltreppe führt zum großen Saal mit üppig bemalter spätgotischer Holzdecke. Das Herzstück bildet ein bemaltes Medaillon von Jacobinus de Malacridis, auf dem die heilige Familie dargestellt ist. In Seitennischen stehen Büsten der Propheten und Weisen.

Cathédrale Notre-Dame du Glarier
Rue de la Cathédrale 13.
027 322 8066.
tägl. 7–19 Uhr.

Die Kathedrale Unserer Lieben Frau, die Bischofskirche des römisch-katholischen Bistums, stammt größtenteils aus dem 15. Jahrhundert, sie besitzt jedoch auch einige ältere Teile, u. a. eine romanische Glockenstube des 12. Jahrhunderts, die von einem achteckigen Turm gekrönt wird. Im klar strukturierten Innenraum sind die Gräber der Bischöfe von Sion, das barocke Chorgestühl, der gotische Flügelaltar

Medaillon, Maison Supersaxo

Infobox
Information
Straßenkarte C5. 33 327 77 27. Place de la Planta 2.
Festival International de Musique (Aug, Sep).
siontourisme.ch

Anfahrt

im Chor sowie ein Holztriptychon mit der Wurzel Jesse sehenswert.

Die Église St-Théodule, eine spätgotische Kirche weiter südlich, wurde 1514–16 errichtet. Das Gebäude aus dem 19. Jahrhundert gegenüber der Kathedrale ist das Bischofspalais.

Tour des Sorciers
42, avenue de la Gare.
für Besucher.

Der »Hexenturm« verdankt seinen Namen dem konisch geformten Dach. Er wurde vermutlich im 14. Jahrhundert gebaut und ist als Bastion im Nordwesten der einzige erhaltene Teil der mittelalterlichen Befestigungsanlage. Heute wird der Turm gelegentlich für Ausstellungen genutzt.

Zentrum von Sion
1. Château de Tourbillon
2. Château de Valère
3. Musée d'Art du Valais
4. Hôtel de Ville
5. Maison Supersaxo
6. Cathédrale Notre-Dame du Glarier
7. Tour des Sorciers
8. Musée de la Nature du Valais

Zeichenerklärung siehe hintere Umschlagklappe

Die auffälligen Felsformationen der Pyramides d'Euseigne, Val d'Hérens

㉗ Val d'Hérens

Straßenkarte C5. 🚍 🚋 13, rue Principale, Euseigne, 027 281 2815. 🌐 valdherens.ch

Das Val d'Hérens (Eringertal) erstreckt sich südöstlich von Sion bis in die Walliser Alpen hinein. In der reizvollen Landschaft liegen Dörfer mit Holzchalets. Auf den Feldern arbeiten Frauen teils noch in Tracht.

Auffälliges geologisches Merkmal des Val d'Hérens ist eine Felsformation namens **Pyramides d'Euseigne**. Die spitzen Felsen sehen von der Talstraße wie die Fänge eines Tiers aus. Sie entstanden im Lauf der Eiszeit aufgrund von Erosion durch Wind, Regen und Eis. Jede Felsspitze ist von einer Kappe gekrönt, die den weicheren Stein darunter vor weiterer Erosion schützte.

Idyllisches Wallis: Blumen auf der Fensterbank

Das Dorf Evolène, 15 Kilometer südlich von Euseigne, ist ein guter Ausgangspunkt für Wanderungen in der Gegend. Am oberen Ende des Tals liegt das Dorf Les Haudères, in dem es ein Geologie- und Gletscherzentrum mit einem interessanten Museum gibt. Hinter Les Haudères geht das Val d'Hérens ins Val d'Arolla über. In dem kleinen Ferienort Arolla, der dem Tal seinen Namen gab, endet die Straße.

㉘ Crans-Montana

Straßenkarte C4. 🚟 4500. 🚋 🌐 29, rue du Prado, 027 485 0404. ⛳ Omega European Masters (Golfturnier, Sep). 🌐 crans-montana.ch

Das schicke Ski- und Golfzentrum Crans-Montana liegt auf einer Hochebene nördlich des Rhônetals mit Sicht auf die Walliser Alpen im Süden. Im späten 19. Jahrhundert, als Bergurlaube in Mode kamen, wuchsen Crans und Montana zusammen, blieben jedoch zwei getrennte Orte.

Crans-Montana erreicht man mit dem Auto von Sion aus. Von Sierre aus kann man entweder auf der Straße bleiben, die sich durch die Weinberge und Wiesen schlängelt, oder die Standseilbahn nehmen. Der sonnenreiche Ort verfügt über eine gute Infrastruktur an Seilbahnen und Skiliften und über 140 Kilometer Skipisten.

Im Sommer sind Paragliding, Golf und Heißluftballon-Fahrten beliebte Freizeitaktivitäten. Auf dem Plaine-Morte-Gletscher gibt es ganzjährig eine Loipe. Das Areal in ca. 2700 bis 2900 Meter Höhe bietet eine grandiose Aussicht auf die Walliser Alpen und den Mont Blanc im Südwesten. Wanderwege führen nach Bella Lui und Bisse du Roh.

㉙ Sierre

Straßenkarte C4. 🚟 16000. 🚋 🚍 🌐 10, place de la Gare, 027 455 8535. 🌐 sierretourisme.ch

Sierre (Siders) im Rhônetal, an der Grenze zwischen französisch- und deutschsprachigem Wallis, ist von Weinbergen umgeben und besitzt schöne alte Gebäude, darunter das **Château des Vidomnes** (16. Jh.). Im barocken Rathaus ist ein Zinnmuseum untergebracht. Das **Musée Valaisan de la Vigne et du Vin** dokumentiert die Tradition der Weinherstellung. Ein Teil ist im Château de Villa (16. Jh.) in Sierre ausgestellt, der andere im Zumofenhaus (16. Jh.) in Salgesch (Salquenen) östlich von Sierre. Die zwei Orte sind durch eine Weinstraße (»Sentier Viticole«) verbunden, die sich durch Dörfer und Weinberge schlängelt.

Im **Château de Muzot** im Dorf Veyras, nordöstlich von Sierre, verbrachte Rainer Maria Rilke (1875–1926) die letzten Jahre seines Lebens. Auf dem Friedhof von Raron, östlich von Sierre, ist er bestattet. In der Maison de Courten (30, rue du Bourg) in Sierre gibt es ein Rilke-Museum.

🏛 **Musée Valaisan de la Vigne et du Vin**
Château de Villa, 4, rue Ste-Catherine. ☎ 027 456 3525. 🕐 März–Nov: Mi–Fr 14–18, Sa, So 11–18 Uhr. 🌐 museevalaisanduvin.ch

Château des Vidomnes (16. Jh.) in Sierre

Hotels und Restaurants im Mittelland, Berner Oberland und Wallis siehe Seiten 248f und 265f

WALLIS | 93

Charakteristische Holzhäuser in Grimentz, Val d'Anniviers

⓷⓪ Val d'Anniviers
Straßenkarte C5. 🚠 🛈 027 476 1715. 🌐 valdanniviers.ch

Das grüne Flusstal der Navisence, das Val d'Anniviers, ist von den Gipfeln der Walliser Alpen umgeben. Es beginnt gegenüber von Sierre und erstreckt sich südlich bis zum Gletscherareal des Weilers Zinal. Überall bieten malerische Dörfer Möglichkeiten für Wintersport, Wanderungen und Radtouren.

Von Soussillon aus empfiehlt sich ein Ausflug in das mittelalterliche Dorf **Chandolin** mit seinen Holzchalets und seiner beeindruckenden Aussicht. Von Vissoie aus lohnt ein Besuch von **Saint-Luc**, einem 1650 Meter hoch gelegenen Bergdorf mit Panoramablick auf das Val d'Anniviers. Von dort aus kann man auch noch weiter in die Berge hinaufwandern, bis zum 3025 Meter hohen Bella Tola.

Auch **Grimentz** ist ein faszinierendes Dorf voller traditioneller ausladender Holzchalets, die auf felsigem Untergrund erbaut wurden. Über Wanderwege erreicht man den Moiry-Damm sowie den **Glacier de Moiry**. Das höchste Dorf des Tals ist **Zinal** (1670 m). Zusammen mit anderen Orten bildet es im Winter ein Skizentrum, im Sommer ist es Ausgangspunkt für Wanderungen. In Zinal kann man geführte Klettertouren zum Zinalrothorn (4221 m), der Pyramide des Besso, dem Oberen Gabelhorn und der Pointe de Zinal buchen. Es gibt auch Gipfel für leichtere Wanderungen.

⓷⓵ Leukerbad
Straßenkarte C4. 🚠 1600. 🚌
🛈 Rathausstrasse 8, 027 472 7171.
🌐 leukerbad.ch

Auf 1400 bis 2700 Meter Höhe im oberen Dalatal präsentiert sich Leukerbad (Loèche-les-Bains) als eines der höchstgelegenen und größten Thermalbäder Europas. Der therapeutische Nutzen der heißen Quellen, die reich an Kalzium, Schwefel und Kalziumsulfat (Gips) sind, war schon in der Römerzeit bekannt.

Leukerbad verfügt über mehrere Bäder mit einem großen Angebot an Anwendungen und Rehabilitationsprogrammen. Zudem bietet der Ort schöne Skipisten. Oberhalb von Leukerbad liegt der über eine Seilbahn erreichbare Gemmi-Pass am Wanderweg nach Kandersteg *(siehe S. 86)* und ins Berner Oberland.

⓷⓶ Zermatt
Straßenkarte C5. 🚠 5700. 🚂 🚌
🛈 Bahnhofplatz 5, 027 966 8100.
🌐 zermatt.ch

Der legendäre Ferienort (franz. Praborgne) liegt am Fuß des Matterhorns *(siehe S. 94)* und ist von weiteren Viertausendern umgeben. Die autofreie Stadt erreicht man mit dem Zug von Brig, Visp oder Täsch aus, Autos müssen sechs Kilometer vor dem Ort, in Täsch, abgestellt werden.

Im Winter ist Zermatt ein Skiparadies, im Sommer ein Mekka für Wanderer, Bergsteiger und Gletscherskifahrer.

Das **Matterhorn Museum** widmet sich der Geschichte des Bergsteigens, vor allem Edward Whymper, dem Erstbesteiger des Matterhorns 1865. Die anglikanische Kirche (19. Jh.) wurde für britische Bergsteiger gebaut. Auf dem von historischen Bauten umgebenen Hauptplatz steht ein Brunnen mit Murmeltierstatue.

Murmeltier an einem Brunnen in Zermatt

Von Zermatt führt eine Zahnradbahn zum Gornergrat (3089 m) und eine Seilbahn zum Gipfel des Kleinen Matterhorns (3883 m). Von beiden Bergen hat man eine fantastische Sicht auf das Matterhorn.

🏛 **Matterhorn Museum**
Kirchplatz. 📞 027 967 4100.
🕐 variabel. 🌐 zermatt.ch

Bäderanlagen in Leukerbad

Das Matterhorn – ein Gipfel nur für sehr erfahrene Bergsteiger

ⓛ Matterhorn

Straßenkarte C6. Zermatt, Bahnhofplatz 5, 027 966 8100.
W zermatt.ch

Obwohl das Matterhorn (ital. Monte Cervino) nicht der höchste Berg der Schweiz ist, ist er sicherlich der beeindruckendste. Er liegt genau an der Grenze zu Italien und ist durch seinen markanten, 4478 Meter hohen Gipfel zum Schweizer Nationalsymbol geworden. Um das Matterhorn ranken sich viele Sagen. Der Berg hat schon viele Leben gefordert und bleibt den allerbesten Bergsteigern vorbehalten. Den schönsten Blick aufs Matterhorn hat man von Zermatt aus *(siehe S. 93)*.

Der Berg wurde am 14. Juli 1865 von Bergsteigern unter der Führung von Edward Whymper zum ersten Mal bestiegen. Die Expedition endete tragisch – drei der englischen Bergsteiger und ein Schweizer Führer kamen beim Abstieg ums Leben. Sie sind in Zermatt begraben.

Auch heute noch ist das Matterhorn eine große Herausforderung für die Mutigsten unter den Alpinisten. Der schwierigste Weg führt über die Ostwand, die erst 1932 erstiegen wurde.

ⓛ Monte Rosa

Straßenkarte C5.

Das Monte-Rosa-Massiv besteht aus einem Schweizer und einem italienischen Teil. Es ist zwar nicht so berühmt wie das Matterhorn, weist aber den höchsten Gipfel der Schweiz und – nach dem Mont Blanc – den zweithöchsten der Alpen auf: die Dufourspitze mit einer Höhe von 4634 Meter.

Der Monte Rosa stellt eine geringere Herausforderung als das Matterhorn dar. Auf der italienischen Seite, in der Nähe des Gipfels auf einer Höhe von 4554 Meter, befindet sich die Capanna Regina Margherita (1893), die höchste Gebirgshütte Europas. Das Monte-Rosa-Massiv ist vom riesigen Gornergletscher umgeben. Darunter befinden sich Stockhorn und Gornergrat, mit langen Pisten und vielen Skiliften.

ⓛ Saas-Fee

Straßenkarte D5. 1700. Obere Dorfstrasse 2, 027 958 1858. Almauftrieb (Juni), Älplerfest (Mitte Aug). **W** saas-fee.ch

Die Geschichte von Saas-Fee reicht bis ins 13. Jahrhundert zurück. Der Ort in den Walliser Alpen war bereits im frühen 19. Jahrhundert ein beliebtes Reiseziel. Er ist der Hauptort des Saastals, das von der Saaser Vispa durchströmt wird. Saas-Fee hat eine großartige Lage am Fuß des Dom (4545 m) und ist von rund einem Dutzend weiterer Viertausender umgeben.

Wie viele andere Ferienorte der Region ist auch Saas-Fee eine autofreie Stadt mit traditionellen Holzchalets. Obwohl die zunehmende Kommerzialisierung die ländlichen Traditionen weitgehend abgelöst hat, wurden einige der alten Bräuche zur Unterhaltung der Besucher beibehalten. Zu diesen zählen Fronleichnamsprozessionen, Kuhkämpfe und Jodel-Wettbewerbe, Volksfeste zum Schweizer Nationalfeiertag sowie der Almauftrieb im Juni, bei dem das Vieh zu den Sommerweiden getrieben wird. Das Saaser Museum widmet sich dem Brauchtum und der regionalen Kultur. Zu sehen sind u. a. die Rekonstruktion eines typischen Hauses und Sammlungen an Handwerksgegenständen und Trachten.

Saas-Fee besitzt neben der imposanten Bergkulisse viele moderne Hotels und Gästehäuser, Skilifte, Skipisten, Loipen, eine große Hallen-Eisbahn sowie eine Promenade voller Läden, Restaurants und Bars.

Besucher haben im Sommer die Auswahl zwischen Wanderwegen verschiedener Schwierigkeitsgrade, auf denen man die Gipfel oder den künstlichen Mattmarksee erkunden kann. Auf dem Feengletscher ist ganzjährig Skisaison. Eine Seilbahn führt zum Felskinn (2989 m). Von dort gelangt man mit der Metro Alpin, einer unterirdischen Standseilbahn, zum Mittelallalin mit dem »höchsten Drehrestaurant der Welt« (3456 m).

Bergführerdenkmal, Saas-Fee

ⓛ Brig

Straßenkarte D4. 12 000. Bahnhofstrasse 2, 027 921 6030.
W brig-simplon.ch

Brig (ital. »Briga«) ist der Hauptort im Oberwallis. Er liegt an der Kreuzung der Hauptalpenrouten, die über den Simplon-, Furka-, Grimsel- und Nufenen-Pass und durch den Lötschberg-Tunnel führen. Die Stadt an der Rhône verdankt ihren Namen den Brücken, die den Fluss an der Stelle überqueren, an der sich einst eine römische Siedlung befand. Im 17. Jahrhundert

Hotels und Restaurants im Mittelland, Berner Oberland und Wallis siehe Seiten 248f und 265f

WALLIS | 95

Ein Renaissance-Barock-Bau: der Stockalper-Palast in Brig

Brauchtum im Lötschental

Das Lötschental, das größte nördliche Seitental der Rhône, liegt östlich von Leukerbad *(siehe S. 93)*. Jahrhundertelang waren die Einwohner des Tals im Winter von der Außenwelt abgeschnitten. So konnten sich viele der altertümlichen Rituale, Bräuche und Traditionen erhalten. Außer Ethnologen und Anthropologen ziehen diese Bräuche nun auch vermehrt Besucher an. Das Roitschäggättä etwa ist ein Faschingsbrauch, der von Mariä Lichtmess bis Fasnacht dauert. In dieser Zeit ziehen die Junggesellen der Dörfer Kostüme aus Schaffell an, tragen groteske Masken und treiben ihr Unwesen. Am letzten Donnerstag und Samstag in der Faschingszeit finden auch Maskenumzüge statt.

Tschäggättä-Maske

wurde der Handelsweg nach Italien über den Simplon-Pass von der Kaufmannsfamilie Stockalper kontrolliert. Kaspar Jodok Stockalper von Thurm schenkte Brig sein schönstes Bauwerk, einen Renaissance-Barock-Palast (1658–78). Er weist drei hohe, quadratische Kuppeltürme auf, die im Volksmund nach den Heiligen Drei Königen Kaspar, Melchior und Balthasar heißen. Der Palast besitzt einen Innenhof mit Arkaden und eine den Heiligen Drei Königen geweihte Kapelle mit einem silbernen Altar von Samuel Hornung aus Augsburg. Zudem gibt es ein Geschichtsmuseum.

Brig besitzt noch weitere historische Gebäude und Kirchen, u. a. die Pilgerkirche in Glis (1642–59).

㊲ Simplon-Pass

Straßenkarte D5. Simplon Dorf, 027 979 1010. simplon.ch

Der Simplon-Pass (ital. Sempione) liegt 2005 Meter hoch und ist einer der wichtigsten Verbindungswege zwischen der Schweiz und Italien sowie zwischen West- und Südeuropa. Der Pass markiert auch die Grenze zwischen Walliser und Lepontinischen Alpen. Die Route wurde schon von den Römern genutzt und spielte im Mittelalter eine wichtige Rolle als Handelsweg.

Die strategische Bedeutung erkannte auch Napoléon, der hier 1800–06 eine befestigte Passstraße (64 km) bauen ließ. Sie führt von Brig aus über den Pass und durch den Ort Simplon nach Domodossola auf der italienischen Seite.

㊳ Aletschgletscher

Straßenkarte D4. Bahnhofstrasse 7, Riederalp, 027 928 6050. aletsch.ch

Der längste Gletscher der Alpen, der (Grosse) Aletschgletscher, erstreckt sich über etwa 23 Kilometer von der Jungfrau *(siehe S. 83)* bis zu einer Hochebene über dem Rhônetal. An seiner breitesten Stelle misst er zwei Kilometer.

Zusammen mit Jungfrau und Bietschhorn wurde der Gletscher 2001 von der UNESCO zum Welterbe erklärt.

Der beste Ausgangspunkt für eine Wanderung zum Aletschgletscher ist das kleine autofreie Bergdorf **Riederalp** oberhalb des Rhônetals (erreichbar via Seilbahn von Mörel aus).

Das Tourismusbüro in Riederalp betreut das Alpmuseum auf der Alphütte Nagulschbalmu mit traditioneller Käserei. Nicht weit entfernt auf der Riederfurka steht die Villa Cassel. Hier bietet das »Pro Natura Zentrum Aletsch« (Mitte Juni–Mitte Okt: tägl., Winter: geschlossen) Infos zum Eisstrom und auch zum Umweltschutz in der Region.

Skiwanderer auf dem Aletschgletscher

Genf

Das wunderschön am gleichnamigen See gelegene Genf (Genève) ist – gemessen an seiner internationalen Bedeutung – von eher bescheidener Größe. Die französischsprachige, calvinistisch geprägte Stadt ist ein dynamisches Geschäftszentrum mit weltoffenem, gleichwohl etwas zurückhaltendem Charakter. Genf ist Standort vieler internationaler Organisationen, darunter einer der Hauptsitze der UN und Sitz des Internationalen Roten Kreuzes.

Genf im südwestlichen Zipfel der französischen Schweiz (Romandie) hat rund 201 000 Einwohner und ist die Hauptstadt des gleichnamigen Kantons, der eine lange Grenze zu Frankreich hat und mit dem Rest der Schweiz nur durch einen schmalen Streifen Land im Norden verbunden ist.

Seit dem 9. Jahrhundert gehörte Genf lose dem Heiligen Römischen Reich an, später wurde es von Savoyen regiert, 1536 erhielt es die Unabhängigkeit. Der Versuch von Savoyen, 1602 die Stadt noch einmal zu erobern, wurde zurückgeschlagen. Diesen Sieg feiert man bis heute mit einem Fest: der L'Escalade.

Im 16. Jahrhundert entwickelte sich die Stadt zum wohlhabenden Handelszentrum. Mit der Ankunft Johann Calvins wurde sie auch zu einer Hochburg der Reformation. Als »Rom der Protestanten« zog Genf protestantische Flüchtlinge aus ganz Europa an, die den Wohlstand der Stadt förderten und ihr ein kosmopolitisches Flair verliehen.

Nach einer kurzen Phase als unabhängige Republik war Genf zwischen 1798 und 1813 von Frankreich besetzt. 1815 traten die Stadtrepublik und der Kanton der Schweizer Eidgenossenschaft bei.

Heute ist Genf der Sitz zahlreicher internationaler Organisationen und »Hauptstadt« der Diplomatie. Hier befindet sich auch die Europäische Organisation für Kernforschung (CERN), eines der modernsten Wissenschaftszentren der Welt.

Flaggen vor dem Palais des Nations (Völkerbundpalast), Sitz der Vereinten Nationen in Genf

◀ Der Jet d'Eau, ein Springbrunnen im Genfer See, ist ein Wahrzeichen der Stadt *(siehe S. 101)*

Überblick: Genf

Die Stadt liegt am westlichen Ende des Genfer Sees (Lac Léman), von dem aus die Rhône nach Frankreich fließt. Der Fluss teilt Genf in zwei Teile. Im südlichen Teil (Rive Gauche) befindet sich die einst von Mauern umgebene Altstadt (Vieille Ville) aus dem 16. Jahrhundert. Plainpalais, im Südwesten der Altstadt, ist das Universitätsviertel, weiter südlich liegt der malerische Künstlervorort Carouge. Der nördliche Teil (Rive Droite), Genfs Geschäftszentrum, wird von eleganten Hotels geprägt. Noch nördlicher liegt die Cité Internationale mit den internationalen Organisationen. Genf besitzt viele Grünflächen. Am Hafen La Rade ergießt sich die Wasserfontäne des Jet d'Eau in den See.

Sehenswürdigkeiten auf einen Blick

1. Jet d'Eau
2. Jardin Anglais
3. Île Rousseau
4. Cathédrale St-Pierre S. 102f
5. Place du Bourg-de-Four
6. Musée Barbier-Mueller
7. Maison Tavel
8. Parc des Bastions
9. Musée d'art et d'histoire S. 106f
10. Cathédrale Orthodoxe Russe
11. Musée International de la Croix-Rouge et du Croissant-Rouge
12. Palais des Nations

Raumfahrtdenkmal, Parc des Nations

Hotels und Restaurants in Genf siehe Seiten 250 und 266–268

GENF | 99

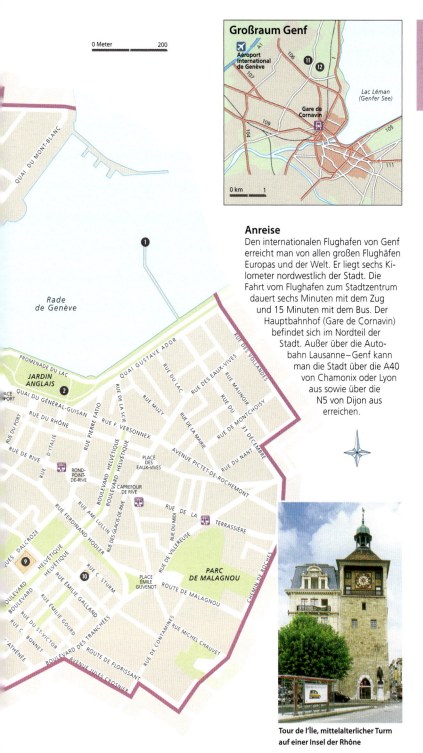

Großraum Genf

Anreise

Den internationalen Flughafen von Genf erreicht man von allen großen Flughäfen Europas und der Welt. Er liegt sechs Kilometer nordwestlich der Stadt. Die Fahrt vom Flughafen zum Stadtzentrum dauert sechs Minuten mit dem Zug und 15 Minuten mit dem Bus. Der Hauptbahnhof (Gare de Cornavin) befindet sich im Nordteil der Stadt. Außer über die Autobahn Lausanne–Genf kann man die Stadt über die A40 von Chamonix oder Lyon aus sowie über die N5 von Dijon aus erreichen.

Tour de l'Île, mittelalterlicher Turm auf einer Insel der Rhône

Zeichenerklärung siehe hintere Umschlagklappe

Im Detail: Altstadt

Die Genfer Altstadt (Vieille Ville) liegt etwas erhöht am Südufer der Rhône um die Kathedrale und die Place du Bourg-de-Four – ein Viertel mit viel Atmosphäre. Hauptschlagader ist die Fußgängerzone Grand'Rue, deren enge, kopfsteingepflasterte Straßen von Kalksteingebäuden gesäumt werden. Das südliche Ende der Altstadt wird von der Promenade des Bastions markiert, die an den alten Stadtmauern entlangläuft. Die Nordseite fällt zum Kai mit seinen breiten Boulevards und dem attraktiven Jardin Anglais hin ab.

❹ ★ **Cathédrale St-Pierre**
Die Kathedrale von Genf (13. Jh.) wurde über mehreren älteren Bauten errichtet, u. a. über einem Bischofspalais, dessen Mosaikboden noch erhalten ist.

Maison Rousseau
Das Geburtshaus des Schriftstellers und Philosophen Jean-Jacques Rousseau (18. Jh.) steht in der Grand'Rue 40.

Im Hôtel de Ville, dem Rathaus, wurde die erste Genfer Konvention (1864) ratifiziert.

❼ ★ **Maison Tavel**
Das elegante Wohnhaus (1334) ist das älteste Haus in Genf. Heute dokumentiert hier ein Museum den Genfer Alltag im Wandel der Zeit.

Hotels und Restaurants in Genf *siehe Seiten 250 und 266–268*

ALTSTADT | 101

Zur Orientierung
Siehe Zentrumskarte S. 98f

⑤ ★ Place du Bourg-de-Four
Der zentrale Platz wurde im Mittelalter als Marktplatz genutzt. Heute säumen ihn alte Gasthöfe sowie moderne Cafés und Restaurants.

❶ Jet d'Eau

In der Nähe des Quai Gustave Ador.

Die Brunnenanlage steht isoliert auf einem Damm am Südufer des Genfer Sees. Eine 140 Meter hohe Fontäne schießt daraus empor und drückt pro Sekunde 500 Liter Wasser mit einer Geschwindigkeit von rund 200 Stundenkilometern nach oben.

Seine Entstehung verdankt der Jet d'Eau eigentlich einem Zufall. Im späten 19. Jahrhundert wurde ein einfacher Brunnen angelegt, um den überschüssigen Wasserdruck bei der Installation eines Reservoirsystems auszugleichen. Er war bei der Bevölkerung jedoch so beliebt, dass man beschloss, einen festen Brunnen zu bauen, der durch mächtige Pumpen noch spektakulärer wurde. Den schon seit 1930 nachts beleuchteten Jet d'Eau sieht man bereits von Weitem. Er ist der Stolz Genfs und hat sich zum Wahrzeichen der Stadt entwickelt.

❷ Jardin Anglais

Quai du Général-Guisan.

Der »Englische Garten« liegt am Seeufer am Fuß der Altstadt mit Blick auf den Hafen und die Gebäude am nördlichen Kai. Am Eingang befindet sich eine Blumenuhr, die **Horloge Fleurie**. Sie wurde 1955 als Anerkennung für die Uhrmachertradition der Schweiz geschaffen und besteht aus acht sich überschneidenden Rädern mit 6500 blühenden Pflanzen. Das **Monument National** in der Nähe erinnert an den Beitritt Genfs zur Eidgenossenschaft 1815.

Nördlich des Jardin Anglais ragen zwei Gesteinsbrocken aus dem See, die mächtige Gletscher im Lauf einer Eiszeit dorthin transportiert haben. Die Steine sind unter dem Namen **Pierres du Niton** (Neptunsteine) bekannt. Den größeren der beiden nutzte man einst als Referenzpunkt für Höhenmessungen in der Schweiz.

Statue von Jean-Jacques Rousseau

❸ Île Rousseau

Pont des Bergues.

Von der Mitte des Pont des Bergues führt im rechten Winkel ein Fußweg zu einer mittelalterlichen Bastion in der Rhône. Die Île Rousseau wurde nach Jean-Jacques Rousseau (1712–1778) benannt, dem Schriftsteller und Philosophen der Aufklärung, der zu den berühmtesten Bürgern Genfs zählt.

Rousseau, Sohn eines Uhrmachers, verließ Genf im Alter von 16 Jahren. Er pries die Stadt in seinen Schriften, zog sich mit seinen Ansichten jedoch den Unmut der Stadtoberen zu – seine Bücher wurden verbrannt. 1834 allerdings, 56 Jahre nach seinem Tod, stellte die Stadt eine Statue Rousseaus auf der nach ihm benannten Bastion auf.

Blumenuhr am Eingang des Jardin Anglais

Legende
— Routenempfehlung

Cathédrale St-Pierre

Die Bauzeit der Genfer Kathedrale betrug 70 Jahre (1160–1230). Der gewaltige Bau erhielt später noch diverse Anbauten, was die Stilmischung erklärt. Der gotische Grundbau besitzt ältere romanische Elemente und ein unpassendes klassizistisches Portal aus dem 18. Jahrhundert. 1536 wurde St-Pierre protestantisch und verlor den Großteil des üppigen katholischen Dekors. Nur das Chorgestühl und die Bleiglasfenster im Chor haben die »Reinigung« überlebt. Heute zeigt sich die Kirche in Einfachheit und Strenge. Sie steht an der Stelle eines Komplexes aus Kirchen- und Verwaltungsbauten von etwa 380, deren ausgegrabene Überreste nahebei zu sehen sind.

Calvins Stuhl
Johann Calvin propagierte eine radikale Kirchenreform. Viele seiner Predigten hielt er in der Kathedrale – vermutlich von diesem Stuhl aus.

Kirchenschiff
Das Kirchenschiff mit Kreuzgratgewölbe vereint romanische und frühgotische Elemente. Über den Bogen befindet sich ein Triforium.

Chapelle des Macchabées
Die Seitenkapelle im Flamboyant-Stil (15. Jh.) bildet mit den später hinzugefügten Fresken und Bleiglasfenstern einen Kontrast zum strengen Mittelschiff.

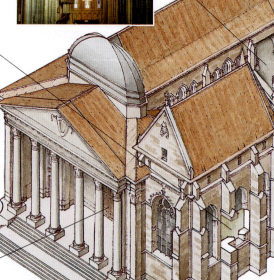

Haupteingang

CATHÉDRALE ST-PIERRE | 103

Infobox

Information
Cour St-Pierre 6–8. 022 310 2929. **Archäologische Stätte** tägl. 10–17 Uhr. site-archeologique.ch **Kirche** tägl. 9.30–18.30 Uhr (Okt–Mai: 10–17.30 Uhr).

Fenster des hl. Andreas
Die Bleiglasfenster im Presbyterium sind Kopien. Die Originale aus dem 15. Jahrhundert sind im Musée d'art et d'histoire zu sehen.

Grab von Henri de Rohan
Henri Duc de Rohan war im 16./17. Jahrhundert Oberhaupt der reformierten Kirche in Frankreich.

★ **Kapitelle**
Die Meisterwerke romanischer und gotischer Steinmetzkunst gehören zu den wenigen Dekorelementen, die die Reformation überdauert haben.

★ **Chorgestühl**
Das Gestühl mit kunstvollem Schnitzwerk und Baldachin stand einst in der Nähe des Chors.

Cafés mit Tischen im Freien auf der Place du Bourg-de-Four

❺ Place du Bourg-de-Four

Die Place du Bourg-de-Four liegt vermutlich über dem römischen Forum Genfs und war im Mittelalter der Marktplatz der Stadt. Heute steht hier ein schöner Brunnen (18. Jh.). Man findet alte Häuser (16. Jh.), Kunstgalerien und Antiquitätenläden. Bunte Cafés und Restaurants machen den Platz zu einem lebhaften Zentrum der Altstadt.

Das beeindruckende **Palais de Justice** auf der Südostseite wurde 1707–12 erbaut und dient seit 1860 als Sitz des Gerichts. In der nahe gelegenen Rue de l'Hôtel-de-Ville auf der Südwestseite des Platzes befindet sich das **Hôtel de Ville** mit Renaissance-Fassade. Das Gebäude (15. Jh., mit Anbauten aus späteren Jahrhunderten) war ursprünglich das Rathaus und ist heute Sitz der Kantonalregierung. Über die Rampe im Innenhof konnten früher Kanonen ins Gebäude gehievt werden, ebenso konnten Würdenträger zu Pferd ins Rathaus gelangen.

In der Tour Baudet (1455), dem ältesten Teil des Gebäudes, waren einst die Archive untergebracht. Im Erdgeschoss befindet sich der Alabama-Raum. Hier wurden 1864 die Genfer Konvention unterzeichnet und das Internationale Rote Kreuz als humanitäre Organisation anerkannt. 1920 traf sich hier der Völkerbund zum ersten Mal.

Gegenüber dem Hôtel de Ville steht das **Ancien Arsenal**, ein Kornspeicher, der im 18. Jahrhundert zur Waffenkammer wurde.

Skulptur eines Kopfs an der Fassade der Maison Tavel

❻ Musée Barbier-Mueller

10, rue Jean-Calvin. ☎ 022 312 0270. ○ tägl. 11–17 Uhr.
W barbier-mueller.ch

In einer Gasse hinter der Kathedrale präsentiert das Museum exquisite Kunstgegenstände, Masken und andere Objekte aus Afrika, Asien und Ozeanien, aber auch klassische Artefakte aus dem antiken Griechenland und dem alten Rom. Der Bestand geht auf eine Sammlung zurück, die Josef Mueller 1907 anlegte. Später ergänzten seine Tochter Monique und ihr Gatte Jean Paul Barbier-Mueller die Sammlung. 1977 wurde das Museum gegründet.

❼ Maison Tavel

6, rue du Puits-St-Pierre. **Musée du Vieux Genève** ☎ 022 418 3700.
○ Di–So 11–18 Uhr.
W institutions.ville-geneve.ch

Das hübsche Kalksteingebäude ist das älteste Haus von Genf. Die gotische Fassade ist mit drei Fensterreihen, einem Eckturm, dem Familienwappen der Tavels, der Erbauer des Hauses, und ungewöhnlichen Steinskulpturen von Tier- und Menschenköpfen verziert. Nach dem Brand von 1334, bei dem ein Großteil der Stadt zerstört wurde, baute man das Haus wieder auf. Erste Zeugnisse gehen jedoch bereits auf das Jahr 1303 zurück.

Die Maison Tavel beherbergt heute das **Musée du Vieux Genève**, das sich dem Alltagsleben der Stadt vom 14. bis 19. Jahrhundert widmet. Im Untergeschoss finden Wechselausstellungen statt, die weiteren Räume füllen Ausstellungsstücke von Münzen und Eisenarbeiten bis hin zu Fliesen, Holztüren und anderen Bauelementen. In zwölf Räumen im zweiten Stock kann man Alltagsgegenstände aus dem 17. Jahrhundert sehen.
Im Dachgeschoss steht ein riesiges Modell der Stadt, das 1850, vor der Zerstörung der mittelalterlichen Befestigungen, entstand. Eine audiovisuelle Show erklärt das Modell.

Eine eigene Abteilung ist Général Dufour (1787–1875) gewidmet, dem Sohn eines Genfer Uhrmachers, der eine topografische Karte des Landes im Maßstab 1:100 000 erstellte. Als Befehlshaber der Streitkräfte besiegte er 1847 den Sonderbund. Er war auch einer der Gründer des Internationalen Roten Kreuzes.

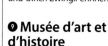

Reiterstandbild von Général Dufour

❽ Parc des Bastions

Der Park wurde im 18. Jahrhundert entlang den Wehrmauern im südlichen Teil der Stadt angelegt. Ein riesiges und etwas bedrohlich wirkendes Monument, der **Mur de la Réformation**, erhebt sich am östlichen Rand. Es wurde 1909 zum 400. Geburtstag Johann Calvins und zum 350. Jahrestag der Gründung der Genfer Akademie, einer berühmten protestantischen Schule, errichtet. Die Mauer ist 100 Meter lang und wird von fünf Meter hohen Statuen der vier Reformationsführer in Genf gekrönt: Guillaume Farel, Johann Calvin, Théodore de Bèze, dem ersten Leiter der Akademie, und John Knox. Die Reliefs stellen die Geschichte der Reformation dar. Auf dem Gehweg davor ist das Stadtwappen zwischen dem Bären von Bern und dem Löwen von Schottland zu sehen, ein Symbol der Glaubensallianz zwischen den beiden Schweizer Städten und Schottland. Es wird von weiteren Denkmälern flankiert, die an Martin Luther und Ulrich Zwingli erinnern.

❾ Musée d'art et d'histoire

Siehe S. 106f.

❿ Cathédrale Orthodoxe Russe

Rue Lefort. ☎ 022 346 4709. ○ Di–Fr 9–12, Sa 9–12, 14–20 Uhr.

Die russisch-orthodoxe Kirche liegt auf einem Hügel im hübschen Wohnviertel Les Tranchées. Sie ist schon von Weitem sichtbar: Ihre vergoldeten Zwiebeltürme glänzen in der Sonne.

Im 19. Jahrhundert war Genf bei wohlhabenden Russen als Wohn- und Ferienort beliebt. Die Großherzogin Anna Feodorowna ließ die Kirche 1869

Die vier Genfer Reformationsführer, Denkmal im Parc des Bastions

Hotels und Restaurants in Genf *siehe Seiten 250 und 266–268*

Die Cathédrale Orthodoxe Russe mit vergoldeten Zwiebeltürmen

auf dem Grundriss eines griechischen Kreuzes erbauen.

Das Innere ist im byzantinischen Stil üppig verziert, mit einer Ikonostase aus Marmor und einem vergoldeten Portal.

⓫ Musée International de la Croix-Rouge et du Croissant-Rouge

17, avenue de la Paix. 022 748 9511. Di–So 10–18 Uhr (Nov–März: bis 17 Uhr). redcrossmuseum.ch

Die Ausstellung des Internationalen Museums des Roten Kreuzes und des Roten Halbmonds ist bewegend und vermittelt zugleich auch Hoffnung und Energie. Sie legt Zeugnis ab vom Leiden, das das Rote Kreuz seit seiner Gründung 1863 zu lindern versucht, aber auch von menschlichem Mitgefühl und der Möglichkeit, sich neuen Herausforderungen zu stellen.

Das ursprüngliche Gebäude von Pierre Zoelly aus den 1980er Jahren wurde jüngst von einem Team aus Architekten und Designern neu ausgestaltet. Der Glas-Beton-Bau wird innen durch natürliches Licht erhellt. Am Eingang steht eine Gruppe von Steinfiguren mit Augenbinden und Fesseln, ein Denkmal der Menschenrechtsverletzungen.

Drei Zonen wurden von Architekten aus verschiedenen Kulturzonen gestaltet: *Defending Human Dignity* (Gringo Cardia, Brasilien), *Reconstructing the Family Link* (Diébédo Francis Kéré, Burkina Faso) und *Refusing Fatality* (Shigeru Ban, Japan). Innerhalb jeder Zone wird der Besucher emotional berührt und über die Hintergründe aufgeklärt. Der Bereich »On the Spot« informiert über die jüngsten Ereignisse aus den Krisen- und Kriegsgebieten der Welt.

Denkmal vor dem Musée International de la Croix-Rouge

⓬ Palais des Nations

Besuchereingang: 14, avenue de la Paix. 022 917 4896. Apr–Juni: Mo–Sa 10–12, 14–16 Uhr; Juli, Aug: Mo–Sa 10–16 Uhr; Sep–März: Mo–Fr 10–12, 14–16 Uhr. Ausweis erforderlich. für Führungen. unog.ch

Das weltweit größte Konferenzzentrum für internationalen Frieden und Sicherheit ist das Herzstück der »internationalen Zone« Genfs.

Der Komplex wurde zwischen 1929 und 1936 als Hauptsitz des Völkerbunds errichtet, der 1920 gegründet worden war, um den Weltfrieden nach dem Ersten Weltkrieg wiederherzustellen. 1946 wurde der Völkerbund aufgelöst und der Komplex zum Sitz der Vereinten Nationen (UN bzw. UNO = United Nations Organization, auf Französisch: ONU = Organisation des Nations Unies). Rund 3000 Personen aus allen Teilen der Welt arbeiten hier. Das gesamte Gebäude ist internationales Territorium.

Einige Teile des Komplexes sind öffentlich zugänglich. Es gibt Führungen in 15 verschiedenen Sprachen. Man kommt durch lange Korridore an der **Salle du Conseil** (Ratskammer) vorbei, deren Wände und Decke mit Allegorien des katalanischen Malers José Maria Sert verziert sind. Sie stellen die technischen, sozialen und medizinischen Fortschritt sowie die Vision einer gewaltfreien Zukunft dar.

Die **Salles des Assemblées** (Versammlungssäle) verfügen über insgesamt 2000 Sitzplätze und sind die größten der rund 30 Konferenzräume der Vereinten Nationen.

Im umliegenden, baumbestandenen **Parc des Nations** (Ariana-Park) befinden sich verschiedene Skulpturen. Darunter sind ein Bronzeglobus (ein Geschenk der USA) und ein hohes, titanverkleidetes Denkmal, das die Raumfahrt würdigt und von der ehemaligen UdSSR gestiftet wurde *(siehe Abbildung S. 98)*.

Bronzeglobus und UN-Flagge im Parc des Nations beim Palais des Nations

Musée d'art et d'histoire

Die riesige Sammlung an Gemälden, Skulpturen und Artefakten, die im Museum für Kunst und Geschichte zu sehen ist, deckt eine Zeitspanne von der Ur- und Frühgeschichte bis zum Ende des 20. Jahrhunderts ab. In der archäologischen Abteilung finden sich Exponate aus Ägypten, Griechenland, Rom und anderen alten Kulturen. Zu den kunsthandwerklichen Exponaten gehören Möbel, Bleiglasfenster und *objets d'art*. Seit 2016 wird das Museum fünf Jahre lang sukzessive renoviert. Viele Exponate sind währenddessen in anderen Genfer Museen zu sehen.

★ Der Seewandel des Petrus
Das Gemälde ist Teil eines Altarbilds, das Konrad Witz 1444 für die Cathédrale St-Pierre *(siehe S. 102f)* angefertigt hat. Im Hintergrund ist Genf zu sehen.

Hodlers Möbel
Stühle, Sessel, ein Tisch und ein Bücherschrank gehören zu den Eichenmöbeln, die Josef Hoffman in der Wiener Werkstätte für Ferdinand Hodler *(siehe S. 58)*, den Schweizer Maler, anfertigte.

Haupteingang

★ Savoyerhelm
An die erfolgreiche Verteidigung der Stadt Genf gegen die savoyischen Truppen im Dezember 1602 erinnert u. a. dieser Teil einer Rüstung eines der Angreifes.

★ Statuette des Nemtynakht
Die Skulptur aus Quarzit stellt einen ägyptischen Würdenträger des Mittleren Reichs aus der Zeit um 1750 v. Chr. dar.

Griechische Vase
Die Vase aus Taranto wurde um 350 v. Chr. vom Meister von Bari angefertigt. Mit ihren roten Figuren ist sie ein schönes Beispiel der griechischen Vasenmalerei.

Untergeschoss

MUSÉE D'ART ET D'HISTOIRE | 107

Erster Stock

Infobox

Information
2, rue Charles-Galland.
022 418 2600. Di–So
11–18 Uhr. für Wechselausstellungen. **mah-geneve.ch**

Le Quai des Pâquis à Genève
Der französische Maler Camille Corot kam oft nach Genf. Er vollendete dieses Gemälde des Sees 1863.

Coin du Bassin aux Nymphéas
Claude Monet (1840–1926) war stets auf der Suche nach neuen Ausdrucksformen. Wie viele seiner Gemälde entstand dieses Werk von 1918 in seinem Anwesen in Giverny.

Erdgeschoss

Tiefpaterre

Kurzführer

Im Tiefparterre ist die Sammlung antiker Exponate untergebracht. Im Erdgeschoss sind Wechselausstellungen, Ur- und Frühgeschichte sowie Kunsthandwerk zu sehen. Das Zwischengeschoss zeigt Rekonstruktionen von Palasträumen. Im ersten Stock befinden sich die Gemälde- und Skulpturensammlungen.

Legende
- Antike Exponate
- Kunsthandwerk
- Regionale Archäologie
- Gemälde und Skulpturen
- Wechselausstellungen

Das Türkische Bad
Der Schweizer Künstler Félix Vallotton (1865–1925) lebte lange Zeit in Paris. Das Gemälde *Türkisches Bad* (1907) zählt zu seinen bekanntesten Arbeiten.

Zeichenerklärung *siehe hintere Umschlagklappe*

Unterhaltung

Genf bietet Besuchern eine lebhafte, ausgesprochen bunte Kulturszene. Mit Lausanne teilt sich die Stadt das Orchestre de la Suisse Romande, was sie auf dem Gebiet der Klassik führend macht. Das ganze Jahr über kann man Konzerte von Weltklasse hören. Die Opern- und Ballettaufführungen verteilen sich auf mehrere Bühnen in Genf und nehmen im Veranstaltungskalender der Stadt einen fast ebenso wichtigen Platz ein. Zudem gibt es ein englischsprachiges Theater sowie eine sehr renommierte Operngesellschaft. Filmvorführungen und andere sommerliche Open-Air-Veranstaltungen rund um den See sind aus dem Genfer Kulturleben ebenfalls nicht wegzudenken.

Die **Fêtes de Genève**, die zehn Tage Anfang August stattfinden, sind das beliebteste Festival der Region mit Konzerten, Umzügen und Feuerwerk. Zu den internationalen Ereignissen gehört auch die jährliche Regatta auf dem Genfer See.

Tour du lac – Segelregatta auf dem Genfer See

Information und Tickets

Die Genfer Tageszeitung *Le Temps* bietet einen ausführlichen Veranstaltungskalender. Größte regionale Tageszeitung ist die *Tribune de Genève*, die ebenfalls über aktuelle Events informiert. Gute Informationsquellen sind auch *Agenda de Genève* und *Genève: Le Guide*, beide auf Französisch und Englisch und bei der Tourismusinformation erhältlich.

Karten für die wichtigsten Veranstaltungen bekommt man bei **Ticketcorner** oder bei **FNAC**. Die großen Kaufhäuser und Supermärkte *(siehe S. 111)*, z. B. Manor, Migros, Globus und Bon Génie, verkaufen ebenfalls Karten.

Klassische Musik, Theater und Tanz

Genf liegt auf dem Gebiet der klassischen Musik ganz vorn in Europa. Das renommierte Orchestre de la Suisse Romande, das seinen Sitz sowohl in Genf als auch in Lausanne hat, gibt regelmäßig Konzerte in der **Victoria Hall**. Sehr gute Opernaufführungen, Liederabende und Kammerkonzerte bietet auch das **Grand-Théâtre de Genève** (bis Anfang 2019 geschlossen). Bei der **Geneva Amateur Operatic Society** stehen zahlreiche englischsprachige Aufführungen auf dem Programm. Sie reichen von Operette über Musicals bis hin zu Cabaret und Pantomime.

Oper, Jazz, klassische Musik und moderner Tanz bilden das Repertoire des **Bâtiment des Forces-Motrices**. Die Halle war früher ein Kraftwerk. Kostenlose Konzerte kann man ganzjährig in einigen Genfer Kirchen sowie – während der Sommermonate – auch in den Parks der Stadt genießen.

Die Theaterszene in Genf reicht von klassisch bis avantgardistisch. Die **Comédie de Genève** konzentriert sich auf klassische Produktionen, das **Théâtre du Grütli** wagt sich mit zeitgenössischen Schweizer und ausländischen Stücken an Experimente. Inszenierungen moderner Dramen kann man auch im **Théâtre de Carouge** sehen.

Das **Théâtre des Marionettes de Genève** ist für sein fantastisches Puppenspiel bekannt – die Aufführungen wenden sich an Kinder, aber auch an Erwachsene. Genf hat darüber hinaus ein eigenes Kindertheater, das **Théâtre Am Stram Gram**. Die Vorstellungen sind auf Französisch – wie die meis-

Auftritt einer Band bei den Fêtes de Genève

UNTERHALTUNG | 109

Szene aus *Romeo und Julia* in einem Genfer Theater

ten Produktionen im französischsprachigen Genf. Doch wie es sich in einer internationalen Stadt gehört, gibt es auch einige deutsch- und englischsprachige Inszenierungen. Die **Geneva English Drama Society** bringt ihre Stücke nur auf Englisch heraus. Jede Saison umfasst vier Produktionen sowie Lesungen. Die Gesellschaft organisiert zudem Workshops und andere Aktivitäten.

Die **Fêtes de Genève**, das beliebteste Festival der Stadt, finden zehn Tage lang Anfang August statt. Auf dem Programm stehen Veranstaltungen aller Art, in Sälen und unter freiem Himmel: klassische Konzerte, Techno- und Rockkonzerte, Theateraufführungen, Shows für Kinder und Umzüge. Ein Highlight ist das Feuerwerk am See.

Clubs

Zu den Nightspots in Genf gehören sowohl elegante Etablissements mit eher strenger Kleiderordnung (oft in Hotels) als auch informelle Treffs, die vor allem jüngere Leute aufsuchen. Ebenso unterschiedlich sind die Musikstile: von Musik der 1960er Jahre in **La Coupole Avenue** bis zu House und Techno in den meisten anderen Clubs. Im **Jazzclub** des Grand Kempinski Hotel kann man Jazz bis zum Morgengrauen hören.

Viele Clubs haben montags geschlossen, freitags und samstags sind sie bis in die frühen Morgenstunden geöffnet.

Kino

Abgesehen von vielen kleinen Kinos im Stadtzentrum und in den Randbezirken verfügt Genf auch über einen großen Kinokomplex, den **Pathé Balexert**.

Die meisten Filme werden in Originalsprache mit französischen Untertiteln gezeigt. Dies wird durch die Abkürzung »vo« (»version originale«) kenntlich gemacht. Französische Filme sind meist mit englischen, manchmal auch mit deutschen Untertiteln versehen.

Eines der Sommerereignisse in Genf ist das Open-Air-Kino am See. Die Vorführungen werden von Mitte Juli bis Mitte August von **Cinélac** organisiert. An drei Orten in der Stadt ist jeden Abend ein anderer Film zu sehen.

Feuerwerk am Genfer See bei den Fêtes de Genève

Auf einen Blick

Information und Tickets

FNAC
16, rue de Rive.
022 816 1230.

Office du Tourisme
18, rue du Mont-Blanc.
022 909 7000.
geneve-tourisme.ch

Ticketcorner
0900 800 800.
ticketcorner.ch

Klassische Musik, Theater und Tanz

Bâtiment des Forces-Motrices
2, place des Volontaires.
022 322 1220.

Comédie de Genève
6, bd des Philosophes.
022 320 5001.

Fêtes de Genève
022 909 7070

Geneva Amateur Operatic Society
gaos.ch

Geneva English Drama Society
geds.ch

Grand-Théâtre de Genève
11, boulevard du Théâtre. 022 322 5050.

Théâtre Am Stram Gram
56, route de Frontenex.
022 735 7924.

Théâtre de Carouge
39, rue Ancienne, Carouge. 022 343 4343.

Théâtre du Grütli
16, rue du Général-Dufour. 022 328 9868.

Théâtre des Marionnettes de Génève
3, rue Rodo.
022 807 3107.

Victoria Hall
14, rue du Général-Dufour. 022 418 3500.

Clubs

La Coupole Avenue
116, rue du Rhône.
022 787 5010.

Jazzclub
19, quai du Mont-Blanc.
022 908 9088.

Kino

Cinélac
cine.ch

Pathé Balexert
27, avenue Louis-Casaï.
pathe.ch

Shopping

Genf präsentiert sich Besuchern als Shopping-Paradies. Die wohlhabendere Klientel präferiert dabei Juweliergeschäfte, die diamantbesetzte Uhren und opulenten Schmuck führen, sowie die edlen Flagship Stores mit Designermode internationaler Herkunft. Die Stadt ist auch auf dem Kunstsektor führend und bietet viele Galerien und Antiquitätengeschäfte.

In den etwas preiswerteren Nebenstraßen der Cité gibt es ebenfalls Uhren, qualitativ hochwertiges Kunsthandwerk und zahlreiche handgefertigte Souvenirs zu kaufen. Zu den Delikatessen zählen Schokolade, Käse und Weine der Region. Außerhalb des Zentrums findet man farbige Straßenmärkte, die von Büchern bis zu Sammlerobjekten alles verkaufen.

Souvenirgeschäft in Genf mit bunten Kuhglocken in verschiedenen Größen

Öffnungszeiten

Die meisten Läden und Kaufhäuser in Genf haben montags bis freitags von 8 bis 19 oder 19.30 Uhr und samstags von 8 bis 17 oder 18 Uhr geöffnet. Am »langen Donnerstag« kann man bis 21 Uhr einkaufen. Sonntags haben Souvenirläden, Supermärkte und Shops in Tankstellen, im Flughafen sowie im Bahnhof geöffnet.

Kaufhäuser

Filialen der Supermarkt- und Kaufhausketten **Migros**, Coop, **Globus** und **Manor** findet man überall in Genf. **Bon Génie** hat sich auf Designermode und Kosmetik spezialisiert. Eines der größten Einkaufszentren der Stadt ist Balexert. Eine weitere Mall ist La Praille in der Nähe des Stadions.

Märkte

Die größten Straßenmärkte Genfs finden südwestlich der Altstadt auf der **Plaine de Plainpalais** statt. Hier wird jeden Dienstag- und Freitagmorgen ein Obst- und Gemüsemarkt abgehalten. Auf den ganztägigen Flohmärkten am Mittwoch und Samstag kann man wahre Schätze entdecken: alte Uhren, Antiquitäten, moderne Möbel, Zierrat und Kleidung aus aller Herren Länder. Auch auf der Place du Marché (in der Nähe des quirligen Stadtteils Carouge) und am zentral gelegenen Boulevard Helvétique kann man mittwochs und samstags lebhafte Märkte mit großem Warenangebot finden.

Einen (Kunst-)Handwerksmarkt, einen Lebensmittelmarkt sowie einen Büchermarkt gibt es an verschiedenen Tagen unter der Woche auf der **Place de la Fusterie**.

Uhren und Schmuck

Die Genfer Filiale der Kette **Gübelin** befindet sich an der Place du Molard. Sie bietet eine große Auswahl an Uhren führender Schweizer Marken sowie Schmuck und Edelsteine an.

Bucherer und **Cartier**, beide an der Rue du Rhône, der kleinsten Shopping-Straße Genfs, zählen zu den luxuriösen Juwelieren, die in der Schweiz in einigen Städten vertreten sind.

Schweizer Uhr

Souvenirs

Es gibt viele gute Souvenirläden in Genf. Sie verkaufen ganz unterschiedliche Schweizer Produkte wie Lederwaren, Kuckucksuhren und Offiziersmesser sowie Uhren und Schmuck, die jeweils auch für den kleineren Geldbeutel erschwinglich sind.

Swiss Corner, **Cadhor** und **Molard Souvenirs** sind drei der besten Läden.

Buchhandlung und Antiquariat in der Altstadt, 20, Grand'Rue

Mehrwertsteuer in der Schweiz: 7,7 Prozent, ermäßigt 3,7 bzw. 2,5 Prozent *(siehe S. 290)*

Logo von Rolex, der führenden Schweizer Uhrenmarke

Kunst und Antiquitäten

Die meisten Antiquitätengeschäfte und Kunstgalerien liegen in der Grand'Rue in der Altstadt. Viele der Galerien haben Gemälde Alter Meister im Schaufenster, andere sind hingegen auf eher erschwinglichere Kunst wie moderne Gemälde und Zeichnungen sowie Drucke spezialisiert.

Das Carouge-Viertel im Süden der Altstadt beherbergt zudem viele kleine Ateliers, Studios und Kunsthandwerksläden, in denen man den Künstlern bei der Arbeit zusehen kann.

Bücher

Über eine umfassende Auswahl an Büchern verschiedenster Genres verfügt die Librairie **Payot**, darunter auch Bücher aus dem deutschen Sprachraum der ehemaligen Buchhandlung LiteraRt. **Les Recyclables** ist ein Buchladen für Secondhand-Bücher mit einem Café.

Schokolade und Pralinés

Der bekannteste Genfer Schokoladenhersteller heißt Favarger. Seine Markenprodukte kann man bei Fabrikverkäufen, Läden der Mercury-Kette sowie in Kaufhäusern erstehen. Auch einige andere traditionelle Chocolatiers bieten Fabrikverkäufe an diversen Stellen der Stadt an. Zwei der besten Läden in der Genfer Altstadt sind die **Chocolaterie du Rhône** und die **Chocolaterie Stettler**, die Köstlichkeiten wie *pavés de Genève* (»Pflastersteine«, rechteckige Pralinenwürfel) verkaufen.

Weltberühmt: der Goldhase

Käse und Wein

Eine große Auswahl an Schweizer Käse *(siehe S. 260f)* findet man in zahlreichen Genfer Fachgeschäften. Einen Besuch lohnen auf jeden Fall **Ursula Antonietti**, Rue de Cornavin, und die **Fromagerie Bruand**, Boulevard Helvétique.

Die Gegend um Genf ist auch für ihre hervorragenden Weine *(siehe S. 262f)* berühmt. In vielen Dörfern nahe der Stadt bieten die Winzer der Region ihren Wein zum Direktverkauf an. In den meisten Fällen kann man den Wein dort auch verkosten.

Farbenprächtiger Blumenstand auf einem Straßenmarkt

Auf einen Blick

Kaufhäuser

Bon Génie
34, rue du Marché.
022 818 1111.

Grand Magasins Globus
48, rue du Rhône.
058 578 5050.

Manor
6, rue Cornavin.
022 909 4699.

Migros Plainpalais-Centre
64, rue de Carouge.
022 807 0960.

Märkte

Place de la Fusterie
Sa 9–20 Uhr (Handwerk).

Di, Fr 8–18.45 Uhr (Bücher).
Mi, Sa 6.30–18.45 Uhr (Lebensmittel).

Plaine de Plainpalais
Di, Fr 8–13 Uhr (Obst, Gemüse, Souvenirs).
Mi, Sa 8–18 Uhr (Flohmarkt).

Uhren und Schmuck

Bucherer
45, rue du Rhône.
022 319 6266.

Cartier
35, rue du Rhône.
022 818 5454.

Gübelin
1, place du Molard.
022 310 8655.

Souvenirs

Cadhor
11, rue du Mont-Blanc.
022 732 2825.

Molard Souvenirs
1, rue de la Croix d'Or.
022 311 4740.

Swiss Corner
7, rue des Alpes.
022 731 0684.

Bücher

Payot
5, rue Chantepoulet.
022 731 8950.

Les Recyclables
53, rue de Carouge.
022 328 2373.

Schokolade und Pralinés

Chocolaterie du Rhône
3, rue de la Confédération.
022 311 5614.

Chocolaterie Stettler
10, rue de Berne.
022 732 4467.

Käse

Fromagerie Bruand
29, boulevard Helvétique.
022 736 9350.

Ursula Antonietti
1, rue de Cornavin.
022 731 2505.

Westschweiz

Die Westschweiz, eine überwiegend französischsprachige Region, besteht aus drei unterschiedlichen geografischen Zonen: dem Schweizer Jura im Norden, dem Westausläufer der Mittelland-Hochebene im Osten und den Alpen im Südosten. Im Süden erstreckt sich der Genfer See (Lac Léman), an dessen Ufer die Städte Genf (Genève), Lausanne, Vevey und Montreux liegen.

Seen und sanfte Hügel charakterisieren die Westschweiz. Hier gibt es reizvolle Städte, mittelalterliche Ortschaften voller Atmosphäre und kleine Dörfer mit schönen alten Kirchen. Das Gebiet umfasst die Kantone Genève (Genf), Vaud (Waadt), Jura, Fribourg (Freiburg) und Neuchâtel (Neuenburg). Die Westschweiz grenzt an Frankreich – der Kanton Genève ist auf drei Seiten von französischem Territorium umgeben. Das Gebiet ist Teil der Suisse Romande (Romandie) und fühlt sich Frankreich kulturell verbunden.

Während die großen politischen Organisationen und die Banken Genf ein internationales Profil verleihen, ist Lausanne mit seiner großartigen Kathedrale und der Universität ein kulturelles und intellektuelles Zentrum. Fribourg wird von der Sarine nicht nur topografisch, sondern auch sprachlich in zwei Teile geteilt: Westlich des Flusses spricht man Französisch, östlich davon Deutsch. Das reinste Französisch der Westschweiz wird angeblich in Neuchâtel gesprochen.

In der Westschweiz, genauer im Schweizer Jura, liegen die Anfänge der Uhrmachertradition des Landes – und hier blüht sie heute noch. Die Region ist auch für ihren Wein berühmt, insbesondere die Weine vom Genfer See. Und schließlich findet sich in der Westschweiz eine der schönsten Schweizer Sehenswürdigkeiten: das märchenhafte Château de Chillon, das auf dem Wasser des Genfer Sees zu schweben scheint.

Weinberg am Genfer See

◄ **Das mittelalterliche Château de Chillon** *(siehe S. 126f)* **auf einem Inselchen am Ostufer des Genfer Sees**

Überblick: Westschweiz

Die Westschweiz ist eine Region voller unterschiedlicher Landschaften, lebhafter Dörfer und international bekannter Städte. Der Schweizer Jura im Westen ist vor allem bei Wanderern und Skilangläufern sehr beliebt. Auch im Südosten findet man viele Ferienorte für Wintersport. Die Westschweiz ist zudem ein Land voller Seen (mit dem Genfer See als wichtigem Anziehungspunkt) und sonnenbeschienener Weinberge. Die Städte Genf, Lausanne, Fribourg und Neuchâtel haben zahlreiche Museen und historische Gebäude. Im mondänen Vevey und in Montreux kann man sich in entspannter Atmosphäre erholen.

Escaliers du Marché an der Place de la Palud in Lausanne

In der Westschweiz unterwegs

Hauptpforte in die Westschweiz sind die internationalen Flughäfen von Genf und Zürich. Von Genf aus hat man über die A1 Zugang zur gesamten Region. Zudem gibt es zahlreiche Eisenbahnlinien. Die Züge fahren sowohl vom Genfer Flughafen als auch vom Bahnhof in der Stadt ab. Die Hauptroute führt von Genf über Neuchâtel und Biel (Bienne) nach Norden. Schnellzüge fahren auch am Genfer See entlang nach Fribourg und weiter nördlich nach Bern sowie südlich über Lausanne und Montreux ins Wallis. Die Strecken sind landschaftlich sehr reizvoll.

Blick von der Stadtmauer auf die Dächer von Murten (Morat)

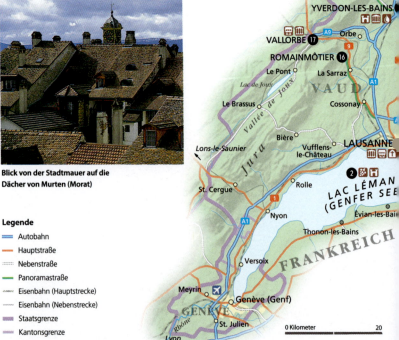

Legende
- Autobahn
- Hauptstraße
- Nebenstraße
- Panoramastraße
- Eisenbahn (Hauptstrecke)
- Eisenbahn (Nebenstrecke)
- Staatsgrenze
- Kantonsgrenze
- Gipfel

Weitere Zeichenerklärungen *siehe hintere Umschlagklappe*

WESTSCHWEIZ | 115

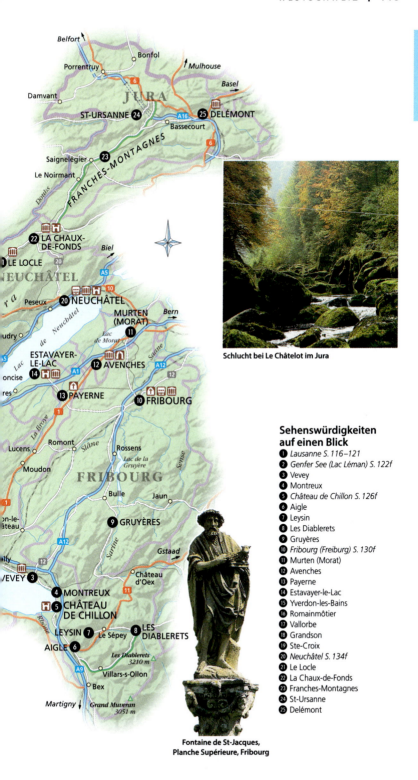

Schlucht bei Le Châtelot im Jura

Sehenswürdigkeiten auf einen Blick

1. *Lausanne S. 116–121*
2. *Genfer See (Lac Léman) S. 122f*
3. Vevey
4. Montreux
5. *Château de Chillon S. 126f*
6. Aigle
7. Leysin
8. Les Diablerets
9. Gruyères
10. *Fribourg (Freiburg) S. 130f*
11. Murten (Morat)
12. Avenches
13. Payerne
14. Estavayer-le-Lac
15. Yverdon-les-Bains
16. Romainmôtier
17. Vallorbe
18. Grandson
19. Ste-Croix
20. *Neuchâtel S. 134f*
21. Le Locle
22. La Chaux-de-Fonds
23. Franches-Montagnes
24. St-Ursanne
25. Delémont

Fontaine de St-Jacques, Planche Supérieure, Fribourg

Lausanne

Mit seiner wunderschönen Lage am Nordufer des Genfer Sees ist Lausanne zweifelsohne eine der schönsten Städte der Schweiz. Sie wurde im 1. Jahrhundert als römische Siedlung gegründet. Aus Sicherheitsgründen zogen die Einwohner später auf die umliegenden Hügel. Der Bereich bildet nun die Altstadt (Vieille Ville). Lausanne war erst Bischofssitz (6. Jh.), später Universitätsstadt (die Fondation Académie wurde 1537 gegründet). Es ist wichtiges kulturelles und ökonomisches Zentrum der französischsprachigen Schweiz. Lausanne ist auch Sitz des Bundesgerichts und des Internationalen Olympischen Komitees (IOC).

Fassadendetail der Église St-Laurent

Das schlichte gotische Kirchenschiff der Église St-François

Überblick: Lausanne
Die Stadt mit den steilen Treppen liegt auf drei Hügeln, die sich in einer Reihe am Genfer See erheben. Der Mittelpunkt Lausannes ist die Place St-François. Im Norden schließt sich das Shopping-Viertel um die Rue de Bourg an. Noch weiter nördlich befindet sich die Altstadt (Vieille Ville) mit der großartigen Kathedrale *(siehe S. 118f)*. Das Viertel Bel-Air im Westen blickt auf ein Tal, in dem einst der Flon floss. Vom Grand-Pont, der Brücke über das Tal, hat man eine schöne Aussicht auf Bel-Air und die sich dahinter erhebende Altstadt. Ouchy ist der alte Hafen von Lausanne.

Tour Bel-Air und Salle Métropole
1, place Bel-Air. 021 345 0029.
Die Tour Bel-Air steht an einem steilen Abhang am Fuß der Altstadt und war das erste Hochhaus der Schweiz. In dem 50 Meter hohen Gebäude sind Büros, Apartments und die Salle Métropole untergebracht. Der Bau wurde 1931 fertiggestellt und verleiht der Skyline Lausannes den Charakter einer Metropole. Das Theater ist eines der wichtigsten Kulturzentren der Stadt.

Église St-Laurent
Rue St-Laurent.
Keine 100 Schritte von der Tour Bel-Air entfernt, inmitten der gepflegten Häuser der Altstadt, steht die protestantische Église St-Laurent, eines der wenigen Beispiele klassizistischer Architektur in Lausanne. 1716–19 wurde sie auf den Ruinen einer älteren Kirche (10. Jh.) erbaut. Rodolphe de Crousaz gestaltete die Fassade Ende des 18. Jahrhunderts.

Place de la Palud
Die Südseite des Marktplatzes wird vom Rathaus beherrscht, einem im 17. Jahrhundert gebauten zweistöckigen Renaissance-Gebäude mit Arkaden. Hier wurde am 10. April 1915 das Internationale Olympische Komitee (IOC) gegründet.

Die Place de la Palud ist ein beliebter Treffpunkt. Mittwochs und samstags findet hier ein Markt statt, einmal im Monat eine Kunsthandwerksmesse.

Auf der Mitte der Place de la Palud steht die Fontaine de la Justice (16. Jh.), die von einer allegorischen Darstellung der Gerechtigkeit gekrönt wird. Die überdachte Holztreppe hinter dem Brunnen trägt den Namen Escaliers du Marché. Sie führt in die Rue Pierre Viret. Von dort führen Stufen zur Kathedrale.

Place St-François
In der Mitte des Platzes befindet sich die Église St-François (13./14. Jh.), die als Kirche eines Franziskanerklosters erbaut wurde. Das Kloster wurde während der Reformation aufgelöst, die Kirche ihres Dekors beraubt. Die Fassade rekonstruierte man in den 1990er Jahren, das Innere blieb allerdings schmucklos.

Die Straßen um die Place St-François zählen zu den schönsten der Stadt. Die Rue de Bourg wird von alten Häusern gesäumt. Zudem findet man hier Juweliere, Boutiquen, Bars und Jazzclubs.

Musée historique
5, place de la Cathédrale.
021 315 4101.
wegen Renovierung bis 2019.

Das Geschichtsmuseum der Stadt ist in den Räumen des ehemaligen Bischofspalais (11. Jh.) untergebracht. Die Sammlungen veranschaulichen die Geschichte Lausannes von prähistorischen Zeugnissen bis

Statue an der Fontaine de la Justice

LAUSANNE | 117

heute. Besonders interessant ist ein Modell der Stadt aus dem Jahr 1638. Derzeit wird das Haus umfassend renoviert.

🏛 Cathédrale Notre-Dame
Siehe S. 118f.

🏛 Palais de Rumine
6, place de la Riponne.
Musée des Beaux-Arts
📞 021 316 3445. 🕒 Di, Mi, Fr 11–18, Do 11–20, Sa, So 11–17 Uhr.
🌐 musees.vd.ch
Musée d'Archéologie et d'Histoire 📞 021 316 3430. 🕒 Di, Mi, Fr 11–18, Do 11–20, Sa, So 11–17 Uhr.
🌐 musees.vd.ch

Wandverzierung, Palais de Rumine

Der beeindruckende Neorenaissance-Bau des Palais de Rumine (1896–1906) beherbergte einst die Universität Lausannes, bis diese in die Vororte der Stadt zog. Heute befinden sich hier noch die Universitätsbibliothek und fünf Museen.

Das Musée des Beaux-Arts im Erdgeschoss zeigt Schweizer Gemälde vom 18. bis 20. Jahrhundert. Sehenswert sind vor allem die Landschaftsbilder aus dem Waadt (19. Jh.) sowie die Werke von François Bocion und Giovanni Giacometti, Vater des berühmteren Alberto Giacometti.

Das Musée d'archéologie et d'histoire (Museum für Archäologie und Geschichte) im sechsten Stock präsentiert Ausgrabungsfunde von der Bronzezeit bis ins Mittelalter. Eines der schönsten Exponate ist die Goldbüste Marc Aurels, die man 1939 in Avenches entdeckte.

Die anderen drei Museen im Palais de Rumine widmen sich der Geologie, der Zoologie und der Numismatik.

🏛 Château St-Maire
Place du Château. 🚫 für Besucher.
Der massive burgähnliche Bau aus Ziegeln und Sandstein wurde zwischen 1397 und 1427 als Palais der Bischöfe von Lausanne errichtet, die die Stadt damals regierten. Als man sie stürzte, wurde das Château die Residenz der neuen Machthaber, der Herren von Bern.

Infobox

Information
Straßenkarte B4. 👥 137 000.
ℹ️ 9, place de la Gare (in der Haupthalle des Bahnhofs), 021 613 7373 sowie in Ouchy, 4, place de la Navigation.
🌐 lausanne-tourisme.ch

Anfahrt
🚌 🚊 🚢

Den Unabhängigkeitskampf der Stadt und des Kantons Vaud (Waadt) führte Jean Davel, der 1723 auf Befehl der Berner Obrigkeit geköpft wurde. Sein Denkmal steht vor dem Château. Der Bau ist heute Sitz der Kantonalverwaltung von Waadt.

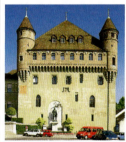

Château St-Maire, mit der Statue von Jean Davel

Zentrum von Lausanne
① Tour Bel-Air/Salle Métropole
② Église St-Laurent
③ Place de la Palud
④ Place St-François
⑤ Musée historique
⑥ Cathédrale Notre-Dame
⑦ Palais de Rumine
⑧ Château St-Maire

0 Meter 300

Zeichenerklärung *siehe hintere Umschlagklappe*

Lausanne: Cathédrale Notre-Dame

Die im 12. Jahrhundert begonnene und im 13. Jahrhundert vollendete Kathedrale ist eines der schönsten gotischen Bauwerke der Schweiz. Sie wurde auf den Überresten eines römischen Lagers und den Fundamenten karolingischer und romanischer Basiliken erbaut. Im von Seitenschiffen flankierten Mittelschiff, im Turm über dem Querhaus, in der Apsis und im Wandelgang zeigt sich deutlich der Einfluss der französischen Gotik. Die Kathedrale wurde 1275 von Papst Gregor X. geweiht und ist seit der Reformation protestantisch. Vom Südwestturm aus hat man eine grandiose Aussicht auf Lausanne und auf den Genfer See.

Mittelschiff
Im Mittelschiff wechseln sich schlanke und kräftige Säulen ab. Auf Letzteren ruht das zentrale Gewölbe.

Kirchengestühl
Das Gestühl der Chapelle St-Maurice ist mit ausdrucksstarken Heiligenfiguren geschmückt – ein Meisterwerk spätgotischer Holzschnitzerei.

★ Chapelle St-Maurice
Die Kapelle im nicht vollendeten Nordturm ist mit einem kunstvoll geschnitzten spätgotischen Gestühl aus dem frühen 16. Jahrhundert ausgestattet.

Montfalcon-Portal
Das Westportal oder Montfalcon-Portal ist mit Nachbildungen gotischer Steinmetzarbeiten (1515–36) verziert.

LAUSANNE: CATHÉDRALE NOTRE-DAME | 119

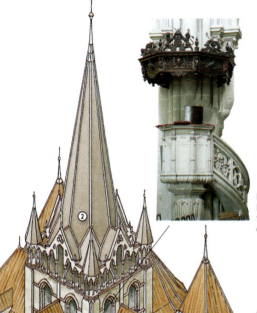

Infobox

Information
1, place de la Cathédrale.
☎ 021 316 7161.
Kirche ☐ Apr–Sep: tägl. 9–19 Uhr; Okt–März: tägl. 9–17.30 Uhr. **Turm** ☐ Apr, Mai, Sep: Mo–Sa 9.30–12.30, 14–18, So 13–17 Uhr; Juni–Aug: Mo–Sa 9.30–18, So 13–17 Uhr; Okt–März: Mo–Sa 9.30–12.30, 14–16.30 Uhr.
w patrimoine.vd.ch

Kanzel
Die Kanzel an einer Säule des Mittelschiffs krönt ein mit Schnitzereien verzierter Holzbaldachin (1666).

Konsolen
Im Kircheninneren finden sich zahlreiche exquisite Dekorationselemente, u. a. menschliche Figuren, im Gewölbe.

★ Rosette
Der Südflügel des Querhauses wird durch eine Rosette aus Bleiglas (13. Jh.) erhellt. Hier sind u. a. Jahreszeiten und Elemente dargestellt.

Wandmalereien
Das Vestibül ist mit schönen spätgotischen Fresken aus dem 16. Jahrhundert verziert.

Außerdem

① **Nordturm** mit Chapelle St-Maurice

② **Der Turm** über der Vierung wurde im 19. Jahrhundert vollendet. Die Kirchturmspitze ragt 75 Meter hoch auf.

Lausanne: Abstecher

Westlich der Place St-François liegt das unkonventionelle Flon-Viertel mit Kunstgalerien, schicken Läden, Cafés und Restaurants. Im Norden der Altstadt schließt sich der weitläufige Parc de l'Hermitage an, im Süden das alte, bei Urlaubern beliebte Fischerdorf Ouchy. Hier befindet sich auch das Musée Olympique.

Collection de l'Art Brut
Château de Beaulieu, 11, avenue des Bergières. 021 315 2570. 2 (ab Place St-François). Di–So 11–18 Uhr (Juli, Aug: auch Mo). artbrut.ch

Art Brut bedeutet in etwa »rohe, unverbildete Kunst«. Der Begriff wurde vom französischen Maler Jean Dubuffet (1901–1985) für Kunstwerke gebraucht, die von Künstlern am Rand der Gesellschaft geschaffen wurden – etwa von Kriminellen, Psychiatrie-Patienten oder spiritistischen Medien ohne jegliche künstlerische Ausbildung. Ihre Ideen kamen aus ihrer eigenen Gedankenwelt und waren in keiner Weise von Kultur und Kunstgeschichte beeinflusst. Die Ursprünglichkeit und Unabhängigkeit dieser Kunst inspirierten Dubuffet bei seiner Suche nach dem kreativen Ausdruck. 1945 begann er, Art Brut zu sammeln. Die Collection de l'Art Brut wurde 1976 eröffnet.

Nur etwa 1000 der insgesamt 30 000 Kunstwerke sind zu sehen. Sie werden auf vier Stockwerken in den umgebauten Stallungen des Château de Beaulieu (18. Jh.) nordwestlich des Stadtzentrums ausgestellt und reichen von Gemälden und Zeichnungen bis zu Holzschnitzereien und Skulpturen.

Die Kunstwerke weisen eine ganz außergewöhnliche Kraft und Spontaneität auf. Neben jedem Ausstellungsstück findet sich eine Kurzbiografie des Künstlers, die einen Eindruck der Entstehungsgeschichte des Werks vermittelt.

Fondation de l'Hermitage
2, route du Signal. 021 320 5001. 3 (ab Hauptbahnhof) oder 16 (ab Place St-François). nur temporäre Ausstellungen: Di–So 10–18 Uhr (Do bis 21 Uhr). fondation-hermitage.ch

Die imposante neugotische Villa in einem Park nördlich von Lausanne wurde 1842–50 von Charles-Juste Bugnion, einem wohlhabenden Bankier, erbaut. Seine Nachfahren stifteten sie der Stadt. Heute ist die Fondation de l'Hermitage eine Kunstgalerie mit einer Sammlung von fast 800 französischen Gemälden, darunter Impressionisten und Postimpressionisten, aber auch Walliser Maler des 20. Jahrhunderts. Alljährlich finden Wechselausstellungen internationaler Künstler statt.

In dem weitläufigen Parc de l'Hermitage stehen zahlreiche exotische Bäume. An seinem nördlichen Rand befindet sich ein Hügel, der Signal de Sauvabelin, der sich 647 Meter hoch erhebt und eine schöne Aussicht auf Lausanne, den Genfer See und das Alpenpanorama bietet. Hinter dem Hügel findet man angenehm schattige Wälder. Einen Aufenthalt lohnt auch der Lac de Sauvabelin, an dem ein Schutzgebiet für Steinböcke und andere Tiere der Alpen eingerichtet wurde.

Parc Mon-Repos
Avenue Mon-Repos.

Der Landschaftspark südöstlich des Stadtzentrums wurde im 19. Jahrhundert angelegt und ist zweifelsohne der eleganteste Garten Lausannes. Er enthält einen neugotischen Turm, einen klassizistischen Tempel, einen Wintergarten und einen Steingarten mit Höhle und Wasserfall. Im Zentrum befindet sich eine Villa (18. Jh.), die zur Zeit ihrer Erbauung noch von Weingärten umgeben war. Der französische Schriftsteller Voltaire wohnte hier bei seinem Aufenthalt in Lausanne.

Die Villa ist eng mit den Olympischen Spielen verknüpft. Der olympische Geist wurde von dem französischen Aristokraten Baron Pierre de Coubertin (1863–1937) wiedererweckt, der dem Sport eine entscheidende Rolle bei der Entwicklung der Bürger und der Nation zumaß.

De Coubertin gründete das Internationale Olympische Komitee (IOC) 1894 in Paris und übernahm den Vorsitz. Zwei Jahre später wurden die ersten Olympischen Spiele der Neuzeit in Athen abgehalten. Im Ersten Weltkrieg verlagerte man den Sitz des IOC in die Schweiz – bis in die 1970er Jahre war die Villa Mon-Repos der Hauptsitz des IOC. Hier lebte auch Coubertin selbst von 1922 bis zu seinem Tod im Jahr 1937. Die Villa beherbergt heute das erste Olympische Museum (Musée Olympique).

Am nördlichen Ende des Parc Mon-Repos befindet sich das Bundesgericht, der Oberste Gerichtshof der Schweiz.

Statue im Parc Mon-Repos

Le Cinéma (um 1950) von Collectif d'enfants, Collection de l'Art Brut

LAUSANNE: ABSTECHER

Das Hôtel du Château d'Ouchy, eines der vielen Seehotels in Ouchy bei Lausanne

Ouchy

Am Genfer See, 2 km südlich vom Zentrum Lausannes, mit der Métro (Linie M2) erreichbar.

Das ehemalige Fischerdorf Ouchy ist heute Stadtquartier Lausannes und Ferienort. Der Hafen liegt wunderschön am Genfer See und bietet eine sagenhafte Aussicht auf die umliegenden Berge. An der baumgesäumten Uferpromenade legen die Boote für Ausflüge auf dem See ab.

Von der Burg (12. Jh.), die einst auch dem Schutz des Hafens diente, steht nur noch ein Turm des neugotischen Château d'Ouchy aus den 1890er Jahren. Im Château gibt es ein Hotel und ein Restaurant.

Mehrere elegante Hotels aus der Zeit um 1900 säumen den See: u. a. das Beau-Rivage Palace in einem Jugendstil-Gebäude und das Hôtel d'Angleterre im neogotischen Stil. In Letzterem wohnte Lord Byron bei seinem Lausanner Aufenthalt und schrieb *The Prisoner of Chillon* (siehe S. 126f).

Musée Olympique
1, quai d'Ouchy. 021 621 6511. Mai–Mitte Okt: tägl. 9–18 Uhr; Mitte Okt–Apr: Di–So 10–18 Uhr. olympic.org/fr/musee

Das Olympische Museum dokumentiert die Geschichte der Olympischen Spiele von den Athleten der griechischen Antike bis heute. Es ist Lausannes Hauptattraktion und zieht pro Jahr über 200 000 Besucher an. Anhand von Multimedia-Vorführungen, Filmen und interaktiven Exponaten werden die Entwicklung der sportlichen Disziplinen und die Leistungen von Athleten gezeigt. Besucher können ein virtuelles olympisches Dorf erkunden und ihre eigenen athletischen Fähigkeiten austesten.

Das Museum liegt in einem Park mit mediterranen Pflanzen. Die Restaurantterrasse bietet einen schönen Blick auf den Genfer See und die Berge der Umgebung.

Radfahrerskulptur im Parc Olympique

Musée romain
24, chemin du Bois-de-Vaux. 021 315 4185. Di–So 11–18 Uhr (Juli, Aug: auch Mo). lausanne.ch/mrv

Nach zehn Minuten zu Fuß erreicht man westlich von Ouchy die Ruinen von Lousonna und Vidy, zwei römischen Siedlungen, die zwischen 15 v. Chr. und dem 4. Jahrhundert n. Chr. blühten. Viele Ausgrabungsfunde sind im nahen Musée romain ausgestellt. Das Museum ist einem römischen Haus nachgebildet. Zu sehen sind u. a. Glas- und Töpferwaren, Münzen, Kämme, Schmuck, Votivfiguren und ein sehr gut erhaltenes Mosaik.

Eingang des Olympischen Museums im Parc Olympique

Genfer See (Lac Léman)

Der Genfer See (Schweizer Schreibweise: Genfersee) wird im Westen vom Jura, im Süden von den französischen Alpen und im Nordosten vom Mittelland umgeben. Er ist der größte See der Alpen. Obwohl fast das gesamte Südufer französisches Gebiet ist, gehört der Großteil des Sees zur Schweiz. Von den Städten und Dörfern am Ufer aus kann man Bootsausflüge unternehmen. Im 19. Jahrhundert war der Genfer See eine wichtige Station für Europareisende und hat viele Schriftsteller der Romantik inspiriert. Mit seinem kristallklaren Wasser und der sich darin spiegelnden Bergkulisse ist er bezaubernd.

★ Vufflens-le-Château
Die Burg (15. Jh.) im norditalienischen Stil zählt zu den großartigsten gotischen Festungen der Schweiz. Sie hat einen Bergfried mit Eckturm, einen Innenhof und Quartiere in den Türmen.

Rolle
Der Ort liegt im Herzen der Weinregion La Côte. Hier steht eine savoyische Burg mit Wassergraben (13. Jh.). Sie besitzt einen dreieckigen Grundriss mit einem Turm an jeder Ecke.

Legende
- Autobahn
- Hauptstraße
- Nebenstraße

Genf
Genf *(siehe S. 96–111)* ist die größte und berühmteste Stadt am See. Sie ist Sitz von mehr als 250 internationalen Organisationen und spielt eine wichtige Rolle in der Weltpolitik.

0 Kilometer 5

Hotels und Restaurants in der Westschweiz *siehe Seiten 250–252 und 268–270*

GENFER SEE (LAC LÉMAN) | 123

Cully
Der Ort ist eine von vielen malerischen Gemeinden am See und ein Zentrum des hiesigen Weinhandels. Die sonnenüberfluteten Hügel sind fast völlig von Weinbergen bedeckt.

Infobox

Information
Straßenkarte A4, B4. 🛈 6, place de la Navigation, Lausanne, 021 613 7373. W **region-du-leman.ch**
Boote Compagnie Générale de Navigation, 0848 811 848.
W **cgn.ch**

Anfahrt
🚆 🚌 ⛴

St-Saphorin
Das romantische Weindorf mit den steilen Gassen birgt eine Kirche aus dem 7. Jahrhundert, die im 16. Jahrhundert im Flamboyant-Stil umgebaut wurde.

Montreux
Die kosmopolitische Stadt ist aufgrund ihrer Musikfestivals berühmt und hat auch als kulturelles Zentrum internationale Bedeutung erlangt.

★ Vevey
Der traditionsreiche Ferienort bietet eine Vielzahl kultureller Erlebnisse. Er ist u. a. für die Fête des Vignerons bekannt, ein Fest zur Weinernte, das nur alle 25 Jahre stattfindet.

Aigle
Die Hauptstadt des Weingebiets Chablais liegt an der Schnittstelle des Vallée des Ormonts und des Rhônetals. In der Burg aus dem 12. Jahrhundert ist das Weinmuseum (Musée de la Vigne et du Vin) untergebracht.

Vevey am Genfer See mit Bergkulisse im Hintergrund

❸ Vevey

Straßenkarte B4. 20 000.
29, Grande-Place, 0848 86 84 84. Straßenkünstlerfestival (Aug.). montreuxriviera.com

Vevey und Montreux sind die bekanntesten Ferienorte an der Schweizer Riviera, die sich im Nordwesten des Genfer Sees zwischen Lausanne und Villeneuve erstreckt. Klima und Kultur der Region zogen schon im frühen 19. Jahrhundert Schriftsteller wie Lord Byron und Mary Shelley an. Später kamen Ernest Hemingway und Charlie Chaplin, der seine letzten 25 Lebensjahre in Vevey verbrachte und hier auch seine letzte Ruhe fand.

Bei den Römern war der Ort als Viviscus bekannt, er war einst der Haupthafen am Genfer See. Auch im Mittelalter erlebte Vevey eine Blütezeit. Im 19. Jahrhundert entwickelte es sich zur ersten Industriestadt des Kantons Vaud (Waadt). 1867 gründete Henri Nestlé hier eine Milchpulverfabrik, die Babynahrung revolutionieren sollte. Mittlerweile ist Nestlé ein weltweit operierender Konzern, hat seinen Hauptsitz aber immer noch in Vevey.

Der attraktivste Teil der Stadt ist die Grande-Place bzw. Place du Marché. Dienstags und samstags füllt sich der riesige Platz mit Marktständen. Im Sommer bieten regionale Winzer Verkostungen ihrer Weine an. Im Juli und August findet an Samstagvormittagen ein Markt mit Volkskunst statt. La Grenette (1808), ein Gebäude auf der Nordseite des Platzes, diente einst als Kornspeicher.

Im Osten der Grande-Place schließen sich die schmalen Gassen der Altstadt an. Den Quai Perdonnet schmückt eine Statue von »Charlot«, wie Chaplin von den Franzosen genannt wird. Das Museum **Chaplin's World** ist dem Leben und Schaffen des einzigartigen Komikers und Künstlers gewidmet. Es wurde im Manoir-de-Ban, Chaplins letztem Wohnort, eingerichtet und präsentiert persönliche Gegenstände sowie Nachbauten eines Hollywood-Studios und von Filmkulissen.

Östlich des Hauptbahnhofs stößt man auf das **Musée Jenisch**. Neben einer großen Gemälde- und Skulpturensammlung von Schweizer Werken des 19. und 20. Jahrhunderts beherbergt das Museum auch die Fondation Oskar Kokoschka, die 800 expressionistische Gemälde des Künstlers und eine Sammlung an Drucken enthält. Zu Letzterer gehören nicht nur die umfangreichste Rembrandt-Lithografiesammlung Europas, sondern auch Werke von Albrecht Dürer und Jean-Baptiste Corot.

Chaplin's World
2, route de Fenil, Manoir-de-Ban. 021 903 0130. tägl. 10–18 Uhr. chaplinsworld.com

Musée Jenisch
2, avenue de la Gare. 021 925 3520. Di–So 11–18 Uhr (Do bis 21 Uhr). museejenisch.ch

❹ Montreux

Straßenkarte B4. 27 000.
Place de l'Eurovision, 0848 86 84 84. Narzissenfestival (Frühling), Montreux Jazz Festival (Juli). montreuxriviera.com

Montreux, das auch als Juwel der Schweizer Riviera bezeichnet wird, überschattet nach wie vor Vevey. Es ist vor allem für sein Jazzfestival berühmt.

Bereits um 1815 hatte sich Montreux zu einem beliebten Reiseziel entwickelt. Seine Blütezeit dauerte bis zum Ausbruch des Ersten Weltkriegs 1914. Im 19. Jahrhundert zog der Charme der Stadt Musiker, Schriftsteller und andere Künstler an, darunter Mary Shelley, Leo Tolstoi, Hans Christian Andersen und Vladimir Nabokov.

Montreux hat noch zahlreiche Hotels der Belle Époque. Das berühmteste ist das Montreux Palace (Grand'Rue). Gegenüber steht das Centre des Congrès, ein modernes Konferenzzentrum. Es beherbergt auch das Auditorium Strawinsky von 1990, das Igor Strawinsky (1882–1971) gewidmet ist. *Sacre du Printemps* wurde teilweise in Montreux komponiert.

Die Markthalle auf der Place du Marché wurde 1890 mit finanzieller Unterstützung von Henri Nestlé gebaut. In der Nähe des Sees am Ende des Platzes befindet sich eine Statue von Freddie Mercury, dem Sänger der Band Queen. Montreux war seine zweite Heimat, hier starb er 1991.

Östlich der Statue an der Seepromenade liegt das Casino, das durch einen Brand in die Geschichte der Rockmusik einging. Am 4. Dezember 1971 feuerte jemand während eines Frank-Zappa-Konzerts eine Leuchtrakete zur Decke. Plötzlich stand das ganze Gebäude in Flammen. Als sich die Rauchwolken über dem See

Statue von Freddie Mercury in Montreux

WESTSCHWEIZ

Das Château d'Aigle beherbergt heute ein bekanntes Weinmuseum

ausbreiteten, hatte Ian Gillan, Sänger der Rockband Deep Purple, die Idee zum Song *Smoke on the Water*.

❺ Château de Chillon

Siehe S. 126f.

❻ Aigle

Straßenkarte B4. 🏔 10 000. 🚊 🚌
🛈 5, rue Colomb, 024 466 3000.
🌐 aigle-tourisme.ch

Aigle ist die Hauptstadt des Chablais, einer Weinregion südöstlich des Genfer Sees, aus der einige der besten Weine der Schweiz stammen *(siehe S. 262f)*. Der Ort liegt zwischen Weinbergen am Fuß der Waadtler Alpen und wird von einer Burg mit Ecktürmen überragt, dem Château d'Aigle. Die Burg wurde im 12. Jahrhundert vom Haus Savoyen erbaut und im 15. Jahrhundert schwer beschädigt. Später baute man sie jedoch wieder auf. In der Folge wurde sie Residenz der Berner Landverwalter.

Heute ist hier das **Musée de la vigne et du vin** untergebracht, das sich der Geschichte der Weinherstellung widmet. In der Maison de la Dîme (16. Jh.) gegenüber befindet sich der **Espace Frédéric Rouge**, in dem Werke des Welschschweizer Malers (1867–1950) gezeigt werden.

Musée de la vigne et du vin und Espace Frédéric Rouge
Château d'Aigle, 1, place du Château 1. 📞 024 466 2130. 🕐 Apr–Okt: Di–So 11–18 Uhr (Juli, Aug: tägl.); Nov–März: Di–So 10–17 Uhr. 🌐 chateauaigle.ch

❼ Leysin

Straßenkarte B4. 🏔 4000. 🚊 🚌
🛈 Place Large, 024 493 3300.
🌐 leysin.ch

Der kleine Ort Leysin ist ganzjährig ein beliebtes Feriendomizil. Er schmiegt sich an einen sonnenbeschienenen Hang mit guter Aussicht über die Dents du Midi bis hinunter ins Rhônetal. Er liegt 1260 Meter hoch und erfreut sich eines ungewöhnlich trockenen und sonnigen Klimas. Einst war Leysin ein berühmtes Heilzentrum für Tuberkulose, später entwickelte sich das Dorf zum Skiort. Mit der Seilbahn gelangen Besucher zur Tour de Mayen (2326 m) und zur Berneuse, wo es ein Drehrestaurant (2045 m) mit sagenhafter Aussicht gibt.

❽ Les Diablerets

Straßenkarte B4. 🏔 1400. 🚊 🚌
🛈 2, chemin du Collège, 024 492 0010. 🌐 diablerets.ch

Der kleine Skiort liegt inmitten alpiner Wiesen im Vallée des Ormonts in den Waadter Alpen auf einer Höhe von 1150 Meter. Über dem Ort erheben sich die Gipfel von Les Diablerets bis zu 3210 Meter.

Skifahren und Snowboarden kann man hier bis ins Frühjahr hinein. Das Gletschergebiet Glacier 3000 bietet ganzjährig verschiedenste Sportmöglichkeiten. Eine vor allem bei Familien überaus beliebte Attraktion ist der Alpine Coaster, eine Rodelbahn auf Schienen (www.glacier3000.ch).

2014 wurde der Peak Walk eröffnet. Die stählerne Hängebrücke verbindet in einer Höhe von rund 3000 Metern die beiden Gipfel Scex Rouge und Glacier 3000. Die Distanz zwischen den Gipfeln beträgt »nur« 107 Meter, das Erlebnis der Hängebrücke indes belohnt mit einzigartigen Ausblicken auf die alpine Welt. Der Peak Walk ist je nach Wetterlage ganzjährig geöffnet, der Eintritt ist im Ticket für den Sessellift zum Glacier 3000 enthalten.

Atemberaubender Peak Walk oberhalb von Les Diablerets

❺ Château de Chillon

Das bezaubernde mittelalterliche Schloss liegt auf einem Felsvorsprung am Ostufer des Genfer Sees und ist eine der berühmtesten Sehenswürdigkeiten der Schweiz. Es wurde vermutlich im 11. Jahrhundert für die Herzöge von Savoyen erbaut. Seine jetzige Gestalt erhielt es im 13. Jahrhundert. 1536 wurde das Château von den Bernern erobert, ab 1798 diente es als deren Verwaltungssitz und wurde auch als Gefängnis benutzt. Sein berühmtester Insasse war François Bonivard, der von 1530 bis 1536 wegen Volksverhetzung festgehalten wurde.

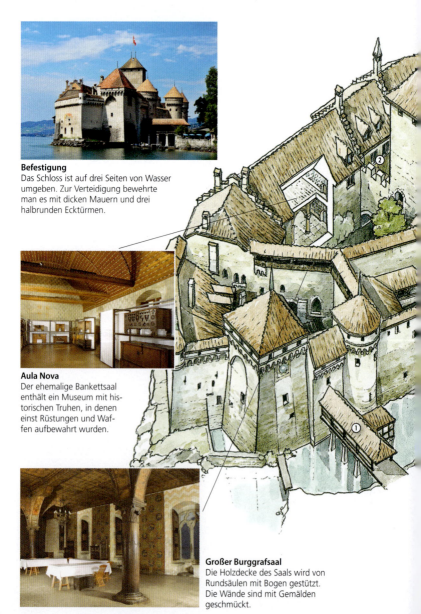

Befestigung
Das Schloss ist auf drei Seiten von Wasser umgeben. Zur Verteidigung bewehrte man es mit dicken Mauern und drei halbrunden Ecktürmen.

Aula Nova
Der ehemalige Bankettsaal enthält ein Museum mit historischen Truhen, in denen einst Rüstungen und Waffen aufbewahrt wurden.

Großer Burggrafsaal
Die Holzdecke des Saals wird von Rundsäulen mit Bogen gestützt. Die Wände sind mit Gemälden geschmückt.

CHÂTEAU DE CHILLON | 127

★ Herzogsaal
Die »Aula Magna« ist mit Wänden im Schachbrettmuster ausgestattet. Sie besitzt noch eine originale Holzdecke (15. Jh.), die von schwarzen Marmorsäulen gestützt wird.

Infobox

Information
Straßenkarte B4. 21, avenue de Chillon, Veytaux. 021 966 8910. März, Okt: tägl. 9.30–18 Uhr; Apr–Sep: tägl. 9–19 Uhr; Nov–Feb: tägl. 10–17 Uhr. chillon.ch

Anfahrt

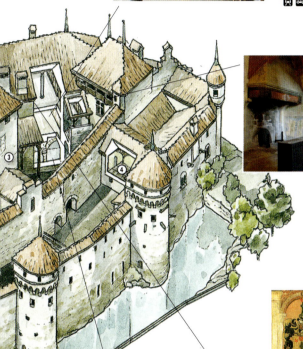

Herzogliche Kammer
Die »Camera Domini« weist Deckenbalken aus Holz auf und ist mit gotischen Möbeln ausgestattet.

Wappensaal
Der Zeremoniensaal ist mit den Wappen der Berner Landverwalter geschmückt.

★ François Bonivards Zelle
Die Kellergewölbe dienten einst als Gefängnis. Der Schweizer Humanist François Bonivard wurde hier sechs Jahre lang gefangen gehalten. Durch Lord Byrons Gedicht *The Prisoner of Chillon*, das 1816 in Ouchy entstand, wurde er unsterblich.

Außerdem

① **Die Brücke** zum Tor war ursprünglich eine Zugbrücke. Sie wurde erst später überdacht.

② **Die Gästezimmer** befanden sich in diesem Teil des Schlosses.

③ **Der Bergfried** gehört zum ältesten Teil des Schlosses. In diese letzte Verteidigungsbastion konnte man sich zurückziehen, wenn Angreifer bereits eingedrungen waren.

④ **Die frühgotische Kapelle** ist dem hl. Georg geweiht. Sie besitzt ein Rippengewölbe. Wände und Gewölbe sind mit Fresken verziert.

⑨ Gruyères

Straßenkarte B4. 🚗 2000. 🚆 nach Pringy. 🚌 ℹ️ 26, place des Alpes, Bulle, 0848 424 424.
🌐 la-gruyere.ch

Das Dorf Gruyères (Greyerz) ist schon von Weitem vor seiner Alpenkulisse sichtbar. Der Ort ist ein beliebtes Ausflugsziel und im Sommer oft überlaufen. Die einzige Straße ist eine Fußgängerzone. Autos müssen auf dem Parkplatz unterhalb der Stadt abgestellt werden.

Die Häuser stammen aus dem 15. bis 17. Jahrhundert. Überragt werden sie vom **Château de Gruyères**. Die Burg wurde im 11. Jahrhundert erbaut und bis zur Mitte des 16. Jahrhunderts von den Grafen von Gruyères bewohnt – bis der 19. Graf schließlich floh und das Land zwischen Bern und Fribourg aufgeteilt wurde.

1848 kauften die Bovys, eine wohlhabende Genfer Familie, die Burg und führten eine Restaurierung durch. 1939 ging die Burg in den Besitz der Kantonalbehörden von Fribourg über. Heute beherbergt sie ein Museum. Die Ausstellungsräume sind mit Wandmalereien und eleganten Kaminen ausgestattet. Zu sehen sind flämische Gobelins (16. Jh.), Beutestücke aus der Schlacht von Murten (1476) und impressionistische Landschaftsbilder des französischen Malers Jean-Baptiste Corot (1796–1875).

In der **Maison du Gruyère**, einer Käserei in Pringy, können Besucher bei der Herstellung des berühmten Gruyère (dt. Greyerzer) zusehen. Es gibt zudem ein einfaches Restaurant und einen Laden mit Produkten der Region.

🏰 **Château de Gruyères**
8, rue du Château. 📞 026 921 2102. 🕐 Apr–Okt: tägl. 9–18 Uhr; Nov–März: tägl. 10–17 Uhr.
🌐 chateau-gruyeres.ch

🏰 **La Maison du Gruyère**
3, place de la Gare, Pringy. 📞 026 921 8400. 🕐 Juni–Sep: tägl. 9–18.30 Uhr; Okt–Mai: tägl. 9–18 Uhr.
🌐 lamaisondugruyere.ch

⑩ Fribourg (Freibug)

Siehe S. 130f.

⑪ Murten (Morat)

Straßenkarte B3. 🚗 8200. 🚆 🚌 ℹ️ Französische Kirchgasse 6, 026 670 5112. 🌐 **murtentourismus.ch**

Der Ferienort Murten (frz. Morat) liegt am Ostufer des Murtensees (Lac de Morat). Er blickt auf eine lange Geschichte zurück. Bedeutsam war der 22. Juni 1476. An diesem Tag besiegten die Streitkräfte der Schweizer Eidgenossenschaft hier die Armee von Karl dem Kühnen, Herzog von Burgund. Sie töteten 12 000 gegnerische Soldaten, verloren selbst jedoch nur 410 Mann. Einer Sage zufolge rannte ein Bote 17 Kilometer von Murten nach Fribourg, um die Nachricht vom Sieg zu überbringen, und fiel anschließend vor Erschöpfung tot um. An sein Opfer erinnert ein jährlicher Lauf von Murten nach Fribourg am ersten Sonntag im Oktober.

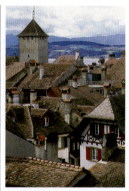

Blick über das historische Murten

Die Stadt wurde im 12. Jahrhundert von den Herzögen von Zähringen gegründet, noch heute ist sie fast vollständig von einer Ringmauer (12.–15. Jh.) umgeben. An der Hauptgasse der Altstadt stehen Häuser mit Arkaden und vorspringenden Dächern (16. Jh.). Ein Spaziergang auf den Wehrmauern, die man über die Deutsche Kirchgasse erreicht, bietet eine schöne Aussicht auf den Murtensee, die Burg und die Altstadt. Am westlichen Stadtrand steht eine weitere Burg (13. Jh.) mit Seeblick, am östlichen das barocke Berner Tor (Porte de Berne) mit einer Uhr von 1712. Das **Museum Murten** (Musée de Morat) in einer alten Mühle am See enthält frühgeschichtliche Funde sowie Zeugnisse aus den Burgunderkriegen.

🏛️ **Museum Murten**
Ryf 4. 📞 026 670 3100. 🕐 Apr–Nov: Di–Sa 14–17, So 10–17 Uhr.
🌐 museummurten.ch

⑫ Avenches

Straßenkarte B3. 🚗 3000. 🚌 ℹ️ 3, place de l'église, 026 676 9922. 🎭 Opernfestival (Juli), Rock Oz'Arènes (Aug), Musikumzug mit Militärkapellen (Sep). 🌐 avenches.ch

Ursprünglich war Avenches die Hauptstadt der Helvetier, des keltischen Stamms, der einst die Westschweiz beherrschte. Im 1. Jahrhundert v. Chr. wurde sie von den Römern erobert, die sie Aventicum nann-

Das Château de Gruyères – 500 Jahre lang Sitz der Grafen von Gruyères

ten und zur Hauptstadt der römischen Provinz Helvetia machten. Überreste der römischen Siedlung sind östlich des mittelalterlichen Stadtzentrums zu sehen. Das Theater, das 6000 Menschen Platz bot, hat sich am besten erhalten. Sehenswert sind auch der Turm Tornallaz, einzig erhaltener Teil der alten Stadtmauern, das Forum, die Thermen und eine zwölf Meter hohe korinthische Säule (Tour du Cigognier).

Das **Musée Romain** in einem mittelalterlichen Turm enthält eine imposante Sammlung römischer Artefakte. Sie reichen von Alltagsgegenständen wie Tongefäßen, Werkzeug und Münzen bis hin zu Statuen aus Bronze und Marmor, Mosaiken, Wandmalereien, Fragmenten einer Orgel und der Nachbildung einer Goldbüste Marc Aurels.

Avenches ist heute überregional für seine Musikfestivals bekannt. Das Opernfestival (seit 2018 im Zweijahresrhythmus) im Juli begeistert seit Langem. Das Festival Rock Oz'Arènes im August lockt internationale Pop- und Rockstars in die Schweiz. Im September kommen 500 Musiker zum Militärmusikfestival Avenches Tattoo zusammen.

Musée Romain
Tour de l'Amphithéâtre. 026 557 3315. Feb, März, Okt: Di–So 14–17 Uhr; Apr–Sep: Di–So 10–17 Uhr; Nov–Jan: Mi–So 14–17 Uhr.

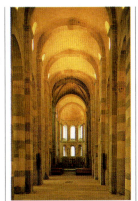

Mittelschiff der romanischen Abteikirche in Payerne

⓭ Payerne
Straßenkarte B3. 9500. 10, place du Marché, 026 660 6161. payerne.ch

Die kleine Marktstadt Payerne im Kanton Vaud (Waadt) besitzt eines der schönsten romanischen Bauwerke der Schweiz. Die **Église Abbatiale** wurde im 11. Jahrhundert als Abteikirche eines Benediktinerklosters erbaut. Letzteres ist kaum mehr erhalten. Während der Reformation wurde das Kircheninnere seines Schmucks beraubt. Es präsentiert sich auch heute noch schmucklos, was jedoch nur die eindrucksvolle Eleganz der Kirche unterstreicht und die Farbgebung der hohen Kalk- und Sandsteinsäulen hervorhebt. In der Vorhalle gibt es Fresken aus dem 12., in einer der Kapellen der Apsis gotische Gemälde aus dem 15. Jahrhundert.

Türklopfer der Abteikirche in Payerne

Église Abbatiale
3, place du marché. 026 662 6704. wegen Renovierung geschlossen (aktuelle Informationen siehe Website). abbatiale-payerne.ch

⓮ Estavayer-le-Lac
Straßenkarte B3. 6000. 5, rue Hôtel de Ville, 026 662 6680. estavayer-payerne.ch

Die kleine Stadt am Südufer des Lac de Neuchâtel (Neuenburgersee) ist auf drei Seiten vom Kanton Vaud (Waadt) umgeben und bildet eine kleine Exklave des Kantons Fribourg. Estavayer-le-Lac besitzt einen Yachthafen und ein hübsches mittelalterlich geprägtes Zentrum mit vielen Arkaden. Im Mittelpunkt steht das gotische Château de Cheneaux, heute Sitz der örtlichen Regierung.

Das **Musée des Grenouilles** in einer Villa des 15. Jahrhunderts beherbergt eine skurrile Sammlung verschiedener Ausstellungsstücke, darunter Küchenutensilien. Mehr als kurios ist die Sammlung von präparierten Fröschen *(grenouilles)* und anderen Tieren, die in Posen arrangiert sind und so das gesellschaftliche Leben Mitte des 19. Jahrhunderts wiedergeben sollen. François Perrier, ein exzentrischer Einwohner Estavayers und Mitglied der Schweizergarde, schuf sie in den 1860er Jahren.

Musée des Grenouilles
13, rue du Musée. 026 664 8065. März–Okt: Di–So 10–12, 14–17 Uhr; Nov–Feb: Sa, So 14–17 Uhr. museedesgrenouilles.ch

Reste des antiken römischen Theaters in Avenches

⑩ Im Detail: Fribourg (Freiburg)

Steile gepflasterte Straßen, ausgezeichnet erhaltene gotische Häuser und Brunnen machen Fribourg (Freiburg) zu einer der attraktivsten Städte der Schweiz. Die Stadt auf einem Felsvorsprung in einer Flussbiegung der Sarine (Saane) wurde 1157 von Berthold IV. von Zähringen gegründet und trat 1481 der Eidgenossenschaft bei. Fribourg blieb auch während der Reformation katholisch. Seit 1889 gibt es eine katholische Universität.

★ **Cathédrale St-Nicolas**
Die gotische Kathedrale wurde 1283–1490 erbaut und enthält viele Kunstwerke. In der Kapelle des Heiligen Grabes stellen einige lebensgroße Statuen (15. Jh.) die Grablegung Christi dar.

★ **Hôtel de Ville**
Das elegante Rathaus mit Glockenturm und beidseitigem Treppenaufgang wurde 1522 vollendet. Der Brunnen mit der Figur des hl. Georg stammt von 1525.

Tilleul de Morat, eine Linde, wurde zur Erinnerung an den Boten gepflanzt, der die Nachricht vom Sieg bei der Schlacht von Murten überbrachte.

Maison de Ville
Das barocke Stadthaus neben dem Hôtel de Ville wurde von Hans Fasel entworfen und 1730/31 erbaut.

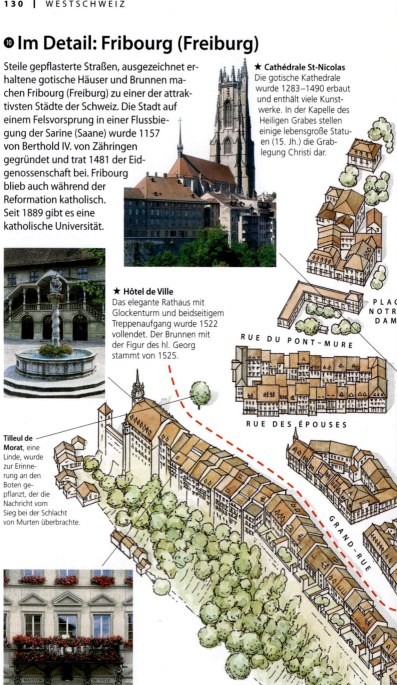

Legende
— Routenempfehlung

Hotels und Restaurants in der Westschweiz *siehe Seiten 250–252 und 268–270*

FRIBOURG (FREIBURG) | **131**

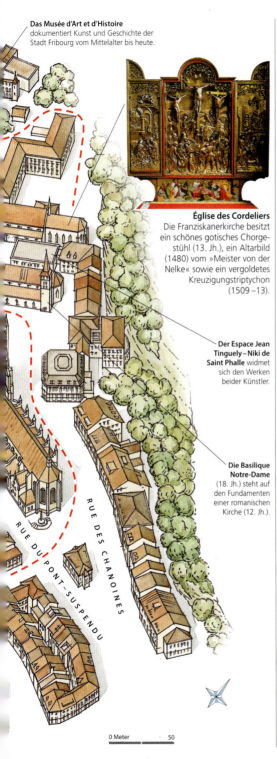

Das Musée d'Art et d'Histoire dokumentiert Kunst und Geschichte der Stadt Fribourg vom Mittelalter bis heute.

Église des Cordeliers
Die Franziskanerkirche besitzt ein schönes gotisches Chorgestühl (13. Jh.), ein Altarbild (1480) vom »Meister von der Nelke« sowie ein vergoldetes Kreuzigungstriptychon (1509–13).

Der Espace Jean Tinguely – Niki de Saint Phalle widmet sich den Werken beider Künstler.

Die Basilique Notre-Dame (18. Jh.) steht auf den Fundamenten einer romanischen Kirche (12. Jh.).

0 Meter   50

Infobox

Straßenkarte B3. 39000.
1, place Jean-Tinguely, 026 350 1111. Karneval (Ende Feb), Jazz Parade (Juli), Internationales Folklorefestival (Mitte Aug). fribourgtourism.ch

Überblick: Fribourg

Die wichtigsten Sehenswürdigkeiten liegen in der Nähe der Kathedrale. Es gibt jedoch in diesem Teil der Stadt noch vieles andere zu sehen.

Nördlich der Kathedrale, in der Rue de Morat, liegt der **Espace Jean Tinguely – Niki de Saint Phalle**. Die riesige Galerie enthält Objekte von Jean Tinguely, der in Fribourg geboren wurde, und Installationen seiner Frau Niki de Saint Phalle. Südlich der Kathedrale führen Straßen zur Place du Petit St-Jean auf der Halbinsel.

Die **Rue d'Or** im Norden des Platzes wird von gotischen Häusern gesäumt. Der **Pont de Berne** verbindet die Halbinsel mit dem südlichen Flussufer. Die Holzbrücke führt zur Place des Forgerons mit Renaissance-Brunnen.

An der Planche-Supérieure, einem Platz östlich der Halbinsel, befinden sich die Église St-Jean und das Archäologische Museum. Von hier aus führt der Pont de St-Jean über den Fluss nach Neuveville.

Pont de Berne, eine Holzbrücke über die Sarine in Fribourg

Musée Gutenberg

16, place de Notre-Dame.
026 347 3828. Mi, Fr, Sa 11–18, Do 11–20, So 10–17 Uhr.
gutenbergmuseum.ch

In einem Kornspeicher (1527) widmet sich das Museum der Geschichte des Buchdrucks sowie der Kommunikation durch Sprache, Bild und Text.

Château d'Yverdon (13. Jh.) im Zentrum von Yverdon-les-Bains

⓯ Yverdon-les-Bains

Straßenkarte B3. 30 000. 2, avenue de la Gare, 024 423 6101. yverdonlesbainsregion.ch

Die nach Lausanne zweitgrößte Stadt des Kantons Vaud liegt am südwestlichen Ende des Lac de Neuchâtel. Die einst keltische Siedlung wurde später ein gallisch-römisches Lager namens Eburodunum. Die Römer errichteten Thermen, um die heißen Schwefelquellen zu nutzen.

Das Stadtzentrum liegt über der ehemaligen römischen Siedlung. In seinem Mittelpunkt befindet sich das **Château d'Yverdon**, eine massive Burg (13. Jh.), die Peter II. von Savoyen errichten ließ. Hier sind heute ein Modemuseum sowie das Geschichtsmuseum, u. a. mit einer Sammlung gallisch-römischer Funde. Eine Abteilung ist Johann Heinrich Pestalozzi (1746–1827) gewidmet, der das Erziehungssystem reformierte und 1805 in der Burg eine Schule gründete. Unter dem Einfluss von Jean-Jacques Rousseau entwickelte er neue Lehrmethoden.

Die Place Pestalozzi gegenüber der Burg wird vom Hôtel de Ville (Rathaus, 1768–73) dominiert. Es steht an der Stelle einer ehemaligen Markthalle. Die Kirche Notre-Dame (1757) auf der Westseite der Place Pestalozzi besitzt an ihrer Barockfassade einen überwölbten Sockel mit einer Allegorie des Glaubens.

Für Science-Fiction-Fans ist die **Maison d'Ailleurs** (»Anderswo-Haus«) besonders interessant. Das Museum präsentiert Wechselausstellungen, die sich neben Science-Fiction auch mit Fantasy auseinandersetzen. Die rund 60 000 Bücher umfassende Bibliothek ist nur zur wissenschaftlichen Nutzung geöffnet.

Die Thermen von Yverdon liegen an der Avenue des Bains, rund einen Kilometer südöstlich des Stadtzentrums. Das **Centre Thermal** ist einer der größten und modernsten Thermenkomplexe der Schweiz. Die Hallen- und Außenbecken, Saunen und physiotherapeutischen Anlagen werden täglich von etwa 1300 Besuchern genutzt. Das stark mineralhaltige Wasser hat sich vor allem bei rheumatischen Erkrankungen und bei Atembeschwerden bewährt.

🏰 **Château d'Yverdon**
024 425 9312. Juni–Sep: Di–So 11–17 Uhr; Okt–Mai: Di–So 14–17 Uhr.

🏛 **Maison d'Ailleurs**
14, place Pestalozzi. 024 425 6438. Di–So 11–18 Uhr. ailleurs.ch

♨ **Centre Thermal**
22, avenue des Bains. 024 423 0232. Mo–Sa 8–22, So 8–20 Uhr. bainsyverdon.ch

Umgebung: Hinter Clendy, dem nördlichen Vorort von Yverdon, steht ein Steinkreis aus der Jungsteinzeit. Es gibt mehrere solcher Monumente am Lac de Neuchâtel.

⓰ Romainmôtier

Straßenkarte A4. 470. La Porterie. 9, rue du Bourg, 024 453 3828. romainmotier-tourisme.ch

Der malerisch liegende Ort, heute Romainmôtier-Envy, ist wegen seiner Stiftskirche einen Abstecher wert. Die **Église Abbatiale de Romainmôtier** ist einer der schönsten romanischen Bauten der Schweiz und wurde Ende des 10. bis Anfang des 11. Jahrhunderts von Mönchen der französischen Abbaye de Cluny erbaut. Im Inneren finden sich imposante Wandmalereien (13./14. Jh.) und eine mittelalterliche Marienstatue. Das im 15. Jahrhundert gegründete Kloster wurde bereits 1536 im Zug der Reformation aufgelöst. Abteikirche und Teile des Kreuzgangs blieben jedoch erhalten.

⛪ **Église Abbatiale de Romainmôtier**
024 453 1465. tägl. 7–20 Uhr.

Mittelschiff der romanischen Église Abbatiale de Romainmôtier

⓱ Vallorbe

Straßenkarte A3. 3300. 11, rue des Grandes-Forges, 021 843 2583. vallorbe-tourisme.ch

Der Ort liegt in der Nähe der französischen Grenze. Seit dem Mittelalter wird hier Eisen verhüttet. In Vallorbe wurde für die Eisenbahnlinie Paris–Istanbul auch der Tunnel durch den Schweizer Jura gegraben. Dies dokumentiert das **Musée du Fer et du Chemin de Fer**

Panzer aus dem Zweiten Weltkrieg, Fort de Pré-Giroud, Vallorbe

(Eisen- und Eisenbahnmuseum). Es zeigt neben der Geschichte der Eisenindustrie auch die der Eisenbahn in der Schweiz.

Südwestlich von Vallorbe liegen die **Grottes de Vallorbe**, zwei Tropfsteinhöhlen. Die Höhlen bilden einen Tunnel über dem Fluss Orbe, der durch eine Schlucht braust.

Westlich von Vallorbe befindet sich das **Fort de Pré-Giroud**, das vor dem Zweiten Weltkrieg als Beobachtungsposten an der französischen Grenze errichtet wurde. Der als Chalet verkleidete unterirdische Bunker bietet bis zu 100 Menschen Platz.

Musée du Fer et du Chemin de Fer
11, rue des Grandes-Forges. 021 843 2583. Apr–Okt: Mo 14–18, Di–So 10–18 Uhr; Nov–März: tägl. 14–18 Uhr. museedufer.ch

Grottes de Vallorbe
021 843 2583. Apr, Mai, Sep, Okt: tägl. 9.30–16.30 Uhr; Juni–Aug: tägl. 9.30–17.30 Uhr; Nov, März: Sa, So 13.30–16 Uhr. grottesdevallorbe.ch

⑱ Grandson
Straßenkarte B3. 3000. 13, rue Haute, 024 445 6060. grandson-tourisme.ch

Die Stadt wird von der großen mittelalterlichen Burg beherrscht. Sie ist mit einem einschneidenden Ereignis in der Geschichte der Schweizer Eidgenossenschaft verbunden: der Niederlage Karls des Kühnen, Herzog von Burgund, in der Schlacht von Grandson am 2. März 1476.

Im Februar 1476 belagerte der Herzog mit seiner Armee Grandson und dessen Burg, zwang die Garnison zur Kapitulation und tötete die Soldaten. Die 18 000 Mann starke Armee der Eidgenossenschaft zog daraufhin in die Stadt, um sich zu rächen. Die Männer des Herzogs flohen in Panik und ließen Waffen, Pferde, Zelte sowie den herzoglichen Schatz zurück. Die Beute wird im Bernischen Historischen Museum *(siehe S. 65)* ausgestellt.

Das mächtige **Château de Grandson** (11.–14. Jh.) erhebt sich auf einem Vorsprung am Ufer des Lac de Neuchâtel. Es enthält ein Modell des Schlachtfelds und ein Diorama zur Geschichte der Stadt. Im Untergeschoss ist ein Automobilmuseum untergebracht, in dem u. a. Greta Garbos weißer Rolls-Royce und Winston Churchills Austin Cambridge zu sehen sind.

Château de Grandson
Place du Château. 024 445 2926. Apr–Okt: tägl. 8–18 Uhr; Nov–März: tägl. 8–17 Uhr. chateau-grandson.ch

⑲ Ste-Croix
Straßenkarte B3. 4500. 10, rue Neuve, 024 445 4142. yverdonlesbainsregion.ch

Die Stadt, als »Balkon des Jura« bekannt, liegt 1092 Meter hoch und bietet eine traumhafte Aussicht auf die Alpen, das Schweizer Oberland – und den Jura. Seit dem frühen 19. Jahrhundert ist Ste-Croix die Welthauptstadt der Spieldosenmanufaktur. Zwei Museen widmen sich dem Thema. Bei der Führung durch das **Musée du CIMA** (Centre International de la Mécanique d'Art) werden all die Spieldosen und Musikautomaten in Gang gesetzt.

Musée du CIMA
2, rue de l'industrie. 024 454 4477. (obl.) Mai–Okt: Di–So 14, 15.30 Uhr (Juli–Sep: auch 10.30 Uhr); Nov–Apr: Di–Fr 15, Sa, So 14, 15.30 Uhr. musees.ch

Kapitell der Église St-Jean-Baptiste, Grandson

Umgebung: In L'Auberson, sechs Kilometer westlich von Ste-Croix, zeigt das **Musée Baud** die Sammlung der Familie Baud, die schon seit Generationen Spieldosenhersteller waren.

Musée Baud
L'Auberson, 23, Grand-Rue. 024 454 3388. Juli–Sep: tägl. 14–17 Uhr; Okt–Juni: Sa 14–17, So 10–12, 14–18 Uhr. museebaud.ch

Spieluhr im Musée du CIMA in Ste-Croix

Neuchâtel (Neuenburg)

Die elegante Stadt mit gallischem Erbe liegt am Nordwestufer des Lac de Neuchâtel (Neuenburgersee) – nur etwa 20 Kilometer von der französischen Grenze entfernt. Neuchâtel ist für seine gelben Kalksteingebäude bekannt, die Alexandre Dumas zu der Bemerkung veranlassten, die Universitätsstadt sähe aus »wie aus Butter geschnitzt«. Sie verdankt ihren Reichtum der Uhrmacherindustrie und Präzisionstechnologie, die es dort schon seit dem 18. Jahrhundert gibt. Die Region hat sich auch aufgrund ihrer Weine einen Namen gemacht, was bei der jährlichen Fête des Vendanges (Winzerfest) im September gefeiert wird.

Église Collégiale, davor die Statue von Guillaume Farel von 1876

Überblick: Neuchâtel

Neuchâtels elegante Altstadt (Ville Ancienne) besitzt Häuser aus gelbem Sandstein und Straßen mit vielen Brunnen. An der Place des Halles, dem alten Marktplatz, gibt es Cafés. Das teuerste Viertel liegt am Seeufer nordöstlich des Hafens. Beim Spaziergang über die Festungsmauern rund um das Schloss hat man einen Panoramablick.

Château de Neuchâtel

Rue de la Collégiale.
032 889 4003.
Apr–Sep: Mo–Fr 10, 11, 12, 14, 15, 16, Sa, So 14, 15, 16 Uhr.

Über 1000 Jahre lang war das Schloss der Herren von Neuchâtel das Machtzentrum der Stadt. Heute sind hier Gerichte und Kantonalregierung untergebracht. Der Westflügel stammt aus dem 12., der Rest des Schlosses aus dem 15. und 17. Jahrhundert. Die Innenräume wurden oft umgebaut.

Besonders interessant ist die Salle des États. Der Staatsraum ist mit den Wappen der Familien geschmückt, die in die jeweils herrschende Dynastie von Neuchâtel einheirateten.

Église Collégiale

Rue de la Collégiale. bis 2020 finden Renovierungsarbeiten statt, die Kirche bleibt aber weitgehend offen.

Die frühgotische Stiftskirche mit Elementen der Romanik und burgundischen Gotik wurde 1276 geweiht. Die Reformation gelangte in Gestalt Guillaume Farels (1489–1565), eines Vorgängers von Calvin, nach Neuchâtel. Er führte die Reformationsbewegung in der Westschweiz an. 1530 wurde die Kirche zu einem Zentrum protestantischen Glaubens.

Die Kirche birgt »Le Cénotaphe«, ein gotisches Grabmal von 1372, das mit den lebensgroßen Figuren der Grafen von Neuchâtel geschmückt ist, ein exzellentes Beispiel mittelalterlicher Bildhauerkunst. Im 15. Jahrhundert wurden einige Elemente, u. a. Teile aus anderen Kirchen, hinzugefügt. Während der Reformation entging das Grab zusammen mit dem Rest des Kirchendekors knapp der Zerstörung durch die Bilderstürmer. Eine Tafel im Chor besagt, dass die Bilderverehrung in dieser Kirche 1530 offiziell abgeschafft wurde. Den strengen Regeln der Reformation entsprechend weist auch das Grab von Guillaume Farel keinerlei Schmuck auf. An den Reformator erinnern nur eine Tafel im südlichen Seitenschiff und eine Statue vor der Kirche (19. Jh.).

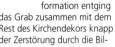

Wappen, Château de Neuchâtel

Maison des Halles

Place des Halles.

Die Renaissance-Markthalle mit ihren Türmen stammt aus dem 16. Jahrhundert. Im unteren Geschoss wurde früher Getreide verkauft, in der oberen Etage Stoff. Die reich ornamentierte Ostfassade trägt das Wappen der Familie Orléans-Longueville.

Die französische Kultur, die diese Dynastie nach Neuchâtel brachte, zeigt sich in den Häusern um die Place des Halles: Viele sind im Louis-XIII- und Louis-XIV-Stil gehalten.

Place des Halles mit der Maison des Halles im Hintergrund

Hotels und Restaurants in der Westschweiz *siehe Seiten 250–252 und 268–270*

NEUCHÂTEL (NEUENBURG) | 135

Hôtel de Ville
Rue de l'Hôtel-de-Ville.
Das klassizistische Rathaus steht im östlichen Teil der Altstadt in der Nähe des Hafens. Es wurde 1790 von Pierre-Adrien Paris, dem Hofarchitekten von Louis XVI, vollendet.

Musée d'art et d'histoire
1, esplanade Léopold Robert.
032 717 7925. Di–So 11–18 Uhr. **mahn.ch**

Das ungewöhnliche, faszinierende Kunst- und Geschichtsmuseum ist in drei Bereiche unterteilt. Das Obergeschoss widmet sich der Kunst und enthält zahlreiche Gemälde Schweizer Künstler (u. a. von Ferdinand Hodler und Albert Anker) aus dem 19. und 20. Jahrhundert sowie eine Sammlung französischer Impressionisten.

Erd- und Zwischengeschoss dokumentieren die Geschichte des Kantons Neuchâtel und zeigen lokales Kunsthandwerk.

Absolute Hauptattraktion des Museums sind jedoch die drei »Automaten«, bewegliche Puppen, die Zeugnis vom Einfallsreichtum der Schweizer Uhrmacher im 18. Jahrhundert ablegen. Die Figuren (1768–74) stammen von Pierre Jaquet-Droz, einem Uhrmacher aus La Chaux-de-Fonds, und seinem Sohn Henri-Louis. »Le Dessinateur« (»Der Zeichner«) fertigt sechs unterschiedliche Zeichnungen an, u. a. ein Profil von Louis XV und das Bild eines Schmetterlings. »La Musicienne« (»Die Musikerin«) spielt Orgel. Ihre Brust hebt sich beim Einatmen, sie beugt sich vor, setzt sich aufrecht hin und spielt mehrere Melodien. Der ausgeklügeltste Automat ist »L'Écrivain« (»Der Schriftsteller«), der einen Text aus 40 Buchstaben verfasst und während des Schreibens die Feder immer wieder ins Tintenfass taucht.

Die Automaten sind Teil der Dauerausstellung des Museums. Am ersten Sonntag im Monat kann man sie um 14, 15 und 16 Uhr in Betrieb erleben. Für Gruppen werden die mechanischen Kunstwerke auch nach vorheriger telefonischer Vereinbarung in Bewegung gesetzt.

»La Musicienne«, Musée d'art et d'histoire

Infobox

Information
Straßenkarte B3.
34.000. Hôtel des Postes, 032 889 6890. Festi'neuch (Open-Air-Festival, Juni), International Fantastic Film Festival (NIFF, Juli), Fête des Vendanges (Winzerfest, letztes Wochenende Sep). **neuchateltourisme.ch**

Anfahrt

Laténium, Parc et Musée d'archéologie de Neuchâtel
Espace Paul Vouga, Hauterive, 3 km nordöstlich des Stadtzentrums.
1. 032 889 6917. Di–So 10–17 Uhr. **latenium.ch**

Der große Museumskomplex erstreckt sich über drei Hektar. Er wurde 2001 eröffnet und hat sich zum Ziel gesetzt, die Geschichte der Besiedlung der Region um den Lac de Neuchâtel vom Ende der Eiszeit bis zum Mittelalter zu illustrieren.

Eine der schönsten Abteilungen widmet sich der Siedlung La Tène am Seeufer, die im 5. Jahrhundert v. Chr. von den Kelten gegründet wurde. Beachtliche Beispiele keltischer Metallverarbeitungskunst vermitteln einen lebendigen Eindruck der Epoche.

Zentrum von Neuchâtel
① Château de Neuchâtel
② Église Collégiale
③ Maison des Halles
④ Hôtel de Ville
⑤ Musée d'art et d'histoire

Zeichenerklärung *siehe hintere Umschlagklappe*

Château des Monts mit dem Musée d'Horlogerie in Le Locle

㉑ Le Locle

Straßenkarte B3. 🏔 10 000. 🚉 🚌 ℹ 31, rue Daniel Jeanrichard, 032 931 5331. 🌐 lelocle.ch

Der Hauptort des Distrikts Le Locle ist seit 2009 UNESCO-Welterbe. Er darf sich rühmen, die Geburtsstätte der Schweizer Uhrmachertradition zu sein. Hier ließ sich 1705 der junge Daniel Jeanrichard aus Genf nieder und eröffnete eine Uhrmacherwerkstatt. Seine Lehrlinge gründeten später ihrerseits eigene Werkstätten in La Chaux-de-Fonds – die Anfänge der Schweizer Uhrmacherindustrie waren geschafft.

Im **Musée d'Horlogerie**, das in einer stattlichen Villa aus dem 18. Jahrhundert mit wunderschönem Interieur untergebracht ist, gibt es eine große Sammlung an Uhren aus aller Welt sowie mehrere ausgeklügelte Automaten zu sehen.

Umgebung: Zwei Kilometer westlich von Le Locle befinden sich die **Moulins Souterrains du Col-des-Roches**. Die unterirdischen Mühlen waren vom 16. bis zum 19. Jahrhundert in Gebrauch. Mit ihnen nutzte man das Wasser der Biel, um Energie für Maschinen zu erzeugen. Die Mühlen wurden, nachdem sie aufgegeben worden waren, umfassend restauriert. Brunnen und Ausstellungen können im Rahmen von Führungen besucht werden.

🏛 **Moulins Souterrains du Col-des-Roches**
23, le Col. 📞 032 889 6892. 🕐 Mai–Okt: tägl. 10–17 Uhr; Nov–Apr: Di–So 14–17 Uhr. obligatorisch. 🌐 lesmoulins.ch

㉒ La Chaux-de-Fonds

Straßenkarte B3. 🏔 39 000. 🚉 🚌 ℹ 1, rue Espacité, 032 889 6895. 🌐 neuchateltourisme.ch

Die größte Stadt im Kanton Neuchâtel liegt im Schweizer Jura in ca. 1000 Meter Höhe. Nach seiner Zerstörung durch den Brand von 1794 wurde La Chaux-de-Fonds im Schachbrettmuster mit langen, breiten Straßen wiederaufgebaut. Heute finden sich hier mehrere modernistische Gebäude.

Wenn Le Locle als die Geburtsstätte der Schweizer Uhrenindustrie gilt, ist La Chaux-de-Fonds ihre Wiege. Aus diesem Grund gehört die Stadt seit 2009 ebenfalls zum UNESCO-Welterbe. Einst war die Uhrmacherkunst, die im 18. Jahrhundert hierhergelangte, ein häusliches Handwerk. Mit der Industrialisierung wurde die Stadt bei der Uhrenherstellung führend.

Die illustre Vergangenheit von La Chaux-de-Fonds wird im **Musée international d'horlogerie** zelebriert. Die riesige Sammlung umfasst 3000 Ausstellungsstücke aus aller Welt, anhand derer die Geschichte der Zeitmessung erzählt wird – von ihren Anfängen in der Antike bis hin zu hochmodernen Instrumenten, die kleinste Sekundenbruchteile registrieren. Viele der optisch schönsten Stücke wurden zur Blütezeit von La Chaux-de-Fonds hergestellt. Ebenfalls gezeigt werden musikalische, astronomische,

Glockenspiel im Musée international d'horlogerie, La Chaux-de-Fonds

Weltberühmtes Präzisionshandwerk

Die frühesten Schweizer Uhrmacherwerkstätten wurden im 17. Jahrhundert von hugenottischen Flüchtlingen gegründet, die sich in Genf niederließen. Kurz darauf entstanden zahlreiche Werkstätten im Jura, vor allem in La Chaux-de-Fonds. Im 19. Jahrhundert konnte die Uhrmacherkunst durch von Abraham-Louis Breguet eingeführte Innovationen in der Präzisionsmechanik industrialisiert werden. Der Kanton Neuchâtel wurde zum führenden Zentrum. 1967 produzierte das Centre Horloger Neuchâtelois die erste Quarzuhr, was beinahe zum Zusammenbruch der Uhrmacherindustrie führte. Billiguhren überschwemmten den Markt, die Schweiz verlor ihre Führungsposition. Dank der preiswerten und modischen Swatch gewann die Schweiz jedoch wieder an Oberwasser. Heute exportiert die Schweiz Uhren im Wert von rund 20 Milliarden Franken pro Jahr.

Riesen-Taschenuhr vor einem Laden

Hotels und Restaurants in der Westschweiz siehe Seiten 250–252 und 268–270

Atom- und Quarzuhren. Das Museum verfügt über Audioführer, eine Bibliothek und eine Werkstatt für die Restaurierung antiker Uhren. Am Eingang befindet sich ein Glockenspiel aus Stahlröhren.

La Chaux-de-Fonds ist auch Geburtsort des Architekten Charles-Édouard Jeanneret, besser bekannt als Le Corbusier (1887–1965). Bevor er 1917 nach Paris zog, baute er hier mehrere Häuser. Im örtlichen Tourismusbüro gibt es einen Plan mit einer Tour zu seinen Häusern, wobei derzeit kein Gebäude von Le Corbusier besichtigt werden kann. Auch die Villa Schwob (1917), die wegen der muslimischen Bauelemente auch **Villa Turque** (Türkische Villa, 167, rue du Doubs) heißt, steht Besuchern nicht mehr offen. Hier befinden sich Büros des Uhrenherstellers Ebel.

Romanisches Portal der Kirche von St-Ursanne

Musée international d'horlogerie
29, rue des Musées. 032 967 6861. Di–So 10–17 Uhr. mih.ch

❷ Franches-Montagnes

Straßenkarte B3. Marché-Concours (2. Wochenende im Aug). franchesmontagnes.ch juratourisme.ch

Der Teil des Schweizer Jura, der innerhalb des Kantons Jura liegt, wird als Franches-Montagnes (Freiberge) bezeichnet. Den Namen erhielt die Region im 14. Jahrhundert, als der Fürstbischof von Basel, dem das Territorium des jetzigen Kantons Jura gehörte, seinen Einwohnern die »franchise« (Steuerbefreiung) gewährte, um so die Besiedlung des wenig bevölkerten Gebiets zu fördern.

Die Franches-Montagnes liegen in 1000 bis 1100 Meter Höhe im Südwesten des Kantons Jura. Das schöne, leicht gewellte Hochplateau mit seinen Wäldern und Weiden besitzt ein ausgedehntes Netz an Wander- und Radwegen sowie an Loipen. Es ist zudem für seine Pferdezucht bekannt.

Hauptort der Region ist **Saignelégier**. Jährlich findet hier in der zweiten Augustwoche der Marché-Concours national de chevaux statt. Der Markt mit Leistungsschau lockt Zehntausende Zuschauer und Pferdeliebhaber aus der ganzen Schweiz an.

❷ St-Ursanne

Straßenkarte C2. 700. Place Roger Schaffter, 032 420 4773. juratourisme.ch

Der bezaubernde mittelalterliche Ort mit befestigten Toren liegt in einer tiefen, vom Doubs ausgewaschenen Schlucht. Der Ort entwickelte sich im 7. Jahrhundert aus der Einsiedelei des Ursicinus, eines Schülers des hl. Kolumban.

Den Mittelpunkt der Stadt bildet die schöne romanisch-gotische **Stiftskirche**. Sie besitzt ein sehenswertes romanisches Portal mit Statuen der Jungfrau Maria und des hl. Ursicinus. Eine alte Steinbrücke führt im Süden von St-Ursanne über den Doubs. Von hier aus hat man einen wunderbaren Blick auf die Stadt und die Umgebung. Auf der Brücke steht eine Statue des Brückenheiligen Johann Nepomuk.

❷ Delémont

Straßenkarte C2. 12 000. 9, place de la Gare, 032 420 4771. juratourisme.ch

Delémont (Delsberg), der Hauptort des Kantons Jura, besitzt ein gut erhaltenes mittelalterliches Zentrum. 1212 bis 1792 diente der Ort als Sommerresidenz der Fürstbischöfe von Basel. Zu den Gebäuden in der Altstadt mit ihren kopfsteingepflasterten Straßen und den Brunnen gehören das Château de Delémont (18. Jh.), das fürstbischöfliche Palais, das barocke Hôtel de Ville (1745) und die Kirche St-Marcel (18. Jh.) im klassizistischen und Rokoko-Stil.

Das **Musée jurassien d'art et d'histoire** zeigt Artefakte ab prähistorischer Zeit und wirft ein Licht auf die Ereignisse und Orte, die den Jura und seine Bewohner geprägt haben.

Musée jurassien d'art et d'histoire
52, rue du 23 Juin. 032 422 8077. Di–Fr 14–17, Sa, So 11–18 Uhr. mjah.ch

Fassade des fürstbischöflichen Palais in Delémont

Nordschweiz

Die überwiegend industriell und protestantisch geprägte deutschsprachige Region grenzt im Norden an Deutschland und den Rhein, im Südwesten an den Schweizer Jura. Die Nordschweiz besteht aus den Halbkantonen Basel-Stadt und Basel-Landschaft im Westen, dem Kanton Aargau im Zentrum und Teilen des Kantons Zürich im Osten.

Die im Vergleich zu anderen Landesteilen relativ »flache« Nordschweiz ist die am dichtesten besiedelte Region der Schweizerischen Eidgenossenschaft und eine Hochburg der Industrie. Sie ist landschaftlich etwas weniger reizvoll als die anderen Teile, birgt aber eine Vielzahl interessanter Sehenswürdigkeiten. Mit Zürich, der wohlhabendsten und bevölkerungsreichsten Stadt, und dem Industriezentrum Basel ist die Region nicht so sehr auf Tourismus ausgerichtet wie die Südschweiz. Neben mehreren schönen historischen Städten hat die Nordschweiz auch eine ungewöhnlich große Anzahl an international renommierten Museen und Kunstsammlungen zu bieten. Viele Gönner investierten hier einen beträchtlichen Teil ihres Vermögens in Kunst.

Der Rhein ist sowohl Teil der nördlichen Staatsgrenze als auch die einzige Verbindung des Binnenlands zum Meer. Das am Rhein liegende Basel verfügt über den einzigen Hafen mit direkter Schiffsverbindung nach Rotterdam und in die Nordsee.

Basel ist ein Zentrum der pharmazeutischen und chemischen Industrie. Die älteste Universität des Landes und das Kunstmuseum Basel sind nur zwei von vielen Institutionen, die Basel zur Kulturstadt von internationalem Rang machen.

Winterthur, ein weiterer bedeutender Schweizer Industriestandort, bietet gleichfalls viele Kunstsammlungen und Museen.

Zürich *(siehe S. 162–179)* im Osten der Region ist herausragende Finanzmetropole der Schweiz und eine Stadt von großer kultureller Vielfalt.

Blick vom Basler Münster über Altstadt und Rhein

◀ Uhr an der Fassade des bunt bemalten Basler Rathauses *(siehe S. 143)*

Überblick: Nordschweiz

Die Region reicht im Westen bis Basel, im Osten bis Winterthur und Zürich, im Norden bis zum Rhein und im Süden bis zum Mittelland. Ganz in der Nähe von Basel befinden sich die Überreste der römischen Siedlung Augusta Raurica. Sehenswert sind auch das Thermalbad Baden sowie die attraktiven Städte Zofingen und Aarau, die Hauptstadt des Kantons Aargau. Die Weinberge im Osten sind durchsetzt von Städtchen und Dörfern, die Industriestadt Winterthur im Westen lockt mit zahlreichen Kunstsammlungen. Zürich am schönen Zürichsee ist das Finanzzentrum des Landes und zudem ein innovatives kulturelles Zentrum.

Seitenaltar der Klosterkirche in Wettingen

Sehenswürdigkeiten auf einen Blick

1. *Basel S. 142–151*
2. Riehen
3. Augusta Raurica
4. Dornach
5. Zofingen
6. Aarau
7. Muri
8. Kloster Königsfelden
9. *Baden S. 158f*
10. Wettingen
11. Regensberg
12. Kaiserstuhl
13. Eglisau
14. *Winterthur S. 160f*

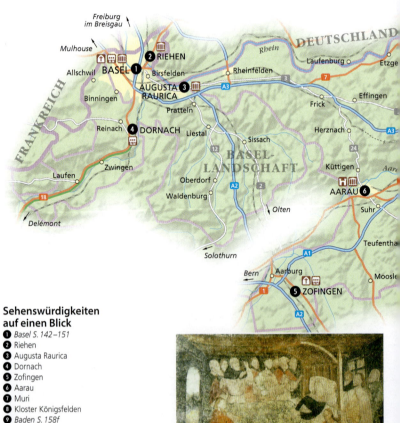

Wandmalereien in der Reformierten Kirche in Eglisau

Weitere Zeichenerklärungen *siehe hintere Umschlagklappe*

NORDSCHWEIZ | 141

In der Nordschweiz unterwegs

Basel und Zürich bilden mit ihren internationalen Flughäfen und den guten Eisenbahnverbindungen die Knotenpunkte der nordschweizerischen Verkehrsinfrastruktur. Von Zürich aus führt die A1 nördlich nach Winterthur und westlich nach Baden, während die A51 nach Eglisau geht. Die A3 verläuft von Baden aus westlich nach Basel. Die A2 bietet Anschluss nach Bern und in die Westschweiz. Die reizvollere A7 (N7) führt am Rhein entlang nach Kaiserstuhl und dann südlich nach Winterthur.

Legende
- Autobahn
- Autobahn (im Bau)
- Hauptstraße
- Nebenstraße
- Panoramastraße
- Eisenbahn (Hauptstrecke)
- Eisenbahn (Nebenstrecke)
- Staatsgrenze
- Kantonsgrenze

Benediktinerkloster in Muri

Häuser in Kleinbasel, dem rechtsrheinischen Teil der Basler Altstadt

❶ Basel

Die Ursprünge von Basel (franz. Bâle) gehen auf das römische Basilia zurück, das 44 v. Chr. gegründet wurde. Ab dem 7. Jahrhundert stand Basel unter der Vorherrschaft der Franken, im 11. Jahrhundert unter der der Deutschen. Seine Lage an der ersten schiffbaren Stelle des Rheins machte Basel zum einzigen Hafen der Schweiz. Das Handels- und Industriezentrum hat sich auf pharmazeutische Produkte spezialisiert. In der Stadt findet eine bedeutende zeitgenössische Kunstmesse, die Art Basel, statt. Berühmt sind auch die Basler Fasnacht und das Jazzfestival.

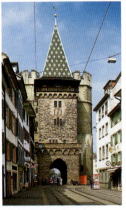

Das Spalentor von der Spalenvorstadt aus gesehen

Überblick: Basel
Basel wird durch den Rhein zweigeteilt. Grossbasel liegt am linken, südwestlichen Rheinufer und ist der älteste Teil. Kleinbasel am Nordufer ist überwiegend ein Wohngebiet. Hier befindet sich jedoch auch die Messe, das große Konferenzzentrum von Basel.

Spalentor
Das monumentale gotische Tor liegt im westlichen Teil der Altstadt am Eingang der Spalenvorstadt, einer schmalen Straße, die von Häusern mit bunten Fensterläden gesäumt ist. Das Spalentor (1370) war einst Teil der Verteidigungsanlagen. Es besitzt Ecktürme mit Zinnen und einen mittleren Abschnitt mit spitzem Dach und glasierten Kacheln. Die Anlage verfügt über Holztürme und Fallgitter und ist mit Skulpturen und mit dem Wappen der Stadt geschmückt.

Jüdisches Museum der Schweiz
Kornhausgasse 8. 061 261 9514. Mo, Fr, So 11–17, Di–Do 13–16 Uhr. juedisches-museum.ch
Das einzige jüdische Museum in der Schweiz veranschaulicht Religion, Alltagsleben und jüdisches Brauchtum anhand einer Vielzahl von Exponaten, die teils bis auf das 13. Jahrhundert zurückgehen. Zu den interessantesten Stücken zählen liturgische Gegenstände.
Die jüdische Gemeinde in Basel war im Jahr 2000 die zweitgrößte in der Schweiz (nach Genf). 1897 hatte in Basel der erste Zionistenkongress stattgefunden.

Büste Johann Peter Hebels (1760–1826)

Universität
Petersplatz 1.
Die 1460 gegründete Universität Basels ist die älteste der Schweiz. Zu den illustren Persönlichkeiten, mit der sie verbunden ist, zählen der Humanist Erasmus von Rotterdam (1466–1536), der Arzt Paracelsus (1493–1541), der Mathematiker Jakob Bernoulli (1654–1705) sowie die Philosophen Friedrich Nietzsche (1844–1900) und Karl Jaspers (1883–1969).
Ein Großteil der Universität ist heute im Kollegienhaus (1946) an der Ostseite des Petersplatzes untergebracht. Den Eingang des Gebäudes schmücken Mosaiken mit den Gründern der Universität. Der Hauptsaal ist mit Bleiglasfenstern verziert.
Weitere Universitätsgebäude befinden sich im Petersgraben sowie in anderen Teilen der Stadt. Der Botanische Garten liegt östlich des Petersplatzes, dahinter befindet sich die Universitätsbibliothek.

Spielzeug Welten Museum Basel
Steinenvorstadt 1. 061 225 95 95. Di–So 10–18 Uhr (Dez: tägl.).
spielzeug-welten-museum-basel.ch

Mit über 6000 Ausstellungsstücken, die sich auf vier Stockwerke verteilen, ist das Museum das größte seiner Art in Europa. Die meisten Exponate stammen aus dem späten 19. und dem frühen 20. Jahrhundert. Die Puppenhäuser und Miniaturkaufläden sind bis ins kleinste Detail eingerichtet. Zur Sammlung gehören außerdem mechanische Spielzeuge und Kuscheltiere von bekannten Herstellern. Vor allem die große Teddybärensammlung ist einzigartig.

Altstadtidyll: Häuser mit Fensterläden in der Spalenvorstadt

Hotels und Restaurants in der Nordschweiz *siehe Seiten 252 und 270f*

Pharmazie-Historisches Museum

Totengässlein 3. 061 264 9111. Di–Fr 10–18, Sa 10–17 Uhr. pharmaziemuseum.ch

Als einer der weltweit bedeutendsten Standorte der pharmazeutischen Industrie bietet Basel natürlich auch ein interessantes Museum, das sich der Geschichte von Medizin und Chemie widmet. Es ist in dem Haus untergebracht, in dem Erasmus und Paracelsus einst lebten. Die Exponate umfassen Instrumente und Arzneien, die Rekonstruktionen einer frühen Apotheke und eines alten Labors.

Marktplatz

Am Vormittag eines jeden Werktags füllt sich der Marktplatz mit bunten Ständen, an denen insbesondere Obst, Blumen und Gemüse verkauft werden. An Feiertagen ist der Platz Bühne für die großen Feste Basels.

Der Platz wird von einigen hübschen Gebäuden gesäumt, die schönsten stammen aus dem späten 19. und frühen 20. Jahrhundert. Am Nordende des Platzes (Fischmarkt) steht ein Brunnen mit der Jungfrau Maria und einigen Heiligenfiguren.

Im Norden schließt sich die Mittlere Brücke an, in deren Nähe sich die merkwürdige Figur eines Bärtigen befindet: Der »Lällekönig« wurde zum Symbol der Stadt. Er ist der Nachbau einer Automatenfigur aus dem 19. Jahrhundert, die den Einwohnern von Kleinbasel die Zunge herausstreckte. Die originale Figur befindet sich im Historischen Museum der Stadt.

Justitia, Fassadenmalerei am Rathaus

Infobox

Information
Straßenkarte C2. 171 000. Stadtcasino am Barfüsserplatz, Steinenberg 4 und im Bahnhof SBB, 061 268 6868. Fasnacht (Ende Feb), Blues Festival (Apr), Art Basel (Mitte Juni), Basel Tattoo (Juli), Jazzfestival (Ende Aug). basel.com

Anfahrt

Rathaus

Marktplatz 9. Informationen im Tourismusbüro.

Bekanntestes Bauwerk am Marktplatz ist das gotische Rathaus, dessen leuchtend rote Fassade mit Allegorien geschmückt ist. Der mittlere Teil des Gebäudes stammt von 1504–21. Die heutige Fassade (*Abbildung S. 138*) wurde dem Original von 1600 entsprechend restauriert. Turm und Anbau stammen aus dem 19. Jahrhundert. Den Innenhof mit seiner manieristischen Treppe zieren Wandbilder aus dem 16. Jahrhundert.

Zentrum von Basel

① Spalentor
② Jüdisches Museum der Schweiz
③ Universität
④ Spielzeug Welten Museum Basel
⑤ Pharmazie-Historisches Museum Basel
⑥ Marktplatz
⑦ Rathaus
⑧ Leonhardskirche
⑨ Historisches Museum
⑩ Kunsthalle Basel und S AM Schweizerisches Architekturmuseum
⑪ Haus zum Kirschgarten
⑫ Kunstmuseum Basel
⑬ Antikenmuseum
⑭ Münster
⑮ Augustinergasse

0 Meter 1000

Legende
Detailkarte *S. 144f*

Zeichenerklärung siehe hintere Umschlagklappe

Im Detail: Basel Altstadt

Der Kern der mittelalterlichen Altstadt von Basel verläuft entlang dem südwestlichen Ufer des Rheins. Mittelpunkt ist der lebhafte Barfüsserplatz mit seinen Cafés und den Straßenbahnen. Hauptattraktionen der Altstadt sind das romanisch-gotische Münster und das Rathaus, das sich leuchtend rot am Marktplatz erhebt. Hübsche Einkaufsstraßen, mehrere Kirchen, steile Gassen und grüne Innenhöfe machen das Viertel einmalig. Da viele Straßen für den Autoverkehr gesperrt sind, kann man die Sehenswürdigkeiten sehr gut zu Fuß erkunden.

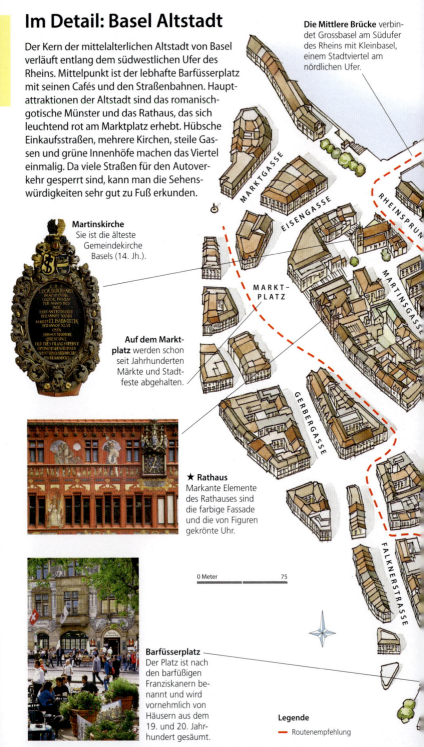

Die Mittlere Brücke verbindet Grossbasel am Südufer des Rheins mit Kleinbasel, einem Stadtviertel am nördlichen Ufer.

Martinskirche
Sie ist die älteste Gemeindekirche Basels (14. Jh.).

Auf dem Marktplatz werden schon seit Jahrhunderten Märkte und Stadtfeste abgehalten.

★ Rathaus
Markante Elemente des Rathauses sind die farbige Fassade und die von Figuren gekrönte Uhr.

0 Meter 75

Barfüsserplatz
Der Platz ist nach den barfüßigen Franziskanern benannt und wird vornehmlich von Häusern aus dem 19. und 20. Jahrhundert gesäumt.

Legende
— Routenempfehlung

Hotels und Restaurants in der Nordschweiz *siehe Seiten 252 und 270f*

BASEL: ALTSTADT | 145

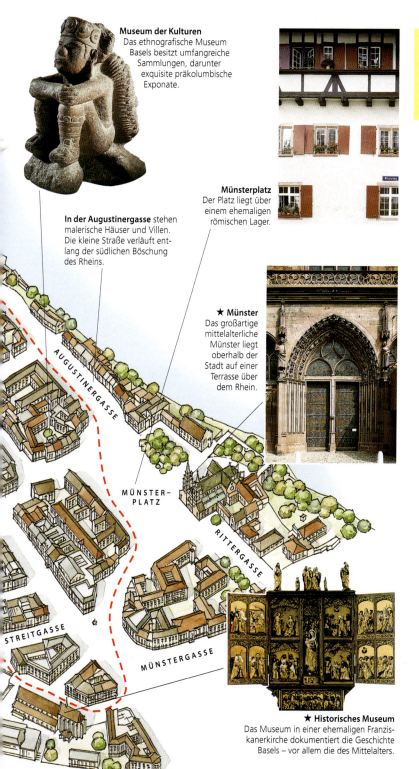

Museum der Kulturen
Das ethnografische Museum Basels besitzt umfangreiche Sammlungen, darunter exquisite präkolumbische Exponate.

In der Augustinergasse stehen malerische Häuser und Villen. Die kleine Straße verläuft entlang der südlichen Böschung des Rheins.

Münsterplatz
Der Platz liegt über einem ehemaligen römischen Lager.

★ **Münster**
Das großartige mittelalterliche Münster liegt oberhalb der Stadt auf einer Terrasse über dem Rhein.

★ **Historisches Museum**
Das Museum in einer ehemaligen Franziskanerkirche dokumentiert die Geschichte Basels – vor allem die des Mittelalters.

Überblick: Basel

Mit über 60 Museen und Kunstsammlungen, von der avantgardistischen Kunsthalle bis zum altehrwürdigen Kunstmuseum, ist Basel eine der größten Kunststädte der Schweiz. Im Osten der Altstadt liegt St. Alban, ein Viertel mit mittelalterlichen Straßen. Gegenüber der Altstadt, am Nordufer des Rheins, liegt das blühende Viertel Kleinbasel. Im Hafen von Basel markiert ein Obelisk das Dreiländereck, an dem Schweiz, Deutschland und Frankreich aufeinandertreffen. Über den Rhein verkehren mehrere Fähren.

Tinguely-Brunnen vor der Kunsthalle Basel

Leonhardskirche
Kohlenberg. Di–Sa 9–17 Uhr.

Die Kirche steht auf einem Hügel über der Stadt. Sie wurde über einem älteren Bau (11. Jh.) errichtet, dessen romanische Krypta erhalten ist. Nach dem Erdbeben von 1356, das einen Großteil Basels zerstörte, wurde die Kirche im gotischen Stil wiederaufgebaut.

Das Innere birgt gotische Malereien (15./16. Jh.) und ein schönes Kruzifix (1455). Die Musikinstrumente im angrenzenden Kloster gehören zur Sammlung des Historischen Museums.

Basler Wappen, Leonhardskirche

Historisches Museum
Barfüsserplatz. 061 205 8600. Di–So 10–17 Uhr. hmb.ch

Das Museum ist in der Barfüsserkirche, einer früheren Franziskanerkirche, untergebracht. Es widmet sich der Kultur der Stadt seit der Zeit der Kelten. Die Exponate umfassen Holzschränke, Töpferwaren, Silbergefäße, Gobelins, Waffen sowie liturgische Gefäße, Altaraufsätze und andere Stücke der Schatzkammer des Münsters. Das Museum ist auf insgesamt vier Häuser verteilt.

Kunsthalle Basel
Steinenberg 7. 061 206 9900. Di–Fr 11–18 (Do bis 20.30 Uhr), Sa, So 11–17 Uhr. kunsthallebasel.ch

Die Kunsthalle Basel hat Vorreiterfunktion auf dem Gebiet der modernen Kunst. Sie ist eine der führenden und bekanntesten Kulturstätten Basels und bietet ein vielfältiges Programm an Ausstellungen zeitgenössischer Künstler.

Das Museum liegt gegenüber dem Stadttheater, einer weiteren Institution in der Kulturlandschaft der Stadt. Zwischen den beiden Gebäuden steht ein Brunnen mit Objekten von Jean Tinguely.

S AM Schweizerisches Architekturmuseum
Steinenberg 7. 061 261 1413. Di–Fr 11–18 (Do bis 20.30 Uhr), Sa, So 11–17 Uhr. sam-basel.org

Die Kunsthalle beherbergt auch das Architekturmuseum Basels. Es widmet sich vor allem der Architektur seit dem frühen 20. Jahrhundert und bietet Ausstellungen zu Werken Schweizer und internationaler Architekten. Verwandte Themen, z. B. die Architekturfotografie und die Verbindung zwischen Architektur und anderen Künsten, werden ebenfalls behandelt.

Haus zum Kirschgarten
Elisabethenstrasse 27–29. 061 205 86 78. Mi–So 10–17 Uhr. hmb.ch

Die Rokoko-Villa (1775–80) wurde als Residenz des Seidenbandfabrikanten J. R. Burckhardt erbaut. In dem im zeitgenössischen Stil eingerichteten Gebäude ist heute ein Museum zur Wohnkultur im 18. und 19. Jahrhundert (eine Zweigstelle des Historischen Museums). In den unteren beiden Stockwerken sind Salons, ein Speisezimmer, ein Musikzimmer und eine Küche zu sehen.

Im Obergeschoss befinden sich Puppen, Schaukelpferde und anderes Spielzeug, in Erd- und Untergeschoss Uhren und Porzellan, z. B. italienische Fayencen und Meißner Porzellan.

Das ausladende Kirchenschiff der Leonhardskirche

Hotels und Restaurants in der Nordschweiz *siehe Seiten 252 und 270f*

🏛 Kunstmuseum Basel
Siehe S. 150f.

🏛 Antikenmuseum
St. Alban-Graben 5. 📞 061 201 1212. 🕐 Di, Mi, Sa, So 11–17, Do, Fr 11–22 Uhr. 🌐 antikenmuseumbasel.ch

Das Museum widmet sich den vier großen frühen Zivilisationen im Mittelmeerraum: den Griechen, Etruskern, Römern und Ägyptern. Zu den griechischen Ausstellungsstücken gehören Vasen aus archaischer Zeit bis zur klassischen Periode, Münzen und Schmuck.

⛪ Münster
Siehe S. 148f.

Augustinergasse
Naturhistorisches Museum Augustinergasse 2. 📞 061 266 5500. 🕐 Di–So 10–17 Uhr. 🌐 nmb.bs.ch
Museum der Kulturen Münsterplatz 20. 📞 061 266 5600. 🕐 Di–So 10–17 Uhr. 🌐 mkb.ch

Die Augustinergasse verläuft vom Münsterplatz aus nach Norden am Rheinufer entlang. Neben einem Renaissance-Brunnen sind einige schöne Gebäude (14./15. Jh.) zu sehen. In einem klassizistischen Bau befindet sich das **Naturhistorische Museum** mit einer großen Sammlung an Mineralien sowie einer Paläontologie- und Zoologieabteilung. Das **Museum der Kulturen** residiert in einem von den Basler Architekten Herzog & de Meuron entworfenen Haus. Das anthropologische Museum zeigt Artefakte verschiedener Kulturen der Welt.

St. Alban
Basler Papiermühle St. Alban-Tal 37. 📞 061 225 9090. 🕐 Di–Fr, So 11–17, Sa 13–17 Uhr. 🌐 papiermuseum.ch
Kunstmuseum Basel | Gegenwart St. Alban-Rheinweg 60. 📞 061 206 6262. 🕐 Di–So 11–18 Uhr. 🌐 kunstmuseumbasel.ch

Das St.-Alban-Viertel hat seinen Namen von der Kirche eines ehemaligen Benediktinerklosters, das im 11. Jahrhundert gegründet wurde. Der

Das St.-Alban-Tor stammt aus dem 13. Jahrhundert

Vorort mit seinen alten und modernen Gebäuden ist sehr attraktiv. Hier fließt auch ein Kanal, der einst die Mühlen des Klosters antrieb. Die **Basler Papiermühle** beherbergt heute ein Museum für Papier, Schrift- und Druckkunst. In der Nähe stellt das **Kunstmuseum Basel | Gegenwart** (so die offizielle Schreibung) Werke aus den 1960er Jahren bis heute aus. Das frühere [plug in], das sich der Kunst mit elektronischen Medien widmete, wurde in das Haus der elektronischen Künste Basel (Freilager-Platz 9) integriert.

Kleinbasel
Die erste feste Rheinbrücke Basels wurde 1226 gebaut. Zu dieser Zeit ließ man am Nordufer eine kleine Festung errichten, um die herum sich eine Siedlung entwickelte. Im späten 14. Jahrhundert wurde sie Teil der Stadt. Viele Jahrhunderte lang war Kleinbasel Wohnort des ärmeren Teils der Basler Bevölkerung. Heute finden sich hier viele Cafés, Restaurants und Galerien.

🏛 Museum Tinguely
Paul Sacher-Anlage 2. 📞 061 681 9320. 🕐 Di–So 11–18 Uhr. 🌐 tinguely.ch

Das Sandsteingebäude im Solitude Park am Rheinufer wurde vom Schweizer Mario Botta entworfen. Das Museum widmet sich den Werken Jean Tinguelys, der vor allem mit kinetischen Objekten berühmt wurde. Tinguely wurde 1925 in Fribourg geboren, ging in Basel zur Schule und ließ sich 1960 in New York nieder, kehrte 1968 jedoch in die Schweiz zurück, wo er 1991 starb.

Den Kern der Sammlung bilden Werke Tinguelys, die seine Frau, die Künstlerin Niki de Saint Phalle, stiftete. Später kamen weitere Schenkungen und Sammlerstücke hinzu.

Statue in Kleinbasel

Im Zwischengeschoss sind hauptsächlich Tinguelys kinetische Objekte zu sehen, die Besucher selbst in Bewegung setzen können. Im Obergeschoss finden sich mit Tinguelys Arbeit verbundene Exponate. Das zentrale Objekt im Erdgeschoss ist die Installation *Grosse Méta Maxi-Maxi Utopia* (1987).

Ein Objekt Jean Tinguelys vor dem Museum Tinguely

Basel: Münster

Der rote Sandsteinbau mit den bunten Dachziegeln dominiert das Stadtbild. Die höchst eindrucksvolle Kirche besaß einen Vorgängerbau aus dem 8. Jahrhundert, ihre jetzige Gestalt erhielt sie im 12. Jahrhundert. Während des Erdbebens von 1356 wurde sie teilweise beschädigt und danach im gotischen Stil restauriert. Einige romanische Elemente sind noch erhalten. Im 16. Jahrhundert wurde das Münster im Zug der Reformation fast seines ganzen Schmucks beraubt. Einige romanische und gotische Skulpturen sowie die Fresken in der Krypta (14. Jh.) haben den Bildersturm allerdings überlebt. Die Bleiglasfenster stammen aus dem 19. Jahrhundert.

★ **Malereien in der Krypta**
Die Decke der Krypta schmücken ausdrucksstarke Fresken mit Szenen aus dem Leben Mariae und Jesu.

Bleiglasfenster
Der Wandelgang wird durch Bleiglasfenster (19. Jh.) erhellt. Die Medaillons zeigen Szenen aus dem Leben Christi: Geburt, Kreuzigung und Auferstehung.

Grab der Königin Anna
Königin Anna von Habsburg, Gefährtin Rudolfs von Habsburg, starb 1281 und wurde zusammen mit ihrem kleinen Sohn Karl begraben. Ihre Porträts zieren den Deckel des Sarkophags.

Außerdem

① **Elefanten** schmücken die Fenster des Chors.

② **Den Georgsturm** ziert eine Statue des hl. Georg. Der hellere Stein im unteren Teil stammt vom Vorgängerbau aus dem 11. Jahrhundert.

③ **Der Martinsturm** schließt mit einem Zierelement ab, das im Jahr 1500 vollendet wurde.

★ **Galluspforte**
Das großartige romanische Portal am nördlichen Querhaus stammt von etwa 1180. Die Steinmetzarbeiten zeigen eine biblische Szene.

BASEL: MÜNSTER | 149

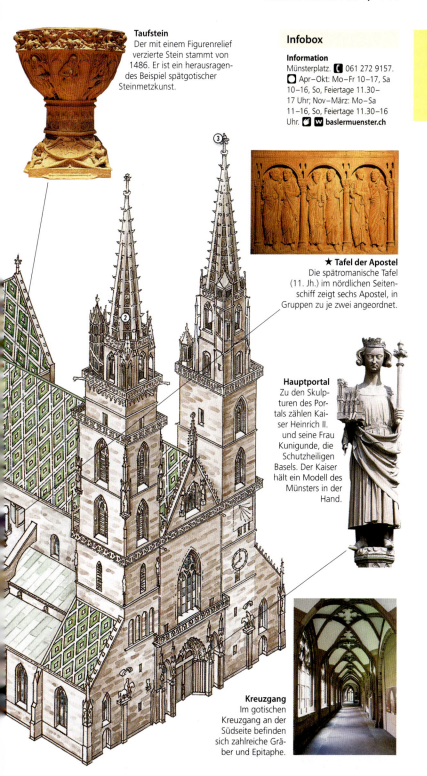

Taufstein
Der mit einem Figurenrelief verzierte Stein stammt von 1486. Er ist ein herausragendes Beispiel spätgotischer Steinmetzkunst.

Infobox

Information
Münsterplatz. ☎ 061 272 9157. ⏰ Apr–Okt: Mo–Fr 10–17, Sa 10–16, So, Feiertage 11.30–17 Uhr; Nov–März: Mo–Sa 11–16, So, Feiertage 11.30–16 Uhr. 📧 🌐 baslermuenster.ch

★ **Tafel der Apostel**
Die spätromanische Tafel (11. Jh.) im nördlichen Seitenschiff zeigt sechs Apostel, in Gruppen zu je zwei angeordnet.

Hauptportal
Zu den Skulpturen des Portals zählen Kaiser Heinrich II. und seine Frau Kunigunde, die Schutzheiligen Basels. Der Kaiser hält ein Modell des Münsters in der Hand.

Kreuzgang
Im gotischen Kreuzgang an der Südseite befinden sich zahlreiche Gräber und Epitaphe.

Kunstmuseum Basel

Das Museum besitzt eine der umfangreichsten Kunstsammlungen der Welt und die größte der Schweiz. Die Gemälde gliedern sich in vier Bereiche: 15. und 16. Jahrhundert (mit deutscher Kunst und der weltgrößten Sammlung von Werken der Holbein-Familie), holländische und flämische Meister des 17. Jahrhunderts, Werke Schweizer, deutscher und französischer Künstler des 19. Jahrhunderts (u. a. Delacroix, Manet, Monet, Pissarro) und Kunst des 20. Jahrhunderts (u. a. Rousseau, Cézanne, Picasso, Dalí und Giacometti). Im Hof stehen Rodins *Bürger von Calais*. Das Museum wurde jüngst renoviert und um einen Neubau erweitert, der mit dem Haupthaus unterirdisch verbunden ist.

Senecio (Baldgreis)
Das lyrische doppeldeutige Porträt schuf Paul Klee 1922. Die Sammlung des Museums enthält mehrere Werke des Künstlers.

Kurzführer
Das Erdgeschoss des Hauptbaus zeigt die Sammlung Basler Kunst. Die Abteilungen im ersten Stock decken die Zeit vom Mittelalter bis zum 19. Jahrhundert ab. Der zweite Stock widmet sich der Kunst des 20. Jahrhunderts. Werke der Moderne sind im zweiten Stock zu sehen. Der 2016 eröffnete Neubau wird vorwiegend für Wechselausstellungen genutzt.

Legende
- Skulpturen
- Malerei 17.–18. Jahrhundert
- Malerei 15.–16. Jahrhundert
- Malerei 19. Jahrhundert
- Malerei 20. Jahrhundert

★ Ta matete
Die Gesten der Figuren in *Ta matete (Der Markt)* und die Farben der Komposition sind für den symbolistischen Stil Paul Gauguins charakteristisch. Das Gemälde stammt von 1892.

★ Bürger von Calais
Auguste Rodins berühmte Skulpturengruppe entstand zwischen 1884 und 1889. Die Basler Fassung ist eine von zwölf weltweit existierenden und steht im Innenhof des Museums.

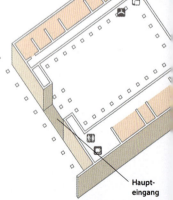

Haupteingang

KUNSTMUSEUM BASEL | 151

Infobox

Information
St. Alban-Graben 16. 061 206 6262. Di–So 10–18 Uhr (Do bis 20 Uhr).
w kunstmuseumbasel.ch

Zweiter Stock

Urwaldlandschaft mit untergehender Sonne
Henri Rousseau alias Le Douanier schuf das Gemälde in seinem Todesjahr (1910). In dem traumartigen, in leuchtenden Farben gemalten Wald wird ein Mann von einem Leoparden angegriffen.

★ Christus im Grab
Das Bild (eigentlich *Der Leichnam Christi im Grabe*) von Hans Holbein d. J. entstand 1521 und ist ungewöhnlich emotional. Fjodor Dostojewski erwähnt es in seinem Roman *Der Idiot*.

Erster Stock

Das Spiel der Nereiden
Der in Basel geborene Arnold Böcklin war einer der wichtigsten Schweizer Künstler des späten 19. Jahrhunderts. Das Gemälde ist typisch für seinen atmosphärisch dichten, aber sentimentalen Stil.

Erdgeschoss

David übergibt Goliaths Haupt dem König Saul
Das kleine Gemälde der biblischen Geschichte stammt von 1627 und ist ein frühes Werk Rembrandts.

Zeichenerklärung *siehe hintere Umschlagklappe*

❷ Riehen

Straßenkarte C2. 21 000.
Baselstrasse 4, 061 641 4070. riehen.ch

Die Gemeinde Riehen ist ein Vorort von Basel und vom Stadtzentrum aus mit der Straßenbahn Richtung Nordosten gut zu erreichen. In dem hübschen Ort gibt es viele schöne Villen und alte Landhäuser.

Im Wettsteinhaus, das einst Sitz des Bürgermeisters war, ist heute ein **Spielzeugmuseum** mit Ausstellungsstücken von historischen Puppen bis zu Blechautos. Im **Dorfmuseum** nebenan wird der Alltag in Riehen um 1900 dokumentiert. Das **Rebbaumuseum** widmet sich der örtlichen Weinbautradition.

Riehens herausragendes Museum ist jedoch die **Fondation Beyeler**. Die Sammlung wurde von Hilda und Ernst Beyeler ins Leben gerufen und umfasst heute etwa 300 Werke. Sie wurden 1997 in einem Gebäude des italienischen Architekten Renzo Piano zum ersten Mal öffentlich ausgestellt. Die meisten Gemälde stammen aus dem 19. und 20. Jahrhundert, darunter Werke von Monet, Cézanne, van Gogh, Picasso, Matisse, Miró, Mondrian, Bacon, Rothko, Warhol und weiteren Künstlern. Artefakte aus der ganzen Welt, etwa aus Afrika und Ozeanien, ergänzen die Sammlung. Das Künstlerpaar Christo und Jeanne-Claude hat 1998 fast 200 Bäume vor dem Gebäude »verpackt«. Die Fondation Beyeler organisiert auch Wechselausstellungen moderner Kunst.

🏛 **Spielzeugmuseum, Dorfmuseum und Rebbaumuseum**
Baselstrasse 34. 061 641 2829.
Mi – Mo 11 – 17 Uhr.
spielzeugmuseumriehen.ch

🏛 **Fondation Beyeler**
Baselstrasse 101. 061 645 9700.
tägl. 10 – 18 Uhr (Mi bis 20 Uhr).
fondationbeyeler.ch

Das Goetheanum, Weltzentrum für Anthroposophie, in Dornach

❸ Augusta Raurica

Straßenkarte C2.
tägl. 10 – 17 Uhr.
augustaraurica.ch

Die 27 v. Chr. gegründete römische Siedlung elf Kilometer südöstlich von Basel am Zusammenfluss von Ergolz und Rhein hatte während ihrer Blütezeit um 200 n. Chr. rund 20 000 Einwohner. Um 350 n. Chr. wurde sie von den Alemannen weitgehend zerstört. Durch ausgedehnte und sorgfältige Ausgrabungen ist Augusta Raurica heute ein Freilichtmuseum mit restaurierten Tempeln, Bädern, Theatern, Häusern und einem Forum. Es hatte übrigens einst ein funktionierendes Abwassersystem.

Einige Funde sind im **Römerhaus** neben der Ausgrabungsstelle ausgestellt, darunter mehrere Silberstücke, die man am Fuß der Befestigungsanlagen entdeckte. Die Nachbildung eines mit Funden ausgestatteten römischen Hauses veranschaulicht das Alltagsleben der Römer. Im Tierpark sind Haustiere, die es in römischer Zeit gab, zu sehen.

Grabstein des Dannicus in Augusta Raurica

🏛 **Römerhaus**
Giebenacherstrasse 17, Augst.
061 816 2222. tägl. 10 – 17 Uhr. 1. Jan, 24., 25., 31. Dez. augustaraurica.ch

❹ Dornach

Straßenkarte C2. 6000.
Bahnhofstrasse 32, 061 702 1717. schwarzbubenland.info

Die Gemeinde Dornach am südlichen Rand von Basel ist Sitz des Weltzentrums für Anthroposophie. Es wurde 1912 von dem aus Österreich stammenden Esoteriker und Philosophen Rudolf Steiner (1861 – 1925) gegründet, der die von kreativer Aktivität unterstützte geistige Entwicklung des Menschen zum Hauptprinzip einer humanistischen Erziehungslehre (Waldorfschulen) erhob. Steiner sah sich stark von Goethe beeinflusst.

Das **Goetheanum**, ein großer Sichtbetonbau, ist Hauptsitz der Anthroposophischen Gesellschaft. Der Originalbau wurde 1922 durch einen Brand zerstört, das heutige Gebäude wurde 1928 fertiggestellt. Gemäß den Prinzipien der Anthroposophie besitzt der Bau keine rechten Winkel.

Das Goetheanum wird als einzigartiges Beispiel expressionistischer Architektur angesehen. Die im Jahr 1998 vollendeten Innenräume sind so gestaltet, dass sie die Grundzüge der Anthroposophie vor Augen führen.

Im Kern des Gebäudes befindet sich ein Auditorium mit 1000 Sitzplätzen. Es wird für Konzerte, Opern- und Eurythmie-Aufführungen genutzt. Auch Tagungen finden hier statt. Das Goetheanum ist zudem Sitz der Freien Hoch-

◀ Altstadt von Baden am Ufer der Limmat *(siehe S. 158f)*

schule für Geisteswissenschaft (= Anthroposophie) mit ihren verschiedenen Sektionen.

Goetheanum
Rüttiweg 45. 061 706 4242. tägl. 8–22 Uhr. Sa 14 Uhr.
goetheanum.org

❺ Zofingen

Straßenkarte D2. 11 500.
Kirchplatz 26, 062 745 7172.
zofingen.ch

Zofingen im Kanton Aargau ist ein zauberhaftes Städtchen, dessen Historie bis in's 12. Jahrhundert zurückreicht. Die gut erhaltene Altstadt ist von Grünflächen umgeben, die sich entlang den ehemaligen Befestigungen von Zofingen erstrecken. Fast alle Sehenswürdigkeiten finden sich in der Nähe des Alten Postplatzes, des Kirchplatzes und des Niklaus-Thut-Platzes.

Am Alten Postplatz steht die Alte Kanzlei, ein bemerkenswertes Barockgebäude. Auf dem Platz befindet sich die historische Markthalle, die auch heute noch für den Wochenmarkt genutzt wird.

Der Kirchplatz verdankt seinen Namen der romanischen Stadtkirche, die im 15. Jahrhundert um gotische Elemente erweitert wurde. Mitte des 17. Jahrhunderts kam schließlich der Westturm im Renaissance-Stil hinzu. In der Kirche sind das gotische Gestühl und die Bleiglasfenster sehenswert.

Brunnen mit Ritterfigur (Niklaus Thut) in Zofingen

Den Mittelpunkt des Niklaus-Thut-Platzes bildet ein Brunnen mit einer Statue des Helden der Schlacht von Sempach (1386), bei der die Eidgenossen die Österreicher in die Flucht schlugen. Nicht versäumen sollte man das Metzgern-Zunfthaus aus dem Jahr 1602 sowie das barocke Rathaus, dessen Ratskammer im klassizistischen Stil eingerichtet ist.

❻ Aarau

Straßenkarte D2. 20 000.
Metzgergasse 2, 062 834 1034.
aarauinfo.ch

Der Hauptort des Kantons Aargau liegt malerisch an der Aare. Die Altstadt ist auf den Geländestufen angelegt, die sich steil vom Flussufer aus erheben. Bereits im 13. Jahrhundert erhielt Aarau die Stadtprivilegien. Lange Zeit war es Teil des habsburgischen Gebiets, 1415 ging es jedoch in Berner Oberhoheit über. Für kurze Zeit war Aarau Hauptstadt der Helvetischen Republik *(siehe S. 43)*, 1803 wurde es Hauptstadt des Kantons Aargau. Ihren Wohlstand verdankt die Stadt der Textilindustrie.

Am höchsten Punkt von Aarau steht das Schlössli (11. Jh.), das heute ein Geschichtsmuseum beherbergt. Sehenswert sind auch das Rathaus (16. Jh.) mit romanischem Turm und die gotische Stadtkirche (15. Jh.). Einige Häuser in den engen Gassen der Altstadt sind mit steilen Giebeln und floralen Motiven verziert.

Das **Aargauer Kunsthaus** besitzt eine sehenswerte Sammlung moderner Gemälde. Das Naturama ist ein Museum für Naturgeschichte.

Hausornament in Aarau

Aargauer Kunsthaus
Aargauerplatz. 062 835 2330.
Di–So 10–17 Uhr (Do bis 20 Uhr).

Umgebung: In dem kleinen Ort Lenzburg, etwa zehn Kilometer östlich von Aarau, steht eine der ältesten und bedeutendsten Höhenburgen der Schweiz. Sie wurde 1036 erstmals erwähnt und ist Sitz eines Regionalmuseums.

Die Lenzburg aus dem 11. Jahrhundert in der Nähe von Aarau

Hotels und Restaurants in der Nordschweiz *siehe Seiten 252 und 270f*

❼ Muri

Straßenkarte D2. 🚗 7500.
ℹ️ Marktstrasse 10, 056 664 7011.
🌐 muri.ch

Das schön restaurierte Benediktinerkloster ist die Hauptattraktion des Orts. **Kloster Muri** wurde 1027 von Ita von Lothringen und Redebot von Habsburg gegründet und war bis 1841 von Mönchen bewohnt. Danach verfiel es, bis es 1889 von einem Brand verwüstet wurde. Nach dem sorgfältigen Wiederaufbau kehrte eine kleine Gruppe Benediktinermönche 1960 in das Kloster zurück und gründete dort ein Hospiz.

Zu den ältesten erhaltenen Teilen der Klosterkirche gehören das romanische Presbyterium, die Krypta und das Querhaus. Einige gotische Elemente haben gleichfalls überlebt. Das Hauptschiff (17. Jh.) ist barock. Es erhebt sich über einem achteckigen Grundriss und wird von einer Kuppel gekrönt. Der Großteil der Innendekoration stammt aus dem späten 17. und dem 18. Jahrhundert.

Im ruhigen Kreuzgang neben der Kirche sind die Herzen des letzten Kaiserpaars von Österreich, Karl I. und Zita, begraben. Außerdem sind hier Gemälde des Schweizer Künstlers Caspar Wolf und ein Teil des Kirchenschatzes zu sehen.

🏛️ **Kloster Muri**
Kirche ⏰ tägl. 8–19.30 Uhr (Nov–März: bis 18 Uhr). ℹ️ Info unter 056 664 7011. **Museum** ⏰ Di–So 11–17 Uhr (Nov–März: bis 16 Uhr).
🌐 klosterkirche-muri.ch

❽ Kloster Königsfelden

Windisch. **Straßenkarte** D2.
Klosterkirche. ℹ️ 056 441 8833.
⏰ Apr–Okt: Di–So 10–17 Uhr.
🌐 klosterkoenigsfelden.ch

Die Franziskanerabtei Königsfelden liegt zwischen den malerischen Dörfern Windisch und Brugg. Sie wurde 1308 von Elisabeth von Habsburg an der Stelle gegründet, an der ihr Gatte Albrecht I. von Herzog Johann von Schwaben ermordet worden war. Das Kloster ging später in den Besitz einiger Franziskanermönche und Klarissen über. Nach Elisabeths Tod ließ ihre Tochter Agnes von Ungarn die Arbeiten an der Kirche fortführen.

Während der Reformation löste man beide Religionsgemeinschaften auf. Im Jahr 1804 wurde das Kloster in eine psychiatrische Anstalt umgewandelt. Diese zog später im 19. Jahrhundert in ein anderes Gebäude um. Ein Großteil des Klosters wurde abgerissen.

Die 1310–30 erbaute Kirche ist erhalten geblieben. Die monumentale gotische Basilika verfügt über eine eindrucksvolle Holzdecke. In den Seitenschiffen hängen Holztafeln, auf denen Ritter und Wappen dargestellt sind. Die elf Buntglasfenster im Presbyterium sind Höhepunkte spätmittelalterlicher Glasmalerei. Sie entstanden 1325–30 und wurden in den 1980er Jahren restauriert. Die Darstellungen zeigen Szenen aus dem Leben Jesu, der Jungfrau Maria, der Apostel und einiger Heiliger. Sehenswert ist auch der ehemalige Klosterpark.

❾ Baden

Siehe S. 158f.

❿ Wettingen

Straßenkarte D2. 🚗 20 500.
ℹ️ Seminarstrasse 54, 056 426 2211. 🌐 wettingen.ch

Der Ort liegt von Hügeln umgeben im malerischen Limmattal. Er besitzt ein großartiges, ehemaliges **Zisterzienserkloster**. Es wurde 1841 aufgelöst. Der Komplex dient heute als Schule. Öffentlich zugänglich sind die Kirche und der angrenzende Kreuzgang.

Die Klosterkirche war 1227 gegründet, dann mehrmals umgebaut worden. Aus der Renaissance ist nur noch das Gestühl erhalten. Der Rest des Kircheninneren zeichnet sich durch extravagante barocke Verzierungen aus: eine vergoldete Kanzel, Altäre und Skulpturen. Im gotischen Kreuzgang mit moderner Verglasung sind einige der alten Bleiglasfenster (13.–17. Jh.) ausgestellt.

Barockkanzel der Kirche in Wettingen

🏛️ **Zisterzienserkloster**
Klosterstrasse 11. ℹ️ 056 437 2410.
Kirche ⏰ März–Okt: Mo–Sa 9–17, So 12–17 Uhr. **Kreuzgang** ⏰ März–Okt: Sa, So 9–17 Uhr.

⓫ Regensberg

Straßenkarte D2. 🚗 500.

Das hübsche Winzerdorf liegt umgeben von Weinbergen an einer Nebenstraße, die von der Autobahn Zürich–Dielsdorf–Waldshut abgeht.

Regensberg ist einer der am besten erhaltenen mittelalterlichen Orte in der Schweiz.

Klosterkirche von Muri

NORDSCHWEIZ | 157

Malerische Fachwerkhäuser in Regensberg

Hauptplatz und Straßen werden von Fachwerkhäusern gesäumt.

Die Geschichte des Orts reicht bis ins Jahr 1244 zurück. Ältestes Gebäude ist der runde, mit Zinnen bewehrte Bergfried der Burg. Von dort aus hat man eine schöne Aussicht auf die Umgebung. Die Burg selbst stammt aus dem 16./17. Jahrhundert. Sehenswert ist auch die Kirche (16. Jh.), die auf den Resten eines mittelalterlichen Gebäudes errichtet wurde.

Der mittelalterliche Obere Turm in Kaiserstuhl

⓬ Kaiserstuhl

Straßenkarte D2. 🚗 400.
🛈 Alte Dorfstrasse 1, Rekingen, 056 265 0030. 🌐 **kaiserstuhl.ch**

Der überaus schöne mittelalterliche Ort liegt inmitten sanfter Hügel am Rheinufer an der Grenze zu Deutschland. Das historische Zentrum in Form eines unregelmäßigen Dreiecks steht unter Denkmalschutz. Die obere Ecke des Dreiecks markiert der Obere Turm (13. Jh.), eine mittelalterliche Bastion, die früher zu den Befestigungsanlagen gehörte. In unmittelbarer Nähe befindet sich das barocke »Haus zur Linde«.

Im historischen Zentrum Kaiserstuhls dominieren schöne alte Häuser, die meisten sind mit Fensterläden und steilen Dächern ausgestattet. Interessant sind auch die Barockvilla Mayenfisch und ein ehemaliges Augustinerkloster (16. Jh.), in dem heute die Büros der örtlichen Behörden untergebracht sind. In der Kirche St. Katharina sind die Kanzel und das Chorgestühl sehenswert.

In Kaiserstuhl werden Führungen angeboten (Tel. 044 858 2863).

Von Kaiserstuhl aus führt eine Brücke über den Rhein ans Nordufer ins deutsche Hohentengen (www.hohentengen.de) mit der Burg Rotwasserstelz.

Umgebung: Das Thermalbad Zurzach liegt etwa zwölf Kilometer westlich von Kaiserstuhl. Sehenswert sind die Altstadt, einige Museen und Schloss Zurzach, in dem Gemälde von August Deusser ausgestellt sind. Zurzach besitzt zudem zwei interessante Kirchen: die gotische Obere Kirche und das Verenamünster. Letzteres, einst ein Wallfahrtszentrum, besteht aus einem mehrfach umgebauten Barockgebäude mit romanischen und gotischen Teilen.

⓭ Eglisau

Straßenkarte E2. 🚗 5200. 🚆
🛈 Untergass 7, 044 867 3612.
🌐 **eglisau.ch**

Wie Kaiserstuhl liegt auch Eglisau am linken Rheinufer, nahe der Grenze zu Deutschland. Die Kleinstadt ist von sanften Hügeln voller Weinberge umgeben. Ihre Ursprünge reichen ins Mittelalter zurück, als an einer Furt über den Fluss, bei einer alten, südlich nach Zürich führenden Straße, eine Siedlung entstand.

Mit dem Bau des Wasserkraftwerks Rheinfelden versanken die malerischen Häuser, die einst das Flussufer säumten, in den Fluten. Die historische überdachte Brücke von Eglisau ging ebenfalls verloren. Der höhere Teil der Altstadt samt Kirche (18. Jh.) und Fachwerkhäusern mit steilen Dächern befindet sich heute nur knapp oberhalb des Wasserspiegels. Einige der alten Häuser zieren Wandmalereien. Vom Aussichtspunkt hinter der Kirche hat man einen schönen Blick auf den Fluss. Auf dem nahen Viadukt über den Rhein verläuft die Eisenbahn.

Umgebung: Rund zehn Kilometer nordöstlich von Eglisau befindet sich der kleine Ort Rheinau. Sein hübsches Benediktinerkloster (11. Jh.) und die schöne Barockkirche liegen in einer Rheinschlaufe.

Polychrome Wandmalerei in einem Haus in Eglisau

Baden

Das Städtchen ist eines der ältesten Bäder der Schweiz. Die heilsame Wirkung der heißen Schwefelquellen machte man sich schon in der Antike zunutze. Bei den Römern waren die Thermen als Aquae Helvetiae bekannt. Im Mittelalter stieg Baden zu einem wichtigen Handelszentrum auf. Die Altstadt zeugt noch heute von der einstigen Bedeutung. Mittlerweile ist Baden eine Industriestadt, die sich auf Elektromaschinenbau spezialisiert hat. Ihre Thermen sind wegen der vielfältigen Anwendungsmöglichkeiten bei Besuchern nach wie vor sehr beliebt.

Überblick: Baden
Startpunkt für einen Bummel durch die Badener Altstadt ist das Historische Museum Baden am Ostufer der Limmat. Von hier aus kann man den Rest der Altstadt auf dem Hügel im Westen über eine Holzbrücke erreichen. Im Norden schließt sich das Bäderquartier an.

Schweizer Kindermuseum
Ländliweg 7. 056 222 1444. Di–Sa 14–17, So 10–17 Uhr. kindermuseum.ch

Das Museum ist in einer Villa untergebracht und illustriert anhand von Spielzeug und Alltagsgegenständen die verschiedenen Phasen der Kindheit sowie der geistigen Entwicklung. Junge Museumsbesucher dürfen mit vielen Exponaten spielen.

Ruine Stein
Dominiert wird die Altstadt von den Ruinen einer Burg (10. Jh.). Sie liegt auf einem Hügel, durch den ein Tunnel führt. Im 13. Jahrhundert diente sie der österreichischen Armee als Festung und Waffenlager, als Baden und Umgebung unter habsburgischer Herrschaft standen. 1712 wurde die Burg bei Kämpfen zwischen protestantischen und katholischen Kantonen nahezu zerstört. Eine Zeit lang diente sie als Steinbruch. Heute kann man in den grasbewachsenen Ruinen spazieren gehen und die Aussicht auf die Limmat genießen.

Stadtturm
Der schlanke Turm aus dem 15. Jahrhundert bewachte einst den Eingang zur Altstadt. Der Bau besitzt vier Ecktürme und wird von einer Glockenstube gekrönt. Am Turm sieht man Malereien und an der Südfassade eine Sonnenuhr.

Pfarrkirche Mariä Himmelfahrt
Kirchplatz. 056 222 5715.
Die Gemeindekirche von Baden geht auf eine gotische Kirche (15. Jh.) zurück. Sie erhielt mehrfach eine neue Gestalt: Im 17. Jahrhundert kamen barocke, Anfang des 19. Jahrhunderts klassizistische Elemente hinzu. Dennoch ist der gotische Grundcharakter erhalten, der auch in dem spitzen Türmchen zum Ausdruck kommt. Der Kirchenschatz mit liturgischen Gefäßen ist für Besucher nach Vereinbarung zugänglich.

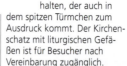

Wappen am Stadtturm

Stadthaus
Im Rathaus beeindruckt der restaurierte Tagsatzungssaal. Hier tagte 1426–1712 das Parlament der Schweiz. Der Saal stammt von 1497 und ist mit einer Holztäfelung und Bleiglasfenstern ausgestattet, auf denen die Wappen von 13 Schweizer Kantonen dargestellt sind.

Holzbrücke
Die Brücke führt unterhalb des Historischen Museums über die Limmat. Die Holzbrücke wurde 1810 erbaut, um eine ältere zu ersetzen, und zeichnet sich durch ihr einzigartiges Satteldach aus Schindeln aus (Abbildung S. 152f).

Historisches Museum Baden, einst das Schloss des Landvogtes

Historisches Museum Baden
Wettingerstr. 2. 056 222 7574. Di, Mi, Fr, Sa 13–17, Do 12–19, So 10–17 Uhr. museum.baden.ch

Das Landvogteischloss mit Burgturm (15. Jh.) am Ostufer der Limmat war 1415–1798

Barocker Innenraum der Pfarrkirche Mariä Himmelfahrt

BADEN | 159

Blick über die Altstadt von Baden

Residenz der Landvogte von Baden. Heute ist hier das Historische Museum Baden untergebracht. Die archäologische Abteilung umfasst Tongefäße, Münzen und andere Fundstücke, die in und um Baden ausgegraben wurden. Darüber hinaus sind Waffen, liturgische Exponate, Trachten aus der Region Aargau und Räume, die im Stil der jeweiligen Epoche eingerichtet sind, zu sehen.

In dem modernen Flügel am Ufer sind Exponate untergebracht, die mit Badens jüngerer Geschichte verbunden sind. Im Mittelpunkt dieser Abteilung steht die industrielle Entwicklung der Stadt vom 19. Jahrhundert bis heute.

Bäderquartier
baederstadt.ch

Die Bäderanlagen an einer Biegung der Limmat bestehen aus einem ausgedehnten Park mit mehreren Behandlungszentren und einigen Spuren der römischen Thermen. Aus 18 Quellen sprudelt warmes, schwefelhaltiges Wasser, das sich vor allem bei rheumatischen Erkrankungen und Atembeschwerden bewährt hat. Neben Hotels mit Thermalbecken gibt es auch öffentlich zugängliche Bäder. Voraussichtlich im Jahr 2020 soll an gleicher Stelle ein von Mario Botta entworfenes neues Thermalbad eröffnen.

Museum Langmatt
Römerstrasse 30. 056 200 8670. März–Nov: Di–Fr 14–17, Sa, So 11–17 Uhr. langmatt.ch

In der Römerstrasse westlich des Bäderquartiers steht eine zauberhafte Villa, die einst dem Kunstkenner Sidney Brown (1865–1941) gehörte. Sie wurde von Karl Moser um 1900 erbaut. Einige Jahre später bekam das Gebäude einen Anbau, in dem seit einiger Zeit eine exquisite Kunstsammlung zu sehen ist.

Infobox

Information
Straßenkarte D2. 19000.
Bahnhofplatz 1, 056 200 8787. baden.ch

Anfahrt

Der Fokus liegt auf französischen Impressionisten, u. a. Corot, Monet, Pissarro, Renoir, Sisley, Degas und Cézanne. Das Museum zeigt auch Bilder venezianischer Landschaften (18. Jh.) und Werke von Fragonard, Watteau, van Gogh und Gauguin sowie französische Möbel (17./18. Jh.).

Brunnen in der Gartenanlage des Museums Langmatt

Zentrum von Baden
① Schweizer Kindermuseum
② Ruine Stein
③ Stadtturm
④ Pfarrkirche Mariä Himmelfahrt
⑤ Stadthaus
⑥ Holzbrücke
⑦ Historisches Museum Baden

Zeichenerklärung *siehe hintere Umschlagklappe*

⑭ Winterthur

Die Stadt wird vor allem mit Textilien und Maschinenbau, heute auch mit Dienstleistungen in Verbindung gebracht und ist nach Zürich die zweitgrößte Stadt des Kantons Zürich. Winterthur präsentiert sich mit baumbestandenen Straßen und vielen Grünflächen. Zudem gilt Winterthur als Stadt der Museen. Die beiden berühmtesten präsentieren die Gemäldesammlungen von Oskar Reinhart (1885–1965). Der in Winterthur geborene Industrielle war einer der größten Kunstsammler Europas.

Die Marktgasse, Haupteinkaufsstraße der Altstadt von Winterthur

Überblick: Winterthur

Die autofreie Altstadt kann man gut zu Fuß erkunden. Einmal pro Stunde fährt ein Museumsbus, der an allen bedeutenden Museen und Kunstsammlungen der Stadt hält.

🗼 Stadtkirche

Kirchplatz 3. ⏲ Mo–Sa 10–16 Uhr.
Die Kirche wurde Mitte des 13. Jahrhunderts an der Stelle eines Schreins aus dem 8. Jahrhundert erbaut. Bis zum 16. Jahrhundert wurde sie mehrfach umgestaltet. Heute präsentiert sie sich in Form einer überwölbten Basilika mit quadratischer Apsis und Barocktürmen. Zur Innenausstattung gehören u. a. ein Wandschirm vor der Orgel, ein Taufstein (1656), Wandmalereien und Bleiglasfenster (19. Jh.).

Bleiglasfenster in der Stadtkirche

🏛 Kunsthalle Winterthur

Marktgasse 25. ☎ 052 267 5132.
⏲ Mi–Fr 12–18, Sa, So 12–16 Uhr.
🌐 kunsthallewinterthur.ch

Das ehemalige Waaghaus wurde zu einem geräumigen Museumssaal umgebaut, in dem pro Jahr fünf bis sechs Wechselausstellungen zeitgenössischer Kunst, darunter internationale Positionen ebenso wie solche von Winterthurer Kunstschaffenden, zu sehen sind. Die Marktgasse, Fußgängerzone und wichtigste Shopping-Meile der Altstadt, wird von historischen Gebäuden gesäumt. Das Haus »Zur Geduld« aus dem Jahr 1717 zählt zu den ältesten und schönsten der Stadt.

🏛 Rathaus

Marktgasse 20. ☎ 052 267 5125.
⏲ Di–Sa 14–17, So 10–12, 14–17 Uhr.

Das Rathaus mit der frühklassizistischen Fassade entstand 1782–85 über einem älteren gotischen Bau. Im Inneren des erhabenen Gebäudes finden sich der prächtige, stuckverzierte Festsaal sowie die ehemaligen Wohnbereiche des Bürgermeisters und die Büros der Stadtverwaltung.
Der von Arkaden gesäumte Rathausdurchgang im Stil der Neorenaissance verbindet die Marktgasse mit der Stadthausstrasse. Die elegante Passage mit ihrem zentralen Lichthof wird von Läden und Cafés gesäumt.

🏛 Museum Oskar Reinhart am Stadtgarten

Stadthausstrasse 6. ☎ 052 267 5172. ⏲ Di–So 10–17 Uhr (Do bis 20 Uhr).
🌐 museumoskarreinhart.ch

Oskar Reinhart war einer der größten privaten Kunstsammler des 20. Jahrhunderts. Einen Teil seiner Sammlungen stiftete er 1951 der Stadt Winterthur, den Rest hinterließ er der Schweiz nach seinem Tod.
Das Museum am Stadtgarten zeigt Werke deutscher, österreichischer und Schweizer Maler des späten 18. bis frühen 20. Jahrhunderts. Sie reichen von Gemälden der deutschen Romantik bis zu Kinderporträts. Die Schweizer Albert Anker, Ferdinand Hodler und Giovanni Giacometti sind ebenfalls gut vertreten. Der größere Teil der Sammlung befindet sich allerdings in der Villa am Römerholz.

🏛 Sammlung Oskar Reinhart »Am Römerholz«

Haldenstrasse 95. ☎ 058 466 7740.
⏲ Di–So 10–17 Uhr (Mi bis 20 Uhr).
🌐 bundesmuseen.ch/roemerholz

Die Villa, in der Oskar Reinhart von 1926 bis zu seinem Tod lebte, enthält 200 Kunstwerke aus seiner Sammlung, darunter Werke von Künstlern wie Holbein, Grünewald, Cranach, Poussin, El Greco und Goya sowie Gemälde französischer Impressionisten wie Manet, Degas, Renoir und Cézanne. Seit 2016 sind hier zudem die Bestände der Stiftung Jakob Briner mit Werken holländischer Meister des 17. Jahrhunderts zu sehen.

🏛 Kunstmuseum

Museumstrasse 52. ☎ 052 267 5162. ⏲ Di 10–20, Mi–So 10–17 Uhr. 🌐 kmw.ch

Das renommierte Winterthurer Kunstmuseum beherbergt eine ausgezeichnete Gemäldesammlung (19./20. Jh.) mit Werken einer Reihe berühmter Künstler. Zu den hier präsentierten Exponaten gehören Bilder von Monet und van Gogh, kubistische Gemälde, u. a. von Picasso, und surrealistische

Hotels und Restaurants in der Nordschweiz *siehe Seiten 252 und 270f*

WINTERTHUR | 161

Arbeiten. Maler und Bildhauer wie Rodin, Hodler, Miró, Brancusi, Mondrian, Kandinsky und Alberto Giacometti sind hier ebenfalls zu sehen.

Im Gebäude befinden sich auch das Naturmuseum und das Kerala Kindermuseum mit einem Spiel- und Erlebnisraum.

Stadthaus
Stadthausstrasse 4a.
musikkollegium.ch

In dem beeindruckenden Gebäude im Stil der Neorenaissance befindet sich der große Konzertsaal Winterthurs. Das Stadthaus wurde 1865–70 nach Entwürfen von Gottfried Semper erbaut. Semper war Professor für Architektur an der Technischen Hochschule Zürich und Architekt der Dresdener Oper. Das Stadthaus zählt zu seinen schönsten Bauten.

Fotomuseum
Grüzenstrasse 44–45. 052 234 1060. Di–So 11–18 Uhr (Mi bis 20 Uhr). (Mi ab 17 Uhr frei).
fotomuseum.ch

Das außergewöhnliche Museum gilt unter Fachleuten als das schönste seiner Art in Europa. Es ist in einem gut erhaltenen Lagerhaus untergebracht, etwa zehn Gehminuten vom Stadtzentrum entfernt. Präsentiert wird eine umfangreiche Sammlung an Fotografien, von den Anfängen des

Gottfried Sempers Stadthaus im Stil der Neorenaissance

Infobox

Information
Straßenkarte E2.
111 000. Im Hauptbahnhof, 052 208 0101.
Albanifest (Altstadtfest; Juni), Musikfestwochen (Aug–Sep), Internationale Kurzfilmtage (Nov).
winterthur-tourismus.ch

Anfahrt

Mediums bis zur Gegenwart mit Werken einer Reihe international berühmter Fotografen. Das Museum bietet auch Wechselausstellungen.

Swiss Science Center Technorama
Technoramastrasse 1. 052 244 08 44. tägl. 10–17 Uhr.
technorama.ch

Das einzige Science Center der Schweiz fasziniert Jung und Alt gleichermaßen. An mehr als 500 interaktiven Stationen, die zum Experimentieren anregen, werden wissenschaftliche Phänomene wie der Treibhauseffekt anschaulich erläutert und täglich auch im Rahmen von Shows veranschaulicht.

Zentrum von Winterthur
① Stadtkirche
② Kunsthalle Winterthur
③ Rathaus
④ Museum Oskar Reinhart am Stadtgarten
⑤ Kunstmuseum
⑥ Stadthaus
⑦ Fotomuseum

Zeichenerklärung *siehe hintere Umschlagklappe*

Zürich

Zürich ist nicht nur die Finanzmetropole der Schweiz, sondern ein internationales Bankenzentrum. Die vibrierende Jugendkultur- und Kunstszene machen die Stadt zu einer der dynamischsten Städte Europas. Die eleganten Uferpromenaden am Zürichsee, die Straßen und Plätze des historischen Zentrums und die zahlreichen schönen Gebäude geben der Stadt ein besonderes Flair.

Zürich ist mit ungefähr 402 000 Einwohnern die größte Stadt der Schweiz und Hauptstadt des gleichnamigen dicht besiedelten Kantons. Sie liegt am Nordufer des Zürichsees an der Limmat, die hier aus dem See fließt.

Im 1. Jahrhundert v. Chr. war eine keltische Siedlung namens Turicum am Lindenhof entstanden. Der Hügel, heute im Herzen der Altstadt, war später Standort einer römischen Festung. Im 9. Jahrhundert wurde hier ein karolingischer Bau errichtet, zu dessen Füßen sich eine Handelssiedlung entwickelte. Nach der kurzen Herrschaft der Herzöge von Zähringen fiel Zürich 1218 ans Heilige Römische Reich. 1351 schloss es sich der Schweizer Eidgenossenschaft an.

Bereits im Mittelalter gelangte die Stadt durch den Seiden-, Woll-, Leinen- und Lederhandel zu Reichtum. Die mächtigen Kaufleute wurden jedoch gestürzt und durch Zünfte ersetzt, die bis ins späte 18. Jahrhundert an der Macht blieben.

Im 16. Jahrhundert gelangte die Reformation nach Zürich, vornehmlich durch Ulrich Zwingli, der im Grossmünster predigte. Zu dieser Zeit stand die Stadt in voller Blüte. Im 17. und 18. Jahrhundert verlor sie jedoch an Bedeutung.

Im 19. Jahrhundert stand Zürich im Zeichen industriellen Wachstums. Es hat sich dank der politischen Stabilität und Neutralität der Schweiz auch nach den beiden Weltkriegen als Finanzzentrum behaupten können. So nimmt die Stadt noch heute eine wichtige Stellung im internationalen Bankenwesen ein: Hier befinden sich eines der weltweit größten Golddepots und eine wichtige Börse.

Detail an Richard Kisslings Brunnen am Bahnhofplatz

◀ Blick über die Altstadt von Zürich mit Sankt Peter im Zentrum *(siehe S. 169)*

Überblick: Zürich

Die Stadt am nördlichen Ende des Zürichsees besitzt elegante Brücken über die Limmat, die Zürich in zwei Hälften teilt. Am Westufer erstreckt sich die Altstadt, das Geschäftszentrum der Stadt, überragt von Fraumünster und Sankt Peter. In der Bahnhofstrasse, die dem Verlauf der ehemaligen Stadtmauer Richtung Westen folgt, finden sich die elegantesten und teuersten Geschäfte. Wahrzeichen des Ostufers ist das Grossmünster. Hier liegen auch die historischen Viertel Nieder- und Oberdorf. Der Utoquai im Süden führt zur größten Grünfläche der Stadt, dem Zürichhornpark.

Relief eines Bacchanals, Johann Jacobs Museum, Zürichhornpark

Sehenswürdigkeiten auf einen Blick

1. *Landesmuseum Zürich S. 166f*
2. Museum für Gestaltung
3. Migros Museum für Gegenwartskunst
4. Hauptbahnhof
5. Bahnhofstrasse
6. Lindenhof
7. Augustinerkirche
8. Sankt Peter
9. Zunfthaus zur Meisen
10. Fraumünster
11. Wasserkirche
12. Grossmünster
13. Rathaus
14. Limmatquai
15. Niederdorf
16. Predigerkirche
17. Eidgenössische Technische Hochschule
18. Universität
19. *Kunsthaus S. 174f*
20. Opernhaus
21. Zürichhornpark
22. Haus Bellerive
23. Sammlung E. G. Bührle
24. Zürichsee
25. Museum Rietberg
26. Städtische Sukkulenten-Sammlung
27. FIFA World Football Museum

Hotels und Restaurants in Zürich *siehe Seiten 252f und 271f*

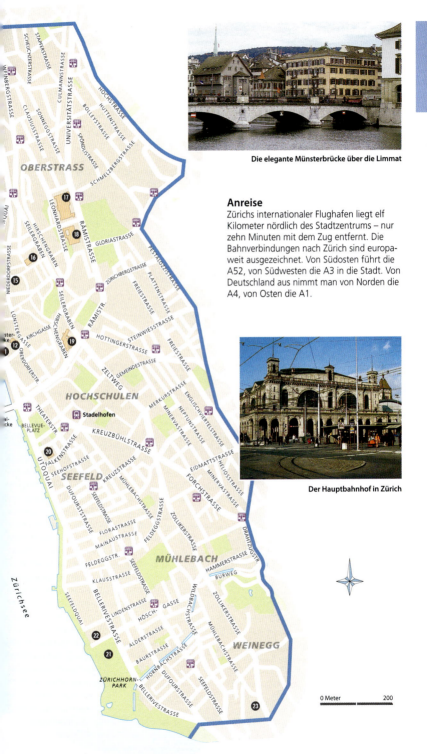

Die elegante Münsterbrücke über die Limmat

Anreise

Zürichs internationaler Flughafen liegt elf Kilometer nördlich des Stadtzentrums – nur zehn Minuten mit dem Zug entfernt. Die Bahnverbindungen nach Zürich sind europaweit ausgezeichnet. Von Südosten führt die A52, von Südwesten die A3 in die Stadt. Von Deutschland aus nimmt man von Norden die A4, von Osten die A1.

Der Hauptbahnhof in Zürich

Zeichenerklärung *siehe hintere Umschlagklappe*

Landesmuseum Zürich

Unter dem Dach des Schweizerischen Nationalmuseums (SNM) sind drei Museen – Landesmuseum Zürich, Château de Prangins und Forum Schweizer Geschichte – und das Sammlungszentrum vereint. Die größte Sammlung des SNM zu Kulturgeschichte und Kunsthandwerk befindet sich im 1898 eröffneten Landesmuseum Zürich. Zu seinen Highlights zählen Ausgrabungsfunde verschiedener Epochen und die Abteilung »Mittelalter«. Darüber hinaus sind Rekonstruktionen von Räumen und Kostümen zu sehen sowie Modelle, die etwa Webereihandwerk oder Uhrmacherkunst illustrieren. Der 2016 eröffnete Neubau der Schweizer Architekten Christ & Gantenbein beherbergt weitere Ausstellungshallen, eine Bibliothek und ein Auditorium für öffentliche Veranstaltungen.

Federkleid
In der Galerie Sammlungen sind u. a. Kleidungsstücke wie Kostüme und Uniformen des 17.–21. Jahrhunderts zu sehen – darunter auch dieses auffällige Federkleid.

★ Globus
Zu den wissenschaftlichen Instrumenten des Museums gehört der von Jost Bürgi (1552–1632) geschaffene Globus. Er kombiniert Wissen und handwerkliches Geschick.

Tafelgemälde von Hans Leu dem Älteren
Das dreigeteilte Altarbild von 1495 zeigt Eligius, den Patron der Schmiede, der der Legende zufolge einem Pferd das Bein abtrennte, um es mit Hufeisen beschlagen dem Tier wieder anzusetzen.

Haupteingang

Erdgeschoss

LANDESMUSEUM ZÜRICH | 167

Zweiter Stock

Erster Stock

Infobox

Information
Museumstrasse 2.
058 466 6511.
Di–So 10–17 Uhr (Do bis 19 Uhr). (Kinder u. Jugendliche bis 16 Jahre frei).
nationalmuseum.ch

★ Kundensafe
Viele Kunden Schweizer Banken hinterlegen Wertgegenstände in Safes. Der hier gezeigte gibt Einblick in die Sicherungssysteme der Geldinstitute.

Galerie Sammlungen
Die Galerie umfasst Ausstellungsstücke zur Kulturgeschichte der Schweiz. Darunter befinden sich zahlreiche kunsthandwerkliche Erzeugnisse, von Tapisserien des Mittelalters bis hin zu heutigen Hightech-Uhren.

Prähistorischer Keil
Das älteste Exponat des Museums ist auch das älteste jemals in der Schweiz gefundene Relikt. Der Axtkeil wurde im Großraum Zürich entdeckt und ist vermutlich 100 000 Jahre alt.

Legende

- Galerie Sammlungen
- Archäologie
- Geschichte der Schweiz
- Wechselausstellungen
- geschlossen bis 2020

Kurzführer

Die Galerie Sammlungen im Ergeschoss zeigt Kunsthandwerk vom Mittelalter bis zur Gegenwart. Im ersten und zweiten Stock sind die Sammlungen zur Geschichte der Schweiz untergebracht. Im ersten Stock des neuen Flügels findet man Exponate zur Achäologie der Schweiz. Auf allen Stockwerken ist auch Platz für Wechselausstellungen. Aufgrund von andauernden Renovierungsarbeiten können Teile des Museums vorübergehend gesperrt sein.

Zeichenerklärung *siehe hintere Umschlagklappe*

Fassade des Museums für Gestaltung

❷ Museum für Gestaltung

Pfingstweidstrasse 96. 043 446 67 67. Di–So 10–17 Uhr (Mi bis 20 Uhr).
museum-gestaltung.ch

Plakate, Grafik und Objekte als Zeugnisse alltäglicher wie auch künstlerisch anspruchsvoller Produktkultur stehen im Mittelpunkt der Ausstellungen. Neben Wechselausstellungen zeigt das Museum auch eine eigene Sammlung von Plakaten sowie Zeichnungen des 16. Jahrhunderts. Seit Anfang 2018 ist der zweite Ausstellungsort in der Ausstellungsstrasse 60 nach Renovierung wieder zugänglich.

❸ Migros Museum für Gegenwartskunst

Limmatstrasse 270. 044 277 2050. Di–Fr 11–18 Uhr (Do bis 20 Uhr), Sa, So 10–17 Uhr.
migrosmuseum.ch

Mehrere Sammlungen mit überaus innovativen Ausstellungskonzepten für moderne Kunst haben Zürich in der internationalen Kunstszene einen Namen verschafft. Das Migros Museum für Gegenwartskunst ist auf moderne Schweizer und internationale Kunst spezialisiert. Im Löwenbräukunst-Areal sind sowohl die stetig wachsenden Sammlungen als auch spannende Wechselausstellungen zu sehen.

❹ Hauptbahnhof

Bahnhofplatz.

Zürichs monumentaler Hauptbahnhof im Stil der Neorenaissance ist ein Wahrzeichen der Stadt. Der Kopfbahnhof wurde 1871 vollendet, die Haupthalle ist unverändert erhalten. Hier reihen sich elegante Läden aneinander. Zahlreiche Stände kommen hinzu, auch verschiedene Märkte werden hier abgehalten. Im Untergeschoss befinden sich moderne Ladenpassagen. Ein unterirdischer Bahnhofsteil für die S-Bahn (Löwenstrasse) wurde 2014 eröffnet.

An der Decke der Bahnhofshalle ist eine grellbunte Statue mit goldenen Flügeln angebracht: der *Schutzengel* von Niki de Saint Phalle (1930–2002), der französischen Bildhauerin und Frau des Schweizer Künstlers Jean Tinguely.

❺ Bahnhofstrasse

Uhrenmuseum Beyer Bahnhofstrasse 31. 043 344 6363. Mo–Fr 14–18 Uhr.
beyer-ch.com

Die lange Flaniermeile verläuft vom Bahnhofplatz aus nördlich am ehemaligen Wassergraben der Stadt entlang bis zum Ufer des Zürichsees. Sie ist Fußgängerzone, nur Straßenbahnen dürfen fahren. Die Bahnhofstrasse ist Zürichs Shopping-Meile par excellence und Geschäftszentrum. Sie wird von eleganten Läden, schicken Restaurants und den Hauptfilialen mehrerer Banken gesäumt.

Zwischen Bahnhofstrasse und Löwenstrasse sowie zwischen Schweizergasse und Sihlstrasse liegen Zürichs größte Kaufhäuser – Globus und Jelmoli. Hier findet man exklusive Marken und kann in der Cafeteria auch essen.

Das Uhren- und Juweliergeschäft Beyer (Bahnhofstrasse 31) umfasst auch das **Uhrenmuseum Beyer** mit einer großen Sammlung von Uhren, die von einfachsten Zeitmessern bis zu hochmodernen und teuren Uhren reicht.

Am Fraumünster öffnet sich die Bahnhofstrasse in westlicher Richtung zum Paradeplatz. Heute befinden sich an dem seinerzeit für militärische Zwecke genutzten Platz mehrere auffallende Gebäude, darunter auch der Hauptsitz des Schweizer Chocolatiers Sprüngli und der von Credit Suisse.

Elegant und teuer: Zürichs Bahnhofstrasse

Hotels und Restaurants in Zürich *siehe Seiten 252f und 271f*

Die Bahnhofstrasse endet am Bürkliplatz gegenüber dem Zürichsee. Hier legen die Ausflugsdampfer ab.

❻ Lindenhof

Am Westufer der Limmat erhebt sich ein bewaldeter Hügel, der Lindenhof, dessen strategisch günstige Position ihn zum idealen Ort für eine keltische Siedlung und später für eine römische Festung machte. Das Quartier gehört zum ältesten Kern der Stadt. Der Aussichtspunkt auf dem Hügel bietet einen wunderbaren Blick über die Stadt und die Universitätsgebäude im Osten. Auf dem Hügel befinden sich auch ein Brunnen und ein Open-Air-Schachbrett.

Das spartanische Innere der Augustinerkirche

❼ Augustinerkirche

Augustinerhof 8. 044 221 2575. Mo–Fr 10–17, Sa 12–17 Uhr.

Die unprätentiöse frühgotische Kirche wurde gegen Ende des 13. Jahrhunderts für eine Gemeinschaft von Augustinermönchen gebaut. Nach der Säkularisierung des Klosters während der Reformation blieb die Kirche fast 300 Jahre lang ungenutzt. Das Innere wurde in den 1840er Jahren restauriert. 1847 wurde die Kirche erneut geweiht und der katholischen Kirche übergeben.

Das jetzige Aussehen ist das Ergebnis eines Umbaus von 1958/59. Die Kirche präsentiert sich als überwölbte Basilika mit einem kleinen, von drei Seiten umschlossenen Presbyterium. Vom originalen Innendekor ist leider nur noch die Grabplatte des Ritters Vigilius Gradner erhalten.

Die Augustinergasse führt ins Herz der Altstadt, deren verwinkelte Straßen von alten Häusern mit Erkern gesäumt sind. Man findet auch viele kleine Restaurants und Cafés, Kunst- und Antiquitätenläden sowie Boutiquen.

❽ Sankt Peter

St.-Peter-Hofstatt. Mo–Fr 8–18, Sa 10–16, So 11–17 Uhr. und Turmbesichtigung für Gruppen nach Anfrage: 044 221 0787.
w st-peter-zh.ch

Das auffälligste Merkmal von Sankt Peter ist das Zifferblatt der Turmuhr, mit einem Durchmesser von 8,70 Metern das größte Europas.

Die Kirche entstand über einem vorromanischen Bau (9. Jh.) und einem um 1000 errichteten romanischen Bau. Zudem finden sich Überreste einer spätromanischen Kirche des frühen 13. Jahrhunderts im rechteckigen Presbyterium, das durch ein halbrundes Fenster erhellt wird. Gekrönt wird es von einem Turm, dessen oberer Teil aus dem 15. Jahrhundert stammt.

Der Hauptteil der Kirche wurde 1705–16 erbaut. Die Basilika weist ein barockes Interieur auf. Die dunkle Täfelung kontrastiert mit den roten Säulen im Mittelschiff und weißen Stuckverzierungen. Der Taufstein ist barock stuckiert.

Sankt Peter mit seiner markanten Turmuhr

❾ Zunfthaus zur Meisen

Münsterhof 20. 044 211 2144. Mo–Sa nach tel. Anmeldung.
w zunfthaus-zur-meisen.ch
Porzellanmuseum Do–So 11–16 Uhr.

Das elegante spätbarocke Gebäude entstand im 18. Jahrhundert als Zunfthaus der Weinhändler. Die schön proportionierte Fassade wird von den Säulen in drei Abschnitte unterteilt.

In dem Gebäude ist heute die Fayencen- und Porzellansammlung (18. Jh.) des Landesmuseums Zürich *(siehe S. 166f)* untergebracht. Es sind u. a. prachtvolle Stücke führender europäischer Manufakturen zu sehen, etwa von Meißen, Sèvres oder der Schweizer Manufaktur Schooren. Im Haus ist auch ein Restaurant.

Zunfthaus zur Meisen, einst das Zunfthaus der Weinhändler

❿ Fraumünster

Stadthausquai 19. ☎ 044 211 4100. ◯ März–Okt: tägl. 10–18 Uhr; Nov–Feb: tägl. 10–17 Uhr. ⓦ fraumuenster.ch

Die Geschichte des Fraumünsters reicht bis in das Jahr 853 zurück, als König Ludwig der Deutsche seine Tochter Hildegard hier zur Äbtissin machte. Das Kloster wurde während der Reformation aufgelöst. An seiner Stelle steht heute das neugotische Stadthaus, das für Ausstellungen genutzt wird.

Die Kirche des Klosters ist erhalten geblieben. Sie besitzt ein spätromanisches Presbyterium (13. Jh.), ein frühgotisches Querhaus und ein mehrfach umgebautes Mittelschiff. Die neugotische Fassade kam erst 1911 hinzu.

Das Presbyterium wird durch Farbfenster erhellt, die 1970 von Marc Chagall (1887–1985) entworfen wurden. Bei jedem der Fenster, die biblische Szenen darstellen, dominiert jeweils eine Farbe. Das mittlere (grüne) erzählt das Leben Jesu. Es wird flankiert von einem blauen Fenster mit den Visionen Jakobs und einem gelben Fenster, das als »Zion-Fenster« bekannt ist und König David und das Neue Jerusalem zum Thema hat. Das orangefarbene Fenster der nördlichen Wand stellt die Propheten dar, das in Rot und Marineblau gehaltene Fenster der Südwand thematisiert das Göttliche Gesetz. Chagall entwarf auch die Rosette im südlichen Querhaus. Sie zeigt die Schöpfungsgeschichte. Im nördlichen Querhaus befindet sich das Paradiesfenster des Schweizer Künstlers Augusto Giacometti, das 1940 eingesetzt wurde. Den romanischen Kreuzgang an der Südseite der Kirche zieren Fresken von Paul Bodmer, die 1923–32 entstanden. Sie erzählen die Geschichte der Klostergründung und stellen das Leben der Stadtpatrone von Zürich, der Heiligen Felix und Regula, dar.

Auch die Verbindung der Stadt zu Karl dem Großen wird hier thematisiert. Der Kaiser soll Zürich gegründet haben, als er die Gräber der beiden Heiligen entdeckte, die von einer römischen Legion im Wallis desertiert waren und den Märtyrertod starben.

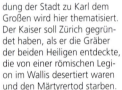

Fenster von Chagall, Fraumünster

⓫ Wasserkirche

Limmatquai 31. ☎ 044 251 6177. ◯ Mo, Mi–Fr 14–17, Di 9–12 Uhr.

Die spätgotische Kirche markiert die Stelle, an der der Legende nach die Heiligen Felix und Regula in römischer Zeit als Märtyrer starben *(siehe oben)*. Die Wasserkirche stand ursprünglich auf einem Inselchen, das heute mit dem Festland verbunden ist. Die strenge Kirche entstand 1479–1484.

An die Wasserkirche grenzt das Helmhaus an, ein ehemaliger Zunftsaal, der jetzt modernen Kunstausstellungen einen Rahmen gibt.

Die Wasserkirche mit dem links angrenzenden Helmhaus

⓬ Grossmünster

Grossmünsterplatz. ☎ 044 252 5949. **Kloster und Kirche** ◯ März–Okt: tägl. 10–18 Uhr; Nov–Feb: tägl. 10–17 Uhr (So im Anschluss an Gottesdienst). **Turm** ◯ März–Okt: Mo–Sa 10–17, So 12.30–17.30 Uhr; Nov–Feb: Mo–Sa 10–16.30, So 12.30–16.30 Uhr. ⓦ grossmuenster.ch

Die schlanken Zwillingstürme des Grossmünsters beherrschen die Skyline Zürichs am Ostufer der Limmat. Der Sage nach gründete Karl der Große im 8./9. Jahrhundert auf den Gräbern der Märtyrer Felix und Regula eine Kirche. Nachdem man die beiden an der Wasserkirche getötet hatte, sollen die Heiligen ihre Köpfe auf den Hügel getragen haben, auf dem das Grossmünster steht.

Die Arbeiten an der heutigen romanisch-gotischen Basilika begannen um 1100, die West-

Boote am Ostufer der Limmat mit dem Grossmünster im Hintergrund

Hotels und Restaurants in Zürich *siehe Seiten 252f und 271f*

türme wurden erst Ende des 15. Jahrhunderts vollendet. Von der Kanzel aus predigte der Humanist Ulrich Zwingli die Reformation, die sich daraufhin auch in anderen Städten ausbreitete.

Nach den Idealen der Reformation beraubte man das Münster seines Schmucks. Überreste gotischer Fresken und die schönen romanischen Kapitelle im Mittelschiff sind jedoch erhalten geblieben.

In der Krypta steht die Statue Karls des Großen (15. Jh.), die einst am Südturm aufgestellt war und später dort durch eine Kopie ersetzt wurde. Sehenswert sind auch das romanische Portal mit Bronzetür (1935) und die von Augusto Giacometti (1932) geschaffenen Bleiglasfenster. 2009 gestaltete Sigmar Polke zwölf Glasfenster des Längsschiffs neu.

Dadaismus

Die als Dadaismus bekannte Kunstbewegung entstand in Zürich um 1916 als anarchische Reaktion auf das erstarrte Bürgertum und das sinnlose Blutvergießen im Ersten Weltkrieg. Der Dadaismus machte sich über die Bürger lustig, verweigerte sich dem Realismus und setzte sich über sämtliche Konventionen hinweg. Er gilt als Urform aller späteren Avantgarde-Bewegungen. Zentrum der Dadaisten war das Cabaret Voltaire. Zu den einflussreichsten Vertretern zählen vor allem Tristan Tzara, Hans Arp und Francis Picabia.

Die Grablegung der Vögel und Schmetterlinge von Hans Arp (1916/17)

Romanisches Portal des Grossmünsters mit Bronzetüren

⓭ Rathaus

Limmatquai 55. ☎ 044 259 6811. ◯ zu Sitzungen des Kantonsrats. ✉ mindestens einen Monat im Voraus buchen. 🌐 kantonsrat.zh.ch

Das Rathaus von Zürich wurde auf einer Plattform erbaut, die auf Pfählen im Flussbett der Limmat ruht. Das jetzige zweistöckige Gebäude im Barockstil (1694–98) ersetzt einen mittelalterlichen Bau.

Die Fassade ist mit einigen schönen Maskenfriesen geschmückt, oberhalb der Fenster befinden sich Nischen mit Büsten. Der Eingangsbereich des Rathauses ist aus Marmor gestaltet und weist Goldverzierungen auf. Zu den beeindruckendsten Räumen des Gebäudes gehört die elegante barocke Ratskammer.

⓮ Limmatquai

Die attraktive Promenade verläuft am Ostufer der Limmat vom Bellevueplatz im Süden bis zur Bahnhofbrücke im Norden. Der schönere und deutlich interessantere Teil des Limmatquais liegt um das Grossmünster und das Rathaus herum. Hier stehen mehrere Zunfthäuser, die in Läden oder Restaurants umgewandelt wurden.

Zu den schönsten Zunfthäusern am Limmatquai zählen das Haus zur Saffran (Nr. 54) von 1720, das Haus zum Rüden (Nr. 42) aus dem 17. Jahrhundert und das Haus zur Zimmerleuten daneben, ein Gebäude (18. Jh.) mit bunten Erkerfenstern. Die meisten der Gebäude sind Fachwerkhäuser.

Haus zum Rüden, ein Zunfthaus (17. Jh.) am Limmatquai

⓯ Niederdorf

Das Viertel mit seinem dichten Netz an kopfsteingepflasterten Straßen und Gassen, die zum Limmatquai führen, ist das Herz der östlichen Altstadt. Hauptarterie ist die Niederdorfstrasse, eine Fußgängerzone, die im Süden durch die Münstergasse fortgeführt wird.

In den engen Gassen des historischen Viertels finden sich Antiquitätenläden und Galerien sowie kleine Hotels, gemütliche Cafés und Restaurants neben Bierwirtschaften und Fast-Food-Filialen.

Kapitell in der Niederdorfstrasse

⓰ Predigerkirche

Predigerplatz. ☎ 044 261 0989. ◯ Mo 12–18, Di–So 10–18 Uhr. 🌐 predigerkirche.ch

Die Kirche im Niederdorfviertel ist eine wahre Oase der Ruhe. Ihre Ursprünge gehen auf das 13. Jahrhundert zurück. Zu jener Zeit war sie Teil eines Dominikanerklosters, das während der Reformation aufgelöst wurde. Danach wurde die Kirche protestantisch, heute ist sie Hauptkirche der Universität. Im 17. Jahrhundert baute man das Mittelschiff im Barockstil um. Die Spitze des Westturms stammt von 1900. Er ist der höchste Kirchturm (97 m) in Zürich.

⓱ Eidgenössische Technische Hochschule

Rämistrasse 101. **w** ethz.ch
Graphische Sammlung der ETH
📞 044 632 4046. ⏰ tägl. 10–16.45 Uhr. **w** gs.ethz.ch
Thomas-Mann-Archiv Leopold-Ruzicka-Weg 4. 📞 044 632 4045. ⏰ Mo–Fr 10–17 Uhr. **w** tma.ethz.ch

Heidi Weber Museum in der Nähe des Zürichhornparks

Die Eidgenössische Technische Hochschule (ETH) wurde 1855 gegründet und genießt einen ausgezeichneten Ruf in der Welt der Wissenschaft. Sie befindet sich in einem Bau im Stil der Neorenaissance, den Gottfried Semper gestaltete, der berühmte deutsche Architekt, der auch der erste Architekturprofessor des Instituts war.

Das Gebäude ist auch aufgrund seiner **Graphischen Sammlung** und der zahlreichen Wechselausstellungen einen Besuch wert. In einem Nebengebäude, dem Bodmer-Haus (1664), befindet sich das **Thomas-Mann-Archiv**. Es beherbergt das letzte Arbeitszimmer und Manuskripte des deutschen Schriftstellers, der 1955 in Zürich starb.

Von der Terrasse der ETH aus hat man einen guten Blick auf die gesamte Stadt. Im Norden befindet sich die obere Haltestelle der Polybahn (Standseilbahn), die hinunter zum Central führt, einem großen Platz auf der Ostseite der Bahnhofbrücke.

⓲ Universität

Rämistrasse 73. **Archäologische Sammlung** Rämistrasse 73. 📞 044 634 2811. ⏰ Di–Fr 13–18, Sa, So 11–17 Uhr. **w** archinst.uzh.ch

Die Universitätsgebäude liegen auf einem Hügel östlich von Niederdorf mit Blick auf die Stadt. Die Universität wurde 1833 gegründet. Der jetzige Komplex stammt jedoch von 1911–14. Die größte Universität der Schweiz ist ein renommiertes Zentrum der Forschung.

In einem angrenzenden Gebäude befindet sich die **Archäologische Sammlung**. Sie beherbergt sehenswerte ägyptische, etruskische und mesopotamische Exponate.

⓳ Kunsthaus

Siehe S. 174f.

⓴ Opernhaus

Theaterplatz 1. **Kasse** Falkenstrasse 1. 📞 044 268 6666. **w** opernhaus.ch

Das neubarocke Opernhaus wurde von den Wiener Architekten Hermann Helmer und Ferdinand Fellner entworfen. Der Bau *(Abbildung S. 176)* wurde 1891 vollendet. Der eleganten Fassade vorgesetzt sind zwei Säulenreihen und ein von Vorhallen gerahmter Balkon. Auf dem Dach stehen allegorische Statuen. Das Opernhaus bietet Opern- und Ballettaufführungen von Weltrang.

Statuen an der Fassade des Opernhauses

㉑ Zürichhornpark

Chinagarten ⏰ Mitte März–Mitte Okt: tägl. 11–19 Uhr. **Atelier Hermann Haller** Höschgasse 6. 📞 044 383 4247. ⏰ Juli–Sep: Fr–So 12–18 Uhr. **Heidi Weber Museum** Höschgasse 8. 📞 044 383 6470. ⏰ Juli–Sep: Sa, So 14–17 Uhr. **w** centerlecorbusier.com
Johann Jacobs Museum Seefeldquai 17. 📞 044 388 6190. ⏰ Di 16–22, Sa, So 11–17 Uhr. **w** johannjacobs.com

Der hübsche Park südlich des Stadtzentrums erstreckt sich hinter dem Utoquai am Ostufer des Zürichsees und um das Zürichhorn. Im Park stehen Skulpturen moderner Künstler. Am nördlichen Ende befindet sich eine Bronze von Henry Moore, am südlichen Ende eine große kinetische Skulptur, die Jean Tinguely für die Expo 64 in Lausanne schuf. Das Werk heißt *Heureka* – von April bis Oktober wird es täglich um 11.15 und 17.15 Uhr in Bewegung gesetzt.

Im östlichen Teil des Parks befindet sich hinter hohen Mauern der **Chinagarten**. Er wurde 1994 angelegt und ist ein Geschenk aus Kunming, der chinesischen Partnerstadt Zürichs. Der Garten ist ein Beispiel chinesischer Gartenbaukunst *(Abbildung S. 177)*.

Am Rand des Parks gibt es einige interessante Gebäude. In der Höschgasse liegt das **Atelier Hermann Haller**, das Studio des Schweizer Bildhauers. Es wurde von Haller (1880–1950) entworfen und ist ein seltenes Beispiel hölzerner Bau-

Hotels und Restaurants in Zürich *siehe Seiten 252f und 271f*

haus-Architektur. Der bunte Pavillon daneben ist das **Heidi Weber Museum**. Das früher Le Corbusier Haus genannte Gebäude ist eines der letzten Projekte, an denen der in der Schweiz geborene Künstler vor seinem Tod 1965 arbeitete.

Das **Johann Jacobs Museum** an der Kreuzung von Klausstrasse und Seefeldquai dokumentiert die Geschichte des Kaffees in Europa. Neben Gemälden sind Porzellan- und Silbergefäße zu sehen.

Skulptur von Henry Moore im Zürichhornpark

lung (post-)impressionistischer Gemälde gezeigt. Der Schweizer Industrielle Emil G. Bührle hatte sie 1934–56 zusammengestellt. Sie enthält Gemälde von Delacroix, Courbet und Corot sowie weniger bekannte Werke von Monet, Degas, van Gogh und Gauguin. Ab 2020 wird diese Sammlung in einem von David Chipperfield entworfenen Erweiterungsbau des Kunsthauses *(siehe S. 174f)* präsentiert werden.

㉒ Haus Bellerive

Höschgasse 3. ⬤ wegen Umbauten. Ⓦ museum-bellerive.ch

In dem Anwesen unterhielt das Museum für Gestaltung *(siehe S. 168)* lange eine Zweigstelle. Die Ausstellungsinhalte des Museums werden jetzt im Stammhaus gezeigt.

Im Haus Bellerive wird künftig das Zürcher Architekturzentrum ZAZ Ausstellungen und Veranstaltungen zu Städtebau, Stadtplanung und Urbanisierung organisieren.

㉓ Sammlung E. G. Bührle

Zollikerstrasse 172. ☎ 044 422 0086. ⬤ für Besucher. Ⓦ buehrle.ch

In einer Villa südlich des Zürichhornparks wurde bis 2016 eine kleine, aber feine Samm-

㉔ Zürichsee

Zürichsee Schifffahrtsgesellschaft Mythenquai 333. ☎ 044 487 1333. Ⓦ zsg.ch

Der Gletschersee erstreckt sich 42 Kilometer lang bogenförmig von Zürich bis zum Fuß der Glarner Alpen. Von der Stadt aus kann man kurze Bootsausflüge oder auch Halbtages- und Tagestouren unternehmen. Die Hauptanlegestelle befindet sich am Bürkliplatz. Das klare Wasser des Zürichsees hat Trinkwasserqualität.

㉕ Museum Rietberg

Gablerstrasse 15. ☎ 044 415 3131. **Villa Wesendonck** und **Park-Villa Rieter** ⬤ Di–So 10–17 Uhr (Mi bis 20 Uhr). nur Sonderausstellungen. Ⓦ rietberg.ch

Das Museum Rietberg ist das einzige Museum der Schweiz, das sich außereuropäischer

Kunst widmet. Es residiert in zwei Villen im Rieterpark. Die **Villa Wesendonck** beherbergt die Hauptsammlung mit Exponaten aus Afrika, Indien, Tibet, China und Japan. Die **Park-Villa Rieter** zeigt indische, chinesische und japanische Drucke und Gemälde.

㉖ Städtische Sukkulentensammlung

Mythenquai 88. ☎ 044 412 1280. ⬤ tägl. 9–16.30 Uhr. Ⓦ sukkulenten.ch

Mit über 6500 Arten von Kakteen, Wolfsmilchgewächsen, Agaven, Aloe-Arten und vielen anderen Sukkulenten (saftspeichernden Pflanzen) ist die Sammlung eine der größten ihrer Art in Europa. Von den Riesenagaven bis zu den winzigen Kakteen – die Pflanzen stammen aus allen Wüstenregionen der Welt.

㉗ FIFA World Football Museum

Seestrasse 27. ☎ 043 388 2500. ⬤ Di–Do 10–19, Fr–So 10–18 Uhr. Ⓦ fifamuseum.com

Auf 3000 Quadratmetern dokumentiert das spannende Museum am Tessinerplatz die Entwicklung und Geschichte des Weltfußballs. Nicht nur Fans des Rasensports lassen sich von den rund 1000, zum Teil historisch einzigartigen Exponaten aus den Archiven der FIFA begeistern.

Der Zürichsee mit dem baumbestandenen Bürkliplatz links und dem Grossmünster rechts hinten

Kunsthaus

Das größte Kunstmuseum der Schweiz umfasst eine große Bandbreite an bedeutenden Werken – von mittelalterlicher religiöser Malerei und flämischen Alten Meistern bis hin zu impressionistischen und postimpressionistischen Gemälden. Das Kunsthaus veranschaulicht auch die Entwicklung der Kunst im 20. Jahrhundert. Zu den Höhepunkten der exquisiten Sammlung gehören Gemälde der Schweizer Künstler Ferdinand Hodler und Albert Anker (19. Jh.), die umfangreichste Edvard-Munch-Sammlung außerhalb Skandinaviens sowie Gemälde von Marc Chagall und Alberto Giacometti. Darüber hinaus finden Wechselausstellungen statt.

Der Krieg
Arnold Böcklin stellt in diesem dramatischen Gemälde von 1896 den Krieg als einen der Apokalyptischen Reiter dar.

Kurzführer
Im ersten Stock findet man Schweizer, europäische und amerikanische sowie zeitgenössische Malerei.
Im zweiten Stock sind moderne Kunst und Fotografie untergebracht.

Zweiter Stock

Erster Stock

Legende
- Schweizer Malerei
- Europäische Malerei (18. Jh.)
- Französische Malerei (19. Jh.)
- Fotografie und Bildhauerei
- Europäische Malerei (19./20. Jh.)
- Amerikanische Malerei
- Zeitgenössische Malerei
- Wechselausstellungen

Falstaff im Wäschekorb
Die Gemälde des Schweizer Künstlers Johann Heinrich Füssli waren oft literarisch beeinflusst. Das Bild von 1792 stellt eine Szene aus Shakespeares *The Merry Wives of Windsor* dar.

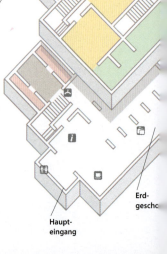

Haupteingang

Erdgeschoss

KUNSTHAUS | 175

Zwischengeschoss

Vogel im Weltall
Die elegante Skulptur Constantin Brancusis von 1925 ist die abstrakte Synthese von Bewegung und Leichtigkeit eines fliegenden Vogels. Ovale Gegenstände sind für das Spätwerk Brancusis typisch.

Infobox

Information
Heimplatz 1. 📞 044 253 8484.
🕐 Di, Fr–So 10–18, Mi, Do 10–20 Uhr.
🌐 kunsthaus.ch

Guitare sur un guéridon
Die Gitarre (hier von 1915) kehrt in den kubistischen Werken Picassos immer wieder.

Au-dessus de Paris
Die poetische Bildsprache ist von Marc Chagalls russisch-jüdischer Herkunft beeinflusst. Schwebende Figuren wie in diesem Bild von 1968 sind ein wiederkehrendes Thema.

★ **Cabanes Blanches**
Die provenzalische Landschaft gehört zu den ausdrucksstärksten Motiven van Goghs. Er malte sie überwiegend in den letzten Jahren seines Lebens.

★ **Die Heilige Familie**
Das Gemälde von Peter Paul Rubens stammt von 1630 und ist eines der bedeutendsten Werke in der Sammlung niederländischer Barockgemälde des Museums.

Zeichenerklärung *siehe hintere Umschlagklappe*

Unterhaltung

Zürich ist eine pulsierende Stadt und bietet ein innovatives, vielfältiges Kulturprogramm. Im Schauspielhaus kann man einige der besten deutschsprachigen Theaterproduktionen sehen. Opernhaus und Tonhalle, der Hauptkonzertsaal der Stadt, haben Opern, Ballettaufführungen und klassische Konzerte, u. a. mit dem renommierten Symphonie- und dem Kammerorchester, im Angebot. Zürichs Clubszene konzentriert sich auf das modische Zürich West und das Industrieviertel. Die angesagten Etablissements ziehen Nachtschwärmer in Scharen an. Mit Kinos für jeden Geschmack, kleinen Theatern, ungewöhnlichen Kunstgalerien und vielen Künstlern und Musikern hat sich Zürich West zum Mittelpunkt der städtischen Subkultur entwickelt. Kunterbunte Straßenfeste mit Paraden und Musik sind aus der größten Stadt des Landes ebenfalls nicht wegzudenken.

Das Opernhaus – Zürichs Hauptveranstaltungsort für Ballett und Oper

Information und Tickets

Die wichtigsten Veranstaltungen findet man in zahlreichen Publikationen. Der *Zürich Guide* mit vielen Veranstaltungstipps ist kostenlos im Büro von **Zürich Tourismus** im Hauptbahnhof sowie an vielen Hotelrezeptionen erhältlich. *Züritipp* erscheint freitags auf Deutsch als Beilage der Tageszeitung *Tages-Anzeiger* und ist ebenfalls im Tourismusbüro erhältlich. Die App *City Guide Zürich* des Schweizer Fremdenverkehrsamts ist sowohl für iOS als auch für Android erhältlich.

Tickets für alle Arten von Veranstaltungen (z. B. Theateraufführungen, Opern und Konzerte) erhält man in Tourismusbüros und in Vorverkaufsstellen an Bahnhöfen sowie online bei **Ticketcorner**, **Starticket** und anderen Unternehmen. Die meisten Veranstalter haben auch eine eigene Kasse.

Theater, Oper und klassische Musik

Zürich hat etwa ein Dutzend Theater zu bieten. Viele Theaterfans aus Deutschland und Österreich pilgern zu Aufführungen hierher. Fast alle Inszenierungen sind in deutscher Sprache.

Das Haupttheater der Stadt ist das **Schauspielhaus**, das für seine innovativen Produktionen landesweit bekannt ist. Es besitzt mehrere Bühnen: Im Pfauen finden große Inszenierungen statt, in der Kammer wird experimentelles Theater gemacht. Auch im Schiffbau, einer ehemaligen Schiffswerft im modischen Viertel Zürich West, sind Theaterproduktionen zu sehen. Das Theater hat hier neben der Halle zwei Studiobühnen, Box und Matchbox genannt.

Das **Opernhaus** gehört auf dem Gebiet der Oper und des Balletts zu den führenden Häusern in Europa. Die Karten für die begehrtesten Aufführungen sind schnell ausverkauft, frühe Buchung ist also unerlässlich. Manchmal hat man Chancen, wenn Tickets zurückgegeben werden.

Das Orchester der Tonhalle und das Zürcher Kammerorchester geben regelmäßig Konzerte in der **Tonhalle**. Das elegante Barockgebäude (1895) ist für seine exzellente Akustik bekannt. Bis 2020 wird der Konzertsaal umgebaut. In der Zwischenzeit residiert das Tonhalle-Orchester in der Tonhalle Maag als Interimsspielstätte. Karten für Konzerte des Orchesters sind begehrt und deshalb schwer zu bekommen. Orgel-, Chor- und Kammermusikkonzerte werden in einer von Zürichs vielen Kirchen aufgeführt.

Teilnehmer der Street Parade *(Aug)*

Musikfestival im Innenhof des Landesmuseums Zürich

Nahe beim Chinagarten (am See) gibt es im Sommer Open-Air-Kino

Kinos

Die meisten Filme, die in den vielen Kinos von Zürich zu sehen sind, werden in der Originalsprache gezeigt. Die Buchstaben E/d/f in Veranstaltungskalendern weisen darauf hin, dass der Film auf Englisch mit deutschen und französischen Untertiteln zu sehen ist.

Multiplex-Kinos wie **Abaton** und **Kino Corso** zeigen vorwiegend internationale Blockbuster. Das **Kino Arthouse Alba** und das **Kino Xenix** haben sich dagegen auf nichtkommerzielle Produktionen spezialisiert. Das **RiffRaff** in Zürich West bietet vier Kinos, ein Bistro und eine Bar.

Die meisten Kinos in Zürich gewähren montags verbilligten Eintritt.

Clubs

Zürichs Clubs reichen von anspruchsvollen Nachtclubs im Stadtzentrum bis zu entspannteren und innovativen Etablissements in Zürich West. Zu den besten zählen **Adagio** (Jazz und Rock in mittelalterlich angehauchter Umgebung), **Icon Club** (mit wechselnden Themennächten) und **Kaufleuten** (House und Hip-Hop).

Mascotte ist der älteste Club der Stadt und Kult, in der **Labor Bar** mit ihrem Retro-Dekor kann man zu vielen verschiedenen Musikstilen tanzen. Der in einer ehemaligen Fabrik untergebrachte **Rage Cruise Club** ist ein Treffpunkt der Schwulenszene.

Live-Musik

Die begehrtesten Live-Musik-Events Zürichs finden in der **Roten Fabrik** statt, einem Kulturkomplex in der Nähe des Zürichsees im südwestlichen Vorortgebiet der Stadt. Hier treten international bekannte Bands auf, man kann aber auch Film- und Theateraufführungen sehen. Darüber hinaus verfügt die Rote Fabrik auch über eine Bar und ein Restaurant.

Im **Moods** im Schauspielhaus Schiffbau finden die meisten Jazz-Veranstaltungen statt. Internationale und nationale Künstler spielen jede Art von Jazz.

Kanone im Innenhof des Landesmuseums Zürich

Auf einen Blick

Information und Tickets

Starticket
📞 0900 325 325.
🌐 starticket.ch

Ticketcorner
📞 0900 800 800.
🌐 ticketcorner.ch

Zürich Tourism
Hauptbahnhof.
📞 044 215 4000.
🌐 zuerich.com

Theater, Oper und klassische Musik

Opernhaus
Theaterplatz 1.
📞 044 268 6666.
🌐 opernhaus.ch

Schauspielhaus
Pfauen und Kammer
Rämistrasse 34.
Schiffbau (Halle, Box und Matchbox)
Schiffbaustrasse 4.
📞 044 258 7777.
🌐 schauspielhaus.ch

Tonhalle
Claridenstrasse 7.
📞 044 206 3434.
🌐 tonhalle-orchester.ch
Tonhalle Maag
Zahnradstrasse 2.
📞 044 206 3434.
🌐 tonhalle-maag.ch

Kinos

Abaton
Heinrichstrasse 269.
📞 0900 55 67 89.

Kino Arthouse Alba
Zähringerstrasse 44.
📞 044 250 5540.

Kino Corso
Theaterstrasse 10.
📞 0900 55 67 89.

Kino Xenix
Kanzleistrasse 56.
📞 044 242 0411.

RiffRaff
Neugasse 57.
📞 044 444 2200.

Clubs

Adagio
Gotthardstrasse 5.
📞 044 206 3666.

Icon Club
Augustinerhof.
📞 044 448 1133.

Kaufleuten
Pelikanstrasse 18.
📞 044 225 3300.

Labor Bar
Schiffbaustrasse 3.
📞 044 272 4402.

Mascotte
Theaterstrasse 10.
📞 044 260 1580.
🌐 mascotte.ch

Rage Cruise Club
Wagistrasse 13.
🌐 rage.ch

Live-Musik

Moods
Schiffbaustrasse 6.
📞 044 276 8000.

Rote Fabrik
Seestrasse 395.
📞 044 485 5858.
🌐 rotefabrik.ch

Shopping

Die Bahnhofstrasse, die von Norden nach Süden durch Zürich verläuft, steht im Ruf, eine der teuersten Shopping-Meilen Europas zu sein. Diese international renommierte Adresse wird von vielen Geschäften voller Uhren und glitzerndem Schmuck sowie von Läden mit Pelzen, Porzellan, teuren Lederwaren und anderen Luxusartikeln gesäumt. Doch in Zürich gibt es auch zahlreiche Läden, die eine große Auswahl an hochwertigen Waren zu erschwinglichen Preisen anbieten. Besucher können hier sehr schöne Souvenirs, z. B. Kunsthandwerk und Delikatessen wie Schweizer Käse, Schweizer Schokolade und die Weine des Landes, erwerben. In den vielen engen Straßen der Altstadt am westlichen Ufer der Limmat und in den kopfsteingepflasterten Gassen von Niederdorf am Ostufer befinden sich zahlreiche interessante Antiquitätenläden mit erlesenen Stücken.

Souvenirstand mit typischem Kunsthandwerk

Öffnungszeiten

Die meisten Läden in der Innenstadt haben montags bis samstags von 9 bis 18.30 oder 20 Uhr (Kaufhäuser) geöffnet. Samstags schließen viele Läden bereits um 17 Uhr. Beachten Sie: Einige Läden sind montags geschlossen. Sonntags kann man in den vielen Läden am Hauptbahnhof und natürlich am Flughafen einkaufen.

Uhren und Schmuck

Die Schweiz ist weltweit für die hohe Qualität von Uhren und Schmuck bekannt. Die vielen edlen Geschäfte in der Bahnhofstrasse führen Uhren von prestigeträchtigen Marken, darunter finden sich etwa Patek Philippe und Rolex, sowie Schmuck international renommierter Firmen wie Cartier. **Gübelin** und **Bucherer** haben hier Filialen. Es gibt aber auch einen **Swatch Store**, mit Uhren zu erschwinglicheren Preisen.

Kunsthandwerk und Souvenirs

Eines der besten Geschäfte für hochwertiges Schweizer Kunsthandwerk wie dekoratives Glas, Schmuck und Keramik sowie für Schweizer Designermode ist **Schweizer Heimatwerk**, das mehrere Filialen in der Stadt und eine am Flughafen hat. **Dolmetsch** am Limmatquai bietet eine große Auswahl an Taschenmessern und Uhren. Im Schipfequartier an der Limmat befinden sich ebenfalls zahlreiche Läden, die auf Kunsthandwerk spezialisiert sind. Weitere Läden dieser Art gibt es in Niederdorf und in der Langstrasse.

Souvenirgeschäft mit Spezialitäten

Lederwaren

Hochwertige Lederwaren kauft man am besten in der Bahnhofstrasse. **Navyboot** etwa bietet Schuhe, Gürtel, Brief- und Handtaschen sowie Geldbörsen. Überaus empfehlenswert ist auch der **Lederladen** im Schipfequartier, der eine große Auswahl an handgefertigten Produkten hat.

Bücher und Musik

Mit rund 2000 Quadratmetern Ladenfläche auf vier Etagen der größte und bekannteste Buchladen Zürichs ist die **Orell Füssli Buchhandlung Kramhof**. Neben dem Haupthaus gibt es vier weitere Filialen in der Stadt. Zentral in der Bahnhofpassage liegt **Barth Bücher** (seit 1853). Hier findet man insbesondere Taschenbücher, aber auch Reiseführer und Bildbände.

Musikbücher, Noten, CDs und Instrumente erhält man bei **Jecklin & Co. AG** in der Rämistrasse.

Antiquitäten

Die Straßen der Zürcher Altstadt werden von einer ganzen Reihe von interessanten Antiquitätengeschäften mit hochwertigem Sortiment gesäumt. **Limited Stock** in der Spiegelgasse hat eine gute Auswahl dekorativer Kunstgegenstände im Angebot. Im **Greenwich** in der Rämistrasse kann man antike Uhren erstehen.

Mehrwertsteuer in der Schweiz: 7,7 Prozent, ermäßigt 3,7 bzw. 2,5 Prozent *(siehe S. 290)*

Jelmoli in der Seidengasse, das größte Kaufhaus Zürichs

Schokolade und Pralinés

Zürich quillt geradezu über von Läden mit Schweizer Schokolade. Ein wahres Einkaufserlebnis bietet die Filiale der **Confiserie Sprüngli** am Paradeplatz. Die weltweit bekannte Spezialität des Hauses sind Luxemburgerli®, zarte Makronen mit feinster Füllung (die man sich auch schicken lassen kann). Neben dem Geschäft gibt es ein bekanntes Café. Andere hochklassige Chocolatiers findet man entlang der Bahnhofstrasse und am Flughafen.

Schober, eine Konditorei mit Café in der Napfgasse im Herzen von Niederdorf, ist vor allem für die heiße Schokolade bekannt und verkauft sehr gute Kuchen und Torten.

Wein

Da sie nicht so häufig exportiert werden, sind Schweizer Weine immer noch ein Geheimtipp (siehe S. 262f). In Zürich gibt es mehrere Händler, die Weine aus dem Kanton Zürich, dem Wallis, dem Vaud (Waadt), dem Kanton Genève (Genf) und aus Neuchâtel anbieten.

Zwei führende Vinotheken sind **Baur au Lac Vins** in der Börsenstrasse und **HoferWeine** im Zeltweg. In der WeinHalle lagern mehr als 1500 verschiedene Weine aus aller Welt, darunter auch hoch geschätzte Schweizer Weine.

In den meisten Weinhandlungen kann man die Weine vor dem Kauf verkosten.

Kaufhäuser

Die beiden großen Kaufhäuser der Stadt sind **Jelmoli** in der Seidengasse, westlich der Bahnhofstrasse, und **Globus** am Löwenplatz, ebenfalls westlich der Bahnhofstrasse. Beide bieten das übliche Sortiment, darüber hinaus aber auch Designermode für Männer und Frauen sowie edle Parfüms und hochwertige Kosmetikprodukte.

Beide Kaufhäuser haben eine erstklassige Lebensmittelabteilung mit Delikatessen aus aller Welt. Natürlich werden auch Schweizer Spezialitäten angeboten, vor allem köstlicher Schweizer Käse (siehe S. 260f) sowie feinste Schokoladenprodukte. Das erlesene Gastronomieangebot der beiden Warenhäuser lässt ebenfalls keine Wünsche offen.

Die 500 Meter lange Shopping Mall **Im Viadukt** in Zürich West beginnt in der Limmatstrasse 231 und umfasst mehr als 30 Läden. Jeder nimmt einen Bogen im 1894 erbauten Eisenbahnviadukt ein. Hier kann man gut stöbern – von Mode bis Lebensmittel – und das lebhafte Ambiente in der Markthalle mit seinem Lebensmittelangebot genießen.

Auf einen Blick

Information

w zuerich.com

Uhren und Schmuck

Bucherer
Bahnhofstrasse 50.
044 211 2635.

Gübelin
Bahnhofstrasse 36.
044 387 5220.

Swatch Store
Bahnhofstrasse 94.
044 221 2866.

Kunsthandwerk und Souvenirs

Dolmetsch
Limmatquai 126.
044 251 5544.

Schweizer Heimatwerk
Bahnhofstrasse 2.
044 221 0837.
Uraniastrasse 1.
044 222 1955.

Lederwaren

Lederladen
Schipfe 29.
044 221 1954.

Navyboot
Bahnhofstrasse 69.
044 211 8757.

Bücher

Barth Bücher
Shop Ville,
Bahnhofpassage.
044 215 4466.

Jecklin & Co. AG
Rämistrasse 30.
044 253 7777.

Orell Füssli Buchhandlung Kramhof
Füsslistrasse 4.
044 213 1616.

Antiquitäten

Greenwich
Rämistrasse 2.
044 262 1038.

Limited Stock
Spiegelgasse 22.
043 268 5620.

Schokolade und Pralinés

Confiserie Sprüngli
Bahnhofstrasse 21.
044 224 4646.

Schober
Napfgasse 4.
044 251 5150.

Wein

Baur au Lac Vins
Börsenstrasse 27.
044 220 5055.

HoferWeine
Zeltweg 26.
044 280 2288.

Kaufhäuser

Globus
Schweizergasse 11.
058 578 1111.

Jelmoli
Seidengasse 1.
044 220 4411.

Im Viadukt
Viaduktstrasse.
044 201 0060.

Ostschweiz und Graubünden

Die Ostschweiz ist eine relativ tief liegende Region, die vom Rhein durchquert wird. Dieser fließt anschließend durch den gesamten Bodensee. Neben einigen größeren Städten wie Chur gibt es ausgedehnte ländliche Gebiete, in denen der berühmte Schweizer Käse hergestellt wird. Das alpine Graubünden mit berühmten Orten wie St. Moritz und Davos zieht Bergsteiger und Wintersportler an.

Die Ostschweiz umfasst die Kantone Thurgau, Glarus, Schaffhausen, St. Gallen sowie Appenzell-Ausserrhoden und Appenzell-Innerrhoden. Die Region grenzt im Norden an Deutschland, im Osten an Liechtenstein und Österreich. Die Mehrheit der Bevölkerung ist deutschsprachig. Das relativ dünn besiedelte Gebiet ist stark agrarisch ausgerichtet. Weiden und Felder prägen weite Landstriche. Zu den wichtigsten Wirtschaftszweigen zählt neben der Milchwirtschaft und dem Obstanbau allerdings auch der Dienstleistungssektor.

Im Osten liegt das winzige souveräne Fürstentum Liechtenstein, ein Überbleibsel des Heiligen Römischen Reichs. Die außenpolitischen Interessen der Erbmonarchie Liechtenstein werden meist von der Schweiz wahrgenommen, obwohl das Fürstentum selbst UN-Mitglied ist und in einigen Ländern auch selbst Botschaften unterhält.

Der Kanton Graubünden im Südosten der Schweiz grenzt an Liechtenstein, Österreich und Italien. Im Norden wird überwiegend Deutsch gesprochen, doch das Rätoromanische ist bei den ländlichen Bevölkerungsgruppen der Bergregionen noch erhalten geblieben. Graubünden ist vor allem bei Wintersportlern beliebt. Etwa die Hälfte der Einwohner arbeitet in der Tourismusbranche. Südlich der Rätischen Alpen liegen die sonnigen Täler des italienischsprachigen Teils des Kantons.

Bergbach und Kiefernwald im Schweizerischen Nationalpark *(siehe S. 206f)* im südöstlichen Graubünden

◀ Beeindruckendes Deckenfresko in der Stiftskirche von St. Gallen *(siehe S. 190f)*

Überblick: Ostschweiz und Graubünden

Neben mehreren hübschen Städten, etwa Schaffhausen, St. Gallen und dem attraktiven mittelalterlichen Stein am Rhein, findet man in der Ostschweiz noch große Gebiete mit unverdorbener Landschaft vor, wo alte bäuerliche Sitten und Gebräuche überlebt haben. Im Süden schließt sich das Engadin, ein ruhiges Tal, an. Die Fassaden der dortigen Häuser sind mit Sgraffito-Malerei verziert. St. Moritz, Klosters und Davos im Kanton Graubünden ziehen Skifahrer, Snowboarder, Wanderer und Bergsteiger an. In der faszinierenden Wildnis des Schweizerischen Nationalparks in der südöstlichen Ecke von Graubünden kann man wunderbar wandern.

Geschmückte Fässer beim Weinfest in Graubünden

Sehenswürdigkeiten auf einen Blick

1. Schaffhausen S. 184f
2. Rheinfall
3. Stein am Rhein
4. Frauenfeld
6. St. Gallen S. 188–191
7. Appenzell
8. Toggenburg
9. Rapperswil
10. Glarus
11. Walensee
13. Bad Ragaz
14. Maienfeld
15. Chur S. 198–201
16. Arosa
17. Davos
18. Klosters
19. Engadin
20. Müstair
22. Pontresina
23. Bernina-Pass
24. Poschiavo
25. St. Moritz
26. Sils
27. Val Bregaglia
28. Zillis
29. San-Bernardino-Pass
30. Mesocco

Touren
5. Bodensee S. 187
12. Liechtenstein S. 196f
21. Schweizerischer Nationalpark S. 206f

Weitere Zeichenerklärungen siehe hintere Umschlagklappe

OSTSCHWEIZ UND GRAUBÜNDEN | 183

Brücke auf der Route vom Julier-Pass ins Engadin

In der Ostschweiz und in Graubünden unterwegs

Der einfachste Weg in die Ostschweiz führt mit dem Zug oder dem Auto über Zürich. Von Zürich aus fahren InterCitys nach Schaffhausen, St. Gallen und Liechtenstein. Auch zwischen der Ostschweiz und Graubünden gibt es gute Zugverbindungen. Mit dem Auto gelangt man von Zürich aus über die A7 nach Frauenfeld und über die A1 nach St. Gallen. Vom Bodensee führt die N13 südlich am Rhein entlang nach Liechtenstein, Bad Ragaz und Chur, wo sie in die A3 aus Zürich mündet. Von dort aus geht es weiter südlich am San-Bernardino-Pass vorbei in Richtung Italien.

Legende

- Autobahn
- Hauptstraße
- Nebenstraße
- Panoramastraße
- Eisenbahn (Hauptstrecke)
- Eisenbahn (Nebenstrecke)
- Staatsgrenze
- Kantonsgrenze
- Gipfel
- Pass

Kühe mit traditionellem Kopfschmuck in Appenzell

Im Detail: Schaffhausen

Die Stadt mit dem gleichen Namen wie der Kanton liegt am Nordufer des Rheins, etwa vier Kilometer oberhalb des Rheinfalls. Hier entluden die Rheinschiffer früher ihre Fracht, weshalb die Stadt seit dem frühen Mittelalter ein wichtiges Handelszentrum war. Die kopfsteingepflasterten Straßen der Altstadt werden von Gebäuden aus Gotik, Renaissance, Barock und Rokoko gesäumt.

Der Munot, eine ringförmige Festung auf einem Hügel östlich der Stadt, entstand im späten 16. Jahrhundert während der Reformationsunruhen. Von dort aus hat man einen schönen Blick über Schaffhausen und den Rhein.

Fronwagplatz
Der mittelalterliche Marktplatz besitzt zwei Brunnen (16. Jh.) – den Landsknechtbrunnen mit der Statue eines Söldners und den Mohrenbrunnen mit der eines Mohrenkönigs.

★ Rathaus
Das Rathausgebäude im Stil der Renaissance wurde 1412 vollendet. Ratssaal und die Rathauslaube sind wirklich sehenswert.

Altes Zeughaus
Der Eingang des ehemaligen Waffenlagers (heute Museum) im Stil der Renaissance ist reich mit Reliefs verziert.

★ Haus zum Ritter
Die Fassade des Hauses zieren kunstvolle Renaissance-Malereien, auf denen ritterliche Tugenden dargestellt sind. Sie wurden 1568–70 von Tobias Stimmer gemalt.

Legende
— Routenempfehlung

Hotels und Restaurants in der Ostschweiz und Graubünden *siehe Seiten 253f und 272–274*

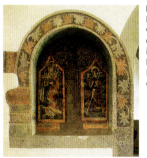

Kirche St. Johann
Der Bau der Kirche wurde im 11. Jahrhundert begonnen und erst im frühen 16. vollendet. Die Kirche besitzt eine Kuhn-Orgel mit 66 Registern.

Infobox

Information
Straßenkarte E2. 36 000.
Herrenacker 15, 052 632 4020. schaffhauserland.ch
schaffhausen.ch/tourismus

Anfahrt

Schmiedstube
Das verzierte Barocktor ist mit den Werkzeugen der Schmiedezunft geschmückt. Es ist der Eingang zum Zunfthaus.

Museum zu Allerheiligen
In den Räumen des einstigen Klosters sind prähistorische und mittelalterliche Artefakte sowie Gemälde und Skulpturen ausgestellt.

★ Münster zu Allerheiligen
Das schöne Münster war Teil des Benediktinerklosters Allerheiligen (11. Jh.). Die Kirche wurde Mitte des 12. Jahrhunderts vollendet und ist der größte romanische Sakralbau der Schweiz.

Schillerglocke
Die Glocke des Münsters wurde 1486 geschmiedet. Ihr Motto inspirierte Schiller zu seinem Gedicht von 1799 *Das Lied von der Glocke*.

0 Meter 50

Die mittelalterliche Stadt Stein am Rhein mit dem Kloster St. Georgen im Vordergrund

❷ Rheinfall

Straßenkarte E2. 🚌 ℹ️ Neuhausen, Rheinfallquai 3, 052 670 0237. 🌐 schaffhauserland.ch

Bei Neuhausen, etwa vier Kilometer flussabwärts von Schaffhausen, stürzt der Rhein über Felsen in die Tiefe. Der Rheinfall ist der größte Wasserfall Mitteleuropas – zwar nur 23 Meter hoch, dafür aber 150 Meter breit. Dieses Naturschauspiel zieht viele Besucher an, die im Sommer mit dem Zug von Schaffhausen kommen.

Den schönsten Blick auf den Rheinfall hat man von **Schloss Laufen** aus, einem Renaissance-Schloss mit Ecktürmen südlich vom Fluss. Vom Schloss führen Treppen zu Aussichtsplattformen am Wasserfall. Es werden auch Bootsausflüge angeboten. Der Rheinfall wird abends (allerdings nicht ganzjährig) illuminiert. Am Nationalfeiertag (1. August) findet ein großes Feuerwerk statt.

❸ Stein am Rhein

Straßenkarte E2. 👥 3500. 🚂 🚌 🚢 ℹ️ Oberstadt 3, 052 632 4032. 🌐 steinamrhein.ch

Mit mittelalterlichen Fachwerkhäusern und freskenverzierten Häuserfassaden des 16. Jahrhunderts kann sich die kleine Stadt am Rhein sehen lassen. Sie wurde von den Römern gegründet und dehnte sich im 11. Jahrhundert aus, als Heinrich II. hier ein Benediktinerkloster errichten ließ. Den Verlauf der Stadtmauern kann man heute noch erkennen. Die beiden Stadttore Obertor und Untertor sind erhalten.

Der Rathausplatz von Stein am Rhein wird von bemalten Häusern gesäumt. Die Malereien orientierten sich an den Namen der Häuser, z. B. Zur Sonne oder Roter Ochse, das älteste Gasthaus der Stadt (*Abbildung S. 8f*). Das Rathaus stammt aus dem 16. Jahrhundert.

Im **Museum Lindwurm** kann man eine Zeitreise in die Lebenswelt und bürgerliche Wohnkultur des 19. Jahrhunderts machen.

Vom Benediktinerkloster St. Georgen und seiner Kirche (12. Jh.) hat man einen schönen Blick auf den Rhein. Die im Stil des 16. Jahrhunderts eingerichteten Klosterräume beherbergen heute das **Klostermuseum St. Georgen**.

🏛️ **Museum Lindwurm**
Unterstadt 18. 📞 052 741 2512.
🕐 März–Okt: tägl. 10–17 Uhr.
🌐 museum-lindwurm.ch

🏛️ **Klostermuseum St. Georgen**
Fischmarkt 3. 📞 052 741 2142.
🕐 Apr–Okt: Di–So 10–17 Uhr.
🌐 klostersanktgeorgen.ch

❹ Frauenfeld

Straßenkarte E2. 👥 25 000. 🚂 🚌 ℹ️ Bahnhofplatz 75, 052 721 3128. 🌐 frauenfeld.ch

Der malerische Hauptort des Kantons Thurgau liegt westlich des Bodensees an der Murg. Im Stadtzentrum sind viele hübsche alte Bürgerhäuser zu sehen, u. a. das Baliere am Kreuzplatz, ein Riegelhaus, in dem heute die Städtische Galerie untergebracht ist, und das barocke Luzemhaus, das das Naturmuseum und das Museum für Archäologie beherbergt. Die Wurzeln des Frauenfelder Schlosses mit dem Historischen Museum reichen bis ins 13. Jahrhundert zurück.

Umgebung: In **Ittingen**, rund vier Kilometer nördlich von Frauenfeld, ist die Kartause Ittingen aus dem 15. Jahrhundert sehenswert. Die Klosteranlage wurde restauriert und ist heute ein Schulungs- und Tagungszentrum. Neben einem Restaurant und einem Gutsbetrieb mit Laden beherbergt sie auch zwei Museen: das Kunstmuseum und das Ittinger Museum.

Der Bergfried von Frauenfeld aus dem 13. Jahrhundert

❺ Bodensee

Der Bodensee grenzt an Deutschland und Österreich und markiert die Nordostgrenze der Schweiz. Er ist 63,3 Kilometer lang, an der breitesten Stelle 14 Kilometer breit, 254 Meter tief und wird vom Rhein durchflossen. Das West- und Südufer ist Schweizer Staatsgebiet und wird von kleinen Ferienorten gesäumt, in denen man ausgezeichnet Wassersport treiben kann. Rund um den See gibt es viele Möglichkeiten für Bootsausflüge.

④ **Kreuzlingen**
Die Barockkirche St. Ulrich gehört zu den schönsten Bauten in Kreuzlingen. Die Schweizer Stadt grenzt direkt an Konstanz.

② **Schloss Arenenberg**
Das Schloss (16. Jh.) ging 1817 in den Besitz von Königin Hortense, der Mutter Kaiser Napoléons III., über. 1906 schenkte Kaiserin Eugénie es Thurgau. Heute kann man es besichtigen.

③ **Gottlieben**
1415 hielt man den tschechischen Reformator Jan Hus auf der Burg gefangen.

① **Steckborn**
Die kleine Stadt besitzt viele historische Häuser. Der Turmhof, eine Burg aus dem 14. Jahrhundert, gehörte einst den Äbten von Reichenau. Heute beherbergt er ein Geschichtsmuseum.

⑤ **Rorschach**
In dem hübschen Ort sind Häuser aus dem 16. bis 18. Jahrhundert zu sehen.

Legende
- 🟧 Routenempfehlung
- ═ Autobahn
- 🟩 Panoramastraße
- ═ Andere Straße
- ⋯ Staatsgrenze

Routeninfos
Länge: 50 km.
Rasten: In den Ferienorten rund um den See hat man viele Hotels und Restaurants zur Auswahl.
Tipp: Conny-Land bei Lipperswil ist der größte Freizeitpark mit Klettergarten der Schweiz. In der Altstadt von Arbon stehen viele schöne mittelalterliche Häuser.

Mehr über den Bodensee? Vis-à-Vis Bodensee

St. Gallen

Sankt Gallen ist Hauptstadt des gleichnamigen Kantons und die größte Stadt der Ostschweiz. Ihre Wurzeln gehen bis 612 zurück, als sich der irische Mönch Gallus hier niederließ. 747 wurde ein Benediktinerkloster gegründet, im 8. Jahrhundert kam die Bibliothek hinzu. Heute sind Stiftskirche (18. Jh.) und Stiftsbibliothek Welterbe der UNESCO. Im Mittelalter war St. Gallen wichtiger Leinenproduzent, der den Stoff nach ganz Europa exportierte. Im 19. Jahrhundert lebte die Stadt überwiegend von der Stickerei. Noch heute ist St. Gallen für seine Stickereien bekannt.

Marktplatz von St. Gallen, der zentrale Platz der Stadt

Überblick: St. Gallen

Mittelpunkt der Stadt ist die großartige Stiftskirche bzw. Kathedrale *(siehe S. 190f)*, doch auch das schöne mittelalterliche Zentrum mit seinen Fachwerkhäusern und Erkern ist einen Besuch wert. Die meisten Museen befinden sich im Osten der Altstadt.

Textilmuseum
Vadianstrasse 2.
071 228 0010.
tägl. 10–17 Uhr.
textilmuseum.ch

Das Museum spiegelt die Bedeutung der Stadt als wichtiges Zentrum der Textilindustrie wider und dokumentiert die Handwerkskunst von Weberei, Stickerei und Seidenspinnerei. Zu sehen sind auch die in St. Gallen entwickelten Muster und Textilproben sowie die verschiedenen Gerätschaften, die zu ihrer Herstellung notwendig waren.

Statue auf einem Brunnen der Stadt

Stiftsbibliothek
Klosterhof 6d. 071 227 3416.
tägl. 10–17 Uhr. über Website (»Führungen«). stibi.ch

Im Gegensatz zum Großteil des Klosters entging die einzigartige Stiftsbibliothek der Zerstörungswut der Reformation. Der Hauptsaal wurde 1758–1767 von Peter Thumb gestaltet, ein großartiges Beispiel barocker Baukunst mit Rokoko-Details. Der Holzboden weist Intarsien auf, die Decke Stuckwerk der Gebrüder Gigl sowie Trompe-l'Œil-Malereien von Josef Wannenmacher. In der prächtigen Bibliothek lagern etwa 170 000 Bücher und Manuskripte, u. a. eine Sammlung irischer Schriften (8.–11. Jh.) sowie Arbeiten aus dem 8. Jahrhundert. Im Westflügel der Klosteranlage ist das Lapidarium (Steinsammlung) der Stiftskirche mit archäologischen Funden.

St. Laurenzen-Kirche
Marktgasse. 071 222 6792.
Mo 9.30–11.30 und 14–16, Di–Sa 9.30–16 Uhr (Sommer: Di–Fr bis 18 Uhr). Turm Voranmeldung unter 071 222 6792 (in der Regel zweimal tägl. um 10 und 15 Uhr; im Winter geschlossen).

Die Kirche aus dem 15. Jahrhundert wurde mit der Reformation zur Hauptkirche der reformierten Bürgerschaft. Seine heutige neugotische Gestalt erhielt das Gotteshaus durch umfangreiche Umbauten im 19. Jahrhundert. Vom Turm bietet sich ein herrlicher Blick über die Stadt und das weite Umland.

Marktplatz

Der einstige Hauptplatz der Stadt liegt in der nördlichen Altstadt. Er ist von schönen Häusern (17.–18. Jh.) mit kunstvoll bemalte Fassaden umgeben. Viele Häuser haben verzierte Erker – typisch für die Architektur von St. Gallen.

In der Marktgasse am Südende des Platzes ist der Uhrmacherladen Labhart mit einer Sammlung an Spieldosen – großartige Beispiele für den Erfindergeist der Schweizer.

Waaghaus

Die verlängerte Promenade (Bohl) an der Ostseite des Marktplatzes wird von der blendend weißen Fassade des Waaghauses (1583) beherrscht. Das Gebäude ist heute Sitz der Stadtbehörde, wird aber auch kulturell genutzt.

Waaghaus am Bohl (16. Jh.)

Hotels und Restaurants in der Ostschweiz und Graubünden *siehe Seiten 253f und 272–274*

ST. GALLEN | 189

🏛 Bierflaschenmuseum
St. Jakob-Strasse 37. ☎ 071 243 4343. ⏰ Mo–Fr 8–18.30, Sa 8–17 Uhr. 🌐 schuetzengarten.ch

Das erste Bierflaschenmuseum des Landes versammelt akkurat aufgereiht mehr als 3000 (freilich leere) Flaschen von rund 260 Schweizer Brauereien. Das älteste Exponat, eine damals übliche Tonflasche, ist über 140 Jahre.

Naturmuseum und Kunstmuseum

🏛 Naturmuseum und Kunstmuseum
Museumstrasse 32. ☎ 071 243 4040. ⏰ Di–So 10–17 Uhr (Mi bis 20 Uhr). 🌐 naturmuseumsg.ch 🌐 kunstmuseumsg.ch

Das Museum in einem schönen klassizistischen Gebäude ist in zwei Bereiche unterteilt: Der eine widmet sich mit einer Ausstellung über einheimische Säugetiere und Vögel, Geologie und Mineralogie der Naturgeschichte der Region. Der andere Bereich besteht aus einer Kunstgalerie mit exzellenten Bildern vieler Epochen.

🏛 Historisches und Völkerkundemuseum
Museumstrasse 50. ☎ 071 242 0642. ⏰ Di–So 10–17 Uhr. 🌐 hmsg.ch

Objekte aus der Frühgeschichte bis zum 20. Jahrhundert sowie Gegenstände aus verschiedenen Kulturen der Welt stehen im Mittelpunkt des kinder- und familienfreundlichen Museums. Schwerpunkt ist die Historie der Stadt und des Kantons. Interessant sind die rekonstruierten Räume verschiedener Epochen. Zu den Highlights zählen ein Modell des Klosters (Stiftsbezirks) und ein Modell der Stadt, wie sie im 17. Jahrhundert aussah.

🏛 Universität
Dufourstrasse 50. ☎ 071 224 2111. 🌐 unisg.ch

Die Universität St. Gallen ist u. a. wegen ihrer modernen Architektur und der Kunstwerke für Besucher interessant. Die Gemälde und Skulpturen wurden von Künstlern des 20. Jahrhunderts geschaffen.

Infobox

Information
Straßenkarte F2. 🗺 75000.
ℹ Bankgasse 9, 071 227 3737.
🎭 OpenAir St. Gallen (Ende Juni).
🌐 st.gallen-bodensee.ch

Anfahrt
🚆 🚌

Das Hauptgebäude wurde 1963 fertiggestellt und enthält einen Keramikfries von Joan Miró, Wandgemälde von Antoni Tàpies, ein Mosaik von Georges Braque und Skulpturen von Alberto Giacometti. Im Innenhof steht eine Bronzeskulptur von Hans Arp.

🏛 Kunst Halle Sankt Gallen
Davidstrasse 40. ☎ 071 222 1014. ⏰ Di–Fr 12–18, Sa, So 11–17 Uhr. ⛔ 1. Jan, Karfreitag, 1. Aug, 24., 25., 31. Dez.
🌐 kunsthallesanktgallen.ch

Das international angesehene Forum für Gegenwartskunst sieht sich als Bühne für experimentierfreudige Künstler. Die Ausstellungen wechseln häufig und spiegeln die aktuellen Entwicklungen in der modernen Kunst wider.

Zentrum von St. Gallen
① Textilmuseum
② Stiftsbibliothek
③ St. Laurenzen-Kirche
④ Marktplatz
⑤ Waaghaus
⑥ Bierflaschenmuseum
⑦ Naturmuseum und Kunstmuseum
⑧ Historisches und Völkerkundemuseum

0 Meter 200

Zeichenerklärung
siehe hintere Umschlagklappe

Mehr über St. Gallen? Vis-à-Vis Bodensee

St. Gallen: Stiftskirche

Das Benediktinerkloster von St. Gallen wurde 719 gegründet und erlebte vom 9. bis zum 11. Jahrhundert seine Blütezeit. Die romanische Kirche und das Kloster, die damals entstanden, sind – abgesehen von der Krypta mit den Gräbern der Äbte – nicht erhalten. Die heutige barocke Stiftskirche (Kathedrale) wurde 1755–67 unter Leitung von Johann Michael Beer von Bildstein erbaut. Den Innenraum gestalteten bekannte Künstler. Der Stiftsbezirk mit seinen Kunstwerken und der Stiftsbibliothek *(siehe S. 188)* gehört seit 1983 zum UNESCO-Welterbe.

★ Deckenfresken
Die Decke ist mit wunderbaren Fresken von Josef Wannenmacher verziert.

Hochaltar
Das Gemälde des Hochaltars (1644/45) zeigt *Mariä Himmelfahrt* von Francesco Romanelli. Das Gemälde wurde später leider stark retuschiert.

Hochaltar

Throne
Inmitten des Chorgestühls stehen zwei Throne von Franz Joseph Anton Feuchtmayer, die mit Verzierungen der Brüder Dirr versehen sind.

ST. GALLEN: STIFTSKIRCHE | 191

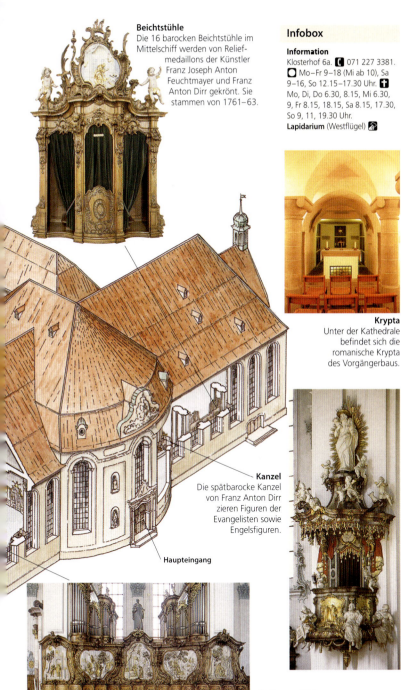

Beichtstühle
Die 16 barocken Beichtstühle im Mittelschiff werden von Reliefmedaillons der Künstler Franz Joseph Anton Feuchtmayer und Franz Anton Dirr gekrönt. Sie stammen von 1761–63.

Infobox

Information
Klosterhof 6a. 071 227 3381.
Mo–Fr 9–18 (Mi ab 10), Sa 9–16, So 12.15–17.30 Uhr.
Mo, Di, Do 6.30, 8.15, Mi 6.30, 9, Fr 8.15, 18.15, Sa 8.15, 17.30, So 9, 11, 19.30 Uhr.
Lapidarium (Westflügel)

Krypta
Unter der Kathedrale befindet sich die romanische Krypta des Vorgängerbaus.

Kanzel
Die spätbarocke Kanzel von Franz Anton Dirr zieren Figuren der Evangelisten sowie Engelsfiguren.

Haupteingang

★ **Chorgestühl**
Das barocke Gestühl (1763–70) mit 84 Sitzen von Franz Joseph Anton Feuchtmayer besteht aus Walnussholz. Es ist vergoldet und mit Gemälden verziert.

❼ Appenzell

Straßenkarte F2. 🚍 🚌 ℹ️ Appenzell, Hauptgasse 4, 071 788 9641. 🎭 Landsgemeinde (letzter So im Apr, Appenzell). 🌐 **appenzell.ch**

Innenraum der Kirche St. Mauritius in Appenzell

Die Region Appenzell ist eine Enklave im Kanton St. Gallen. Sie besteht aus zwei Halbkantonen: Appenzell-Ausserrhoden im Norden und Westen und Appenzell-Innerrhoden im Süden. Vom 10. bis zum 15. Jahrhundert gehörte Appenzell zum Territorium der Abtei St. Gallen *(siehe S. 188)*. Nachdem es die Unabhängigkeit erlangt hatte, trat Appenzell 1513 der Schweizerischen Eidgenossenschaft bei.

Appenzell-Ausserrhoden, der größere der beiden Halbkantone, ist protestantisch und industriell geprägt, Appenzell-Innerrhoden hingegen ist katholisch, landschaftlich sehr reizvoll, größtenteils bäuerlich und hat einen blühende Tourismus. Innerrhoden ist für Viehzucht und Milchprodukte – v. a. für Käse – bekannt. Es besitzt einen stark ländlichen Charakter mit noch tief verwurzelten Bräuchen und weist eine fast unberührte Natur auf.

Wie viele Orte der Region, so hat auch **Appenzell**, der Kantonalhauptort von Innerrhoden, einen Landsgemeindeplatz, auf dem regelmäßig Volksabstimmungen stattfinden *(siehe S. 34)*. Das gut erhaltene historische Zentrum von Appenzell ist voller bunt bemalter Holzhäuser. Sehenswert sind das Rathaus (16. Jh.) und die Kirche St. Mauritius, die im 16. Jahrhundert im Barockstil erbaut und im 19. Jahrhundert umgebaut wurde.

Die Geschichte und Kultur Appenzells werden anhand der großen, abwechslungsreichen Sammlung im **Museum Appenzell** veranschaulicht. Hier gibt es Trachten und Kopfschmuck, Stickereien und Kuhglocken zu sehen. Das privat geführte **Museum im Blauen Haus** zeigt eine ähnliche, kleinere Sammlung.

Südlich von Appenzell befindet sich das Alpstein-Massiv, dessen höchster Gipfel, der Säntis, 2502 Meter hoch aufragt. Er ist bei Wanderern und Bergsteigern sehr beliebt und kann per Seilbahn von der Schwägalp aus erreicht werden. Der Säntis bietet einen unvergleichlichen Panoramablick über den Bodensee *(siehe S. 187)*, den Schwarzwald im Norden, den Zürichsee im Südwesten und die Glarner Alpen im Süden.

Das malerische Dorf **Urnäsch** in Ausserrhoden, nordwestlich des Säntis, bietet seinen Gästen ein Heimatmuseum, das **Appenzeller Brauchtumsmuseum**. Es zeigt rekonstruierte Innenräume eines Bauernhauses sowie Trachten und Kunsthandwerk.

Haus mit Schmuckgiebel in Gais

Nördlich von Urnäsch liegt **Herisau**, der Kantonalhauptort von Appenzell-Ausserrhoden. Der Marktflecken besitzt attraktive Holzhäuser und eine Kirche mit Rokoko-Ausstattung von 1520. Im Rathaus ist ein Geschichtsmuseum mit Exponaten zur regionalen Geschichte untergebracht.

In **Stein**, einem ruhigen Dorf östlich von Herisau, gibt es ebenfalls ein interessantes Museum sowie eine interessante Schaukäserei. Die Ausstellungsstücke im **Appenzeller Volkskunde-Museum** illustrieren das Leben, die Kultur und das Handwerk der einheimischen Schweizer.

In der **Appenzeller Schaukäserei** kann man bei der traditionellen Käseherstellung zusehen.

Die Marktgemeinde **Gais** im Zentrum der Region Appenzell ist für ihre geschweiften, verzierten Häusergiebel bekannt und ein guter Ausgangspunkt für Ausflüge.

Der kleine Ort **Trogen** liegt auf einem Hügel nördlich von Gais und besitzt eine Barockkirche.

🏛️ **Museum Appenzell**
Appenzell, Hauptgasse 4. 📞 071 788 9631. 🕐 Apr–Okt: Mo–Fr 10–12, 13.30–17, So 11–17 Uhr; Nov–März: Di–So 14–17 Uhr. 🌐 museum.ai.ch

Die Hauptgasse im historischen Zentrum von Appenzell

Hotels und Restaurants in der Ostschweiz und Graubünden *siehe Seiten 253f und 272–274*

OSTSCHWEIZ | 193

🏛 **Museum im Blauen Haus**
Weissbadstrasse 33. ☎ 071 787 1284. 🕘 Mo–Fr 9–18, Sa 10–16 Uhr.

🏛 **Appenzeller Brauchtumsmuseum**
Urnäsch. ☎ 071 364 2322. 🕘 Mo–Sa 9–11.30 und 13.30–17 Uhr, So 13.30–17 Uhr (Nov–März: Mo–Sa nur 9–11.30 Uhr).
🌐 museum-urnaesch.ch

🏛 **Appenzeller Volkskunde-Museum**
Stein. ☎ 071 368 5056. 🕘 Di–So 10–17 Uhr.
🌐 appenzeller-museum-stein.ch

🏛 **Appenzeller Schaukäserei**
Stein. ☎ 071 368 5072. 🕘 Mai–Okt: tägl. 9–18.30 Uhr; Nov–Apr: tägl. 9–17.30 Uhr. 📅 nach Vereinbarung. 🌐 schaukaeserei.ch

❽ Toggenburg

Straßenkarte E2. ℹ Hauptstrasse 104, 071 999 9911.
🌐 toggenburg.org

Das Toggenburg ist ein Tal, das sich entlang der Flüsse Thur und Necker von Norden nach Süden zieht – zwischen Wil und Wattwil, dann östlich in Richtung Alt St. Johann, wo es Oberes Toggenburg heißt. Mit dem Alpstein-Massiv im Norden und dem Churfirsten-Massiv im Süden geht das Obere Toggenburg schließlich ins Rheintal über. Im Toggenburg verlaufen mehr als 300 Kilometer Wander- und Radwege. Die sanften Hänge sind exzellente Skipisten. Attraktive Orte und Dörfer säumen das Tal, u. a. **Wil** und **Lichtensteig**.

Wildhaus, ein hübscher Ferienort im östlichen Teil des Oberen Toggenburg, ist der

Haus aus dem 17. Jahrhundert in Lichtensteig im Toggenburg

Geburtsort des Schweizer Reformators Ulrich Zwingli. Das Bauernhaus, in dem er 1484 zur Welt kam, ist zugänglich (Lisighaus, Tel. 071 999 1625). Mit zehn Minuten Fußweg vom Dorf **Unterwasser** erreicht man die imposanten Thurwasserfälle, wo die Säntisthur 23 Meter in die Tiefe stürzt.

❾ Rapperswil

Straßenkarte E3. 👥 7500.
ℹ Fischmarktplatz 1, 055 220 5757. 🌐 rapperswil-jona.ch

Das Städtchen, eigentlich Rapperswil-Jona, im Kanton St. Gallen liegt auf einem Felsvorsprung am Nordufer des Zürichsees. Der moderne Teil ist wenig interessant, in der Altstadt kann man jedoch schöne Spaziergänge unternehmen.

Jenseits der Uferpromenade befinden sich enge Gassen mit arkadenverzierten Häusern und kleine Plätze mit Cafés und Fischrestaurants.

Rapperswil ist auch als »Stadt der Rosen« bekannt: Zwischen Mai und Oktober füllt sich die Luft mit dem Duft der zahlreichen Rosengärten der Stadt. Einer der Rosengärten liegt in einem alten Kapuzinerkloster, ein anderer wurde speziell für Blinde angelegt.

Neben dem Rathaus (15. Jh.) und der Kirche gehört eine gotische Burg (Schloss Rapperswil), deren drei Türme sich über die Stadt erheben, zu den Sehenswürdigkeiten. Von hier aus kann man bis nach Zürich im Norden und zu den Glarner Alpen im Südwesten sehen.

❿ Glarus

Straßenkarte E3. 👥 12 500. ℹ Glarus, Bahnhofstr. 23, 055 650 2323; Glarnerland, Raststätte A3, Niederurnen, 055 610 2125.
🎉 Landsgemeinde (1. So im Mai).
🌐 glarnerland.ch

Der Hauptort des Kantons Glarus ist auch das urbane Zentrum des Glarnerlands, einer bergigen Region zwischen Walensee und Klausen-Pass. 1861 wurde Glarus durch einen Brand weitgehend zerstört und danach in einem für das 19. Jahrhundert typischen Muster wiederaufgebaut. Zu den sehenswerten Gebäuden gehören das Rathaus, eine Kunstgalerie mit einer Sammlung Schweizer Gemälde aus dem 19. und 20. Jahrhundert sowie die neoromanische Gemeindekirche, deren Kirchenschatz eine Sammlung liturgischer Gefäße umfasst.

Die Seen, Täler und Berge rund um Glarus – vor allem das Glärnisch-Massiv – sind bei Wanderern und Skifahrern gleichermaßen beliebt.

Umgebung: Südlich von Glarus führt die Hauptstraße nach **Linthal**. Dort startet die Standseilbahn nach **Braunwald**. Der autofreie Ort ist ideal zum Wandern. Hinter Linthal führt die Straße hinauf zum **Klausen-Pass** (1948 m), dann hinunter ins Tal nach Altdorf und weiter zum Vierwaldstättersee (siehe S. 228).

Tourenski-Wanderer auf den Höhen des Toggenburg

OSTSCHWEIZ UND GRAUBÜNDEN

Blick über den Walensee nach Osten in Richtung Walenstadt

⓫ Walensee

Straßenkarte EF3. 🚌 🚆 ℹ️ Walenseestrasse 18, Unterterzen, 081 720 1717. **w** heidiland.com

Der schmale See markiert die Grenze zwischen den Kantonen St. Gallen und Glarus. Er ist etwa 15 Kilometer lang und nur zwei Kilometer breit und liegt in einem tiefen Tal zwischen dem Churfirsten-Massiv im Norden und den Glarner Alpen im Südosten.

Eine Eisenbahnlinie und die Autobahn von Zürich nach Chur führen am Südufer des Sees entlang. Die meisten Ortschaften am steilen Nordufer kann man nur per Boot oder zu Fuß erreichen, so z.B. das zauberhafte **Weesen**.

Etwas weiter südlich liegt **Näfels** mit dem Freulerpalast (1647), einem Spätrenaissance-Bau mit dem Museum des Kantons Glarus.

Der Nachbarort **Mollis** zeichnet sich durch gut erhaltene Bürgerhäuser und Villen (18. Jh.) aus. **Walenstadt** am Ostufer des Sees bietet hervorragende Möglichkeiten, die Umgebung zu erkunden, u. a. den **Walenstadtberg**, rund acht Kilometer nordwestlich, und den **Berschis**, sechs Kilometer südöstlich. Dort gibt es eine mit Fresken geschmückte Kapelle (12. Jh.).

⓬ Liechtenstein

Siehe S. 196f.

⓭ Bad Ragaz

Straßenkarte F3. 🚌 🚆 🚠 6000. ℹ️ Am Platz 1, 081 300 4020. 🎉 Maibär (Frühlingsfest, 1. Maiwoche). **w** heidiland.com

Bad Ragaz am Fluss Tamina ist eines der bekanntesten Thermalbäder der Schweiz mit einem Grandhotel und Golfplätzen. Die Quellen werden bei rheumatischen und Atemwegserkrankungen sowie zur allgemeinen Gesundheitsvorsorge eingesetzt. Das Thermalbad verfügt über mehrere Innen- und Außenbecken. Besonders bekannt ist die Tamina-Therme im Ortszentrum.

In Bad Ragaz ist die Gemeindekirche (18. Jh.) mit barocken Wandgemälden sehenswert. Im Rathaus sind Gemälde und Zeichnungen aus Bad Ragaz und Umgebung ausgestellt.

Neben den Skipisten am Pizol besitzt Bad Ragaz Golf- und Tennisplätze sowie weitere Sportstätten. Man kann hier auch sehr schöne Wanderungen unternehmen.

Umgebung: Rund fünf Kilometer südlich von Bad Ragaz liegt **Bad Pfäfers**, ein weiteres Thermalbad mit Barockkirche und einem ehemaligen Benediktinerkloster, das heute ein Museum beherbergt.

Südwestlich von Bad Ragaz liegt die beeindruckende **Taminaschlucht**. Einen Abstecher wert ist auch **Sargans** mit seinen klassizistischen Gebäuden und Schloss Sargans, einer gotischen Burganlage.

⓮ Maienfeld

Straßenkarte F3. 🚌 🚆 🚠 2400. ℹ️ Bahnhofstrasse 1, 081 330 1800. **w** heidiland.com

Maienfeld liegt in den Bergen oberhalb von Bad Ragaz im Zentrum des Heidilands. Johanna Spyri wählte diese Region der Schweizer Alpen als Schauplatz für ihren Roman *Heidi* (1881). Die Geschichte des kleinen Mädchens wurde zum Klassiker der Kinderliteratur und mehrere Male verfilmt.

Bad Ragaz, Kurbad und Ausgangsbasis für Wanderungen

Hotels und Restaurants in der Ostschweiz und Graubünden *siehe Seiten 253f und 272–274*

OSTSCHWEIZ UND GRAUBÜNDEN | 195

Ein leichter Wanderweg führt von Maienfeld hinauf nach Oberrofels. Hier können Besucher Heidis Haus besichtigen, ein Holzchalet, in dem der Alltag von Heidi und ihrem Großvater, dem Alm-Öhi (Alpöhi), lebendig wird.

⓯ Chur

Siehe S. 198–201.

⓰ Arosa

Straßenkarte F4. 🚌 🚗 🚠 3300.
ℹ Poststrasse, 081 378 7020.
🌐 arosa.ch

Arosa schmiegt sich in das schmale Schanfigger Tal und ist einer der schönsten Ferienorte der Schweiz. Er liegt zwar auf einer Höhe von 1800 Metern, erfreut sich jedoch eines milden Klimas mit ruhigem, sonnigem Wetter.

Die Stadt ist zweigeteilt: Ausserarosa ist der heutige Hauptort, Innerarosa das ursprüngliche Dorf. Die Exponate im **Heimatmuseum Arosa-Schanfigg** – Kunsthandwerk und Volkskunst – spiegeln das Bergleben wider, ehe der Wintersport die Gegend veränderte.

Im Winter bieten die Hänge des Weisshorns (für erfahrene Skifahrer) und des Hörnli und Prätschli (für mittelgute Skifahrer) exzellente Abfahrtsmöglichkeiten. Es gibt lange Loipen, eine Schlitten- und eine Eisbahn. Die 70 Kilometer an Pisten gelten als schneesicher. Im Sommer ziehen mehr als 200 Kilometer lange Wege

Wintersportler im Schanfiggtal, in der Nähe von Arosa

Der Luftkurort Davos mit Schatzalp und Parsenn

Wanderer und Mountainbiker an. Ein Golfplatz und Wassersportmöglichkeiten auf Ober- und Untersee sind weitere Attraktionen.

🏛 **Heimatmuseum Arosa-Schanfigg**
Poststrasse, Innerarosa. 📞 081 377 3313. 🕐 Mo, Mi, Fr 14.30–16.30 Uhr (Winter: nur Di, Fr).
🌐 arosa-museum.ch

⓱ Davos

Straßenkarte F3. 🚠 11 000. 🚗 🚌
ℹ Talstrasse 41, 081 415 2121.
🎿 Swiss Alpine Marathon (Juli), Spengler Cup, Eishockey-Turnier (Dez). 🌐 davos.ch

Davos ist einer der größten Schweizer Wintersportorte und »Hauptstadt« des Snowboardens. Das Dorf entwickelte sich in den 1860er Jahren zu einem Heilzentrum für Lungenkranke und wurde in den 1930er Jahren zum Skiort. Es ist Kongresszentrum, u. a. für das World Economic Forum (WEF).

Davos wird auch mit Thomas Mann (1875–1955) in Verbindung gebracht, der hier 1911 zu seinem berühmten Roman *Der Zauberberg* inspiriert wurde. Der expressionistische Maler Ernst Ludwig Kirchner ließ sich 1917 in Davos nieder. Im **Kirchner Museum** ist die weltweit größte Sammlung seiner Werke ausgestellt, u. a. alpine Landschaften.

In der Davoser Altstadt sind eine Kirche (15. Jh.) und das

Plakat im Kirchner Museum, Davos

Rathaus (16. Jh.) erhalten. Vornehmlich aber dreht sich hier alles um den Wintersport: Zusammen mit Klosters verfügt Davos über 320 Kilometer an Ski- und 75 Kilometer an Snowboardpisten. Sie eignen sich für mittelgute bis sehr erfahrene Skifahrer. Für Anfänger gibt es einige Ski- und Snowboard-Schulen sowie etwas weniger anspruchsvolle Abhänge. Auf der großen natürlichen Eisbahn von Davos wird natürlich in erster Linie Eishockey gespielt.

Im Sommer kann man in dem Luftkurort auch golfen, Tennis spielen, wandern, klettern und Reitausflüge unternehmen.

🏛 **Kirchner Museum**
Promenade 82. 📞 081 410 6300. 🕐 Di–So 11–18 Uhr. 🎿 Di, So 16 Uhr; Audioguide.
🌐 kirchnermuseum.ch

⓲ Klosters

Straßenkarte F3. 🚠 4000. 🚗 🚌
ℹ Alte Bahnhofstrasse 6, 081 410 2020. 🌐 klosters.ch

Der südliche Nachbar von Davos ist familiärer und kleiner, aber dennoch chic. Vom mittelalterlichen Kloster, von dem der Ort seinen Namen hat, steht nur noch die Kirche St. Jacob mit Bleiglasfenstern von Augusto Giacometti. Die Geschichte des Dorfs und seine Entwicklung zum Ferienort werden in der **Nutli-Hüschi** gezeigt, einem Museum in einem Holzhaus aus dem 16. Jahrhundert.

Zusammen mit Davos verfügt Klosters über 320 Kilometer an Skipisten und 50 Kilometer an Loipen. Mit unterschiedlichen Schwierigkeitsgraden eignen sie sich sowohl für Anfänger als auch für Fortgeschrittene.

🏛 **Nutli-Hüschi**
Monbielerstrasse 11. 📞 079 440 6948. 🕐 Mi, Fr 15–17 Uhr.
🌐 museum-klosters.ch

⑫ Liechtenstein

Das Fürstentum im Ostteil der Rätischen Alpen grenzt im Westen an die Schweiz und im Osten an Österreich. Es besteht aus der Grafschaft Vaduz und der Herrschaft Schellenberg, die Johann von Liechtenstein 1699 und 1712 erwarb. 1719 wurden die Güter zum Fürstentum. Das deutschsprachige Land mit rund 37 500 Einwohnern ist eine konstitutionelle Erbmonarchie mit enger Bindung an die Schweiz (die Grenzen sind offen). Offizielle Währung des wohlhabenden Staats ist der Schweizer Franken. Die Hauptstadt Vaduz hat ihren eigenen Charme und beeindruckt mit der Sammlung des Kunstmuseums Liechtenstein.

① **Balzers**
Die Burg Gutenberg (13. Jh.) beherrscht das Bild der südlichsten Stadt Liechtensteins. Sie kann nicht besichtigt werden, der Innenhof wird jedoch für kulturelle Veranstaltungen genutzt.

② **Triesen**
Die gotische Kapelle St. Mamerten besitzt eine romanische Apsis und ist eines der historischen Gebäude in Triesen.

③ **Triesenberg**
Das Bergdorf oberhalb des Rheintals wurde im 13. Jahrhundert von Siedlern aus dem Wallis gegründet. Heute ist es ein beliebtes Urlaubsziel.

LIECHTENSTEIN | 197

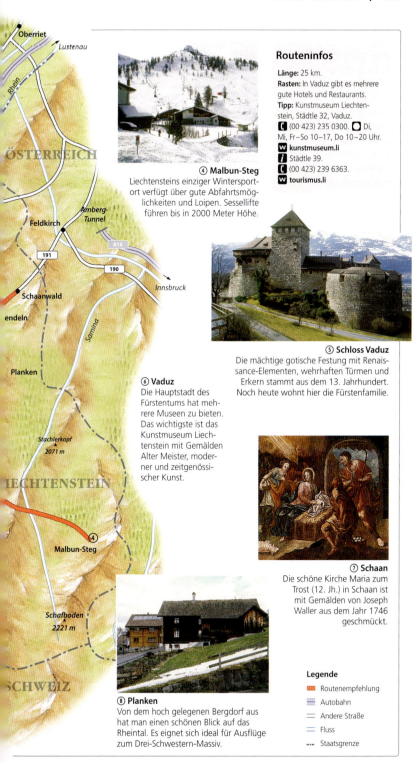

Routeninfos

Länge: 25 km.
Rasten: In Vaduz gibt es mehrere gute Hotels und Restaurants.
Tipp: Kunstmuseum Liechtenstein, Städtle 32, Vaduz.
(00 423) 235 0300. Di, Mi, Fr–So 10–17, Do 10–20 Uhr.
kunstmuseum.li
Städtle 39.
(00 423) 239 6363.
tourismus.li

④ Malbun-Steg
Liechtensteins einziger Wintersportort verfügt über gute Abfahrtsmöglichkeiten und Loipen. Sessellifte führen bis in 2000 Meter Höhe.

⑤ Schloss Vaduz
Die mächtige gotische Festung mit Renaissance-Elementen, wehrhaften Türmen und Erkern stammt aus dem 13. Jahrhundert. Noch heute wohnt hier die Fürstenfamilie.

⑥ Vaduz
Die Hauptstadt des Fürstentums hat mehrere Museen zu bieten. Das wichtigste ist das Kunstmuseum Liechtenstein mit Gemälden Alter Meister, moderner und zeitgenössischer Kunst.

⑦ Schaan
Die schöne Kirche Maria zum Trost (12. Jh.) in Schaan ist mit Gemälden von Joseph Waller aus dem Jahr 1746 geschmückt.

⑧ Planken
Von dem hoch gelegenen Bergdorf aus hat man einen schönen Blick auf das Rheintal. Es eignet sich ideal für Ausflüge zum Drei-Schwestern-Massiv.

Legende
- Routenempfehlung
- Autobahn
- Andere Straße
- Fluss
- Staatsgrenze

⑮ Chur

Die Stadt Chur liegt am oberen Ende des Rheintals an einer Stelle, an der sich die alten Handelsstraßen zwischen den Alpen und dem Bodensee kreuzten. Schon im 1. Jahrhundert v. Chr. gründeten die Römer hier eine Siedlung. Um 450 n. Chr. wurde Chur zum Bistum ernannt. Unter der Herrschaft der Fürstbischöfe vom 12. bis zum 16. Jahrhundert blühte die Stadt regelrecht auf. Während der Reformation übertrug man die weltliche Macht den Kaufleuten, und Chur wuchs weiterhin stark an. 1803 wurde Chur Hauptstadt des Kantons Graubünden.

Karolingische Krypta (8. Jh.) unter der Kirche St. Luzius

Überblick: Chur

Die Altstadt erstreckt sich am Obertor im Westen hauptsächlich um die Kirche St. Martin. Bischofsschloss und Kathedrale (siehe S. 200f) befinden sich im Osten. Die engen und ruhigen Gassen und Plätze sind gut zu Fuß zu erkunden.

🔼 Kirche St. Luzius

Die Kirche ist dem hl. Luzius geweiht, dem Missionar, der das Christentum in diese Gegend brachte. Sie liegt auf einem Weinberg im Osten der Altstadt und wurde an der Stelle eines karolingischen Baus (8. Jh.) errichtet, dessen erhaltene Krypta besichtigt werden kann. Zur Kirche gehört auch ein Priesterseminar gleich nebenan.

🔼 Kathedrale
Siehe S. 200f.

🔼 Bischöflicher Hof
Hofplatz.

Der umfangreiche Komplex mit Bischofsschloss liegt auf einer Terrasse im Osten der Altstadt. Er wurde im 6. Jahrhundert über einer römischen Festung erbaut und ist im Lauf der Zeit mehrmals erweitert worden. Die dicken Mauern zeugen von der einstigen Wehrhaftigkeit der Anlage.

Ihre heutige Gestalt ist in erster Linie das Ergebnis mehrerer Umbauten im 18. und 19. Jahrhundert. Die gesamte Anlage ist immer noch Bischofssitz und deshalb für Besucher nicht zugänglich.

Bischöflicher Hof mit der Kathedrale (links)

🏛 Rätisches Museum
Haus Buol, Hofstrasse 1. 📞 081 257 4840. 🕐 Di–So 10–17 Uhr. 🌐 raetischesmuseum.gr.ch

Die Exponate des Museums in einem früheren Herrensitz illustrieren die Geschichte Churs von prähistorischer Zeit bis ins 19. Jahrhundert.

Zu sehen sind archäologische Funde der Räter, die die Region zuerst besiedelten, Funde aus der römischen Zeit Graubündens und mittelalterliche Reliquiare aus der Schatzkammer der Kathedrale.

Einrichtungsgegenstände aus dem 17. Jahrhundert sowie Zeugnisse der Kultur und Volkskunst Graubündens runden die Sammlung ab.

Bleiglasfenster von Augusto Giacometti in der Kirche St. Martin

🔼 Kirche St. Martin
St. Martinsplatz 📞 081 252 2292. 🕐 Mo–Fr 8.30–11.30, 14–17 Uhr.

Die spätgotische Kirche St. Martin wurde 1491 vollendet und ersetzte eine ältere Kirche aus dem 8. Jahrhundert, die einem Brand zum Opfer fiel. Besonders sehenswert im Inneren sind die Schnitzereien des Gestühls und die drei bemerkenswerten Bleiglasfenster, die Augusto Giacometti zwischen 1917 und 1919 schuf.

🏛 Obere Gasse

Churs schönste Einkaufsmeile verläuft vom St. Martinsplatz zum Obertor, dem gotischen Stadttor am Plessurufer. Sie wird von historischen Häusern gesäumt, in denen heute Boutiquen, Restaurants und Cafés untergebracht sind. An den Samstagvormittagen im Som-

CHUR | 199

Das Vazerol-Denkmal, ein Obelisk in der Mitte des Regierungsplatzes

mer wird in der Oberen und Unteren Gasse ein Markt abgehalten.

Rathaus
Poststrasse. ☐ nach Voranmeldung (081 252 1818).

Das gotische Rathaus wurde ab 1465 auf dem Grundriss eines älteren, niedergebrannten Gebäudes errichtet. Im Erdgeschoss befindet sich ein Arkadengang, der einst als Marktfläche diente. In den Obergeschossen gibt es zwei schön geschmückte Ratskammern, die eine mit einer Holzdecke, die andere mit einer Täfelung aus der Renaissance. In beiden Räumen sind Kachelöfen (17. Jh.) zu sehen.

Im Haus Reichsgasse 57 wurde 1741 die Schweizer Malerin Angelika Kauffmann geboren. Sie lebte später in Österreich, ab 1766 in London und ab 1781 in Rom, wo sie 1807 starb. Sie wurde für ihre idealisierenden Porträts und Historienbilder berühmt.

Regierungsplatz
Der Platz im Norden der Altstadt wird von mehreren historischen Gebäuden gesäumt, die heute als Sitz der Kantonalbehörden dienen. Eines der schönsten ist das »Graue Haus«, eine dreigeschossige Residenz von 1752. Das Vazerol-Denkmal, ein Obelisk in der Mitte des Platzes, erinnert an den freien Zusammenschluss einiger Graubündner Gemeinden im 14. Jahrhundert, als sich die Bevölkerung gegen die Fremdherrschaft auflehnte.

Infobox

Information
Straßenkarte F3. 🚹 37 000.
ℹ Bahnhofplatz 3, 081 252 1818. 🌐 churtourismus.ch

Anfahrt
🚆 🚌

Der Postplatz am nördlichen Rand der Altstadt

Zentrum von Chur
① Kirche St. Luzius
② Kathedrale
③ Bischöflicher Hof
④ Rätisches Museum
⑤ Kirche St. Martin
⑥ Obere Gasse
⑦ Rathaus
⑧ Regierungsplatz
⑨ Bündner Kunstmuseum
⑩ Bündner Naturmuseum

Zeichenerklärung
siehe hintere Umschlagklappe

🏛 Bündner Kunstmuseum

Bahnhofstrasse 35. ☎ 081 257 2870. ⏲ Di–So 10–17 Uhr (Do bis 20 Uhr).
🌐 **buendner-kunstmuseum.ch**

Churs Museum der schönen Künste ist in einer Villa von 1874/75 untergebracht. Sie wurde für den Händler Jacques Ambrosius von Plant erbaut.

Die meisten Gemälde und Skulpturen der Sammlung stammen von Künstlern des 18. bis 20. Jahrhunderts, die in Graubünden geboren wurden oder dort arbeiteten, darunter Angelika Kauffmann, Giovanni Segantini, Ferdinand Hodler, Giovanni, Alberto Giacometti und Ernst Ludwig Kirchner.

🏛 Bündner Naturmuseum

Masanserstrasse 31. ☎ 081 257 2841. ⏲ Di–So 10–17 Uhr.
🌐 **naturmuseum.gr.ch**

Das Museum widmet sich der Natur Graubündens. In dem Bau sind eine Mineraliensammlung, Pflanzen und Tierpräparate zu besichtigen.

Umgebung: Eine Seilbahn führt von der Talstation in der Kasernenstrasse (etwa fünf Minuten zu Fuß vom Zentrum der Stadt entfernt) zum **Brambrüesch** auf eine Höhe von 1600 Meter. Er ist einer der drei Gipfel des Dreibündensteinmassivs, das über zahlreiche, landschaftlich außerordentlich reizvolle Wanderwege verfügt. Vom Brambrüesch führt ein Sessellift zum **Dreibündenstein** (2176 m). Von dort kann man nach Pizokel und auf den Bergkamm des Calanda (2806 m) wandern.

Der Ort **Flims** liegt 20 Kilometer westlich von Chur. Die Aussichtsplattform *Il Spir* über der bis zu 400 Meter tiefen Rheinschlucht Ruinaulta bietet einen einzigartigen Panoramablick über diese zerklüftete Gebirgslandschaft.

Der Ort **Passugg**, fünf Kilometer südwestlich von Chur an der Straße nach Lenzerheide, besitzt eisenreiche Mineralquellen, doch der Kurbetrieb wurde 1979 eingestellt. Dahinter führt die Straße weiter in den Skiort Tschiertschen.

Chur: Kathedrale

Die um 1150 begonnene und um die Mitte des 13. Jahrhunderts vollendete Kathedrale St. Mariä Himmelfahrt ist eine Mischung aus Romanik und Gotik. Der östliche Abschnitt ist der älteste Teil der Basilika. Das Mittelschiff mit romanischen Säulen und gotischem Gewölbe sowie der von einer Laterne gekrönte Turm wurden erst später hinzugefügt. Die Fassade wurde nach einem Brand im 19. Jahrhundert umgestaltet. Die Kathedrale hat einen unregelmäßigen Grundriss, Chor und Mittelschiff bilden keine Flucht. Schön ist das Altar-Triptychon (15. Jh.).

Kapitelle in der Krypta
Die Säulen in der Krypta weisen mit Tierfiguren verzierte Kapitelle auf.

★ Kapitelle im Mittelschiff
Die Säulenkapitelle im Mittelschiff stellen herausragende Beispiele der romanischen Steinmetzkunst in der Schweiz dar.

★ Chor
Der gotische Chor wird von zahlreichen, schön gearbeiteten Heiligenfiguren geschmückt.

Hotels und Restaurants in der Ostschweiz und Graubünden siehe Seiten 253f und 272–274

CHUR: KATHEDRALE | 201

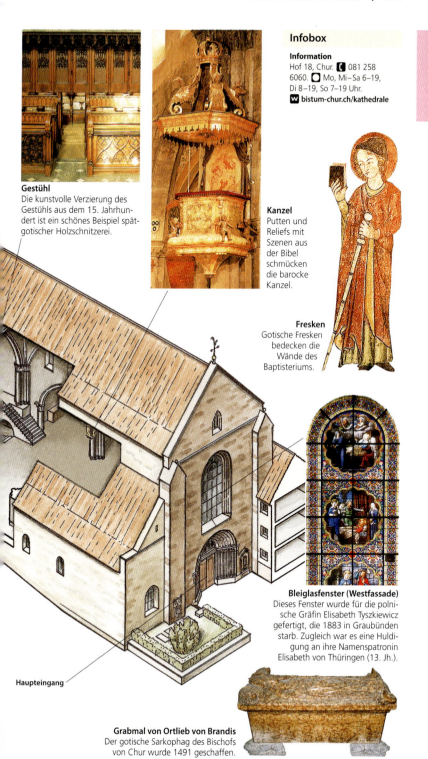

Gestühl
Die kunstvolle Verzierung des Gestühls aus dem 15. Jahrhundert ist ein schönes Beispiel spätgotischer Holzschnitzerei.

Infobox
Information
Hof 18, Chur. 081 258 6060. Mo, Mi–Sa 6–19, Di 8–19, So 7–19 Uhr.
bistum-chur.ch/kathedrale

Kanzel
Putten und Reliefs mit Szenen aus der Bibel schmücken die barocke Kanzel.

Fresken
Gotische Fresken bedecken die Wände des Baptisteriums.

Bleiglasfenster (Westfassade)
Dieses Fenster wurde für die polnische Gräfin Elisabeth Tyszkiewicz gefertigt, die 1883 in Graubünden starb. Zugleich war es eine Huldigung an ihre Namenspatronin Elisabeth von Thüringen (13. Jh.).

Haupteingang

Grabmal von Ortlieb von Brandis
Der gotische Sarkophag des Bischofs von Chur wurde 1491 geschaffen.

Sgraffito an einer Hausfassade in Guarda, Unterengadin

⑲ Engadin

Straßenkarte G4. *i* Via San Gian 30, St. Moritz, 081 830 0001.
w engadin.stmoritz.ch

Das Engadin erstreckt sich über 80 Kilometer vom Fuß der Rätischen Alpen bei St. Moritz nach Nordosten bis zur österreichischen Grenze. Es wurde nach dem Inn benannt, der auf Rätoromanisch »En« heißt und nach Österreich fließt, wo er in die Donau mündet.

Das Hochtal liegt tief eingeschnitten zwischen schroffen Felsen – das Oberengadin im Südwesten, das Unterengadin im Nordosten. Das Oberengadin (Engiadina Ota auf Rätoromanisch) verläuft zwischen Maloja-Pass und Zernez. Der Talboden liegt auf einer Höhe von ca. 1800 Metern und wird auf beiden Seiten von Gletschern und schneebedeckten Gipfeln gesäumt. Im Oberengadin befinden sich bekannte Wintersportorte wie Pontresina und St. Moritz *(siehe S. 208)*.

Das Unterengadin (Engiadina Bassa) liegt zwischen Zernez und Martina. Die ausgesprochen malerische Region hat viele hübsche Dörfer zu beiden Seiten des Inn zu bieten. In vielen der Orte gibt es Häuser mit Sgraffito-Fassaden. Bei dieser Maltechnik werden Muster in die oberste Putzschicht eingearbeitet. Besonders schöne Sgraffito-Arbeiten findet man in **Guarda**, einem Dorf am Inn. Das Städtchen **Ardez** ist gleichfalls für seine bemalten Häuser bekannt. Eines dieser Häuser ziert eine hübsch gestaltete Erzählung der Genesis und der Vertreibung Adams und Evas aus dem Garten Eden.

Der Hauptort des Unterengadin mit Thermen und Regionalmuseum ist **Scuol** (Schuls). Am gegenüberliegenden Ufer des Inn befinden sich die Dörfer **Vulpera**, das malerische Häuser und eine Burg (11. Jh.) aufweist, und **Tarasp** mit einer Therme. Die Burg Chaste Tarasp liegt auf einem Felsvorsprung oberhalb des Dorfs.

Im nahe gelegenen **S-charl** kann man eine große Blei- und Silbermine besichtigen.

Das Unterengadin ist auch ein idealer Ausgangspunkt, um die imposante Silvretta-Gruppe im Norden und den einzigartigen und wirklich sehenswerten Schweizerischen Nationalpark *(siehe S. 206f)* im Süden zu erkunden.

⑳ Müstair

Straßenkarte G4. 🚏 750. *i* Chasa Cumünala, Tschierv, 081 861 8840.
w val-muestair.ch

Versteckt im Val Müstair (Münstertal) und fast an der italienischen Grenze liegt die kleine Gemeinde Müstair (Münster), die nach dem karolingischen Kloster benannt wurde.

Das Kloster wurde von Karl dem Großen um 780 n. Chr. gegründet. Seit dem 12. Jahrhundert wird es als Benediktinerinnenkloster genutzt. Es ist eines der ältesten Gebäude der Schweiz.

Die Kirche **Son Jon** (St. Johann) ist mit im 12. Jahrhundert übertünchten, nun wieder freigelegten Fresken aus karolingischer Zeit geschmückt. Sie sind der Grund, warum die Kirche seit 1983 zum Welterbe der UNESCO gehört. Auf den

Sgraffito: Adam und Eva an einem Haus in Ardez, Engadin

◀ Bunte Almwiesen in Appenzell, im Hintergrund das Alpstein-Massiv mit Säntis (2502 m) und Altmann (2436 m)

Fresken an den Seitenwänden der Kirche sind Szenen aus dem Leben Christi dargestellt, auf den Fresken im Presbyterium Szenen aus dem Leben Johannes' des Täufers. Die Westwand ziert eine Darstellung des Jüngsten Gerichts. Einige der Fresken (Szenen aus dem Leben Davids) sind heute im Landesmuseum Zürich *(siehe S. 166f)* zu sehen.

In der Kirche befinden sich eine lebensgroße Statue Karls des Großen (12. Jh.) und ein Relief der Taufe Christi (11. Jh.).

In dem kleinen **Museum** in der Nähe sind karolingische Plastiken und Reliefs sowie Barockskulpturen ausgestellt.

Statue Karls des Großen, Müstair

San Jon (St. Johann)
Kirche Apr–Okt: tägl. 7–20 Uhr; Nov–März: tägl. 7.30–18 Uhr. **Museum** 081 851 6228. Mai–Okt: Mo–Sa 9–17 Uhr, So 13.30–17 Uhr; Nov–Apr: Mo–Sa 10–12, 13.30–16.30, So 13.30–16.30 Uhr. muestair.ch

❷ Schweizerischer Nationalpark

Siehe S. 206f.

❷ Pontresina

Straßenkarte G4. 2200. Via Maistra 133, 081 838 8300. pontresina.ch

Der Ferienort Pontresina im Oberengadin liegt am Eingang des Val Bernina in einer Höhe von 1800 Metern. Neben mehreren Hotels hat hier auch die wichtigste Bergsteigerschule der Schweiz ihren Sitz.

Zu den historischen Gebäuden zählen der romanische Spaniola-Turm und die Kapelle Santa Maria. Auf den romanischen Fresken der Kirche sind u. a. Szenen aus dem Leben Maria Magdalenas dargestellt.

Das **Museum Alpin** in einem alten Engadiner Haus, in der Chesa Delnon, widmet sich der Geschichte Pontresinas.

Pontresina ist ganzjährig als Urlaubsziel beliebt. Im Winter kann man an den Hängen von Diavolezza und Lagalb Ski fahren. Im Engadin gibt es 350 Kilometer Loipen, Ski- und Snowboardpisten. Im Sommer kann man wandern oder auf anspruchsvollen Routen Ausflüge zu den Gipfeln des Alp Ota und Munt della Bescha unternehmen.

Der Weg zum Val Roseg führt auch zum Gletscher am Fuß des Piz Roseg. Erfahrene Kletterer können den Piz Bernina (4049 m) bezwingen, den höchsten Gipfel der Rätischen Alpen.

Museum Alpin
Via Maistra 199. 081 842 7273. Mitte Juni–Mitte Okt, Ende Dez–Mitte Apr: Mo–Sa 16–18 Uhr.

❷ Bernina-Pass

Straßenkarte G4.

Der Bernina-Pass (Passo del Bernina) ist mit einer Höhe von 2328 Meter der höchste Punkt auf der alten Straße von St. Moritz nach Tirano jenseits der italienischen Grenze. Der Pass trennt das rätoromanische vom italienischen Sprachgebiet Graubündens.

Die Passstraße führt ins Val Bernina auf der Nordseite des Passes hinauf und über das Val di Poschiavo auf der Südseite wieder hinunter. Den Pass überquert auch der **Bernina Express** *(siehe S. 297)*, der mit der Albulalinie ein UNESCO-Welterbe befährt. Vom Pass hat man eine atemberaubende Aussicht auf die Rätischen Alpen im Norden und den Stausee Lago Bianco im Süden.

❷ Poschiavo

Straßenkarte G4. Stazione, 081 844 0571. valposchiavo.ch

Das Val di Poschiavo auf der Südseite des Bernina-Passes enthüllt eine andere Facette der Schweiz: Klima, Vegetation und Kultur sind mediterran geprägt. Den Gebäuden sieht man den italienischen Einfluss an. In den geschützten Gärten wachsen Zypressen und Palmen.

Poschiavo (Puschlav) ist der Hauptort des Tals. Im Zentrum erstreckt sich die Piazza Comunale, ein großer Platz mit italienisierten Palazzi und zwei Kirchen, einer katholischen aus dem späten 15. und einer protestantischen aus dem 17. Jahrhundert. Sehenswert sind auch die romanische Casa Torre sowie der Palazzo Albricci. Die Häuser im Spaniolenviertel (spanischen Viertel) sind in einem farbenfrohen maurischen Stil gehalten.

Umgebung: In der nahen Cavaglia-Ebene findet man die geologische Formation der »Kochtöpfe der Riesen«. Die natürlichen Vertiefungen mit etwa drei Meter Durchmesser entstanden durch die kreisförmigen Bewegungen von Steinen und Gletscherbächen.

Palazzi im italienischen Stil an der Piazza Comunale in Poschiavo

Hotels und Restaurants in der Ostschweiz und Graubünden *siehe Seiten 253f und 272–274*

⑤ Tour: Schweizerischer Nationalpark

Der erste Nationalpark in den Alpen wurde 1914 gegründet. Das Naturreservat bedeckt eine Fläche von 170 Quadratkilometern mit Tälern, Kiefern- und Lärchenwäldern, blumenübersäten Wiesen und schneebedeckten Berggipfeln. Alpensteinböcke, Gämsen und Rotwild, Adler und Geier sowie Kolonien von Murmeltieren haben hier ein Refugium. Viele seltene Pflanzen wie das Edelweiß und der Alpenmohn sind heimisch. Besucher sollten sich an die vorgegebenen Wanderwege halten. Viele beginnen am Parkplatz an der Ofenpassstrasse, der einzigen Straße durch den Park.

⑤ Hotel Il Fuorn
Das Hotel stammt aus der Zeit vor der Gründung des Parks und ist neben der Herberge Chamanna Cluozza (mit Schlafsälen) eine der beiden Übernachtungsmöglichkeiten im Park.

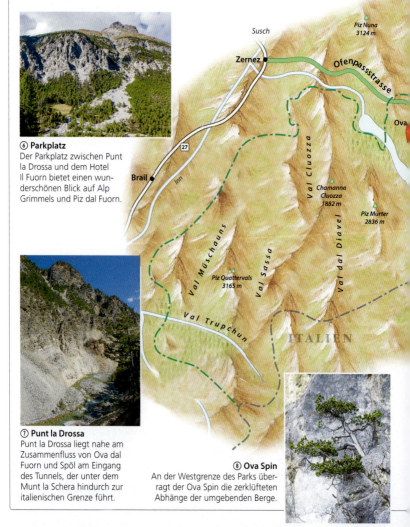

⑥ Parkplatz
Der Parkplatz zwischen Punt la Drossa und dem Hotel Il Fuorn bietet einen wunderschönen Blick auf Alp Grimmels und Piz dal Fuorn.

⑦ Punt la Drossa
Punt la Drossa liegt nahe am Zusammenfluss von Ova dal Fuorn und Spöl am Eingang des Tunnels, der unter dem Munt la Schera hindurch zur italienischen Grenze führt.

⑧ Ova Spin
An der Westgrenze des Parks überragt der Ova Spin die zerklüfteten Abhänge der umgebenden Berge.

SCHWEIZERISCHER NATIONALPARK | 207

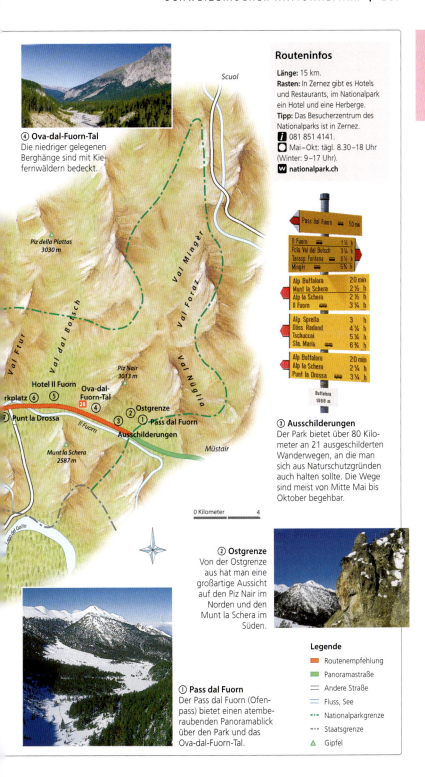

Routeninfos

Länge: 15 km.
Rasten: In Zernez gibt es Hotels und Restaurants, im Nationalpark ein Hotel und eine Herberge.
Tipp: Das Besucherzentrum des Nationalparks ist in Zernez.
📞 081 851 4141.
🕐 Mai–Okt: tägl. 8.30–18 Uhr (Winter: 9–17 Uhr).
🌐 nationalpark.ch

④ Ova-dal-Fuorn-Tal
Die niedriger gelegenen Berghänge sind mit Kiefernwäldern bedeckt.

③ Ausschilderungen
Der Park bietet über 80 Kilometer an 21 ausgeschilderten Wanderwegen, an die man sich aus Naturschutzgründen auch halten sollte. Die Wege sind meist von Mitte Mai bis Oktober begehbar.

② Ostgrenze
Von der Ostgrenze aus hat man eine großartige Aussicht auf den Piz Nair im Norden und den Munt la Schera im Süden.

① Pass dal Fuorn
Der Pass dal Fuorn (Ofenpass) bietet einen atemberaubenden Panoramablick über den Park und das Ova-dal-Fuorn-Tal.

Legende
- 🟧 Routenempfehlung
- 🟩 Panoramastraße
- ═ Andere Straße
- ═ Fluss, See
- --- Nationalparkgrenze
- --- Staatsgrenze
- △ Gipfel

Seilbahn nach Corviglia, oberhalb von St. Moritz

St. Moritz

Straßenkarte F4. 5000. Via Maistra 12, 081 837 3333. British Classic Car Rally (Juli). w stmoritz.ch

Der mondänste Wintersportort der Welt liegt in 1800 Meter Höhe auf einer Terrasse am Nordufer des Moritzersees (»Lej da San Murezzan« auf Rätoromanisch). St. Moritz (San Murezzan) ist von Bergen umgeben, die im Winter zum Skifahren und Snowboarden, im Sommer zum Wandern und Bergsteigen einladen.

Das Dorf verfügt über seit dem Mittelalter bekannte Heilquellen und entwickelte sich im 19. Jahrhundert zu einem beliebten Urlaubsziel. Es teilt sich in St. Moritz-Bad, dem Thermenbereich am Südwestufer des Sees, und in St. Moritz-Dorf am Nordufer des Sees. Dort befinden sich die Hotels, Restaurants und Boutiquen.

Im Ort gibt es zwei gute Museen. An der Via Somplaz westlich von St. Moritz-Dorf ist das **Segantini Museum** untergebracht. Der Maler Giovanni Segantini (1858–1899) verbrachte seine letzten Lebensjahre im Oberengadin und ist für seine Alpenlandschaften berühmt. Viele sind hier ausgestellt, u. a. das Triptychon *Geburt, Leben und Tod*.

In der Via dal Bagn unterhalb der Via Somplaz befindet sich das **Engadiner Museum**, das sich der Geschichte des Engadins widmet.

Segantini Museum
Via Somplaz 30. 081 833 4454. Mai-Okt, Dez-Apr: Di-So 10-12, 14-18 Uhr. w segantini-museum.ch

Museum Engiadinais
Via dal Bagn 39. 081 833 4333. tägl. 10-18 Uhr (Winter: Mo, Mi, Fr-So 14-18, Do bis 20 Uhr). w museum-engiadinais.ch

Sils
Straßenkarte F4. 700. Via da Marias 93, 081 838 5050. w sils.ch

Das reizende Dorf Sils (Segl) mit Häusern im Engadiner Stil erfreut sich einer malerischen Lage am Nordufer des Silsersees (Lej da Segl).

Gedenktafel für Friedrich Nietzsche, Sils

Der Ort Sils besteht aus zwei Teilen: Sils Baselgia am Seeufer und Sils Maria im Süden. Viele Schriftsteller, Maler und Musiker fühlten sich von Sils angezogen. 1881–88 diente Sils Maria dem Philosophen Friedrich Nietzsche als Sommerresidenz. Das **Nietzsche-Haus**, in dem er damals wohnte und *Also sprach Zarathustra* verfasste, beherbergt ein kleines Museum mit Fotografien, Manuskripten und Büchern. Man veranstaltet auch regelmäßig Vorträge zu Nietzsche.

Nietzsche-Haus
Via da Marias 67. 081 826 5369. Jan-Mitte Apr, Mitte Juni-Mitte Okt: Di-So 15-18 Uhr. w nietzschehaus.ch

Val Bregaglia
Straßenkarte F4. Strada Principale 101, Stampa, 081 822 1555. w bregaglia.ch

Der westliche Ausläufer des Inntals führt zum Maloja-Pass (1815 m), der auch die Westgrenze des Engadins markiert. Auf der Westseite des Passes schlängelt sich eine Straße ins Val Bregaglia hinab, eines der italienischsprachigen Täler Graubündens.

Das Tal besitzt viele reizvolle Wanderwege und außergewöhnliche Felsformationen, was es bei Bergsteigern besonders beliebt macht. Zudem wird es von Burgruinen und Kirchen gesäumt.

Hauptort ist **Vicosoprano** mit sehenswerten Villen und historischen Gerichtshöfen. Weiter südlich liegt **Stampa**, der Geburtsort der Künstler Augusto Giacometti und seines Sohns Alberto. Einen Besuch lohnt auch die Casa Granda (16. Jh.) mit einem Museum zur regionalen Geschichte und einer Ausstellung zu Augusto und Alberto Giacometti.

Das hübsche Dorf **Soglio** mit seinen engen Gassen, Steinhäusern und Palazzi schmiegt sich an einen Nordhang des Tals. Von dort aus führen viele Panoramawanderwege sowohl Richtung Osten das Val Bregaglia hinauf als auch zur italienischen Grenze hinunter.

Das Dörfchen Soglio an den Nordhängen des Val Bregaglia

GRAUBÜNDEN | 209

Romanische Bildtafel in der Kirche St. Martin, Zillis

❷⓼ Zillis

Straßenkarte F4. 400.
🛈 Hauptstrasse 28, 081 661 1383.
w zillis-reischen.ch

Der kleine Ort Zillis (Ziràn) am Ostufer des Hinterrheins besitzt einen weltweit einzigartigen romanischen Bilderzyklus in seiner Kirche. Die Decke der **Kirche St. Martin** ist mit 153 quadratischen bemalten Holztafeln bedeckt, die zwischen 1109 und 1114 entstanden. Auf den äußeren Tafeln ist ein Ozean voller Seeungeheuer dargestellt, die inneren zeigen Szenen aus dem Leben Christi und des hl. Martin. In den Ecken befinden sich Darstellungen von Engeln, die die Winde der vier Himmelsrichtungen symbolisieren. Geschichte, Inhalt und Ausführung der Fresken werden in einer Ausstellung erläutert.

Umgebung: Drei Kilometer nördlich von Zillis verläuft die 500 Meter tiefe **Via-Mala-Schlucht**, die von den Wassermassen des Hinterrheins geformt wurde. Über Stufen gelangt man in die Schlucht.

🏛 **Kirche St. Martin**
Am Postplatz. 📞 081 661 2255.
🕐 tägl. 8–18 Uhr (Nov–März: ab 9 Uhr).

❷⓽ San-Bernardino-Pass

Straßenkarte E4. 🛈 Strada Cantonale, 091 832 1214.
w visit-moesano.ch

Der San-Bernardino-Pass liegt an der transalpinen Route, die vom Bodensee im äußersten Nordosten der Schweiz in die Lombardei in Italien führt. Er ist damit einer der wichtigsten Alpenpässe Europas mit einer Scheitelhöhe von 2065 Meter. Auf der Passhöhe verlaufen die Europäische Wasserscheide und die Sprachgrenze zwischen Deutsch und Italienisch. Von November bis Mai ist der Pass meist durch Schnee blockiert. Der sieben Kilometer lange Tunnel durch den Berg ist jedoch das ganze Jahr über geöffnet.

Der Ort San Bernardino auf der Südseite des Passes bildet eine gute Ausgangsbasis für die Erkundung der Berge. Wanderwege führen im Norden zum Pizzo Uccello (2724 m) und etwas südlich des Dorfs zum Lago d'Osso.

❸⓪ Mesocco

Straßenkarte F4. 1300.
091 822 9140. **w** mesocco.ch

Die malerischen Steinhäuser von Mesocco schmiegen sich an das Ufer der Moesa, die durch das Valle Mesolcina fließt. Das Tal erstreckt sich vom San-Bernardino-Pass südlich nach Bellinzona und ist trotz seiner Zugehörigkeit zum Kanton Graubünden kulturell mit dem Tessin verbunden.

Das **Castello di Misox**, eine Ruine auf einem Felsvorsprung oberhalb des Orts, bietet einen grandiosen Panoramablick über das Tal und das Dorf Soazza *(siehe unten)*. Die Festung, die im 12. Jahrhundert für die Grafen Sax von Misox erbaut wurde, wurde im 15. Jahrhundert erweitert und ging 1480 in den Besitz der Mailänder Familie Trivulzio über. Der schlanke Campanile ist der einzige Überrest des Burgkomplexes, der 1526 durch einen Brand fast vollständig zerstört wurde.

Am Fuß der Burg befindet sich die romanische Kirche **Santa Maria del Castello** (12. Jh.), die im 17. Jahrhundert teilweise umgestaltet wurde. Das Mittelschiff weist eine Kassettendecke auf, die Wände sind mit Malereien (15. Jh.) verziert, auf denen der hl. Georg mit dem Drachen, der hl. Bernhard von Siena, Schutzpatron des Valle Melsocina, und allegorische Darstellungen der zwölf Monate zu sehen sind.

Umgebung: Nur vier Kilometer südlich von Mesocco liegt **Soazza** mit einer schönen Kirche (17. Jh.). 15 Kilometer südlich von Soazza befindet sich **San Vittore** mit einer Kapelle aus dem 8. Jahrhundert. Das idyllische **Val Calanca**, das zum Valle Mesolcina führt, ist auch einen Besuch wert.

Campanile der Kirche Santa Maria del Castello, Mesocco

DIE REGIONEN DER SCHWEIZ | 211

Zentralschweiz und Tessin

Die Wiege der Eidgenossenschaft und die Wirkungsstätte des legendären Schweizer Freiheitskämpfers Wilhelm Tell bildet nicht nur das geografische Zentrum der Schweiz, sondern sie ist auch das historische Herz des Landes. Der italienischsprachige Kanton Tessin (Ticino) im Süden besitzt dagegen seine ganz eigene Kultur und ein mediterranes Flair.

Der Vierwaldstättersee und die vier Kantone an seinem Ost- und Südufer nehmen einen einzigartigen Platz in der Geschichte der Schweiz ein. 1291 schworen die Kantone Uri, Schwyz und Unterwalden (heute die Kantone Obwalden und Nidwalden) einander ewige Gefolgschaft. Dies war die Geburt der Schweizer Eidgenossenschaft (»Urschweiz«) – und in der ganzen Zentralschweiz sind die historischen Reminiszenzen präsent. Auf der Rütli-Wiese am Südufer des Vierwaldstättersees soll der Schwur abgelegt worden sein. Die Städte Bürglen und Altdorf im Kanton Uri sind eng mit Wilhelm Tell verknüpft. In Dokumenten ab Mitte des 15. Jahrhunderts wurde auch Luzern zu den »Urkantonen« (»Waldstätte«) gerechnet.

Ein weiterer Kanton der Zentralschweiz ist Zug. Die Bevölkerung der Zentralschweiz ist überwiegend katholisch und deutschsprachig.

Das Tessin (Ticino) wird im Norden von den Alpen durchzogen, im Süden und Westen grenzt es an Italien – es bildet eine geografisch, kulturell und sprachlich eigenständige Einheit. Lange wurde es von den Mailänder Herzögen regiert und zu Beginn des 16. Jahrhunderts der Eidgenossenschaft eingegliedert. Als freier Kanton trat das Tessin der Schweiz jedoch erst 1803 bei. Im Tessin lebt eine überwiegend italienischsprachige, katholische Bevölkerung. Baustile, Lebensart, Küche und Klima wirken in diesem südlichen Zipfel der Schweiz eher italienisch.

Die eindrucksvollen, mit Zinnen versehenen Befestigungsmauern von Castelgrande, Bellinzona

◀ Santuario della Madonna del Sasso in Locarno am Ufer des Lago Maggiore *(siehe S. 219)*

Überblick: Zentralschweiz und Tessin

Aufgrund ihrer ausgezeichneten Infrastruktur ist die »klassische« Schweizer Landschaft der Zentralschweiz leicht zu erkunden. Im Nordwesten des Vierwaldstättersees ist das Land relativ flach, im Osten und Süden hingegen bergiger. Viele Berggipfel können auf Wanderwegen erreicht werden, sie eröffnen einen atemberaubenden Rundblick. Bei Andermatt wird das Terrain zerklüfteter, mehrere Alpenpässe trennen einzelne Täler. Die Straße über den St.-Gotthard-Pass führt in die idyllischen bewaldeten Täler des nördlichen Tessins. In der Gegend von Bellinzona beeindrucken der Lago Maggiore und der Lago di Lugano durch ihre Schönheit.

Fasnachtsteilnehmer in Kostümen, Luzern

Sehenswürdigkeiten auf einen Blick

1. *Lago di Lugano S. 214f*
2. *Lugano S. 216f*
3. *Locarno S. 218f*
5. *Ascona*
6. *Centovalli*
7. *Valle Maggia*
8. *Valle Verzasca*
9. *Bellinzona S. 224f*
10. *Valle di Blenio*
11. *Airolo*
12. *St.-Gotthard-Pass*
14. *Bürglen*
15. *Altdorf*
16. *Urnersee*
17. *Schwyz*
18. *Vitznau*
19. *Kloster Einsiedeln S. 230f*
20. *Zug*
21. *Küssnacht*
22. *Luzern S. 236 – 243*
23. *Pilatus*
24. *Hergiswil*
25. *Stans*
26. *Engelberg*

Touren
4. *Lago Maggiore S. 220f*
13. *Drei-Pässe-Tour S. 226f*

Detail in der Jesuitenkirche, Luzern

Weitere Zeichenerklärungen *siehe hintere Umschlagklappe*

ZENTRALSCHWEIZ UND TESSIN | 213

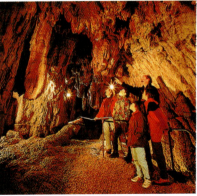

Die Höllgrotten in Baar, nördlich von Zug

In der Zentralschweiz und im Tessin unterwegs

Der internationale Flughafen Zürich ist das Tor zur Zentralschweiz. Die Region selbst hat eine ausgezeichnete Infrastruktur. Die A14 verbindet Zürich mit Luzern. Von hier aus führt die A2 südöstlich durch den Gotthard-Tunnel ins Tessin. Über den Flughafen von Lugano kann man das Tessin auch per Flugzeug erreichen. Die Postbusse in die kleineren Gemeinden fahren meist über landschaftlich ausgesprochen reizvolle Straßen.

Legende

≡ Autobahn
— Hauptstraße
⋯ Nebenstraße
— Panoramastraße
— Eisenbahn (Hauptstrecke)
— Eisenbahn (Nebenstrecke)
▬ Staatsgrenze
⋯ Kantonsgrenze
△ Gipfel
⋈ Pass

Santuario della Madonna del Sasso bei Locarno

❶ Lago di Lugano

Der zwischen steilen Alpenabhängen geschützt liegende See stellt zweifelsohne eine der beeindruckendsten Naturschönheiten des Tessins dar. Der größte Teil des Sees liegt auf Schweizer Staatsgebiet. Das Südwestufer, ein nordöstlicher Ausläufer und ein kleiner Teil in der Mitte gehören zu Italien. Die Straßenbrücke über den See führt zum Gotthard-Tunnel. Am besten erkundet man den Lago di Lugano (oder Ceresio) mit dem Boot von Lugano und anderen Orten aus. Die Seilbahn zwischen Lugano und den umliegenden Berggipfeln bietet auch eine schöne Aussicht auf das klare Wasser.

Lugano
Der Ort liegt geschützt in einer Bucht zwischen dem Monte San Salvatore im Süden und dem Monte Brè im Osten.

Monte Tamaro
Die 1996 vollendete Kapelle auf einem Berggipfel nahe Lugano wurde von Mario Botta entworfen und von Enzo Cucchi ausgestattet.

★ Melide
Swissminiatur, ein Themenpark mit den berühmtesten Schweizer Gebäuden und Landschaften im Verhältnis 1:25, ist die Attraktion des Orts.

Morcote
Die kleine Kirche Santa Maria del Sasso überragt das schöne Dorf Morcote.

Hotels und Restaurants in der Zentralschweiz und im Tessin *siehe Seiten 254f und 274f*

LAGO DI LUGANO | 215

★ Monte Brè
Der Monte Brè ist zwar nur 925 Meter hoch, bietet aber eine schöne Aussicht auf das Umland. Man erreicht ihn per Auto oder Seilbahn.

Infobox

Information
Straßenkarte E5. Agno.
Piazzale della Stazione, Lugano, Riva Giocondo Albertolli, 091 913 3232. **Swissminiatur** 091 640 1060. Mitte März–Okt: tägl. 9–18 Uhr.

Anfahrt

Gandria
Der Ort liegt oberhalb des Sees. Seine Treppen, Terrassen und Arkadenhäuser sind typisch für das Tessin.

Monte Generoso
Eine Zahnradbahn führt zum Gipfel (1701 m) des Monte Generoso. Von hier genießt man eine fantastische Aussicht auf den Lago di Lugano und die Lombardei im Südosten.

Riva San Vitale
Das Baptisterium (5. Jh.) ist der älteste Sakralbau der Schweiz. Es wurde auf einem achteckigen Grundriss errichtet und besitzt einen zentral aufgestellten Taufstein sowie Fresken (11. Jh.).

Legende
- Autobahn
- Hauptstraße
- Nebenstraße
- --- Staatsgrenze
- Fluss
- △ Gipfel

❷ Im Detail: Lugano

Die größte Stadt des Tessins liegt in einer flachen Bucht am Nordufer des Lago di Lugano. Sie ist nicht nur ein beliebtes Urlaubsziel, sondern auch ein Finanz- und Bankenzentrum. Mit ihren Piazzas, den vielen Treppen und den engen Gassen hat die Altstadt (Centro Storico) einen deutlich italienischen Charakter. Mittelpunkt ist die Piazza della Riforma, die mit hohen Gebäuden und Straßencafés aufwartet. Die Promenaden sind von Palmen gesäumt. Im Osten und Süden erheben sich die unverwechselbaren Gipfel des Monte Brè und des Monte San Salvatore.

Palazzo Riva
Die Fenster des Palazzo (18. Jh.) besitzen schmiedeeiserne Balkone.

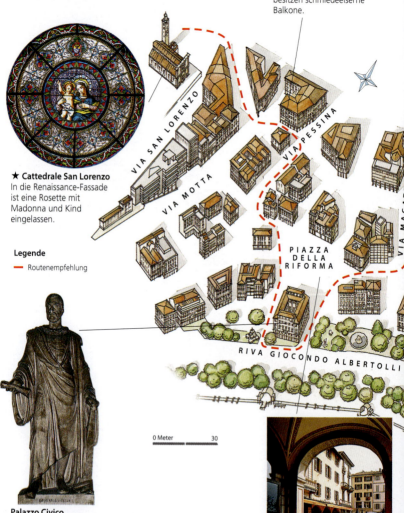

★ Cattedrale San Lorenzo
In die Renaissance-Fassade ist eine Rosette mit Madonna und Kind eingelassen.

Legende
— Routenempfehlung

Palazzo Civico
Das klassizistische Rathaus aus dem Jahr 1844/45 ziert eine Skulptur des italienischen Architekten Domenico Fontana.

Piazza della Riforma
Der ausgedehnte Platz mit den vielen Straßencafés ist der Mittelpunkt der Altstadt von Lugano und ein beliebter Treffpunkt.

Hotels und Restaurants in der Zentralschweiz und im Tessin *siehe Seiten 254f und 274f*

LUGANO | 217

San Rocco
Die Kirche mit dem barocken Hochaltar ersetzt einen älteren gotischen Bau und wurde nach der Pestepidemie von 1528 erbaut.

Infobox

Information
Straßenkarte F4. 64 000.
i Palazzo Civico, Piazza della Riforma, 058 866 6600.
LongLake Festival (Juli, Aug).
w lugano-tourism.ch

Anfahrt

Palazzo dei Congressi
Das 1975 erbaute Konferenzzentrum liegt in einem Park mit Brunnen und modernen Skulpturen.

★ Villa Ciani
Die Villa (17. Jh.) wurde im 19. Jahrhundert umgebaut und beherbergt heute das Museo Civico di Belle Arti mit Gemälden mit dem Schwerpunkt 19./20. Jahrhundert.

Renaissance-Fresko in der Chiesa Santa Maria degli Angioli

Santa Maria degli Angioli
Piazza Luini 3. 091 922 0112.
Die Kirche aus dem frühen 16. Jahrhundert auf einem Platz südwestlich der Piazza della Riforma gehörte einst zu einem Minoritenkloster. Das Innere ist mit Renaissance-Fresken von Bernardino Luini und Giuseppe Antonio Petrini gestaltet. Sie stammen aus der ersten Hälfte des 16. Jahrhunderts und stellen Szenen aus dem Leben Christi dar.

In der Sakristei sind einige Artefakte aus dem Klosterschatz ausgestellt.

MASI LAC
LAC Lugano Arte e Cultura, Piazza Bernardino Luini 6. 058 866 4230. Di–So 10–18 Uhr (Do bis 20 Uhr. **w** masilugano.ch

Das Museo d'arte della Svizzera italiana (MASI) im neuen Kulturzentrum LAC vereint die Sammlungen der früheren Museen Museo Cantonale d'Arte und Museo d'Arte der Stadt. Der Neubau folgt Entwürfen von Ivano Gianola. Im Erdgeschoss sind die Sammlungen moderner Kunst des 20. und 21. Jahrhunderts untergebracht. Die oberen beiden Stockwerke sind Wechselausstellungen mit zeitgenössischer Kunst aus dem Tessin vorbehalten. Konzert- und Theatersäle sind ebenfalls vorhanden.

MASI Palazzo Reali
Palazzo Reali, Via Canova 10. 091 815 7971. wg. Renovierung. **w** masilugano.ch

Das Museum in einem Renaissance-Palast widmet sich der regionalen Kunst des 19. und frühen 20. Jahrhunderts.

❸ Locarno

Vor der Kulisse der Lepontinischen Alpen liegt Locarno am Nordende des Lago Maggiore in einer breiten Bucht. Von allen Schweizer Städten kann Locarno die meisten Sonnenstunden vorweisen. Im mediterranen Klima gedeihen Datteln, Feigen, Granatäpfel und Bougainvilleen. Im Mittelalter stand Locarno im Mittelpunkt eines Konflikts zwischen den Bischöfen von Como und den Herzögen von Mailand. Letztere erlangten im 14. Jahrhundert die Macht über die Stadt, mussten sie jedoch 1512 an die Eidgenossenschaft abtreten. Zwischen 1803 und 1878 war sie Tessiner Hauptstadt, heute ist sie ein beliebtes Urlaubsziel.

Palmen an der Promenade Lungolago Giuseppe Motta

Fresko im Castello Visconteo

Überblick: Locarno

Die Altstadt Locarnos liegt westlich der Piazza Grande, nicht weit vom Seeufer entfernt. Sie erstreckt sich zwischen Castello Visconteo, Chiesa San Francesco, Chiesa Sant'Antonio Abate und Chiesa Nuova. Im Norden der Altstadt erhebt sich ein Hügel mit dem Santuario della Madonna del Sasso.

🏛 Chiesa San Francesco
Via Cittadella 20.
Die Kirche wurde im Jahr 1572 an der Stelle eines Franziskanerklosters aus dem 13. Jahrhundert erbaut. Adler, Ochse und Lamm der Renaissance-Fassade repräsentieren die Aristokraten Locarnos, die Bürger und die Landbevölkerung. Die Innenausstattung stammt überwiegend aus dem 18. Jahrhundert.

🏛 Castello Visconteo
Piazza Castello 2. 091 756 3170. Apr–Okt: Di–So 10–17 Uhr.
Die Anfänge der Burg reichen bis ins 12. Jahrhundert zurück, als sie für die Familie Orelli erbaut wurde. 1342 ging sie in den Besitz der Mailänder Familie Visconti über, die sie im späten 15. Jahrhundert erweiterte. Zinnen und Türme stammen aus dieser Epoche. Als die Eidgenossenschaft die Kontrolle über Locarno erlangte, wurde die Burg teilweise zerstört. Im erhalten gebliebenen Flügel des Gebäudes ist heute ein Geschichts- und Archäologiemuseum mit römischen Artefakten untergebracht.

🏛 Palazzo della Conferenza
Via della Pace.
Am 16. Oktober 1925 wurde in diesem Palazzo der Vertrag von Locarno zwischen Deutschland und den anderen europäischen Ländern, die am Ersten Weltkrieg teilgenommen hatten, ratifiziert. Aufgrund des Vertrags wurde Deutschland 1926 Mitglied im Völkerbund.

🌴 Promenade Lungolago Giuseppe Motta
Die Uferpromenade wird von Palmen und anderen mediterranen Pflanzen gesäumt und ähnelt den Boulevards an der französischen Riviera. In südlicher Richtung führt die Promenade zum Lido Locarno, einer schön gestalteten Anlage mit mehreren Hallen- und Freibädern, Thermalbad und Wasserrutschen.

🏛 Chiesa di San Vittore
Via Collegiata, Muralto.
Die romanische Basilika aus dem 12. Jahrhundert erhebt sich in Muralto, östlich des Bahnhofs, auf den Fundamenten einer älteren Kirche. Der mit einem Relief des Kirchenpatrons verzierte Glockenturm wurde im 16. Jahrhundert begonnen, jedoch erst 1932 vollendet. Das Innere weist Spuren mittelalterlicher Fresken auf, die Säulenkrypta schöne Kapitele.

🏙 Piazza Grande
Der rechteckige Platz ist der Mittelpunkt Locarnos. Auf der Nordseite befinden sich Gebäude aus dem 19. Jahrhundert mit Läden, Cafés und Restaurants. Donnerstags findet ein Wochenmarkt statt. Während des Internationalen Filmfestivals Anfang August wird der Platz zur Open-Air-Bühne für die Filmvorführungen.

Piazza Grande, Flaniermeile und Treffpunkt in Locarno

Hotels und Restaurants in der Zentralschweiz und im Tessin *siehe Seiten 254f und 274f*

Chiesa Nuova
Via Cittadella.

Die Kirche ist auch als Chiesa Santa Maria Assunta bekannt. Sie wurde 1636 mit finanzieller Hilfe des Architekten Christoforo Orelli vollendet. Das großartige barocke Interieur weist üppiges Stuckwerk und Gemälde mit Szenen aus dem Leben Marias auf. Eine große Christophorus-Statue ziert die Westfassade. Der Palazzo Christoforo Orelli neben der Kirche ist Sitz der Kantonalbehörde.

Pinacoteca Casa Rusca
Piazza Sant'Antonio. 091 756 3185. Di–So 10–12, 14–17 Uhr.
museocasarusca.ch

In der eleganten Residenz aus dem 18. Jahrhundert mit ihrem arkadengesäumten Innenhof ist das Kunstmuseum Locarnos untergebracht. Die zahlreichen Wechselausstellungen konzentrieren sich auf moderne und zeitgenössische Kunst. Viele Künstler haben dem Museum einige ihrer Werke gestiftet. Highlights der Dauerausstellung bilden die Werke von Hans Arp (1886–1966), eine Stiftung seiner zweiten Frau Marguerite Arp-Hagenbach. Der Dadaist und Surrealist liegt in Locarno begraben.

Chiesa Sant'Antonio Abate
Via Sant'Antonio.

Die barocke Kirche wurde 1692 vollendet und 1863 umgestaltet, wobei man die Fassade und die Kuppel erneuerte. Der Hochaltar stammt von 1740 und ist mit einer Kreuzabnahme geschmückt, die der Künstler G. A. F. Orelli schuf.

Santuario della Madonna del Sasso
tägl. 7–18 Uhr.

Die Pilgerkirche der Madonna vom Fels liegt auf einem bewaldeten Hügel und überragt die Stadt. Sie stammt aus dem Jahr 1596 und wurde auf einer Kapelle von 1487 errichtet – an der Stelle, an der die Madonna dem Franziskanermönch Bartolomeo da Ivrea erschienen war. Die Wallfahrtskirche ist mit Fresken und Ölgemälden geschmückt. Sehenswert ist vor allem das Altarbild *Flucht aus Ägypten*, das Bramantino 1520 schuf.

Infobox

Information
Straßenkarte E5.
16 000.
Piazza Stazione, 0848 091 091. Musikfestival Moon & Stars (Juli), Internationales Filmfest (Anfang Aug).
ascona-locarno.com

Anfahrt

Santuario della Madonna del Sasso

Zentrum von Locarno
① Chiesa San Francesco
② Castello Visconteo
③ Palazzo della Conferenza
④ Promenade Lungolago Giuseppe Motta
⑤ Chiesa di San Vittore
⑥ Piazza Grande
⑦ Chiesa Nuova
⑧ Pinacoteca Casa Rusca
⑨ Chiesa Sant'Antonio Abate
⑩ Santuario della Madonna del Sasso

Zeichenerklärung
siehe hintere Umschlagklappe

❹ Tour: Lago Maggiore

Nur die Nordspitze des schmalen Sees liegt in der Schweiz, der größere südliche Teil gehört zu Italien. Der Lago Maggiore ist 66 Kilometer lang und nur bis zu zehn Kilometer breit. Im Norden und Süden ist er von Bergen umgeben, durch ihren Schutz herrscht ein mediterranes Klima. An den Ufern wachsen Kork-, Feigen- und Olivenbäume. Schiffe fahren in Ascona, Locarno und Brissago ab und bringen Besucher zu den Ferienorten auf der italienischen Seite des Lago Maggiore.

⑤ Ascona
Der Urlaubsort liegt traumhaft und genießt ein mildes Klima.

④ Isole di Brissago
Die größere der beiden Inseln erreicht man per Boot von Locarno, Ascona und Ronco aus.

③ Ronco
Die kleine Stadt liegt an einem Steilhang mit einem fantastischen Blick auf den See und die Isole di Brissago.

② Brissago
Der Ort ist für seinen Botanischen Garten bekannt. In Brissago liegt auch der italienische Komponist Ruggero Leoncavallo (1858–1919) begraben.

① Madonna di Ponte
Die Renaissance-Kirche aus dem 16. Jahrhundert steht nahe der italienischen Grenze. Den Hochaltar ziert ein Gemälde der Himmelfahrt Mariä von 1569.

Hotels und Restaurants in der Zentralschweiz und im Tessin *siehe Seiten 254f und 274f*

Routeninfos

Länge: 40 km.
Rasten: In Ascona und Locarno hat man eine große Auswahl an Restaurants.
Tipp: San Pancrazio, die größere der beiden Isole di Brissago, hat einen kleinen botanischen Garten. Apr–Okt: tägl. 9–18 Uhr.
0848 091 091.
ascona-locarno.com

❻ Locarno

Das Santuario della Madonna del Sasso *(siehe S. 219)*, das Locarno überragt, erreicht man zu Fuß oder mit der Standseilbahn.

❼ Magadino

Im Sommer finden in der klassizistischen Kirche von Magadino Orgelkonzerte statt.

Schmale Gasse in Asconas Altstadt

❺ Ascona

Straßenkarte E5. 5500.
Via B. Papio 5, 0848 091 091.
ascona-locarno.com

Das Fischerdorf entwickelte sich im 19. Jahrhundert rasch zum Kurort, von dem sich viele Schriftsteller, Maler und Komponisten angezogen fühlten. In der Nähe gründeten sie Anfang des 20. Jahrhunderts die Künstlerkolonie Monte Verità. Nach 1933 flüchteten zahlreiche deutsche Künstler nach Ascona und versuchten so, der Verfolgung durch die Nazis zu entkommen.

Die Altstadt (Centro Storico) ist ein Labyrinth aus engen kopfsteingepflasterten Straßen voller Kunsthandwerksläden und Kunstgalerien. Schöne Gebäude stehen an der Contrada Maggiore, die ältesten stammen aus dem 14. Jahrhundert. Die Piazza San Pietro wird von der Chiesa dei SS Pietro e Paolo (16. Jh.) dominiert, die mit einem Altarbild von Giovanni Serodine, einem Schüler Caravaggios, ausgestattet ist. Sehenswert sind auch das Collegio Papio, ein Renaissance-Gebäude mit Innenhof, und die Kirche Santa Maria della Misericordia (15. Jh.) mit Fresken. Das Museo Comunale d'Arte Moderna stellt Werke von Künstlern aus, die mit Ascona verbunden waren, u. a. von Paul Klee und Hans Arp. Cafés und Restaurants säumen die Fußgängerzone Piazza Motta.

❽ Vira

Das malerische Dorf ist ein beliebter Ferienort. Sein Hafen ist Ausgangspunkt für schöne Bootsausflüge.

Legende

▬ Routenempfehlung
▬ Panoramastraße
= Andere Straße

Das Dorf Lionza im Centovalli

⑥ Centovalli

Straßenkarte E5.
🛈 Intragna, 091 780 7500.

Das beeindruckende Centovalli (Tal der 100 Täler) verdankt seinen Namen den zahlreichen Seitentälern. Die **Centovallibahn** von Locarno zum italienischen Domodossola liegt auf einer reizvollen Route im Tal. Auf der 40 Kilometer langen Strecke überqueren die Züge 79 Brücken bzw. Viadukte und fahren durch 24 Tunnel. Der erste Teil der Reise führt am von Weinbergen gesäumten Val Pedemonte entlang. Von hier aus geht es weiter in felsigeres Gebiet mit Kastanienwäldern.

Der Zug hält an mehreren Bahnhöfen. In **Verscio**, vier Kilometer von Locarno entfernt, gibt es eine von dem Schweizer Clown Dimitri geleitete Zirkusschule. Drei Kilometer weiter liegt **Intragna** mit einer Barockkirche. In **Palagnedra** steht eine kleine gotische Kirche mit Fresken (15. Jh.).

🚉 Centovallibahn
Via Franzoni 1, Locarno. ☎ 091 751 8731. 🌐 centovalli.ch

⑦ Valle Maggia

Straßenkarte E5. 🛈 091 753 1885.
🌐 vallemaggia.ch

Das tiefe Tal verläuft etwa 50 Kilometer nordwestlich von Ascona nach Cevio. Zu Beginn ist es breit, doch je höher es Richtung Alpen geht, desto zerklüfteter wird es. Dann dominieren Kiefern- und Lärchenwälder. Überall entdeckt man traditionelle Chalets und Dörfer mit alten Häusern und Kirchen.

In **Maggia**, dem größten Dorf des Tals, befindet sich die Chiesa Santa Maria delle Grazie (15. Jh.). Von außen ist sie recht unscheinbar, das Innere weist jedoch wunderschöne Fresken (16./17. Jh.) auf.

Bei **Giumaglio** kann man spektakuläre Wasserfälle, die Cascata di Giumaglio, besichtigen. Hinter dem Ort führt die Straße weiter das Tal hinauf nach **Cevio** mit dem sehenswerten Palazzo Pretorio (17. Jh.). An der Fassade sind die Wappen der verschiedenen Landvogte der Gegend angebracht. Der nahe Palazzo Franzoni (1630) beherbergt ein Museum zur Geschichte der Region.

Im Dorf **Mogno** befindet sich die Chiesa di San Giovanni Battista. Sie wurde von dem Tessiner Architekten Mario Botta entworfen und 1996 vollendet. Das Kircheninnere ist in weißem Marmor und grauem Granit gehalten, die ein Schachbrett- und Streifenmuster bilden. Die Muster werden durch Lichtspiele, die durch die transluzente Decke entstehen, verändert oder verstärkt.

Detail eines Kirchenfreskos, Brione-Verzasca

⑧ Valle Verzasca

Straßenkarte E5. 🛈 Via ai Giardini, Tenero, 091 745 1661.
🌐 tenero-tourism.ch

Das durch die smaragdgrünen Wasser der Verzasca gebildete Tal ist das kleinste nördlich von Locarno. Ein Staudamm am Taleingang staut den Lago di Vogorno.

Im Verzascatal gibt es die typischen Rustici aus Naturstein und Steindächern. In **Vogorno** steht eine Kirche mit byzantinischen Fresken. In der Nähe von **Lavertezzo** führt der Ponte dei Salti über den Fluss, eine mittelalterliche Brü-

Chiesa di San Giovanni Battista, Mogno, Valle Maggia

Hotels und Restaurants in der Zentralschweiz und im Tessin *siehe Seiten 254f und 274f*

Der mittelalterliche Ponte dei Salti, Lavertezzo, Valle Verzasca

cke mit zwei Bogen. Auf einem vier Kilometer langen Kunstwanderweg zwischen Lavertezzo und Brione kann man 34 moderne Werke italienischer, Schweizer und deutscher Bildhauer bewundern.

Die Kirche von **Brione-Verzasca** stammt aus dem 13. Jahrhundert. Die Fassade ziert ein Bild des hl. Christophorus. Das Innere ist mit Fresken geschmückt (15. Jh.). In **Sonogno** am Ende des Tals stehen die typischen Tessiner Steinhäuser. Die Casa Genardini beherbergt ein Museum, das die Geschichte des Tals zum Thema hat.

❾ Bellinzona

Siehe S. 224f.

❿ Valle di Blenio

Straßenkarte E4. Via Lavorceno, Olivone, 091 872 1487.
blenio.com

Durch das Tal des Brenno kommt man zum Lucomagno-Pass (1916 m) hinauf. Die Straße führt dann weiter nach Graubünden. Das Valle di Blenio liegt im Herzen des ländlichen Tessins mit seiner großartigen Landschaft und den malerischen Dörfern.

In **Biasca** im Tal kann man eine romanische Kirche mit gotischen Fresken besichtigen. Nördlich von Biasca liegt der Ort **Malvaglia**. Seine Kirche (16./17. Jh.) besitzt einen romanischen Turm. Die Fassade ziert der hl. Christophorus.

Negrentino ist wegen seiner frühromanischen Kirche San Carlo di Negrentino einen Abstecher wert. Ihr großer quadratischer Glockenturm ist schon von Weitem sichtbar. Das Innere zieren Fresken aus dem 11. bis 16. Jahrhundert. **Lottinga** bietet ein interessantes Geschichtsmuseum. Höher gelegene Dörfer wie **Olivone** sind ideale Ausgangsorte für Bergwanderungen.

⓫ Airolo

Straßenkarte E4. 091 869 1533.
airolo.ch

Airolo liegt unterhalb des St. Gotthard-Passes an der Stelle, an der Autobahn und Eisenbahnlinie wieder aus dem Gotthard-Tunnel kommen. Airolo ist ein beschaulicher Ort mit mehreren Hotels – ideal für Wanderungen im nahen Valle Leventina.

Ein bronzenes Flachrelief erinnert an die 177 Menschen, die in den 1880er Jahren beim Bau des Gotthard-Tunnels ums Leben kamen.

Gedenktafel in Airolo

Umgebung: Durch das Valle Leventina unterhalb von Airolo führen die Autobahn und die Bahnlinie Zürich–Bellinzona–Lugano. Im Tal liegen kleine Städte und Dörfer mit sehenswerten Kirchen.

In **Chiggiogna** befindet sich eine Kirche mit Fresken des 15. Jahrhunderts, in **Chironico** eine Kirche (10. Jh.) mit Fresken aus dem 14. Jahrhundert. Die Kirche in **Giornico** stammt aus dem 12. Jahrhundert und zählt zu den schönsten im Tessin. Das Innere ist mit Fresken von 1478 geschmückt.

⓬ St.-Gotthard-Pass

Straßenkarte E4. 091 869 1235.
passosangottardo.ch

Zwischen dem Reusstal im Kanton Uri im Norden und dem Ticinotal im Süden liegt der St.-Gotthard-Pass mit einer Passhöhe von 2091 Meter. Er war lange Zeit die Hauptroute von Nordeuropa über die Alpen nach Italien.

Der Pass wird schon seit dem 13. Jahrhundert genutzt. Damals wurde eine Brücke über eine Schlucht bei Andermatt gebaut. Im 19. Jahrhundert kamen eine 15 Kilometer lange Straße und der Gotthard-Eisenbahntunnel hinzu. Erst 1980 wurde der Straßentunnel eröffnet. 2016 wurde mit dem Gotthard-Basistunnel der weltweit längste Eisenbahntunnel (57 Kilometer) eingeweiht.

In einem Hospiz (19. Jh.) auf dem Pass widmet sich das **Museo Nazionale del San Gottardo** der Geschichte des Passes sowie der Flora und Fauna dieser hochalpinen Region.

Auf gut markierten Wanderwegen gelangt man zu den umliegenden Berggipfeln, u. a. zum Pizzo Lucendro und zu einigen Bergterrassen, von denen aus man eine fantastische Aussicht hat.

Museo Nazionale del San Gottardo
091 869 1235.
tägl. 9–18 Uhr.
passosangottardo.ch

Bellinzona

Hübsch im Tal und an der Route zu den großen Alpenpässen gelegen: Bellinzona war schon seit römischer Zeit eine Festungsstadt. Im Mittelalter ließen die Herzöge von Mailand drei Burgen errichten, um den strategisch günstigen Ort zu verteidigen und den Verkehr zu kontrollieren. Die Schweizer Eidgenossen eroberten Bellinzona im 16. Jahrhundert und hielten die Stadt 300 Jahre lang. 1803 erlangte sie ihre Unabhängigkeit und wurde Hauptstadt des Tessins. Der Stadtkern und die drei Burgen Castelgrande, Montebello und Sasso Corbaro sind seit 2000 UNESCO-Welterbe.

Chiesa Collegiata dei SS Pietro e Stefano

Überblick: Bellinzona

Die Erkundung der Stadt beginnt man am besten am Castelgrande, das man mit einem Aufzug von der Piazza del Sole aus erreicht. Über Treppen gelangt man von der Burgterrasse auf die Piazza Collegiata im Herzen der Altstadt, wo sich mehrere schöne Renaissance-Bauten befinden. Ein kleiner Weg östlich des Platzes führt zum Castello di Montebello hinauf. Von hier aus gelangt man über eine steile Gasse zum Castello di Sasso Corbaro.

Castelgrande
091 825 8145. Apr–Okt: tägl. 10–18 Uhr; Nov–März: tägl. 10–17 Uhr (aktuelle Öffnungszeiten tel. erfragen).

Die Burg liegt auf einem Hochplateau im westlichen Teil der Altstadt. Sie ist die älteste und imposanteste der drei Burgen Bellinzonas. Im 12. Jahrhundert ließen die Bischöfe von Como die ursprünglich römische Festung umbauen und erweitern. Eine zweite Umgestaltungsphase fand 1242 statt, als die Herzöge von Mailand Bellinzona einnahmen. Bis zum späten 15. Jahrhundert wurde die Burg immer wieder umgebaut.

Heute präsentiert sich das Castelgrande mit zwei quadratischen Türmen: Torre Bianca (Weißer Turm) und Torre Nera (Schwarzer Turm), die mit den zinnenbewehrten Außenmauern verbunden sind. Das historische Museum im Südflügel des Castelgrande widmet sich der Stadtgeschichte. Es zeigt einige bemalte Tafeln (15. Jh.), die von Wänden und Decke einer Villa in Bellinzona stammen.

Renaissance-Arkaden im Innenhof des Palazzo Civico

Altstadt

Die Altstadt von Bellinzona schmiegt sich im Schatten der drei mittelalterlichen Burgen in das breite Ticinotal. Mit ihren italienischen Plätzen, den Renaissance-Gebäuden und den rot gepflasterten Straßen erinnert sie stark an Städte der Lombardei.

Sehenswert ist der Palazzo Civico, das elegante Rathaus mit einem Arkaden-Innenhof im Renaissance-Stil. Auch die **Chiesa Santa Maria delle Grazie**, eine Kirche mit Fresken (15. Jh.), die die Passion Christi zeigen, und die **Chiesa di San Rocco**, eine gotische Kirche mit einem Barockinterieur, sind einen Besuch wert.

An Samstagvormittagen füllt sich die Altstadt mit Marktständen voller frischer Waren wie Käse, Brot und Wein sowie Kunsthandwerk.

Chiesa Collegiata dei SS Pietro e Stefano

Die Renaissance-Klosterkirche, deren beeindruckende Fassade mit einer Rosette geschmückt ist, befindet sich am Fuß der Wehrmauern des Castelgrande. Der ursprünglich gotische Bau wurde im 16. Jahrhundert nach den Entwürfen von Thomas Rodari, der auch die Kathedrale von Como schuf, um-

Castelgrande – vom Feuerwerk beleuchtet

Hotels und Restaurants in der Zentralschweiz und im Tessin *siehe Seiten 254f und 274f*

BELLINZONA | 225

gebaut. Im Inneren sind noch die gotischen Bogen erhalten, ansonsten dominieren Stuck und Fresken im üppigen Barockstil. Die Kreuzigungsszene des Hochaltars malte Simone Peterzano im Jahr 1658.

Castello di Montebello
091 825 1342. März/Apr–Okt: tägl. 10–18 Uhr; Nov–Feb/März: tägl. 10.30–16 Uhr. evtl. Jan–März.

Die größte der drei Burgen Bellinzonas besteht aus einem Bergfried (13. Jh.) und einem stark befestigten Wohnpalas (15. Jh.). Die zinnenbewehrten Mauern verbinden das im Osten gelegene Castello di Montebello mit dem Castelgrande im Westen. Sie bildeten ein starkes Verteidigungssystem über das Tal hinweg.

Das Museum im Bergfried enthält eine sehenswerte Sammlung archäologischer Artefakte aus der Umgebung von Bellinzona sowie Waffen und Rüstungen.

Portal der Chiesa dei SS Pietro e Stefano

Castello di Sasso Corbaro
091 825 5906. März/Apr–Okt: tägl. 10–18 Uhr; Nov–Feb/März: tägl. 10.30–16 Uhr. evtl. Jan–März.

Das Castello di Sasso Corbaro steht allein auf einem Bergrücken und ist die jüngste der drei Festungen der Stadt. Sie wurde im Jahr 1479 auf Befehl des Herzogs von Mailand erbaut, nachdem die Schweizer die Mailänder in der Schlacht von Giornico geschlagen hatten und damit das Tessin zunehmend bedrohten.

Die Burg besteht aus einem hohen Wohnturm und quadratischen Befestigungswällen mit Eckturm. Die Festung liegt etwas erhöht im Osten der Stadt mit einer Aussicht, die auf das Ticinotal geht und bis zum nördlichen Ausläufer des Lago Maggiore im Südwesten *(siehe S. 220f)* reicht.

Das Museum im Bergfried bietet Ausstellungsstücke zur Volkskunst und zum traditionellen Handwerk im Tessin.

Infobox

Information
Straßenkarte E5. 18 000. Palazzo Civico, 091 825 2131. Rabadan (Karneval; Feb). **bellinzonese-altoticino.ch**

Anfahrt

Villa dei Cedri
Piazza San Biagio 9. 058 203 1731. Mi–Fr 14–18, Sa, So 10–18 Uhr. **villacedri.ch**

Die Neorenaissance-Villa aus dem späten 19. Jahrhundert liegt auf einem Anwesen mit Weinberg und beherbergt die Kunstgalerie der Stadt. Die Sammlung umfasst Gemälde aus dem 19. und 20. Jahrhundert, die meisten stammen von Schweizer und italienischen Künstlern aus dem Tessin und der Lombardei. Zu den interessantesten Werken gehören die Gemälde von Giovanni Segantini. Außerdem sind Drucke, z. B. von Oskar Kokoschka und Alfons Mucha, ausgestellt.

Umgebung: Zwei Kilometer südlich liegt **Ravecchia** mit der Chiesa di San Biagio, die gotische Fresken besitzt.

Zentrum von Bellinzona
1. Castelgrande
2. Altstadt
3. Chiesa Collegiata dei SS Pietro e Stefano
4. Castello di Montebello
5. Castello di Sasso Corbaro
6. Villa dei Cedri

0 Meter 250

Zeichenerklärung
siehe hintere Umschlagklappe

⓭ Drei-Pässe-Tour

Die Rundtour über die Alpen im Kanton Uri führt durch einige spektakuläre hochalpine Landschaften der Schweiz. Zur Strecke gehören auch drei Pässe: Susten-Pass, Grimsel-Pass und Furka-Pass, jeder an der Grenze zweier Kantone gelegen. Die Straße ist typisch für die Ingenieurskunst des 19. Jahrhunderts: Sie schlängelt sich steil nach oben oder unten, verläuft auf Brücken über tiefe Täler und führt durch in den Fels getriebene Tunnel. Und überall lockt der Blick auf schneebedeckte Gipfel, majestätische Gletscher und schöne Bergseen.

⑤ Susten-Pass
Der Susten-Pass liegt zwischen den Kantonen Bern und Uri auf einer Höhe von 2264 Meter.

⑥ Innertkirchen
Die kleine Stadt befindet sich an der Kreuzung der von oben kommenden Passstraße und der Straße nach Meiringen und Interlaken im Norden.

⑦ Grimsel-Pass
Der Pass liegt 2165 Meter hoch und markiert die Grenze zwischen den Kantonen Bern und Wallis. Hier oben befindet sich der Totensee.

⑧ Furka-Pass
Der Pass zwischen Wallis und Uri liegt 2436 Meter hoch. Auf der einen Seite sind die Berner, auf der anderen die Walliser Alpen.

⑨ Furkastrasse
Die Passstraße mit der spektakulären Aussicht wurde in den 1860er Jahren erbaut. Der Glacier Express fährt durch den Tunnel unterhalb des Passes.

Hotels und Restaurants in der Zentralschweiz und im Tessin siehe Seiten 254f und 274f

DREI-PÄSSE-TOUR | 227

④ Meienreuss-Pass
An dieser Stelle führt eine Brücke über eine tiefe Schlucht im Meiental. Die Straße verläuft von Wassen am Eingang des Tals weiter nach Susten.

③ Wassen
Die Terrasse vor der Barockkirche von Wassen bietet einen spektakulären Blick ins Meiental hinab.

RoutenInfos
Länge: 120 km.
Rasten: Sowohl in Andermatt als auch in Göschenen gibt es mehrere Restaurants und kleine Hotels.
Tipp: Der Handeggfall zwischen Grimsel-Pass und Guttannen ist ein beeindruckender Wasserfall am Zusammenfluss von Aare und Arlenbach.

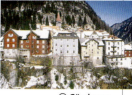

② Göschenen
Die Stadt am nördlichen Ende des Gotthard-Tunnels ist ein guter Ausgangspunkt für Wanderungen auf die umliegenden Berge.

① Andermatt
Im Winter ein Ski-, im Sommer ein Wanderparadies – Andermatt liegt im Herzen des St.-Gotthard-Massivs. Sehenswert ist der gotische Taufstein der Kirche.

⑩ Hospental
Der Ort liegt am Knotenpunkt der Straßen aus Norden, Süden und Westen. Die Burg (13. Jh.), die diese Kreuzung bewachte, ist nur noch als Ruine erhalten.

Legende
- Autobahn
- Routenempfehlung
- Panoramastraße
- Andere Straße

Deckenfresken in der Kapelle von Bürglen

⓮ Bürglen
Straßenkarte E3. 4000.

Der kleine Ort am Anfang des Schächentals soll die Geburtsstätte Wilhelm Tells, des legendären Schweizer Nationalhelden, sein. An der Stelle, an der angeblich sein Geburtshaus stand, befindet sich eine **Kapelle** von 1582. Fassade und Innenwände sind mit Fresken verziert, die die Sage von Tell erzählen. Eine Statue des Helden ziert auch einen Brunnen der Stadt, der aus dem 18. Jahrhundert stammt.

Der für Geschichte und Nationalbewusstsein der Schweiz so wichtigen Sage widmet sich auch das **Tell-Museum**. Die Ausstellungsstücke umfassen Chroniken und Dokumente sowie Gemälde und Skulpturen.

Außerdem sehenswert in Bürglen: ein Gasthof aus dem 17. Jahrhundert (der **Adler**) und eine frühbarocke Kirche mit Stuckdekor und einem romanischen Turm.

Umgebung: In **Riedertal**, drei Kilometer südöstlich von Bürglen, befindet sich eine schöne Pilgerkapelle im Stil der Gotik und Renaissance. Sie besitzt gotische Fresken und eine Pietà aus dem 14. Jahrhundert, die vor allem von den Einheimischen sehr verehrt wird.

🏛 Tell-Museum
Postplatz. 041 870 4155. Mai, Juni, Sep, Okt: tägl. 10–11.30, 13.30–17 Uhr; Juli, Aug: tägl. 10–17 Uhr.
W tellmuseum.ch

⓯ Altdorf
Straßenkarte E3. 9000.
Tellspielhaus, Schützengasse 11, 041 874 8000. Dorffest (1. Aug), Chilbi (Nov). **W** uri.info

Der Hauptort des Kantons Uri ist nach Friedrich Schillers Drama Schauplatz des berühmten Apfelschusses. Den Rathausplatz ziert das **Telldenkmal**, eine Statue Tells und seines Sohns (19. Jh.). Im Tellspielhaus wird regelmäßig Schillers *Wilhelm Tell* aufgeführt.

Sehenswert sind weiterhin das historische Waffenlager der Stadt und das **Historische**

Rathausplatz von Altdorf

Museum Uri, das sich der Geschichte und Tradition des Kantons Uri widmet.

🏛 Historisches Museum Uri
Gotthardstrasse 18. 041 870 1906. Mai, Juni, Mitte Aug–Mitte Okt, Dez–Anfang Jan: Mi, Sa, So 13–17 Uhr. **W** hvu.ch

⓰ Urnersee
Straßenkarte E3. Brunnen, Bahnhofstrasse 15, 041 825 0040. **W** brunnentourismus.ch

Der schöne See bildet den südöstlichen Ausläufer des Vierwaldstättersees. Er ist auf allen Seiten von hohen Bergen umgeben und ähnelt von der Form her einem norwegischen Fjord.

Auf einem erhöhten Felsvorsprung unterhalb von Seelisberg auf der Westseite des Sees liegt die **Rütli-Wiese**, auf der sich Vertreter der Kantone Uri, Schwyz und Unterwalden 1291 gegenseitigen Beistand schworen (siehe S. 39).

In **Seedorf** im äußersten Süden des Urnersees liegt eine malerische Burg im Stil von Gotik und Renaissance (1556–60), in der heute ein geologisches Museum untergebracht ist. Das nahe gelegene **Flüelen** ist der Endhafen der Boote, die von Luzern kommen.

Rund drei Kilometer nördlich von Flüelen, auf dem Weg nach Sisikon, liegt die **Tellplatte**. Hier soll Wilhelm Tell auf der Fahrt über den See, als man ihn in das Gefängnis von

Wilhelm Tell
Der Schweizer Nationalheld, der das Land von der habsburgischen Herrschaft befreite, soll Ende des 13. Jahrhunderts gelebt haben. Tell, ein renitenter Armbrustschütze, wurde vom Landvogt Hermann Gessler gefangen genommen und musste zur Strafe mit einer Armbrust einen Apfel vom Kopf des eigenen Sohns schießen. Der Meisterschuss gelang. Da er jedoch damit drohte, Gessler zu töten, nahm man ihn abermals fest. Während der Überfahrt auf dem Urnersee floh Tell – und tötete später den Landvogt.

Statue Wilhelm Tells in Altdorf

Hotels und Restaurants in der Zentralschweiz und im Tessin siehe Seiten 254f und 274f

ZENTRALSCHWEIZ | 229

Der Urnersee, vom Südufer aus gesehen

Gesslers Burg in Küssnacht bringen wollte, geflohen sein. Ganz in der Nähe steht die **Tellkapelle** des 16. Jahrhunderts (im 19. Jh. umgebaut).

Brunnen im äußersten Norden ist einer der größten Ferienorte am Vierwaldstättersee (Urnersee). Hier hat man einen grandiosen Panoramablick über den Urnersee bis hinüber zur Rütli-Wiese am anderen Ufer. In Brunnen ist die barocke Bundeskapelle sehenswert. Sie besitzt ein Altarbild von Justus van Egmont, einem Rubens-Schüler, das im Jahr 1642 entstanden ist.

❶ Schwyz

Straßenkarte E3. 15 000.
Zeughausstrasse 10, 041 855 5950. schwyz-tourismus.ch

Die ruhige Hauptstadt des gleichnamigen Kantons liegt am Fuß der Zwillingsgipfel des Bergmassivs der Mythen. Sie besitzt enorme Bedeutung für die Geschichte und Kultur der Schweiz.

Dem Kanton Schwyz verdankt das Land sowohl seinen Namen als auch seine Flagge. Nach dem Rütli-Schwur 1291 vereinten sich die Streitkräfte der Kantone Schwyz, Uri und Unterwalden bei der Schlacht von Morgarten (1315) im Kampf gegen die Habsburger. Danach hießen die Einwohner des früheren Helvetia *(siehe S. 39)* Schwyzer, das Land selbst Schwyzerland.

Im **Bundesbriefmuseum** in Schwyz sind einige Dokumente zur Schweizer Geschichte ausgestellt. Das wichtigste ist die Verfassung des ersten Bundes, der »Bundesbrief«, auf Pergament geschrieben und von den drei Waldstätten 1291 unterzeichnet.

Die Altstadt von Schwyz besitzt noch viele Häuser aus dem 17. und 18. Jahrhundert. Der Hauptplatz wird von der barocken Pfarrkirche St. Martin und dem Rathaus aus dem 17. Jahrhundert dominiert, auf dessen Fassade die Schlacht von Morgarten dargestellt ist (1891).

Die **Ital Reding-Hofstatt**, eine Villa von 1609, ist im Stil des 17. und 18. Jahrhunderts eingerichtet. Ganz in der Nähe befindet sich das Haus Bethlehem, ein Holzhaus von 1287.

Der ehemalige Kornspeicher der Stadt stammt aus dem Jahr 1711 und beherbergt heute das **Forum Schweizer Geschichte Schwyz**. Das Museum, das zum Schweizerischen Nationalmuseum gehört, widmet sich dem Alltagsleben in der Schweiz vom Mittelalter bis zum Ende des 17. Jahrhunderts.

Bundesbriefmuseum
Bahnhofstrasse 20. 041 819 2064. Di–So 9–19 Uhr. 1. Jan, 24.–26., 31. Dez; andere Feiertage nur 10–17 Uhr geöffnet; weitere Schließtage siehe Website. bundesbriefmuseum.ch

Wappen von Uri am Rathaus in Schwyz

Ital Reding-Hofstadt
Rickenbachstrasse 14. 041 811 4505. Mai–Okt: Di–Fr 14–17, Sa, So 10–12, 14–17 Uhr.

Forum Schweizer Geschichte Schwyz
Zeughausstrasse 5. 058 466 8011. Di–So 10–17 Uhr.

❶ Vitznau

Straßenkarte D3. 1400.
Bahnhofstrasse 1, 041 227 1810. wvrt.ch

Der kleine Ort liegt vor der Kulisse des Massivs der Rigi in einer geschützten Bucht am Nordufer des Vierwaldstättersees. Vitznau bietet verschiedene Wassersportmöglichkeiten und ist eine gute Ausgangsbasis für Wanderungen in den Wäldern und auf den Alpwiesen der Rigi.

Der Ort ist Basisstation der ältesten Zahnradbahn Europas. Sie wurde 1871 direkt unterhalb des Gipfels eröffnet und führt zur Rigi-Kulm (1798 m), dem höchsten Gipfel des Massivs. Der Blick vom Aussichtspunkt ist atemberaubend. Am gegenüberliegenden Seeufer führt der höchste Freiluftaufzug Europas, der **Hammetschwand-Lift**, auf den Bürgenstock. Der 1905 erbaute Aufzug fährt in 50 Sekunden 153 Meter hoch.

Nordwestufer des Vierwaldstättersees zwischen Vitznau und Weggis

Kloster Einsiedeln

Die Benediktinerabtei in Einsiedeln gehört zu den weltweit schönsten Beispielen barocker Architektur. Ihre Wurzeln gehen auf das Jahr 835 zurück, als der Mönch Meinrad hier in einer Einsiedelei lebte. 934 wurde ein Kloster gegründet. Der Legende zufolge ereignete sich während der Weihung der Kirche ein Wunder, die Abtei wurde zur Pilgerstätte. Kirche und Kloster wurden zwischen 1704 und 1735 nach den ausladenden Entwürfen Kaspar Moosbruggers im barocken Stil umgebaut. Die meisten Gemälde, die Vergoldung und die Stuckarbeiten stammen von den Brüdern Cosmas Damian und Egid Quirin Asam.

Bibliothek
Die Bibliothek ist ein schönes Beispiel der Barockkunst. Allerdings befindet sich hier nur ein Teil der Manuskriptsammlung der Abtei.

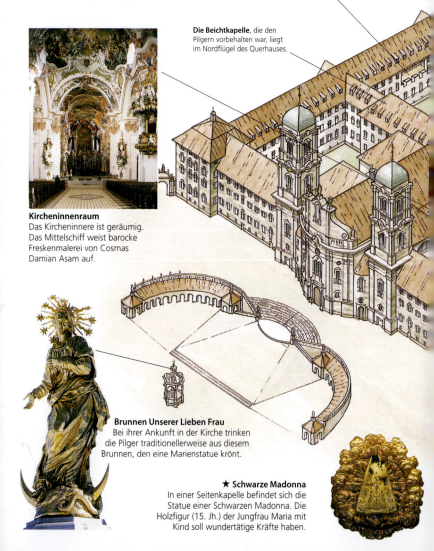

Die Beichtkapelle, die den Pilgern vorbehalten war, liegt im Nordflügel des Querhauses.

Kircheninnenraum
Das Kircheninnere ist geräumig. Das Mittelschiff weist barocke Freskenmalerei von Cosmas Damian Asam auf.

Brunnen Unserer Lieben Frau
Bei ihrer Ankunft in der Kirche trinken die Pilger traditionellerweise aus diesem Brunnen, den eine Marienstatue krönt.

★ **Schwarze Madonna**
In einer Seitenkapelle befindet sich die Statue einer Schwarzen Madonna. Die Holzfigur (15. Jh.) der Jungfrau Maria mit Kind soll wundertätige Kräfte haben.

KLOSTER EINSIEDELN | 231

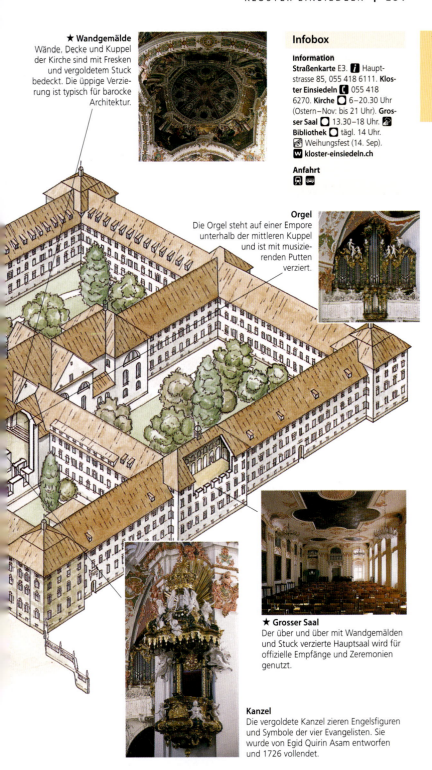

★ Wandgemälde
Wände, Decke und Kuppel der Kirche sind mit Fresken und vergoldetem Stuck bedeckt. Die üppige Verzierung ist typisch für barocke Architektur.

Infobox

Information

Straßenkarte E3. 🛈 Hauptstrasse 85, 055 418 6111. **Kloster Einsiedeln** 📞 055 418 6270. **Kirche** ⏲ 6–20.30 Uhr (Ostern–Nov: bis 21 Uhr). **Grosser Saal** ⏲ 13.30–18 Uhr. **Bibliothek** ⏲ tägl. 14 Uhr. Weihungsfest (14. Sep). 🌐 kloster-einsiedeln.ch

Anfahrt

Orgel
Die Orgel steht auf einer Empore unterhalb der mittleren Kuppel und ist mit musizierenden Putten verziert.

★ Grosser Saal
Der über und über mit Wandgemälden und Stuck verzierte Hauptsaal wird für offizielle Empfänge und Zeremonien genutzt.

Kanzel
Die vergoldete Kanzel zieren Engelsfiguren und Symbole der vier Evangelisten. Sie wurde von Egid Quirin Asam entworfen und 1726 vollendet.

Blick vom Gipfel des Pilatus auf den Vierwaldstättersee und die Städte Küssnacht und Bürgenstock

⓴ Zug

Straßenkarte E3. 🚆 29.000. 🚌 🚏
🛥️ 🛈 Bahnhofplatz, 041 723
6800. 🌐 zug-tourismus.ch

Die Hauptstadt des kleinsten und wohlhabendsten Schweizer Kantons liegt am Nordostufer des Zugersees auf den bewaldeten Hügeln des Zugerbergs. Zug ist als Steueroase bekannt (die Steuersätze betragen die Hälfte des Schweizer Durchschnitts). Deshalb haben sich viele internationale Firmen in Zug niedergelassen.

Ein großer Teil der mit Türmen bewehrten Stadtmauern schließt sich als Ring um die Altstadt, deren Mittelpunkt der Kolinplatz ist. Darauf steht ein Brunnen mit einer Statue des Ritters Wolfgang Kolin. Das nahe Rathaus wurde im Jahr 1509 erbaut. Das gotische Gebäude hat eine Ratskammer, die mit einer geschnitzten Holztäfelung ausgekleidet ist. Ebenfalls sehenswert ist die Kirche St. Oswald aus dem 15./16. Jahrhundert, deren Portal mit Figuren der Jungfrau Maria sowie der Heiligen Oswald und Michael ausgeschmückt ist.

In der früheren Vogtburg ist das **Museum Burg Zug** zur Geschichte des Kantons untergebracht. Im einstigen Kornspeicher (16. Jh.) zeigt das **Kunsthaus** moderne Kunst. Das **Museum für Urgeschichte(n)** widmet sich der Antike. Im Hafen werden Bootsausflüge auf den Zugersee angeboten.

Werbeplakat für Wintersport auf der Rigi

🏛️ **Museum Burg Zug**
Kirchenstrasse 11. 📞 041 728 2970. ⏰ Di–Sa 14–17, So 10–17 Uhr. 🅿️

🏛️ **Kunsthaus**
Dorfstrasse 27. 📞 041 725 3344.
⏰ Di–Fr 12–18, Sa, So 10–17 Uhr.
🅿️ 🌐 kunsthauszug.ch

🏛️ **Museum für Urgeschichte(n)**
Hofstrasse 15. 📞 041 728 2880.
⏰ Di–So 14–17 Uhr. 🅿️

㉑ Küssnacht

Straßenkarte D3. 🚆 12.000. 🚏
🛥️ 🛈 Unterdorf 15, 041 850 3330.
🌐 hohlgassland.ch

Die kleine Stadt liegt am Fuß der Rigi. Das Massiv erhebt sich im Osten des Küssnachtersees, des nördlichen Ausläufers des Vierwaldstättersees.

Die Stadt bietet viele Sportmöglichkeiten und ist eine gute Ausgangsbasis für Bergwanderungen und Touren um den Vierwaldstättersee.

In der Altstadt sind das barocke Rathaus und die Kirche St. Peter und St. Paul sehenswert. Nicht versäumen sollte man auch das Engel Hotel (1552), ein Fachwerkhaus, das über 400 Jahre lang ein Gasthof war. Bekannt sind die Fasnachtsbräuche und das Klausenjagen (5. Dez).

㉒ Luzern

Siehe S. 236–243.

㉓ Pilatus

Straßenkarte D3. Pilatus-Bahnen
Schlossweg 1, Kriens/Luzern, 041 329 1111. 🌐 pilatus.ch

Die zackigen Umrisse des Pilatus, dessen höchster Gipfel stolze 2128 Meter misst, erheben sich auf der Südwestseite des Vierwaldstättersees. Um das Bergmassiv ranken sich

Häuser an der Uferpromenade der mittelalterlichen Altstadt von Zug

Hotels und Restaurants in der Zentralschweiz und im Tessin *siehe Seiten 254f und 274f*

ZENTRALSCHWEIZ | 233

zahlreiche Sagen. Einer zufolge wurde die Leiche von Pontius Pilatus in einen See auf dem Berg geworfen. Sein Geist, so sagt man, irre noch heute dort umher und entfessele gewaltige Stürme.

Den Gipfel des Pilatus kann man recht bequem erreichen. Nach einer Boots- oder Zugfahrt von Luzern nach Alpnachstad am Fuß des Bergmassivs führt eine Zahnradbahn zur oberen Station Pilatus Kulm. Die Strecke ist die steilste der Welt und überwindet 1635 Höhenmeter. Die Bahn fährt von Mai bis November. Oben führt ein Wanderweg zu Aussichtsplattformen auf einem der Berggipfel. Bei schönem Wetter kann man den Säntis im Alpstein, die Glarner und die Berner Alpen sehen. Zurück nach Alpnachstad gelangt man wieder per Zahnradbahn oder zu Fuß. Das ganze Jahr über führen Gondelbahnen vom Gipfel hinunter nach Kriens.

㉔ Hergiswil

Straßenkarte D3. 5600.
Seestrasse 54, 041 630 1258. **hergiswil.ch**

Der kleine Ort am See liegt an der Eisenbahnlinie von Luzern nach Stans. Er ist aufgrund seiner Glaswerke, der Glasi Hergiswil, einen Besuch wert. Die Fabrik wurde 1817 gegründet und in den 1970er Jahren von Robert Niederer vor dem Ruin bewahrt. Heute sind in der Fabrik rund 100 Menschen beschäftigt.

Besucher können den Glasbläsern bei der Arbeit zusehen. Das **Glasi Museum** veranschaulicht die Geschichte der Glasbläserei anhand Fotografien und Hunderter verschiedener Glasgefäße.

Glasi Museum
Seestrasse 12. 041 632 3232.
Mo–Fr 9–18, Sa 9–16 Uhr.
glasi.ch

㉕ Stans

Straßenkarte D3. 8300.
Bahnhofplatz 4, 041 610 8833.
tourismusstans.ch

Der Hauptort des Kantons Nidwalden liegt am Ufer der Engelberger Aa. Über der Stadt erhebt sich das Stanserhorn (1898 m), dessen Gipfel man von Stans aus mit einer Standseilbahn und einer oben offenen Seilbahn erreichen kann. Beim Gipfelrundgang hat man Aussicht auf die Alpenkette.

Mittelpunkt des Ortes ist der Dorfplatz. Er wird von der barocken **Pfarrkirche St. Peter und Paul** (1641–47), die sich über einem älteren Bau erhebt, bestimmt, der Kirchturm ist romanisch. Auf dem Dorfplatz befindet sich ein Denkmal für Arnold Winkelried. Der in Stans geborene Ritter soll sein Leben in der Schlacht von Sempach (1386) im Kampf gegen die Österreicher für die eidgenössischen Kameraden geopfert haben.

Sehenswert sind auch die Festung Fürigen mit einem Museum für Wehrgeschichte und das Winkelriedhaus mit einem Museum für regionales Handwerk und Volkskunst.

Alpensteinböcke an den Hängen des Pilatus

㉖ Engelberg

Straßenkarte D3. 3400.
Hinterdorfstrasse 1, 041 639 7777. **engelberg.ch**

Engelberg ist von Luzern und von Zürich aus leicht zu erreichen. Der beliebte Ferienort liegt auf einer Höhe von 1000 Metern am Fuß des Titlis, dessen felsiger Gipfel stolze 3238 Meter erreicht. Der Ort erstreckt sich um das **Benediktinerkloster**, das im 12. Jahrhundert gegründet und im 18. Jahrhundert umgebaut wurde. Seine Rokoko-Kirche stammt aus 1735–40.

Engelberg verfügt über rund 80 Kilometer Skipisten und Loipen. Der Ort besitzt zudem eine Eislaufbahn. Markierte Wanderwege führen zu den Gipfeln von Titlis, Urirotstock, Schlossberg und Hutstock. Darüber hinaus gibt es viele Radwege.

Die Gondeln der Rotair-Seilbahn drehen sich, damit die Passagiere einen Rundblick genießen können. Die Seilbahn führt von Stand (oberhalb von Engelberg) aus über den Titlis-Gletscher.

Nervenkitzel und einzigartige Ausblicke verspricht der **Titlis Cliff Walk**, Europas höchstgelegene Hängebrücke (3020 m) über einem 500 Meter tiefen Abgrund.

Die Rotair-Seilbahn zum Titlis-Gletscher

Luzern

Die größte Stadt der Zentralschweiz liegt am Westufer des Vierwaldstättersees. Nach der ersten Überquerung des St.-Gotthard-Passes 1220 entwickelte sich das Fischerdorf zum wichtigen Umschlagplatz. Während der Reformation war Luzern (französisch Lucerne) Zentrum des katholischen Widerstands und lange in politische und religiöse Konflikte verstrickt. Im 19. Jahrhundert entwickelte sich der Fremdenverkehr. Luzern veranstaltet jährlich das bekannte Lucerne Festival für klassische Musik.

Die Kapellbrücke mit dem Wasserturm im Hintergrund

Luzern vom Westen aus gesehen mit der Rigi im Hintergrund

Überblick: Luzern

Luzern ist eine kompakte Stadt, die man gut zu Fuß erkunden. Das mittelalterliche Zentrum *(siehe S. 238f)* liegt am Nordufer der Reuss und kann vom Bahnhof am Südufer über die Kapellbrücke mit dem Wasserturm erreicht werden. Den schönsten Blick auf Luzern hat man von den Türmen des mittelalterlichen Befestigungsrings im Norden der Altstadt. Die Einkaufsviertel befinden sich am Südufer, südwestlich des Bahnhofs und in der Altstadt am Nordufer der Reuss.

KKL
Europaplatz 1.

Mit seinem hervorspringenden Dach ist das KKL-Gebäude – das Kultur- und Kongresszentrum Luzern – ein auffälliger moderner Glas-Stahl-Bau, der sich am Ufer des Vierwaldstättersees über das Wasser erhebt. Er wurde von dem französischen Architekten Jean Nouvel entworfen und 1998 eröffnet. Das Gebäude umfasst u. a. Tagungs- und Konzertsäle, Theater sowie das Kunstmuseum *(siehe unten)*.

Kunstmuseum
Europaplatz 1. 041 226 7800. Di, Do–So 11–18, Mi 11–20 Uhr. kunstmuseumluzern.ch

Die Sammlungen des Kunstmuseums sind auf 20 Räume des obersten Stockwerks des KKL-Gebäudes *(siehe oben)* verteilt. Zur Dauerausstellung gehören Schweizer Gemälde aus dem 18. und frühen 20. Jahrhundert. Zudem finden Wechselausstellungen mit Werken internationaler zeitgenössischer Künstler statt.

Sammlung Rosengart
Pilatusstrasse 10. 041 220 1660. Apr–Okt: tägl. 10–18 Uhr; Nov–März: tägl. 11–17 Uhr. rosengart.ch

Die Privatsammlung umfasst über 200 moderne Gemälde. Sie stammt von dem Kunsthändler Siegfried Rosengart, einem Freund Picassos, und seiner Tochter Angela. Neben 125 Werken von Paul Klee sind auch impressionistische Gemälde, u. a. von Cézanne und Monet, sowie Arbeiten von Chagall, Matisse und Kandinsky zu sehen.

Die im mittlerweile geschlossenen Luzerner Picasso-Museum ausgestellten Werke von Pablo Picasso (Aquarelle und Skulpturen) werden mit anderen Picassos in der Sammlung Rosengart präsentiert.

Kapellbrücke

Die überdachte Brücke (14. Jh.) führt über die Reuss und gehörte einst zu den Befestigungsanlagen der Stadt gegen Angriffe vom See her. Etwa in der Mitte des Flusses trifft die Brücke auf den achteckigen Wasserturm, der schon als Leuchtturm, Gefängnis und Schatzkammer diente. Die Dachbemalung der Brücke mit Szenen aus der Geschichte Luzerns und aus dem Leben der Stadtpatrone Leodegar und Mauritius stammt aus dem 17. Jahrhundert.

Die Kapellbrücke ist die älteste erhaltene Holzbrücke Europas und wurde zum Wahrzeichen Luzerns. Teile fielen 1993 einem Brand zum Opfer, wurden jedoch originalgetreu wiederaufgebaut.

Das KKL-Gebäude an der Uferpromenade von Luzern

◀ Der Rathausplatz in Altdorf *(siehe S. 228)* mit der Statue von Wilhelm Tell und seinem Sohn

LUZERN | 237

🏛 Jesuitenkirche
Bahnhofstrasse 11a.

Die große Jesuitenkirche St. Franz Xaver ist das Wahrzeichen am Südufer der Reuss. Sie entstand 1666 bis 1677, die Zwillingstürme mit ihren markanten Zwiebelkuppeln wurden allerdings erst im 19. Jahrhundert vollendet. Das Innere ist im Barockstil gehalten und reich mit Stuck der Wessobrunner Schule verziert. Die Deckengemälde zeigen die Apotheose des hl. Franz Xaver.

🏛 Franziskanerkirche
Franziskanerplatz.

Das älteste Gebäude Luzerns wurde 1270 vollendet. Das Gotteshaus wurde ursprünglich im gotischen Stil erbaut, im Lauf der Jahrhunderte allerdings mehrfach umgestaltet. Zu den beachtenswertesten Elementen im Inneren gehören das Renaissance-Chorgestühl, die Kanzel (17. Jh.) und die barocken Deckengemälde.

🏛 Historisches Museum
Pfistergasse 24. 041 228 5424.
Di–So 10–17 Uhr. **Theatertour** jede volle Stunde.
w historischesmuseum.lu.ch

Das Historische Museum ist im alten Zeughaus, einem Renaissance-Gebäude von 1597, untergebracht. Es ist mit dem Pförtnerhaus, das zur Spreuerbrücke führt, verbunden.
Das Museum macht die Geschichte der Stadt und des Kantons anschaulich. Statt Informationstafeln und Audioführern wird man mit Scannern auf Entdeckungsreise geschickt. Schauspieler nehmen Besucher mit auf eine 45-minütige Theatertour. Interessant ist auch die Sammlung von Plakaten und Verpackungen für Produkte aus dem 19. und frühen 20. Jahrhundert, etwa für Schokolade.

Mittelschiff der Franziskanerkirche

Infobox

Information
Straßenkarte D3. 81 500.
Zentralstrasse 5, 041 227 1717. Fasnacht (Feb/Anfang März), Luzerner Fest (Juni), Lucerne Festival (Aug, Sep).
w luzern.com

Anfahrt

🌉 Spreuerbrücke
Die Holzbrücke führt am westlichen Rand der Altstadt über die Reuss. Der Südflügel stammt von 1408. Die Brücke besitzt eine kleine Kapelle. Das Dach ist mit bemalten Tafeln ausgestattet. 1626–35 schuf Kaspar Meglinger den 67-teiligen Gemäldezyklus, einen Totentanz, der als größter Europas gilt. Von der Spreuerbrücke aus kann man das Nadelwehr sehen. Die Anlage dient der Kontrolle des Pegelstands von Reuss und Vierwaldstättersee.

Zentrum von Luzern
① KKL
② Kunstmuseum
③ Sammlung Rosengart
④ Kapellbrücke
⑤ Jesuitenkirche
⑥ Franziskanerkirche
⑦ Historisches Museum
⑧ Spreuerbrücke
⑨ Weinmarkt
⑩ Natur-Museum
⑪ Rathaus
⑫ Kapellplatz
⑬ Museggmauer
⑭ Hofkirche
⑮ Bourbaki Panorama
⑯ Löwendenkmal
⑰ Gletschergarten

Zeichenerklärung
siehe hintere Umschlagklappe

Legende
Detailkarte S. 238f

Hotels und Restaurants in der Zentralschweiz und im Tessin siehe Seiten 254f und 274f

Im Detail: Luzern Altstadt

Die Altstadt von Luzern liegt an einer flachen Flussbiegung der Reuss – an der Stelle, an der der Fluss den Vierwaldstättersee verlässt. Seit dem Mittelalter verteidigte man die Stadt von den Wehrmauern im Norden und von der Kapellbrücke im Osten aus. Die ursprüngliche Anlage der Altstadt ist erhalten geblieben. Die schönen Fassaden der alten Häuser um den Hirschenplatz und in der Weinmarktgasse sind mit Fresken oder Sgraffito-Malerei verziert. Die Altstadt Luzerns ist auch ein lebhaftes Geschäftszentrum mit zahlreichen Läden, Restaurants und Cafés.

Weinmarkt
Auf dem Platz wurde einst mit Wein gehandelt. Viele der schönen Gebäude gehörten früher den Zünften.

Gasse am Weinmarkt
Die schmale Gasse wird von hohen Häusern mit farbenprächtigen Fensterläden gesäumt. In vielen befinden sich heute Hotels, Boutiquen und Restaurants.

★ Rathaus
Das Rathaus aus der Spätrenaissance (1606) hat eine Schmuckfassade. Der Haupteingang wird von Doppelsäulen gerahmt.

Legende
— Routenempfehlung

Hotels und Restaurants in der Zentralschweiz und im Tessin *siehe Seiten 254f und 274f*

LUZERN: ALTSTADT | 239

Sternenplatz
Die meisten Wandmalereien an den Häuserfassaden der Altstadt stecken voller Anspielungen und Symbole.

St. Peterskapelle
An der Südwand der Kapelle befindet sich ein Relief (1513) mit Christus und den Jüngern im Garten Gethsemane.

Kapellplatz
Der Brunnen auf dem Platz wird von einer Fritschi-Skulptur gekrönt – eine Sagengestalt, die mit Frühling und Freude assoziiert und an Fasnacht gefeiert wird.

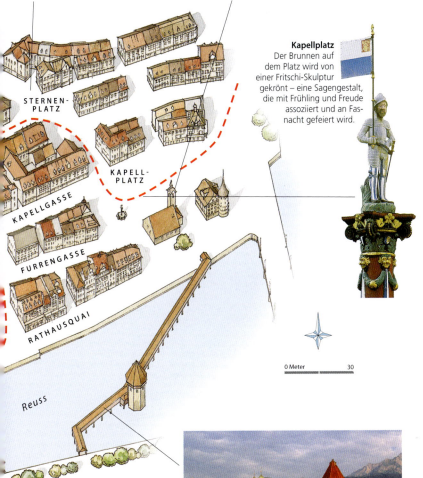

★ **Kapellbrücke**
Die im 14. Jahrhundert errichtete überdachte Brücke ist das Wahrzeichen Luzerns. Sie wurde nach einem Brand im Jahr 1993 teilweise zerstört und später rekonstruiert.

Überblick: Luzern

Den besten Blick auf die malerischen Plätze, Kirchen und Patrizierhäuser der Luzerner Altstadt hat man von den Befestigungsanlagen im Norden aus. Ein Spaziergang führt östlich der Altstadt zu weiteren interessanten Bauten und Museen, u. a. zur eleganten Renaissance-Hofkirche und zum Richard Wagner Museum, das sich dem großen romantischen Komponisten widmet. Weiter östlich am See steht das Verkehrshaus der Schweiz, eine der größten Attraktionen des Landes *(siehe S. 242f).*

Weinmarkt
Der von historischen Gebäuden gesäumte Platz ist einer der schönsten in Luzern. Der gotische Weinmarktbrunnen ist eine Kopie des Originals, das sich im Innenhof des Ritterschen Palasts in der Bahnhofstrasse befindet. Die Häuser am Weinmarkt und am benachbarten Hirschenplatz sind mit bemalten Fassaden, verzierten Eingängen und Erkerfenstern geschmückt. Viele davon waren früher Zunfthäuser.

Natur-Museum
Kasernenplatz 6. 041 228 5411. Di–So 10–17 Uhr.
naturmuseum.ch

Das naturhistorische Museum liegt nur wenige Gehminuten von der Altstadt entfernt – direkt auf der anderen Seite der Spreuerbrücke. Unter den Besuchern sind viele Familien, denn die hier gezeigten interaktiven Ausstellungen sind nicht nur für Kinder spannend. In den Gängen sind ausgestopfte Tiere zu sehen. Faszinierend ist außerdem die kartografische Darstellung der Alpen in früheren Zeiten. Das Natur-Museum vermittelt auch einen guten Überblick über die Tier- und Pflanzenwelt sowie die Umwelt der Zentralschweiz, besonders farbenfroh ist die Sammlung von Schmetterlingen.

Detail eines Brunnens, Weinmarkt

Rathaus
Kornmarkt 3. 041 227 1717. nach Vereinbarung.

Das heutige Rathaus im Stil der italienischen Renaissance wurde 1606 vollendet. Von dem Vorgängerbau (14. Jh.) steht nur noch der Turm. Die Ratskammer im Inneren ist mit wunderschön geschnitzten Holztafeln verziert.

Kapellplatz
St. Peterskapelle wg. Sanierung bis Anfang 2019.

Auf dem malerischen Platz herrscht reges Treiben, vor allem an Markttagen. Seinen Namen verdankt er der St. Peterskapelle, die im 18. Jahrhundert einen Sakralbau aus dem 12. Jahrhundert ersetzte. In der Kapelle gibt es ein gotisches Kruzifix (14. Jh.).

Museggmauer
Apr–Nov: 8–19 Uhr.

Der gut erhaltene, rund 870 Meter lange nördliche Abschnitt der mittelalterlichen Befestigung verläuft vom Nordufer der Reuss bis fast zum Nordufer des Vierwaldstättersees. Hinter ihrer Zinnenkrone zieht sich ein Wehrgang hin. Auf der Mauer befinden sich neun Türme aus der zweiten Hälfte des 14. Jahrhunderts. Von hier aus hat man einen schönen Blick auf Stadt, Fluss und See.

Wappen an einem der Türme der Museggmauer

Hofkirche
St. Leodegarstrasse. tägl.

Die Kirche ist ein herrliches Beispiel der Spätrenaissance in der Schweiz. Der Originalbau (12. Jh.) wurde 1633 durch einen Brand fast vollständig zerstört. Nur die Zwillingstürme mit den spitzen Kuppeln überlebten und wurden in den heutigen Bau integriert.

Der Innenraum ist im Stil der Renaissance gehalten. Sehenswert sind vor allem der Hochaltar mit Statuen der Heiligen Leodegar und Mauritius, der Schutzpatrone von Luzern. Den Altar im nördlichen Querschiff ziert eine Darstellung von Mariä Himmelfahrt von 1500. Die Kirche besitzt ein kunstvolles Gestühl, eine Kanzel, einen Taufstein und eine riesige Orgel von 1640. In

Mit Balkonen und Erkern verzierte Häuser am Weinmarkt

Altar im nördlichen Querschiff der Hofkirche

einer Nische im Nordturm befindet sich eine bewegende Darstellung Christi und der Jünger im Garten Gethsemane.

🏛 Bourbaki Panorama
Löwenplatz 11. 📞 041 412 3030. 🕐 Apr–Okt: tägl. 9–18 Uhr; Nov–März: tägl. 10–17 Uhr. 🌐
🌐 bourbakipanorama.ch

Das Riesenrundgemälde ist eines der wenigen erhaltenen Panoramen der Welt. Es stellt den Marsch der französischen Armee unter General Bourbaki durch die Schweiz während des Französisch-Preußischen Kriegs (1870/71) dar. Das von Édouard Castres geschaffene Panorama ist 112 Meter lang und zehn Meter hoch. Toneffekte und eine Erzählung der Ereignisse sowie eine Smartphone-App beleben das Bild. Das Gebäude beherbergt auch ein Museum und Cafés.

🦁 Löwendenkmal
Denkmalstrasse.

Die massive Figur eines von einem Speer durchbohrten sterbenden Löwen ist der Schweizergarde des französischen Königs Louis XVI gewidmet. Am 10. August 1792 verteidigten die Soldaten die Tuilerien in Paris, als der Palast von Revolutionären gestürmt wurde. Einige Soldaten wurden gefangen und in der Nacht vom 2. auf den 3. September enthauptet.

Das Löwendenkmal meißelte der dänische Bildhauer Bertel Thorwaldsen aus dem Sandstein einer Klippe. Es wurde 1821 feierlich enthüllt. Das überaus pathetische Denkmal spiegelt sich im Wasser eines Teichs.

Löwendenkmal

🏛 Gletschergarten
Denkmalstrasse 4. 📞 041 410 4340. 🕐 Apr–Okt: tägl. 9–18 Uhr; Nov–März: tägl. 10–17 Uhr. 🌐
🌐 gletschergarten.ch

Bei Bauarbeiten 1872 machte man eine ungewöhnliche Entdeckung: Nachdem die oberste Erdschicht entfernt war, kam ein Felsen mit 32 großen Hohlräumen zum Vorschein. Sie waren in der letzten Eiszeit durch die Bewegung von Wasser und Steinen entstanden, die durch die Ritzen des darüberliegenden Gletschers gedrungen waren. Der Gletschergarten bewahrt diese geologische Besonderheit. Der Felsen wird durch ein Zelt geschützt. Die Ausstellung im nahen Pavillon erläutert den geologischen Prozess. Es gibt auch ein Spiegellabyrinth im Stil der Alhambra von Granada.

🏛 Richard Wagner Museum
Richard-Wagner-Weg 27. 📞 041 360 2379. 🕐 Apr–Nov: Di–So 10–17 Uhr. 🌐
🌐 richard-wagner-museum.ch

Der Komponist Richard Wagner kam regelmäßig nach Luzern. Hier schuf er den dritten Akt von *Tristan und Isolde*. Zwei weitere Opern – *Die Meistersinger von Nürnberg* und *Siegfried* – stammen ebenfalls aus Wagners Zeit in der Stadt. Hier begann er auch die Arbeit an der *Götterdämmerung*.

Das Museum in der Villa Tribschen, in der Wagner mit Frau und Sohn von 1866 bis 1872 lebte, ist diesem Lebensabschnitt gewidmet. In den Räumen befinden sich die originalen Möbel sowie Erinnerungsstücke aus dem Leben des Komponisten, u. a. Gemälde, Briefe und Musikinstrumente.

Umgebung: Im Museum im Bellpark in **Kriens**, drei Kilometer südwestlich von Luzern und per Bus zu erreichen, gibt es eine Sammlung von Exponaten zu Fotografie, Videokunst und Medien.

Glaspavillon und Kuppel des Bourbaki Panoramas

Luzern: Verkehrshaus

Fast jedes mechanische Fortbewegungsmittel, vom frühesten Fahrrad bis zur jüngsten Raumsonde, wird in diesem meistbesuchten der Luzerner Museen ausgestellt und erläutert. Oldtimer und Dampfloks gehören jeweils zu den Abteilungen Straßen- und Schienenverkehr. Die dem Fremdenverkehr gewidmete Sektion demonstriert den Einfallsreichtum der Zahnrad- und Seilbahnerbauer. Schifffahrt, Flugverkehr und Raumfahrt kommen auch nicht zu kurz. Zu den interaktiven Einrichtungen gehören drei Flugsimulatoren. Es gibt auch viele Angebote für jüngere Museumsbesucher.

Schienenverkehr
Diese Abteilung dokumentiert die Geschichte des Schienenverkehrs in der Schweiz – von pferdegezogenen Tramwagen bis zur elektrischen Eisenbahn.

Krokodil
Die verlängerte »Schnauze« der elektrischen Lokomotive (1920) brachte ihr den Spitznamen »Krokodil« ein. Sie fuhr durch den Gotthard-Tunnel.

Haupteingang

Gotthard-Modell
Zu den faszinierenden Ausstellungsstücken gehört ein Modell der Eisenbahnlinie durch den Gotthard-Tunnel.

★ **Kino**
Kinobesucher werden in einem 40-minütigen Film, der auf einer gigantischen Leinwand gezeigt wird, in fremde Welten entführt – ein packendes Erlebnis.

★ **Swiss Chocolate Adventure**
Hier erfährt man Wissenswertes über Entdeckung, Herkunft, Herstellung und Transport von Schokolade. Auf der multimedialen Entdeckungsreise werden alle Sinne angesprochen.

Kurzführer

Die Räume links vom Haupteingang widmen sich dem Schienenverkehr. Gegenüber vom Haupteingang befindet sich die Halle zum Straßenverkehr. Die anderen beherbergen Ausstellungsstücke zu weiteren Themen des Verkehrswesens. Das Kino hat die größte Leinwand der Schweiz.

Infobox

Information
Lidostrasse 5. 041 370 4444. Apr–Okt: tägl. 10–18 Uhr; Nov–Feb: tägl. 10–17 Uhr.
verkehrshaus.ch

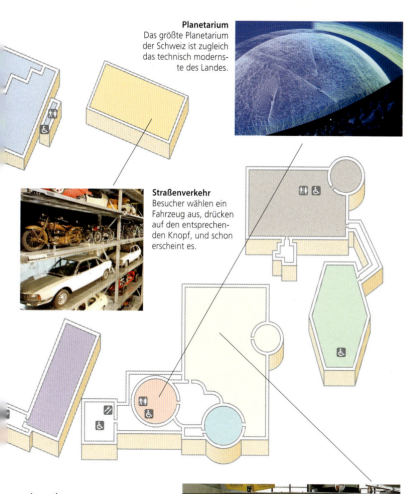

Planetarium
Das größte Planetarium der Schweiz ist zugleich das technisch modernste des Landes.

Straßenverkehr
Besucher wählen ein Fahrzeug aus, drücken auf den entsprechenden Knopf, und schon erscheint es.

Legende

- Schienenverkehr
- Straßenverkehr
- Telekommunikation
- Planetarium
- Raumfahrt
- Flugverkehr
- Schifffahrt und Fremdenverkehr
- Hans Erni Museum
- Kino
- Swiss Chocolate Adventure

★ Flugzeuge
Die Fokker F.VII A in der Flugverkehrsabteilung ist das älteste Schweizer Passagierflugzeug. Die ausgestellten Flugzeuge reichen von kleinen Zweisitzern bis zu Überschall-Militärjets.

Zeichenerklärung *siehe hintere Umschlagklappe*

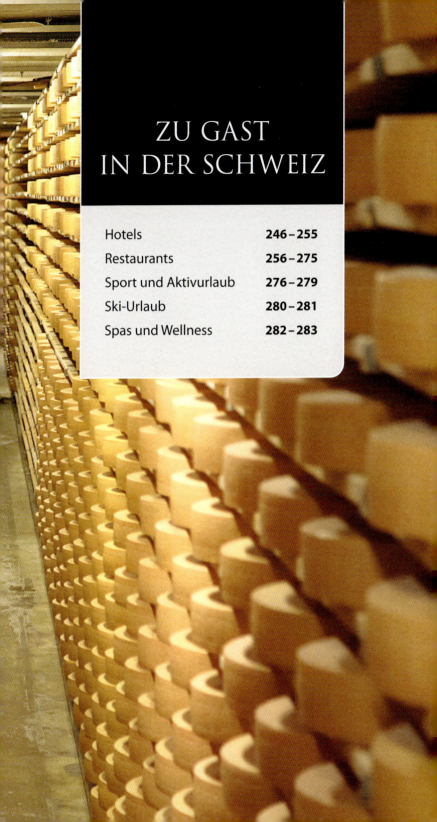

ZU GAST IN DER SCHWEIZ

Hotels	**246 – 255**
Restaurants	**256 – 275**
Sport und Aktivurlaub	**276 – 279**
Ski-Urlaub	**280 – 281**
Spas und Wellness	**282 – 283**

Hotels

Die Schweiz bietet eine große Auswahl an Hotels für jeden Geschmack und jedes Budget – ob in Stadtzentren, in Wintersportorten, an den Seen oder in der unberührten Natur. In jeder Kategorie und Preislage haben Schweizer Hotels einen hohen Standard und ein gutes Preis-Leistungs-Verhältnis – allerdings auf hohem Niveau. Preiswerter sind z. B. Gästehäuser, die man in einigen der attraktivsten Städte und Dörfer des Landes findet, sowie einladende Berggasthöfe, in denen man noch immer die ursprüngliche Schweizer Gastfreundschaft kennenlernen kann. Für Outdoor-Fans gibt es gut ausgestattete Campingplätze in fantastischer Landschaft. Auch einige Bauernhöfe vermieten Zimmer und bieten die Möglichkeit, auf »jungfräulichem« Heu bzw. Stroh in Scheunen zu nächtigen.

Suite mit Alpenblick im Gstaad Palace *(siehe S. 248)*

Hotelwahl

Die beste Informationsquelle zu Hotels in der Schweiz ist die **Swiss Hotel Association**. Die Organisation deckt die meisten Übernachtungsmöglichkeiten ab, von Luxushotels bis zu abgelegenen Berggasthöfen. Sie vergibt zwischen einem und fünf Sternen, je nach Komfort.

Die Preise liegen zwischen 100 Schweizer Franken (CHF oder SFr. bzw. Fr.) für ein Doppelzimmer ohne Bad in einem Ein-Stern-Hotel und mindestens 1200 Franken für eine Suite in einem Fünf-Sterne-Haus. Ob preiswert oder teuer: Bei den Hotels sind Frühstück, Steuern und Service im Preis enthalten. Für einige familiengeführte Hotels gilt die offizielle Klassifizierung nicht, sie sind im Allgemeinen jedoch sauber und komfortabel. Viele Hotels haben Restaurants. Im Hotel garni gibt es Frühstück, aber keine weiteren Mahlzeiten.

In Orten, die beliebte Urlaubsziele sind, variieren die Hotelpreise je nach Saison. Aufgrund ihrer Lage sind die meisten Hotels im Winter bzw. im Juli und August am teuersten. Bei längeren Aufenthalten sind Rabatte möglich. In größeren Städten bleiben die Preise der Hotels, deren Klientel überwiegend aus Geschäftsleuten besteht, das ganze Jahr über konstant. Doch auch hier gibt es oft Wochenendangebote.

In vielen Ferienorten bieten Hotels Gästekarten an (auch Kurkarten, Cartes des Visiteurs oder Tessere di Soggiorno). Mit den Karten erhält man zahlreiche Vergünstigungen – vom öffentlichen Nahverkehr bis zum Museumseintritt.

Hotelketten

Viele Schweizer Hotels gehören zu internationalen oder nationalen Ketten. Die größte internationale Hotelkette ist **Best Western** mit etwa 40 Drei- und Vier-Sterne-Hotels in der Schweiz. Die Gruppe **Swiss Quality Hotels International** bietet rund 60 Drei- bis Fünf-Sterne-Häuser in den größeren Schweizer Städten und den Hauptferienorten.

Minotel Suisse umfasst über 50 traditionelle familiengeführte Häuser mit einem oder zwei Sternen. In den Restaurants dieser Hotels werden Gerichte und Weine aus der Schweiz serviert. Etwas preiswerter sind **Swiss Charme Hotels** mit ungefähr 90 Ein- bis Drei-Sterne-Unterkünften. Sie liegen meist etwas abseits und nicht direkt im Ort, haben aber ein ausgezeichnetes Preis-Leistungs-Verhältnis und sind meist ruhig und wenig überlaufen.

Die 27 Hotels der **Romantik**-Gruppe bestehen aus unabhängig voneinander geführten Etablissements in historischen Gebäuden, z. B. in Châteaus. Bei den Romantik Hotels ist der Standard, was Komfort und Lage anbetrifft, außergewöhnlich hoch.

Zimmer und B & Bs

Gästehäuser und Privatunterkünfte werben mit Schildern wie *Zimmer frei*, *Chambres à*

Terrasse des Grand Resort Bad Ragaz *(siehe S. 253)*

◀ Käse im Keller des La Maison du Gruyère, Fribourg *(siehe S. 128)*

Rezeptionsbereich im Victoria-Jungfrau, Interlaken *(siehe S. 248)*

louer oder *Affitasi Camere* für zu mietende Zimmer. Solche Schilder sieht man vorwiegend in Feriengebieten. Auch Bed-and-Breakfast-Unterkünfte werden immer beliebter.

Beide Möglichkeiten kosten etwa 40 bis 50 Franken pro Person und Nacht und bieten damit ein sehr gutes Preis-Leistungs-Verhältnis.

Herbergen

Es gibt in der Schweiz über 80 Jugendherbergen mit Doppel- und Familienzimmern sowie Schlafsälen. Sie kosten etwa 15 bis 25 Franken pro Person und Nacht mit Frühstück. Manche Jugendherbergen berechnen Bettbezüge extra. Viele haben einen TV-Raum, in einigen gibt es Abendessen.

Im Heu schlafen

Zwischen Anfang Mai und Ende Oktober öffnen einige Bauernhöfe ihre Scheunen für Besucher, die dort auf frischem Heu schlafen können. Die Übernachtung inklusive Frühstück und Dusche kostet nur etwa 20 Franken. Manchmal stehen Decken zur Verfügung, man sollte jedoch besser einen Schlafsack mitbringen.

Bei einem Urlaub auf dem Bauernhof lernt man die ländliche Schweiz besonders gut kennen. Die Zimmer und Apartments werden nächte- oder wochenweise vermietet.

Berggasthöfe

Malerische Berggasthöfe *(Auberges de Montagne)* bieten Wanderern eine praktische Übernachtungsmöglichkeit. Neben Schlafsälen gibt es auch Einzelzimmer. Die meisten servieren warme Mahlzeiten.

Camping

Auch die 380 Schweizer Campingplätze sind in Ein- bis Fünf-Sterne-Kategorien eingeteilt. Viele liegen sehr schön und sind im Winter geschlossen – in höheren Lagen sind sie nur in den zwei bis drei wärmsten Monaten geöffnet. Frühzeitiges Buchen empfiehlt sich.

Hotelkategorien

Die Hotelauswahl *(siehe S. 248–255)* dieses Reiseführers enthält verschiedenste Hotels – von luxuriösen Rückzugsorten an den Seen bis zu einfachen Herbergen. Sie sind nach Region und Preiskategorie aufgelistet.

Viele der Empfehlungen, vor allem Hotels außerhalb von Städten, wurden wegen ihrer Lage ausgewählt. Hinzu kommt ein gutes Preis-Leistungs-Verhältnis. Übernachtungen für Wanderer und Skifahrer sind oft einfach ausgestattet, aber funktional. In den Alpenregionen gibt es aber auch Hotels in historischen Gebäuden mit Zimmern voller Charme.

Die *Vis-à-Vis-Tipps* heben bestimmte Hotels hervor – Häuser mit außergewöhnlichem Service, grandioser Lage, schöner Ausstattung oder einer Kombination aus allem.

Auf einen Blick

Hotels

Swiss Hotel Association
Monbijoustrasse 130, 3001 Bern.
031 370 4111.
swisshotels.com

Hotelketten

Best Western
Monbijoustrasse 130, 3001 Bern. 0800 55 23 44. bestwestern.ch

Minotel Suisse
Avenue de Montchoisi 35, 1006 Lausanne.
021 310 0800.
minotel.com

Romantik Hotels
romantikhotels.com

Swiss Charme Hotels
Monbijoustrasse 130, 3001 Bern.
084 880 5508.
rooms.ch

Swiss Quality Hotels International
Spittelstrasse 4, 8712 Stäfa. 044 928 2727.
swissqualityhotels.com

B & Bs

Bed and Breakfast
Sonnenweg 3, 4144 Arlesheim. bnb.ch

Herbergen

Schweizer Jugendherbergen
Schaffhauserstrasse 14, 8042 Zürich.
044 360 1414.
youthhostel.ch

Swiss Backpackers
Alpenstrasse 16, 3800 Interlaken.
033 823 4646.
swissbackpackers.ch

Bauernhöfe

Ferien auf dem Bauernhof
bauernhof-ferien.ch

Reka-Ferien

Neugasse 15, 3001 Bern. 031 329 6633. reka.ch

Schlaf im Stroh
031 359 5030.
schlaf-im-stroh.ch

Camping

Schweizerischer Camping und Caravaning Verband
Wührestrasse 15, 5724 Dürrenäsch. 62 777 40 08. sccv.ch

CampingNET
camping.ch

Hotelauswahl

Bern

Glocke F
Hostel SK C3
Rathausgasse 75, 3011
☎ 031 311 3771
🌐 bernbackpackers.com
Das preiswerte Hostel liegt einen Spaziergang vom Bahnhof entfernt. Es bietet Annehmlichkeiten wie Küche, Waschmöglichkeiten und Internet-Café.

Landhaus F
Hostel SK C3
Altenbergstrasse 4, 3013
☎ 031 348 0305
🌐 albertfrida.ch
Das Landhaus liegt gegenüber dem BärenPark in einer ruhigen Wohngegend. Das Angebot reicht von Schlafsälen mit Gemeinschaftsbad bis zu schlicht möblierten Einzel- und Doppelzimmern.

National F
Hostel SK C3
Hirschengraben 24, 3011
☎ 031 552 1515
🌐 nationalbern.ch
Das familiengeführte Haus liegt in der Nähe des Bahnhofs mit guter Anbindung an die Altstadt. Es verfügt über geräumige Zimmer und ein Slow-Food-Restaurant.

Pension Marthahaus F
B & B SK C3
Wyttenbachstrasse 22a, 3013
☎ 031 332 4135
🌐 marthahaus.ch
Das preisgünstige Gästehaus aus dem 19. Jahrhundert hat geräumige Zimmer. Den Gästen stehen kostenloses WLAN und eine Küche zur Verfügung.

Märchenschloss mit exklusivem Hotel: Gstaad Palace

Hotelkategorien *siehe S. 247*

Belle Époque FF
Boutique SK C3
Gerechtigkeitsgasse 18, 3011
☎ 031 311 4336
🌐 belle-epoque.ch
Zum Dekor der Zimmer des einzigartigen Hotels in der Berner Altstadt gehören Jugendstil- und Belle-Époque-Elemente, die eine verschwenderisch-dekadente Atmosphäre schaffen.

Waldhorn FF
Modern SK C3
Waldhöheweg 2, 3013
☎ 031 332 2343
🌐 waldhorn.ch
Die moderne Pension etwas abseits des Stadtzentrums liegt in einem ruhigen Vorort mit guten Straßenbahnverbindungen. Parkplätze und WLAN sind kostenlos.

Vis-à-Vis-Tipp

Bellevue Palace FFF
Historisch SK C3
Kochergasse 3–5, 3000
☎ 031 320 4545
🌐 bellevue-palace.ch
Das Bellevue Palace ist bekannt für seinen Luxus und seine hohen Qualitätsstandards – ein Wahrzeichen der Stadt. Die geräumigen Zimmer sind mit viel Liebe zum Detail eingerichtet. Die Terrasse eröffnet einen unvergesslichen Ausblick über die Aare und das Berner Oberland.

Mittelland, Berner Oberland und Wallis

BRIG: Victoria FF
Historisch SK D4
Bahnhofstrasse 2, 3900
☎ 027 923 1503
🌐 victoria-brig.ch
Victoria gewährt einen imposanten Blick auf die Walliser Alpen. Die Zimmer des traditionsreichen Hotels sind groß und modern. Guter Ausgangspunkt, um die Umgebung zu erkunden.

CRANS-MONTANA Grand Hotel du Golf & Palace FFF
Luxus SK C4
7, allée Elysée-Bonvin, 3963
☎ 027 485 4242
🌐 ghgp.ch
Das beliebte Hotel im führenden Schweizer Golfresort ist exzellent ausgestattet und bietet einen wunderbaren Blick auf die Walliser Alpen.

> **Preiskategorien**
> Die Preise gelten für ein Standard-Doppelzimmer pro Nacht während der Hochsaison, inkl. Steuern und Service.
> F unter 200 Franken
> FF 200 – 400 Franken
> FFF über 400 Franken

**GRINDELWALD:
Grand Regina** FFF
Historisch SK D4
Dorfstrasse 80, 3818
☎ 033 854 8600
🌐 grandregina.ch
Das eindrucksvolle Hotel verfügt über Spa-Einrichtungen, Hallenbad und Swimmingpool sowie luxuriös eingerichtete Zimmer.

GSTAAD: Gstaad Palace FFF
Luxus SK C4
Palacestrasse, 3780
☎ 033 748 5000
🌐 palace.ch
Zu dem prächtigen Hotel im eigenen Park gehören ein Spa mit Beauty-Behandlungen, Tennisplätze und Restaurants.

INTERLAKEN: Hotel du Lac FF
Historisch SK C4
Höhenweg 225, 3800
☎ 033 822 2922
🌐 dulac-interlaken.ch
Das Hotel am Fluss im Stadtzentrum bietet schöne Aussicht und große, komfortable Zimmer sowie einen Pool und Spa.

**INTERLAKEN:
Victoria-Jungfrau** FFF
Luxus SK C4
Höhenweg 41, 3800
☎ 033 828 2828
🌐 victoria-jungfrau.ch
Opulente Ausstattung und geräumige Zimmer in einem eleganten Hotel mit Spa-, Fitness- und Beauty-Einrichtungen.

**KANDERSTEG:
Belle Epoque Hotel Victoria** FF
Historisch SK C4
Äussere Dorfstrasse 2, 3718
☎ 033 675 8000
🌐 hotel-victoria.ch
Das Grandhotel bietet Hallenbad und Tennisplätze. Kinder sind herzlich willkommen.

**KANDERSTEG:
Landgasthof Ruedihus** FFF
Historisch SK C4
Hauptstrasse, 3718
☎ 033 675 8181
🌐 ruedihus.ch
Das Bauernhaus mit vielen Dekorelementen aus Eisen und Holz liegt inmitten der Natur. Einige Zimmer haben ein Himmelbett.

BERN, MITTELLAND, BERNER OBERLAND UND WALLIS | 249

LAUTERBRUNNEN: Silberhorn F
Modern SK D4
Alte Isenfluhstrasse, 3822
📞 033 856 2210
🌐 silberhorn.com
Das hübsche Gästehaus befindet sich in einem großen Garten in der Nähe des Bahnhofs. Im Winter reicht eine Skipiste bis zur Hotelanlage heran.

LEUKERBAD: Lindner FF
Kurbäder-Komplex SK C4
Dorfplatz, 3954
📞 027 472 1000
🌐 lindnerhotels.ch
Eine Unterführung verbindet das Luxushotel mit dem Kurbäder-Komplex. Geboten sind Sauna, Dampfbad und eine Vielfalt an Behandlungen. Die Zimmer sind luxuriös eingerichtet.

Vis-à-Vis-Tipp

LEUKERBAD:
Les Sources des Alpes FFF
Kurbäder-Komplex SK C4
Tuftstrasse 17, 3954
📞 027 472 2000
🌐 sourcesdesalpes.ch
Das zauberhafte Hotel am Rand eines Dorfs beeindruckt mit heißen Quellen und einer imposanten Vielzahl an Spa- und Beauty-Einrichtungen. Die Zimmer sind individuell eingerichtet. Außenpool mit Blick auf die Berggipfel.

MONTHEY: Whitepod FF
Luxus SK B4
Les Giettes, 1871
📞 024 471 3838
🌐 whitepod.ch
Das Whitepod ermöglicht »Glamour-Camping«: Übernachten Sie mitten in freier Natur in geodätischen »Zelten«, die mit Holzöfen beheizt werden und allen Komfort wie moderne Badezimmer, Minibar und TV bieten.

MÜRREN: Alpenruh FF
Modern SK D4
Hinter der Egg, 3825
📞 033 856 8800
🌐 alpenruh-muerren.ch
Das kleine Hotel im Chalet-Stil in ruhiger Lage und dennoch nah bei den Skiliften bietet moderne Zimmer und tollen Alpenblick.

SAAS-FEE: Jägerhof FF
Chalet SK D5
Obere Gasse 16, 3906
📞 027 957 1310
🌐 hotel-jaegerhof.ch
Das freundliche Hotel außerhalb der Dorfmitte verwöhnt seine Gäste mit Sauna, Whirlpool und Solarium.

Luxuriös ausgestattete Camping-»pods« des Whitepod, Monthey

SION: Du Rhône FF
Modern SK C5
10, rue du Scex, 1950
📞 027 322 8291
🌐 durhonesion.ch
Das gut ausgestattete Hotel in ruhiger Umgebung verfügt über moderne, zweckmäßige Einrichtung. In allen Zimmern gibt es WLAN und Kabel-TV.

SOLOTHURN: Baseltor FFF
Luxus SK C3
Hauptgasse 79, 4500
📞 032 622 3422
🌐 baseltor.ch
Das Baseltor in der Nähe der Kirche wird von freundlichen Besitzern geführt. Das Restaurant kann mit außerordentlich hohem Qualitätsstandard aufwarten.

VAL D'ANNIVIERS: Bella Tola FF
Romantisch SK C5
Rue Principale, St-Luc, 3961
📞 027 475 1444
🌐 bellatola.ch
Das preisgekrönte Hotel ist mit alten Möbeln eingerichtet und bietet geräumige Zimmer mit atemberaubendem Ausblick sowie Spa mit Pool und Sauna. Der Skibus hält direkt vor der Tür.

VERBIER: La Chamade F
B&B SK C5
6, chemin de la Pâle, 1934
📞 079 577 5087
Ein Skilehrer und ein ehemaliger Tourismusmanager leiten das Hotel in einem Chalet in Cotterg. Vom Haus kommt man per Bus zu den örtlichen Skiliften.

VERBIER: Verbier Central FF
Boutique SK C5
Place Centrale, 1936
📞 027 771 5007
🌐 centralhotelverbier.com
Die modernen Zimmer sind mit Whirlpool und Hightech-TV ausgestattet, einige bieten Blick auf die Alpen. Keine Kinder.

VISP: Visperhof FF
Modern SK D4
Bahnhofstrasse 2, 3930
📞 027 948 3800
🌐 visperhof.ch
Zimmer mit kostenlosem WLAN sowie Obstkorb. Es gibt auch ein Apartment für Selbstversorger. Nichtraucher-Hotel.

WENGEN: Belvedere FF
Historisch SK D4
Galliweidli, 3823
📞 033 856 6868
🌐 belvedere-wengen.ch
Das Jugendstil-Hotel im Zentrum von Wengen verfügt über komfortable Zimmer und liegt unweit der Skilifte. Eine Seilbahn bringt Gäste zum Männlichen, wo sie die Aussicht auf Eiger und Jungfrau genießen können.

WENGEN: Regina FF
Historisch SK D4
Schonegg 1347a, 3823
📞 033 856 5858
🌐 hotelregina.ch
Das großartige Hotel in ruhiger Umgebung besitzt charmante, altmodische Zimmer und ein angesehenes Restaurant.

ZERMATT: Bahnhof F
Preiswert SK C5
Bahnhofstrasse 54, 3920
📞 027 967 2406
🌐 hotelbahnhof.com
Das Haus, ein Wahrzeichen Zermatts, ist bei Kletterern und Skifahrern beliebt. Preisgünstige Schlafsäle und Doppelzimmer.

ZERMATT: Romantica FF
Chalet SK C5
Chrum 21, 3920
📞 027 966 2650
🌐 romantica-zermatt.ch
Das Romantica bietet kleine, aber gemütliche Zimmer mit großartiger Aussicht, außerdem zwei Cottages für zwei Personen und einen sehr schönen Garten.

SK = Straßenkarte *siehe hintere Umschlaginnenseiten*

Genf

Comédie F
Preiswert SK A5
12, rue de Carouge, 1205
📞 022 322 2324
🌐 hotel-comedie.ch
Preisgünstiges, freundliches Hotel unweit der Altstadt mit moderner, gepflegter Einrichtung und kostenlosem WLAN.

Hôtel Les Arcades F
Preiswert SK A5
14–16, place Cornavin, 1201
📞 022 715 4800
🌐 hotel-arcades.ch
Geschäftsleute wie Rucksackreisende schätzen das Hotel wegen des guten Preis-Leistungs-Verhältnisses und seiner Nähe zum Bahnhof. Freies WLAN.

Floatinn FF
Hotelschiff SK A5
Port des Eaux-Vives, 1207
📞 078 797 5197
🌐 floatinn.ch
Das Hotelschiff auf dem Genfer See mit Blick auf den Jet d'Eau bietet komfortable Kabinen für insgesamt elf Gäste. Auch fürs leibliche Wohl wird gesorgt.

Hotel Cornavin FF
Business-Hotel SK A5
23, boulevard James-Fazy, 1201
📞 022 716 1212
🌐 fassbindhotels.com/en-hotel-cornavin.html
Trotz seiner Lage am Bahnhof ist das Hotel ruhig. Von den höheren Stockwerken hat man einen großartigen Blick über die Stadt.

Kipling FFF
Design SK A5
27, rue de la Navigation, 1201
📞 022 544 4040
🌐 hotelkiplinggeneva.com
Stilvolles Interieur in rosaroten und kaffeebraunen Farbtönen mit orientalischem Touch. Einige Zimmer haben eine Kochnische.

Vis-à-Vis-Tipp

L'Auberge d'Hermance FFF
Boutique SK A5
12, rue du Midi, 1248
📞 022 751 1368
🌐 hotel-hermance.ch
Das gemütliche Hotel liegt verborgen in dem hübschen Dorf Hermance unweit des Genfer Sees. Es hat sechs Zimmer mit Holzbalkendecken und moderner Ausstattung, drei davon sind Suiten. Dekor mit traditionellen und modernen Elementen.

Zimmer mit Aussicht im Lausanne Palace & Spa

Hôtel Beau-Rivage FFF
Luxus SK A5
13, quai du Mont-Blanc, 1201
📞 022 716 6666
🌐 beau-rivage.ch
Das familiengeführte, architektonisch reizvolle Hotel am See bietet elegante Zimmer und Suiten mit Video- und CD-Auswahl.

Westschweiz

AIGLE: Du Nord F
Modern SK B4
2, rue Colomb, 1860
📞 024 468 1055
🌐 hoteldunord.ch
Das Hotel Du Nord liegt in einer verkehrsfreien Zone des Dorfs und verfügt über komfortable Zimmer mit Kaffeemaschine.

AVENCHES:
Hotel de la Couronne F
Modern SK B3
20, rue Centrale, 1580
📞 026 675 5414
🌐 lacouronne.ch
Erwarten Sie großzügig dimensionierte, stilvoll eingerichtete Zimmer mit architektonisch interessanten Details. Weinproben.

BALLAIGUES: Hôtel Croix d'Or F
Preiswert SK A3
1, place du Château, 1338
📞 021 843 2609
🌐 lacroixdor.ch
Kleines Hotel in der Dorfmitte. Die einfachen, sauberen Zimmer haben ein Gemeinschaftsbad.

LA CHAUX-DE-FONDS:
Hôtel de la Fleur-de-Lys F
Business-Hotel SK B3
13, avenue Léopold-Robert, 2300
📞 032 913 3731
🌐 fleur-de-lys.ch
Das Hotel bietet geschmackvoll eingerichtete Zimmer und ein italienisches Restaurant in der Nähe des Bahnhofs.

CULLY: Lavaux FF
Weingut SK B4
Route de Vevey 51, 1096
📞 021 799 9393
🌐 hotellavaux.ch
Das moderne Hotel liegt inmitten von Weinbergen direkt am Genfer See. Die Zimmer sind minimalistisch eingerichtet, viele bieten Blick auf den See. Die Küche ist ausgezeichnet.

DELÉMONT: Le National F
Modern SK C2
25, route de Bâle, 2800
📞 032 422 9622
🌐 lenational-hotel.ch
Das schicke Hotel nahe der historischen Altstadt bietet ausreichend Parkplätze und ein sehr gutes Restaurant.

LES DIABLERETS: Mon Séjour F
Gästehaus SK B4
34, rue du Pillon, 1864
📞 024 492 1408
🌐 hotel-mon-sejour.ch
Die preisgünstige Unterkunft mit Schlafsälen und Doppelzimmern zieht viele Wanderer und Skifahrer an. Die Zimmer haben kein eigenes Bad, sondern Gemeinschaftsbäder auf jeder Etage.

LES DIABLERETS:
Eurotel Victoria FF
Familienfreundlich SK B4
Chemin du Vernex, 1865
📞 024 492 3721
🌐 eurotel-victoria.ch
Familiengeführtes Hotel im Dorfzentrum mit klassisch eingerichteten, komfortablen Zimmern.

ESTAVAYER-LE-LAC:
Le Rive Sud F
Historisch SK B3
16, rue de l'Hôtel de Ville, 1470
📞 026 663 9292
🌐 lerivesud.ch
Hotel in einem Steingebäude mit etlichen Annehmlichkeiten und geschmackvoll eingerichteten Zimmern, einige mit Jacuzzi.

Hotelkategorien *siehe Seite 247* Preiskategorien *siehe Seite 248*

GENF UND WESTSCHWEIZ | 251

FRIBOURG:
Hôtel du Sauvage FF
Boutique SK B3
12, planche-Supérieure, 1700
📞 026 347 3060
🌐 hotel-sauvage.ch
Das Hotel liegt günstig im Zentrum von Fribourg und bietet gut eingerichtete Zimmer mit traditioneller Holzdecke.

GRUYÈRES:
L'Hôtel de Gruyères FF
Historisch SK B4
1, ruelle des Chevaliers, 1663
📞 026 921 8030
🌐 gruyeres-hotels.ch
Das ruhige Hotel am Rand der Altstadt ist eingerichtet wie ein traditionelles Bauernhaus und gewährt Sicht auf die Berge.

LAUSANNE: Ada-Logements F
Preiswert SK B4
60, avenue de Tivoli, 1007
📞 021 625 7134
🌐 kobo.ch/ada-logements
Das Apartmenthaus im Zentrum von Lausanne bietet mit seinen einfachen, sauberen Apartments das beste Preis-Leistungs-Verhältnis in der Stadt.

LAUSANNE: Elite FF
Boutique SK B4
1, avenue Sainte-Luce, 1003
📞 021 320 2361
🌐 elite-lausanne.ch
Das Stadthotel unweit des Bahnhofs und des Einkaufsviertels bietet große Gärten und eine entspannte Atmosphäre.

LAUSANNE:
Lausanne Palace & Spa FFF
Historisch SK B4
7–9, rue du Grand-Chêne, 1002
📞 021 331 3131
🌐 lausanne-palace.com
Luxuriöses Belle-Époque-Hotel im Stadtzentrum. Die Gäste erfreuen sich an Spa, großen Zimmern und Sterne-Restaurant.

LE LOCLE:
Auberge de Prévoux F
Gästehaus SK B3
10, Le Prévoux, 2400
📞 032 931 2313
🌐 aubergeduprevoux.ch
Das familiengeführte Gästehaus ist bekannt für seine gute Küche. Es hat nur vier Zimmer mit schönem Blick auf die Landschaft.

LEYSIN: Classic Hotel F
Modern SK B4
4, route de la Cité, 1854
📞 024 493 0606
🌐 classic-hotel.ch
Großes, zentral gelegenes Hotel mit kostenlosem Shuttle-Service zu den Skipisten.

MONT-PÈLERIN:
Le Mirador Resort & Spa FFF
Luxus SK B4
5, chemin du Mirador, 1801
📞 021 925 1111
🌐 mirador.ch
Das idyllische Hotel im Herzen des Schweizer Weinbaugebiets ist von Weinbergen umgeben. Le Mirador bietet ein erstklassig ausgestattetes Givenchy-Spa.

MONTREUX: Parc et Lac F
Preiswert SK B4
Grand' Rue 38, 1820
📞 021 963 3738
🌐 partetlac.com
Das Hotel mit Belle-Époque-Fassade und einfachen, sauberen Zimmern liegt nahe zum Bahnhof und vielen Läden, auf der anderen Straßenseite erstreckt sich an den See grenzender Park.

Vis-à-Vis-Tipp

MONTREUX: Fairmont
Le Montreux Palace FFF
Historisch SK B4
2, avenue Claude Nobs, 1820
📞 021 962 1212
🌐 montreux-palace.com
Eines der größten Hotels der Schweiz zeigt Belle-Époque-Architektur und liegt am Ufer des Genfer Sees. Die Zimmer sind modern, aber das Dekor versetzt Sie zurück in die Pracht vergangener Zeiten.

MORGES: Mont-Blanc au Lac FF
Historisch SK A4
Quai du Mont-Blanc, 1110
📞 021 804 8787
🌐 hotel-mont-blanc.ch
Attraktive Lage am See mit herrlicher Aussicht – das Haus liegt in der Nähe des Stadtzentrums. Gemütliche Zimmer und Gourmet-Restaurant.

Üppiges Belle-Époque-Interieur im Fairmont Le Montreux Palace

MURTEN/MORAT:
Le Vieux Manoir FFF
Luxus SK B3
18, rue de Lausanne, 3280
📞 026 678 6161
🌐 vieuxmanoir.ch
Exklusives Hotel in herrlicher Lage mit atemberaubender Aussicht. Komfortable Zimmer und erstklassige Restaurants.

NEUCHÂTEL: La Maison
du Prussien FF
Historisch SK B3
11, rue des Tunnels, 2000
📞 032 730 5454
🌐 hotel-prussien.ch
Das große Steinhaus, ehemals eine Brauerei, besitzt romantischen Charme. Zum Hotel gehört ein Gourmet-Restaurant.

NEUCHÂTEL: Beau-Rivage FFF
Luxus SK B3
1, esplanade du Mont-Blanc, 2000
📞 032 723 1515
🌐 beau-rivage-hotel.ch
Prächtiges Hotel in schöner Lage direkt am See und mit sensationeller Aussicht. Stilvolle Einrichtung und opulentes Spa.

NYON: Hôtel Real FF
Modern SK A4
1, place de Savoie, 1260
📞 022 365 8585
🌐 hotelrealnyon.ch
Die Zimmer des modernen Hotels am See sind mit Carrara-Marmor und anderen wertvollen Materialien eingerichtet.

ST-URSANNE: La Couronne F
Historisch SK C2
3, rue de 23 Juin, 2882
📞 032 461 3567
🌐 hotelcouronne.ch
Das charaktervolle Gästehaus nahe der Altstadt hat einen schönen Außenbereich. Das Restaurant serviert regionale Gerichte.

VEVEY: Vevey
Hotel & Guesthouse F
Preiswert SK B4
5, Grande-Place, 1800
📞 021 922 3532
🌐 veveyhotel.com
Hostel unweit des Bahnhofs und des Sees mit Etagenbetten und Zimmern, Gemeinschaftsbädern, WLAN sowie Ermäßigung für den Regionalverkehr.

VEVEY:
Hôtel des Trois Couronnes FFF
Historisch SK B4
49, rue d'Italie, 1800
📞 021 923 3200
🌐 hoteltroiscouronnes.ch
Großartiges Hotel am See mit herrlichem Interieur. Die Aussicht ist atemberaubend.

SK = Straßenkarte *siehe hintere Umschlaginnenseiten*

YVERDON-LES-BAINS:
Grand Hôtel des Bains FF
Kurbäder-Komplex SK B3
22, avenue des Bains, 1400
☎ 024 424 6464
🌐 grandhotelyverdon.ch
Das Grandhotel bietet luxuriöse Zimmer sowie viele Wellness- und Beauty-Einrichtungen.

Nordschweiz

BADEN: Atrium Hotel Blume FF
Historisch SK D2
Kurplatz 4, 5400
☎ 056 200 0200
🌐 blume-baden.ch
Ein prächtiges Atrium und ein Brunnen prägen das Hotel (15. Jh.). Erwarten Sie gemütliche, geschmackvoll eingerichtete Zimmer, Thermalquelle und Spa.

BADEN: Limmathof FF
Modern SK D2
Limmatpromenade 28, 5400
☎ 056 200 1717
🌐 limmathof.ch
Modernes Hotel mit Designer-Einrichtung, Spa, Schönheitsbehandlungen und Thermalquelle.

BASEL: Dorint F
Business-Hotel SK C2
Schönaustrasse 10, 4058
☎ 061 695 7000
🌐 hotel-basel.dorint.com
Hotel nahe dem Messezentrum mit guter Verkehrsanbindung in die Stadt. Es sind auch Apartments verfügbar.

BASEL: Rochat F
Historisch SK C2
Petersgraben 23, 4051
☎ 061 261 8140
🌐 hotelrochat.ch
Das Rochat befindet sich in einem architektonisch reizvollen Gebäude von 1899 im Stadtzentrum. Einfach eingerichtete Zimmer.

BASEL: Au Violon FF
Preiswert SK C2
Im Lohnhof 4, 4051
☎ 061 269 8711
🌐 au-violon.com
Das moderne Hotel mit ruhigem Innenhof ist in einem ehemaligen Gefängnisgebäude untergebracht. Komfortable Zimmer mit Holzboden und Bad.

BASEL: Bildungszentrum FF
Historisch SK C2
Missionsstrasse 21, 4003
☎ 061 260 2121
🌐 bildungszentrum-21.ch
Das Hotel in einem eindrucksvollen Steingebäude mit Privatgrund verfügt über große Zimmer, ein Fitness-Center und zwei Lounge-Areale. Die Gäste fahren kostenlos im öffentlichen Nahverkehr.

BASEL: Hotel Krafft FF
Design SK C2
Rheingasse 12, 4058
☎ 061 690 9130
🌐 krafftbasel.ch
Das idyllisch gelegene Hotel am Rheinufer ist mit Holzböden ausgestattet und verfügt über ein Gourmet-Restaurant.

BASEL: Radisson Blu FF
Business-Hotel SK C2
Steinentorstrasse 25, 4001
☎ 061 227 2727
🌐 radissonblu.com/hotel-basel
Das Hotel liegt einen kurzen Spaziergang vom Bahnhof entfernt. Das Dekor ist modern und stylish. Es gibt Konferenzräume.

BASEL: Teufelhof FF
Design SK C2
Leonhardsgraben 47–49, 4051
☎ 061 261 1010
🌐 teufelhof.com
Das Teufelhof besteht aus zwei Hotels – Art Hotel und Gallery Hotel –, beide verbindet die Leidenschaft für Kunst. Das Dekor der Häuser wird alle zwei Jahre von einheimischen Künstlern erneuert. Restaurant und Theater.

BASEL: Euler FFF
Historisch SK C2
Centralbahnplatz 14, 4002
☎ 061 275 8000
🌐 hoteleuler.ch
Das Euler liegt günstig nahe dem Bahnhof und ist dennoch ruhig. Stilvolle Zimmer und Terrasse mit Bewirtung im Sommer.

Vis-à-Vis-Tipp

BASEL: Les Trois Rois FFF
Luxus SK C2
Blumenrain 8, 4001
☎ 061 260 5050
🌐 lestroisrois.com
Großes, altes Hotel mit Art-déco-Einrichtung. Das Interieur erinnert an längst vergangene Zeiten. Viele Zimmer haben einen Balkon mit Blick auf den Fluss und die Basler Altstadt.

HERZNACH: Bergwerksilo F
B&B SK D2
Bergwerkstrasse 26, 5027
☎ 062 534 0244
🌐 bergwerksilo.ch
In einem Eisenwerksilo nördlich von Aarau bieten die vier Gästezimmer eine wunderbare Aussicht auf die stille Umgebung. Zum Anwesen gehören ein Wildpark und ein Badeteich.

MURI: Ochsen F
Historisch SK D2
Seetalstrasse 16, 5630
☎ 056 664 1183
🌐 ochsen-muri.ch
Das traditionsreiche Haus liegt auf einem großen Grundstück mit überdachtem Gartenrestaurant. Moderne Zimmer.

WINTERTHUR: Banana City FF
Business-Hotel SK E2
Schaffhauserstrasse 8, 8400
☎ 052 268 1616
🌐 bananacity.ch
Modernes Hotel mit großen, hellen Zimmern mit Schallschutzfenstern. Der Name stammt von seinem gebogenen Grundriss.

WINTERTHUR: Wartmann FF
Modern SK E2
Rudolfstrasse 15, 8400
☎ 052 260 0707
🌐 wartmann.ch
Das Wartmann hat zweckmäßig eingerichtete Zimmer und liegt in der Nähe des Bahnhofs.

Zürich

City Backpacker/
Hotel Biber F
Preiswert SK E2
Niederdorfstrasse 5, 8001
☎ 044 251 9015
🌐 city-backpacker.ch
Komfortable Zimmer und Gemeinschaftsräume im Herzen der Altstadt. Kostenloses WLAN.

Otter F
Preiswert SK E2
Oberdorfstrasse 7, 8001
☎ 044 251 2207
🌐 hotelotter.ch
Zentral gelegen – mit komfortablen Zimmern ohne Bad. Beliebtes Café und Restaurant.

Teil des Wellness-Bereichs im Grand Resort Bad Ragaz

X-tra Hotel F
Preiswert SK E2
Limmatstrasse 118, 8005
📞 044 448 1595
🌐 x-tra.ch
Das Hostel liegt einen Katzensprung vom Stadtzentrum entfernt und ist bei Jugendlichen sehr beliebt. Regelmäßig finden Musikveranstaltungen statt.

Vis-à-Vis-Tipp

Florhof FF
Boutique SK E2
Florhofgasse 4, 8001
📞 044 250 2626
🌐 hotelflorhof.ch
Das Hotel Florhof ist in einem renovierten Herrenhaus untergebracht. Es hat einen eindrucksvollen Garten mit einem Brunnen aus dem 18. Jahrhundert und einem Feigenbaum. Zentrale Lage nahe der Universität, erstklassiger Service.

Lady's First FF
Design SK E2
Mainaustrasse 24, 8008
📞 044 380 8010
🌐 ladysfirst.ch
Das ungewöhnliche Hotel zieht vor allem weibliche Gäste an. Männer sind zwar willkommen, das Spa und die Gemeinschaftsräume sind jedoch den Frauen vorbehalten.

Sorell Hotel Rütli FF
Design SK E2
Zähringerstrasse 43, 8021
📞 044 254 5800
🌐 rutli.ch
Hinter einer altmodischen Fassade verbergen sich 58 komfortable Zimmer mit allen modernen Annehmlichkeiten. Zwölf davon wurden von heimischen Graffiti-Künstlern gestaltet.

ZÜRICH: Baur au Lac FFF
Design SK E2
Talstrasse 1, 8001
📞 044 220 5020
🌐 bauraulac.ch
Das Hotel liegt im Herzen von Zürich im eigenen Park. Trotz aller Opulenz ist es sehr gemütlich. In den individuell eingerichteten Zimmern erwartet Sie beträchtlicher Luxus.

ZÜRICH: Eden au Lac FFF
Luxus SK E2
Utoquai 45, 8008
📞 044 266 2525
🌐 edenaulac.ch
Das imposante Hotel am See bietet seinen Gästen geräumige Luxussuiten, eingerichtet in verschiedenen Stilen.

Das elegante Baur au Lac an der Limmat in Zürich

Ostschweiz und Graubünden

APPENZELL: Kaubad F
Landhotel SK F2
Kaustrasse 183, 9050
📞 071 787 4844
🌐 kaubad.ch
Das bei Familien sehr beliebte Hotel in schlichtem Landhausstil liegt umgeben von Wäldern nur wenige Autominuten vom Zentrum Appenzells entfernt. Extra-Bett auf Anfrage.

APPENZELL: Romantik Hotel Säntis FF
Historisch SK F2
Landesgemeindeplatz 3, 9050
📞 071 788 1111
🌐 saentis-appenzell.ch
Das Hotel liegt im Stadtzentrum nahe dem Fluss Sitter. Es besitzt eine bezaubernde Fassade im Stil eines Schweizer Chalets und komfortable Zimmer.

AROSA: Quellenhof FF
Landhotel SK F4
Äussere Poststrasse, 7050
📞 081 377 1718
🌐 quellenhof-arosa.ch
Das Hotel etwas außerhalb der Stadt ist berühmt für sein Angebot »Reitferien in Arosa«. Die gemütlichen Zimmer sind von Kiefernholz bestimmt.

BAD RAGAZ: Grand Resort Bad Ragaz FFF
Kurbäder-Komplex SK F3
Pfäferserstrasse 8, 7310
📞 081 303 3030
🌐 resortragaz.ch
Das Resort besteht aus zwei Luxushotels, dem Quellenhof und dem Hof Ragaz. Im riesigen Park nahe dem Golfplatz liegt einer der größten Spa-Komplexe in Europa. Beide Hotels befinden sich in denkmalgeschützten Gebäuden mit herrlicher Aussicht.

BIVIO: Post FF
Historisch SK F4
Julierstrasse 64, 7457
📞 081 659 1000
🌐 hotelpost-bivio.ch
Das Gasthaus mit seinen komfortablen Zimmern und Suiten liegt ideal für Skitouren. Zum Hotel gehören eine Sauna und ein gemütliches Kaminzimmer.

CHUR: Romantik Hotel FF
Historisch SK F3
Reichsgasse 11, 7000
📞 081 258 5757
🌐 stern-chur.ch
Ein Hotel mit Geschichte und Charakter – die Zimmer bieten einen hohen Standard. Das zugehörige Restaurant ist bekannt für seine regionalen Spezialitäten.

DAVOS: National FF
Modern SK F3
Obere Strasse 31, 7270
📞 081 415 1010
🌐 national-davos.ch
Das National ist ein Luxushotel mit Park nahe dem Stadtzentrum, nur eine kurze Busfahrt entfernt von den Skiliften. Das Haus ist nur im Winter geöffnet.

DAVOS: Schatzalp FF
Historisch SK F3
Bobbahnstrasse 23, 7270
📞 081 415 5151
🌐 schatzalp.ch
Das luxuriöse Hotel liegt spektakulär 300 Meter über Davos und ist nur mit der Seilbahn erreichbar. Die Aussicht ist entsprechend außergewöhnlich.

KLOSTERS: Bargis F
Gästehaus SK F3
Kantonstrasse 8, 7252
📞 081 422 5577
🌐 bargis.ch
Genießen Sie Hausmacherkost in einem ruhigen, gemütlichen Hotel im Stil eines kleinen Bauernhauses.

SK = Straßenkarte *siehe hintere Umschlaginnenseiten*

Das Badrutt's Palace in Seelage, St. Moritz

KLOSTERS: Chesa Grischuna FF
Boutique-Hotel SK F3
Bahnhofstrasse 12, 7250
📞 081 422 2222
🌐 chesagrischuna.ch
Das gemütliche Chalet-Hotel bietet exzellenten Service und ein bekanntes Restaurant.

RAPPERSWIL: Jakob F
Modern SK E3
Hauptplatz 11, 8640
📞 055 220 0050
🌐 jakob-hotel.ch
Zentral gelegenes Hotel mit großen, hellen Zimmern, Zigarrenlounge, Weinbar und Restaurant.

ST. GALLEN: Einstein FF
Business-Hotel SK F2
Berneggstrasse 2, 9001
📞 071 227 5555
🌐 einstein.ch
Marmor bestimmt das Interieur des stilvollen Hotels. Wundervoller Ausblick auf das Kloster.

ST. MORITZ: Laudinella FF
Familienfreundlich SK F4
Via Tegiatscha 17, 7500
📞 081 836 0000
🌐 laudinella.ch
Eindrucksvoll eingerichtete öffentliche Räume. Schöne Aussicht vom Spa im fünften Stock.

Vis-à-Vis-Tipp

**ST. MORITZ:
Badrutt's Palace** FFF
Luxus SK F4
Via Serlas 27, 7500
📞 081 837 1000
🌐 badruttspalace.com
Badrutt's Palace ist eines der berühmtesten Hotels der Welt. Der charakteristische Turm des Gebäudes von 1896 ist einzigartig. Die Zimmer sind opulent eingerichtet. Abends ist formelle Kleidung gefragt. Skikurse.

**ST. MORITZ: Grand
Hotel Kronenhof** FFF
Luxus SK F4
Pontresina, 7504
📞 081 830 3030
🌐 kronenhof.com
Das Luxushotel in einem neobarocken Gebäude von 1848 überzeugt mit herrlichen Gästezimmern, prächtigen Salons und zwei Restaurants.

SCHAFFHAUSEN: Parkvilla FF
Familienfreundlich SK E2
Parkstrasse 18, 8200
📞 052 635 6060
🌐 parkvilla.ch
Villa mit Türmchen auf dem Dach und gläsernem Lift an der Fassade. Das Hotel verfügt über elegante Zimmer und Apartments.

**SCHAFFHAUSEN:
Fischerzunft** FFF
Luxus SK E2
Rheinquai 8, 8200
📞 052 632 0505
🌐 fischerzunft.ch
Hotel am Rheinufer mit zehn individuell eingerichteten Zimmern. Das Restaurant serviert asiatische Spezialitäten und hat einen gut bestückten Weinkeller.

SCUOL: Crusch Alba F
Historisch SK G3
Clozza 246, 7550
📞 081 864 1155
🌐 crusch-alba.ch
Ein altes Steinhaus beherbergt das Hotel in typisch schweizerischen Stil. Die Skilifte sind von hier aus gut zu erreichen.

STEIN AM RHEIN: Rheinfels FF
Historisch SK E2
Rhigass 8, 8260
📞 052 741 2144
🌐 rheinfels.ch
Das Hotel verfügt über einen eigenen Bootssteg und eine Gartenterrasse. Zum Haus gehört ein Fischlokal.

**VADUZ: Park Hotel
Sonnenhof** FF
Romantisch SK F3
Mareestrasse 29, 9490
📞 00423 239 0202
🌐 sonnenhof.li
Neben großen, individuell eingerichteten Zimmern mit edlen Stoffen und Gemälden bietet das Hotel ein Gourmet-Restaurant und eine imposante Aussicht.

Zentralschweiz und Tessin

AIROLO: Forni F
Preiswert SK E4
Via Stazione 19, 6780
📞 091 869 1270
🌐 forni.ch
Das Forni ist seit 1917 in Familienbesitz. Es hat kleine, nett eingerichtete Zimmer mit Sicht auf die Berge. Entspannen Sie sich auf der großen Sonnenterrasse.

ALTDORF: Höfli F
Historisch SK E3
Hellgasse 20, 6460
📞 041 875 0275
🌐 hotel-hoefli.ch
Das Höfli bietet zweckmäßig eingerichtete Zimmer in günstiger Lage zu einem sehr guten Preis-Leistungs-Verhältnis, ein Schweizer Restaurant und eine Pizzeria.

ANDERMATT: The Chedi FFF
Luxus-Spa-Hotel SK E4
Gotthardstrasse 4, 6490
📞 041 888 7488
🌐 ghmhotels.com
Die Mixtur aus asiatischen Elementen und traditionellem Schweizer Holzdekor machen das Chedi zu einer der schicksten Spa-Hotel-Destinationen des Landes und das verschlafene Andermatt zu einem Top-Reiseziel.

**ASCONA: Romantik Hotel
Castello Seeschloss** FF
Romantisch SK E5
Via Circonvallazione 26, 6612
📞 091 791 0161
🌐 castello-seeschloss.ch
Vom hübschen Garten des Hotels hat man einen schönen Blick über den Lago Maggiore. Individuell eingerichtete Zimmer.

**BECKENRIED:
Boutique Hotel Schlussel** FF
Boutique SK D3
Oberdorfstrasse 26, 6375
📞 041 622 0333
🌐 schluessel-beckenried.ch
Charmantes Hotel in einem Gebäude aus dem 19. Jahrhundert. Zimmer in neutralen Farbtönen mit frei stehender Badewanne.

Hotelkategorien siehe Seite 247 Preiskategorien siehe Seite 248

OSTSCHWEIZ, GRAUBÜNDEN, ZENTRALSCHWEIZ, TESSIN | 255

BELLINZONA:
Hotel Internazionale FF
Modern SK E5
Viale Stazione 35, 6500
📞 091 825 4333
🌐 hotel-internazionale.ch
Ruhiges Hotel trotz seiner Lage am Bahnhof. Die Zimmer sind zweckmäßig eingerichtet, einige haben Sicht auf das Schloss.

BRUNNEN:
Seehotel Waldstätterhof FF
Historisch SK E3
Walstätterquai 6, 6440
📞 041 825 0606
🌐 waldstaetterhof.ch
Herrliches fünfstöckiges Hotel mit eigenem Bootssteg, atemberaubender Aussicht und Spa.

CENTOVALLI (INTRAGNA):
Stazione »Da Agnese« F
Familienfreundlich SK E5
Via Cantonale, 6655
📞 091 796 1212
🌐 daagnese.ch
Das Gästehaus ist bekannt für seine gute Küche. Kleine, freundliche, rustikal eingerichtete Zimmer und sehr schöne Aussicht.

EINSIEDELN: Sonne F
Familienfreundlich SK E3
Hauptstrasse 82, 8840
📞 055 412 2821
🌐 hotel-sonne.ch
Das perfekt gelegene Hotel hat geräumige, altmodisch eingerichtete Zimmer und eine einladende, freundliche Atmosphäre.

ENGELBERG: Schweizerhof FF
Historisch SK D3
Dorfstrasse 42, 6390
📞 041 637 1105
🌐 schweizerhof-engelberg.ch
Hotel mit unkonventionellem Charme. Einige Zimmer mit Blick auf das Kloster über dem See.

KÜSSNACHT AM RIGI:
Du Lac Seehof F
Historisch SK D3
Seeplatz 6, 6403
📞 041 850 1012
🌐 hotel-restaurant-seehof.ch
Das Hotel am See gewährt seinen Gästen herrliche Sicht auf die Berge. Die Zimmer sind komfortabel und sonnig. Es gibt einen Bootsanlegeplatz.

LOCARNO: Belvedere FFF
Historisch SK E5
Via ai Monti della Trinità 44, 6600
📞 091 751 0363
🌐 belvedere-locarno.ch
Das Belvedere liegt auf einem Hügel mit Blick auf Locarno und den See. Zur Ausstattung gehören Marmorböden, Deckenfresken, Restaurants und ein Spa.

LUGANO: Villa Castagnola FFF
Historisch SK E5
Viale Castagnola 31, 6906
📞 091 973 2555
🌐 villacastagnola.com
Villa Castagnola liegt in einem üppigen Park und atmet den Zauber der alten Grandhotels. Zur Anlage gehören ein Restaurant, ein Pool und ein Spa mit Schönheitsbehandlungen.

Vis-à-Vis-Tipp

LUZERN: Art Deco Hotel
Montana FFF
Luxus SK D3
Adligenswilerstrasse 22, 6002
📞 041 419 0000
🌐 hotel-montana.ch
Traditionsreiches Hotel mit Panoramablick über den Vierwaldstättersee. Die öffentlichen Räume zeigen Art-déco-Stil, die meisten Zimmer sind modern eingerichtet. Eine Seilbahn befördert die Gäste vom Seeufer direkt zum Hotel.

RICKENBACH:
Neuenschwander Farm F
Bauernhof SK D3
Diegenstal 4, 6221
📞 041 930 1526
🌐 bauer-fritz.ch
Der Bio-Bauernhof mit Tierhaltung bietet fünf Zimmer unter dem Dach, man kann aber auch im Stroh nächtigen. (Gute) Verpflegung auf Wunsch.

SCHWYZ: Wysses Rössli FF
Historisch SK E3
Hauptplatz 3, 6430
📞 041 811 1922
🌐 roessli-schwyz.ch
Hotelgebäude aus dem 17. Jahrhundert mit individuell eingerichteten Zimmern. Idealer Ausgangspunkt für Wanderungen auf dem Trans Swiss Trail und für Ausflüge in das Muotatal.

STANS: Engel F
Modern SK D3
Dorfplatz 1, 6370
📞 041 619 1010
🌐 engelstans.ch
Alle Zimmer des Hotels sind individuell eingerichtet und zeigen eine eigene Farbgebung. Überall haben die Gäste eine grandiose Sicht auf die Berge.

STANSTAAD: Hotel Rössli F
Preiswert SK D3
Dorfplatz 9, 6362 Stanstaad
📞 041 619 1515
🌐 roessli-stansstad.ch/hotel.html
Das familienfreundliche Hotel Rössli ist ideal gelegen, wenn man Wanderungen und Radtouren unternehmen will (kostenloser Fahrradverleih).

VITZNAU:
Hotel Vitznauerhof FFF
Luxus SK D3
Seestrasse 80, 6354
📞 041 399 7777
🌐 vitznauerhof.ch
Markenzeichen des Hotels ist sein herrlicher Panoramablick und seine schöne Lage am Rigi-Bergmassiv. Elegante, stilvoll eingerichtete Zimmer.

WEGGIS: Seehof du Lac FF
Historisch SK D3
Gotthardstrasse 4, 6353
📞 041 390 1151
🌐 hotel-du-lac.ch
Das Hotel liegt direkt am Vierwaldstättersee und verfügt über moderne Zimmer, die öffentlichen Räume sind traditionell.

ZUG: City-Hotel Ochsen FF
Historisch SK E3
Kolinplatz 11, 6301
📞 041 729 3232
🌐 ochsen-zug.ch
Zimmer mit Holzboden und herrlichem Ausblick in einem wunderschönen, blumengeschmückten, weiß getünchten Gebäude.

Moderne Möblierung im Art Deco Hotel Montana, Luzern

SK = Straßenkarte *siehe hintere Umschlaginnenseiten*

Restaurants

Die große Auswahl an Lokalen in der Schweiz spiegelt die regionale Vielfalt des Landes wider. In Zürich und Genf gibt es erstklassige Restaurants mit internationaler Küche, doch das typische Schweizer Restaurant ist eher klein und familiär. Die gemütlichen Lokale bieten wohlschmeckende Gerichte an, die ein Spiegel der jeweiligen regionalen Traditionen sind und meist aus Zutaten der Region bestehen. Zahlreiche Restaurants an den Seen und Flüssen haben sich auf fangfrischen Fisch spezialisiert. In der Schweiz gibt es eine große Anzahl kleiner, relativ bescheidener Speiselokale. In der deutschsprachigen Schweiz ist es das »Stübli«, in der französischsprachigen Schweiz sind es Rôtisserie und Brasserie. Im Tessin hat man die Wahl zwischen der klassischen Pizzeria, der Trattoria und der Osteria. Nicht nur südlich der Alpen isst man sehr gern im Freien.

Restaurantarten

Die Schweizer Restaurants, die vor allem internationale Küche servieren, befinden sich fast ausschließlich in Städten oder in Ferienregionen. Das typische Schweizer Restaurant ist dagegen eher gemütlich – mit einer vielfältigen Auswahl an frisch zubereiteten Gerichten aus regionalen Produkten.

In den deutschsprachigen Gegenden heißt ein Gasthaus manchmal auch »Beiz«. In solchen einfachen Lokalen gibt es oft einige warme Gerichte zum Bier oder Wein. Das rustikale »Stübli« beschränkt sich meist auf ein warmes Gericht, z. B. Rösti, Fondue oder Raclette.

In den Rôtisserien der französischsprachigen Schweiz kann man vorzügliche Grillgerichte genießen. Die etwas bescheidenere Version dieses Restauranttyps sind die Brasserien, die mittags ein sehr gutes Büfett anbieten und sich abends in ein Restaurant mit Bedienung verwandeln.

Einige Weinbars, auf Französisch »Caveaux«, auf Deutsch manchmal »Weinstübli«, haben wie einige »Bierstübli« ebenfalls warme Küche. In einer »Spunte« bzw. Bar der deutschsprachigen Schweiz gibt es hauptsächlich Bier. Die französischen Bars schenken hingegen vorwiegend Kaffee und Alkohol aus, haben aber keine Küche.

Im italienischsprachigen Tessin ist die beliebte Pizzeria fast allgegenwärtig. Daneben bieten auch Trattoria und Osteria warme Speisen an. Ein sehr einfaches Lokal nennt sich manchmal »Grotto« (Höhle).

Jugendstil-Dekor des Hanselmanns, in St. Moritz *(siehe S. 273)*

Hier geht es rustikal zu, oft sitzt und isst man im Freien. Im Tessin gibt es zudem viele Eisdielen (»Gelateria«, »Cremeria«).

Preiswerte Mahlzeiten mit ausgezeichnetem Preis-Leistungs-Verhältnis bekommt man an den Selbstbedienungsbüfetts großer Supermarktketten oder Kaufhäuser wie Migros, Coop und Manora. Hier gibt es den ganzen Tag über Suppen, frische Salate, Nudeln und vegetarische Gerichte. In größeren Städten findet man Fast-Food-Restaurants und Sushi-Bars – in geringerer Dichte als in anderen Ländern Mitteleuropas, aber in stetig wachsender Zahl.

Viele Restaurants haben an einem Tag der Woche einen Ruhetag (»Jour de Repos«, »Jour de Fermeture«, »Giorno di Chiusura«).

Mahlzeiten

Das Frühstück unterscheidet sich je nach Region: Im Tessin gibt es oft nur Kaffee und Croissants, in der deutschsprachigen Schweiz ist das Angebot reichhaltiger: Müsli, Brot, Salami, Räucherfleisch, Käse und Eier, frisch gepresster Orangensaft, Tee oder Kaffee.

In der ganzen Schweiz wird das Mittagessen zwischen 12 und 14 Uhr serviert. In vielen Restaurants gibt es ein Mittagsmenü (»Tagesteller«, »Plat du Jour«, »Piatto del giorno«). Es kann aus mehreren Gängen bestehen und zeichnet sich oft durch ein sehr gutes Preis-Leistungs-Verhältnis aus.

Tische im Freien im Restaurant Suder, Bern *(siehe S. 264)*

Aussichtsterrasse des Restaurants Marée in Vaduz *(siehe S. 274)*

Das Abendessen nimmt man je nach Region zwischen 18.30 und 21 Uhr ein. Größere Restaurants haben bis 22 Uhr oder länger geöffnet.

Speisekarte
Die Speisekarte (»Carte«, »Carta«) der Restaurants in größeren Städten und Feriengebieten ist mehrsprachig, häufig auch englisch. In kleineren Städten und in abgelegeneren Gegenden sind Speisekarten nur in der Sprache der Region abgefasst.

Zusätzlich zur Speisekarte gibt es meist eine Tages- oder Wochenkarte und oft Mittagsmenüs. Bei fast allen Lokalen kann man die Speisekarte mit Preisen vor dem Restaurant einsehen.

Preise und Trinkgeld
Es muss leider gesagt werden: Essen im Restaurant ist in der Schweiz eine teure Angelegenheit. Der Preis für ein Tagesgericht beträgt um die 20 Franken. Ein mehrgängiges Menü ohne Getränke beginnt bei mindestens 50 Franken. Ein Fondue für zwei kostet etwa 30 Franken. Eine Suppe kostet um zehn Franken, ein Salat mehr. Dagegen ist ein Essen vom Büfett eines Kaufhauses deutlich preiswerter.

Für ein Glas Hauswein wird in der Regel ähnlich viel wie für 0,33 Liter Bier verlangt. Nur wenig preiswerter ist ein Softdrink oder ein Kaffee. Lokale in viel besuchten oder landschaftlich reizvollen Gegenden berechnen im Allgemeinen etwas mehr. In den meisten Restaurants zahlt man auch für das Gedeck inklusive Brot.

In der Rechnung ist der Service enthalten. Trinkgeld ist daher offiziell nicht erforderlich, aber gern gesehen. Schweizer runden den Rechnungsbetrag auf und/oder legen ein paar Franken extra hinzu.

Rauchen
Bezüglich des Nichtraucherschutzes gilt seit 2010 das Bundesrecht: Rauchverbot herrscht in den Innenräumen aller Restaurations- und Hotelbetriebe. Darunter fallen u. a. Restaurants, Cafés, Bars und Clubs. In manchen Kantonen besteht die Möglichkeit, zum Rauchen abgetrennte Räume, sogenannte Fumoirs, zur Verfügung zu stellen. In öffentlichen Gebäuden und Verkehrsmitteln ist Rauchen untersagt.

In Liechtenstein ist Rauchen in den allermeisten Gaststätten ebenfalls untersagt, auch wenn offiziell folgende Regelung gilt: In Einraumgaststätten darf geraucht werden, wenn sie sich als Raucherlokal deklarieren. In Mehrraumgaststätten darf nur in klar abgetrennten Nebenräumen geraucht werden.

Mit Kindern essen
Essen gehen ist in der Schweiz eine Familienangelegenheit. Deshalb sieht man oft auch noch spät am Abend kleine Kinder in den Restaurants. Meist werden Kinderstühle und Kinderteller angeboten. Bei den Toiletten findet sich zudem häufig ein Wickelraum.

Vegetarische Gerichte
Obwohl Fleisch in der Schweizer Küche eine wichtige Rolle spielt, findet man auf Speisekarten oder an Büfetts meist vegetarische Gerichte sowie unterschiedliche Gemüse und Salate. Auch als gluten- oder laktosefrei ausgezeichnete Speisen verbreiten sich, allerdings nicht in ausgesprochen ländlichen Gebieten.

Restaurantkategorien
Die Restaurantauswahl *(siehe S. 264–275)* dieses Reiseführers trägt der unterschiedlichen Küche des Landes Rechnung. Mit über 100 Sterne-Restaurants und zahllosen familiengeführten Lokalen hat man in der Schweiz eine große Auswahl für gutes Essen. Im französischsprachen Westen sollten Sie Fondue und Raclette probieren, im italienischen Süden Fisch und Polenta. In der deutschsprachigen Schweiz dürfen Sie Rösti nicht versäumen.

Die **Vis-à-Vis-Tipps** listen besondere Häuser auf – etwa Lokale mit außergewöhnlich guten Gerichten, schöner Aussicht, spezieller Atmosphäre – oder einer Kombination aus allem.

Vom Tse Yang aus sieht man auf Genfs Jet d'Eau *(siehe S. 267)*

Schweizer Küche

Von einigen Ausnahmen abgesehen, stammen die traditionellen Rezepte vieler Schweizer Regionen aus den Nachbarländern, mit denen sie sprachlich verbunden sind. Das macht die Küche des Landes so abwechslungsreich, wobei die Sprachregionen eine Art grobe Einteilung für die unterschiedlichen Küchen bieten. Eine weitere bekannte Grenze ist der »Röstigraben«. Weltweit bekannt wurden Fondue und Raclette. Heute steht eher leichtes, gesundes Essen im Vordergrund. Heimische Süßwasserfische wie Forelle und Egli findet man auf vielen Speisekarten. Bio-Lebensmittel haben Hochkonjunktur. Käse gehört immer dazu.

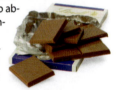

Schweizer Schokolade

Lokal im Wallis, das traditionell zubereitetes Raclette anbietet

Französischsprachige Schweiz

Die frankofone Schweiz ist vom Nachbarn Frankreich beeinflusst, hat aber auch eigene Gerichte hervorgebracht. Im kurzen Sommer dominiert Obst. Aprikosen wachsen im Rhônetal. Beeren aller Art werden zu Konfitüren verarbeitet oder für Kuchen (*gâteau*) verwendet. Wildgerichte, vom Wildschwein- bis zum Hasenbraten, stehen im Herbst auf der Karte – Letzterer allerdings eher selten. Die Wintergerichte sind Magenfüller, etwa Fondue und Raclette, und versprechen ein geselliges Zusammensein an den langen Winterabenden. Käse und Trockenfleisch werden zu Roggenbrot gegessen. In einigen Alpendörfern wird das lange haltbare Roggenbrot teilweise noch in alten Dorfbacköfen hergestellt. Es gibt um die 300 Brotsorten in der Schweiz.

Deutschsprachige Schweiz

Die deutschsprachigen Kantone, bis vor Kurzem noch wohlhabender als die frankofonen, präferieren eine herz-

Typische Auswahl einer *Assiette Valaisanne* (Walliser Trockenfleisch, Roggenbrot, Saucisson, Aufschnitt, Speck, Tome-Käse, Gekochter Schinken, Silberzwiebeln und Gurken, Bagnes-Käse)

Regionale Gerichte und Spezialitäten

Die Schweiz kennt einige einfache, aber leckere Gerichte. Die französischsprachige Schweiz ist die Heimat von Käsegerichten wie Fondue und Raclette, die in der ganzen Schweiz (und international) beliebt sind. Rösti ist hingegen das Nationalgericht der deutschsprachigen Kantone. Es gibt einen veritablen »Röstigraben«. Das Schweizer Müsli par excellence wurde von dem Aargauer Arzt und Reformer Bircher-Benner erfunden und hat die europäische Frühstückskultur verändert. Das Birchermüesli besteht aus Haferflocken und (Trocken-)Obst, die mit Milch, Joghurt oder Fruchtsaft vermengt werden. Nüsse und die berühmte Schweizer Schokolade finden sich in Desserts und Kuchen.

Birchermüesli

Käsefondue besteht aus geschmolzenem Appenzeller, Emmentaler und Gruyère, Weißwein und Kirschwasser.

SCHWEIZER KÜCHE | 259

Backwarenstand auf dem Markt in Lugano, Tessin

hafte Küche mit Fleisch, vor allem Schweinefleisch und -wurst. Es gibt nahrhafte Suppen sowie kalorienreiche Süßspeisen und Kuchen. Das Brot, meist Hefebrot (kein Sauerteig), ist dunkler und salziger als in der französisch- oder italienischsprachigen Schweiz. Die Essensportionen sind großzügig bemessen. Innereien wie saure Leber (Basel), Schweinehaxe oder die Berner Platte mit bis zu sechs verschiedenen Wurst- und Fleischsorten (plus Sauerkraut, Bohnen und Kartoffeln) machen die Einheimischen glücklich – während andere Gäste diese Mengen gar nicht schaffen. Eine bekannte Spezialität aus Zürich ist das Zürcher Geschnetzelte (Kalbfleisch und Champignons mit Sahnesauce und Rösti).

Tessin

Alles was man in den Bergregionen im Norden vermisst, findet man im sonnigen Tessin. Auch viele Schweizer verbringen ihren Urlaub hier. Die Gerichte sind von der Küche der Lombardei und des Piemont beeinflusst. Süßwasserfische aus den Seen, Pizza, Pasta, Polenta und Risotto sind typische Tessiner Gerichte. Es gibt viel frisches Obst und Gemüse, das mit Olivenöl zubereitet wird. Steinpilze, getrocknete Tomaten, Fenchel und Artischocken gibt es häufig zu Lamm- und Kalbfleischgerichten. Übrigens ist hier der beste Ort, um in der Schweiz Eis zu essen. Unbedingt probieren sollte man auch die *torta di pane*, ein kuchenartiges Dessert aus altem Brot, Grappa, Amaretti (Mandelbiskuits), Trockenfrüchten und Pinienkernen.

Kuh auf einer Sommerweide in den Schweizer Alpen

Auf der Speisekarte

Berner Platte: Rind- und Schweinefleisch, Bauchspeck, Zunge u. a. mit Sauerkraut.

Croûte au fromage (Käseschnitte): Mit Weißwein übergossenes Brot, das mit Käse überbacken wird. Varianten gibt es mit Schinken und Ei.

Filet de cerf: Schweizer Hirschfilet (nur im Herbst).

Filets de perche: Egli-Filets in Butter mit Zitrone und Petersilie.

Gelato alla farina bona: Eis mit geröstetem Polentamehl, eine Tessiner Spezialität.

Zupfa: ungesüßtes Hefezopfbrot – gibt es oft sonntags zum Frühstück.

Raclette – zum geschmolzenen Vollfettkäse gibt es meist Pellkartoffeln, saure Gurken und Senffrüchte.

Rösti ist ein in Fett ausgebackener Fladen aus geriebenen (geraffelten) Kartoffeln – die klassische Beilage.

Engadiner Nusstorte besteht aus Mürbteigboden mit einer Füllung aus Walnüssen, Karamell und Honig.

Schweizer Käse

Die Schweiz ist zu Recht für ihren Käse berühmt, dessen Geschmacksvielfalt von mild und nussig über cremig bis hin zu würzig reicht. Es gibt mehrere Hundert Sorten. Käse ist aus der Schweizer Küche nicht wegzudenken: Man isst ihn schon zum Frühstück, er wird für Aufläufe, in Salaten oder als Nachtisch verwendet. Die Hälfte der Schweizer Milchproduktion dient zur Herstellung von Käse. Käse gehört zu den wichtigsten Exportartikeln der Schweiz.

Werbeplakat für Appenzeller

Kühl gelagerter Käse

Bis zum 15. Jahrhundert gab es fast nur weichen Schweizer Käse. Dann wurde auch Hartkäse immer beliebter. Letzterer war haltbarer und konnte so über größere Entfernungen hinweg transportiert werden.

Herkunft

Viehzucht kennt man in der Schweiz seit etwa 2000 v. Chr. In dem bergigen Land ist Ackerland rar. Im Gegensatz dazu sind die üppigen Wiesen in den Alpen ideales Weideland. Milch und Milchprodukte waren die Grundnahrungsmittel der Bergbauern und im Winter überlebensnotwendig. Nach dem Bau von Straßen und Bahnlinien waren die Dörfer entlegener Bergregionen nicht mehr wie früher von der Außenwelt abgeschnitten. So fand der Alpenkäse neue Absatzmärkte und auch Produktionsstätten im Tiefland.

Herstellung

Die Käseherstellung erfolgt in fünf Grundschritten. Zunächst wird die Milch in einem großen Stahltank auf 30 bis 36 °C erwärmt. Anschließend werden der Milch Bakterienkulturen zugesetzt, sodass sie kontrolliert sauer wird. Unter Zugabe eines Enzyms wie Lab oder Pepsin wird die Milch zu Quark, einer cremigen, molkehaltigen Substanz. Wenn der Quark auf 39 bis 54 °C erhitzt wird, setzt sich die Molke ab, die anschließend abgelassen wird.

Der Quark wird gesalzen, in Formen gepresst und weiter von der Molke befreit. Zu großen Blöcken oder Laiben geformt, überlässt man ihn dann einem Reifungsprozess – zunächst in einer Salzlake, in der der Käse seine Rinde entwickelt, später in einem Kühllager. Dort müssen die Käselaibe regelmäßig gewendet werden, damit sie gleichmäßig werden und sich keine Feuchtigkeit ansammelt.

Runde Käselaibe

Der Reifungsprozess dauert je nach Käsesorte von einigen Tagen bis zu mehreren Monaten oder sogar Jahren. Je länger die Reifezeit, desto härter der Käse.

Die Produktion von Käse beginnt im Frühjahr und erstreckt sich – ähnlich wie die Wachstumsphase des nahrhaftesten Grases – bis in den Spätherbst hinein. Die meisten Käsereien sind familiengeführte Kleinbetriebe, von denen es etwa 1000 gibt. Die moderne Technik ist aus diesen Betrieben nicht mehr wegzudenken. In einigen höher gelegenen Alpenregionen wird der Käse jedoch nach wie vor von Hand hergestellt, ohne technische Hilfsmittel. Die Sorten sind als »Bergkäse«, »Alpkäse«, »Fromage des Alpes« oder »Formaggio di Alpe« weltberühmt. Zunehmend gibt es Bio-Käse.

Einige Käsereien kann man besichtigen. Zu ihnen gehören die Appenzeller Schaukäserei in Stein *(siehe S. 192)* und die Maison du Gruyère in Pringy, ganz in der Nähe des für seinen Käse bekannten Orts Gruyères *(siehe S. 128)*.

Bottiche mit den Vorstufen des Käses in einer modernen Käsefabrik

Käsesorten

Es gibt über 450 verschiedene Käsesorten in der Schweiz, jede Sorte ist von eigener Konsistenz, eigenem Geschmack und eigenem Aroma. Auch die Zubereitungsarten sind vielfältig: Man kann Käse pur, als Fondue oder Raclette genießen oder ihn gerieben über Nudeln streuen.

Vacherin Fribourgeois ist ein mittelweicher Käse, der ausschließlich im Kanton Fribourg hergestellt wird. Er wird oft für Fondues verwendet.

Appenzeller ist ein hocharomatischer Käse aus der nordöstlichen Schweiz. Je nach Reifezeit schmeckt er unterschiedlich – ein schwarzes Etikett kennzeichnet einen reifen, strengen Käse.

Gruyère (Greyerzer) ist ein Hartkäse von einmaliger Konsistenz und unverwechselbarem Geschmack. Junger Gruyère ist mild oder »doux«. Der gereifte Käse hat ein intensives Aroma und wird auch als »salé« bezeichnet. Er stammt aus der Westschweiz.

Tête de Moine, »Mönchskopf« oder Bellelay, kommt aus dem Jura und wurde im 12. Jahrhundert von Mönchen erfunden. Der intensive Geschmack des Halbhartkäses entfaltet sich am besten, wenn man ihn mit der Girolle in hauchfeine Rosetten schabt.

Emmentaler ist der bekannteste und beliebteste Schweizer Käse. Er hat einen nussigen Geschmack und große Löcher. Der Käse wird im Emmental und im Tiefland der deutschsprachigen Schweiz hergestellt. Er wird in die ganze Welt exportiert und eignet sich auch hervorragend für Fondues und zum Überbacken.

Raclette besitzt ein würziges Aroma, schmilzt leicht und wird deshalb besonders gern für das Gericht Raclette verwendet, das diesem Milchprodukt seinen Namen verdankt. Der beliebte Käse stammt aus dem Wallis und wurde schon im Mittelalter erwähnt. Er wird mittlerweile in der ganzen Schweiz produziert.

Sbrinz ist ein Hartkäse mit einem intensiven, an Parmesan erinnernden Aroma. Da er sehr trocken ist, ist er gut haltbar. Er wird über Gerichte gerieben oder dünn geschnitten serviert. Er stammt aus Brienz im Berner Oberland, wird aber heute in der ganzen Zentralschweiz hergestellt. Er reift bis zu drei Jahre.

Tilsiter zeichnet sich durch Cremigkeit und zartes Aroma aus, wobei die Variante aus Rohmilch mehr Geschmack hat. Der Käse aus Kuhmilch mit der Rotschmiere-Rinde ist nach Schweizer Emigranten aus Tilsit benannt, die das Rezept im 19. Jahrhundert erfanden, und wird heute in der Ostschweiz hergestellt.

Verkauf und Export

Die jährliche Käseproduktion der Schweiz beläuft sich auf über 180 000 Tonnen, über 35 Prozent werden exportiert. Am beliebtesten sind Emmentaler und der edle Gruyère.

Viele der Schweizer Käsereien haben auch Läden, in denen sie ihre Produkte zum Verkauf anbieten. Eine große Auswahl an regionalen Sorten, darunter auch einige der berühmtesten und teuersten, findet man auf den Märkten im ganzen Land.

Einige größere Städte haben Spezialitätenläden, die auch die ungewöhnlichsten Käsesorten führen. Eine gute Auswahl an abgepacktem oder frischem Käse findet man auch in Supermärkten.

Die meisten Schweizer Käse sind Rohmilchkäse, was ihnen den einzigartigen Geschmack verleiht. Jene, die mit pasteurisierter Milch hergestellt wurden, sind entsprechend gekennzeichnet. Je reifer der Käse, desto teurer ist er.

Käsesortiment in einem Laden in Stein am Rhein

Schweizer Getränke

Schweizer Weine zählen mit zu den besten Europas, sind jedoch außerhalb ihres Ursprungslands nicht sehr bekannt. Die besten Lagen gibt es in den Kantonen Wallis und Waadt, vor allem an den geschützten Hängen um den Genfer See. Die Schweiz hat zudem Hunderte größere und kleinere Brauereien, die qualitativ hochwertige dunkle und helle Biere produzieren, ebenfalls fast ausschließlich für den heimischen Konsum. Kaffee, manchmal mit Sahne, und Tee sind die beliebtesten Heißgetränke. Auch ein Softdrink mit Molkepulver (Rivella) kommt aus der Schweiz.

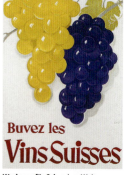
Werbung für Schweizer Wein

Alkoholfreie Getränke
Zum Essen trinkt man meist (stilles) Mineralwasser aus den heimischen Mineralquellen. Zu den bekanntesten Sorten zählen Valser, Henniez, Passugger, Fontessa und Aproz. Ein beliebter süßer und erfrischender Softdrink ist Rivella. Er enthält Lactoserum, ein Nebenprodukt der Käseherstellung *(siehe S. 260)*. Rivella ist in vier Geschmacksrichtungen erhältlich: als Original (rotes Etikett), mit reduziertem Zuckergehalt (blau), mit grünem Tee (grün) und laktosefrei (gelb). Caotina ist ein cremiges Kakaogetränk.

Rivella, ein Softdrink | Valser Mineralwasser | Caotina, ein Kakaogetränk

Heißgetränke
Kaffee in allen Varianten, vom Cappuccino bis zum Espresso, ist das beliebteste Heißgetränk in der Schweiz. In der deutschsprachigen Schweiz trinkt man »Kaffee fertig« (italienisch »Caffè corretto«) mit einem Schuss Likör oder mit aromatisiertem Wodka. Tee wird gern als Eistee (»Thé froid«, »Tè freddo«) getrunken, der vor allem an heißen Sommertagen erfrischt. Pfefferminztee und andere Kräutermischungen sind ebenfalls beliebt. Im Winter wärmt man sich mit Ovomaltine (Malzgetränk, dessen Pulver mit heißer Milch verrührt wird) oder heißer Schokolade wieder auf. Ovo Drink ist fertig zubereitete Ovomaltine.

Malzgetränkpulver für heiße Milch | Gebrauchsfertige Ovomaltine

Bier
Das beliebteste Bier in der Schweiz ist das Helle mit einem Alkoholgehalt von 4,2 bis 5,5 % Vol. Es erinnert geschmacklich an deutsches Bier. Zu den stärkeren Bieren (6 % Vol.) gehören das Weizen und verschiedene Altbiere. Die vorherrschenden Marken sind Feldschlösschen aus Rheinfelden (bei Basel), Calanda aus Chur, Rugenbräu aus Interlaken und Cardinal aus Fribourg. Fassbier wird in Gläsern zwischen 0,1 und 0,5 Liter ausgeschenkt. Die am weitesten verbreiteten Glasgrößen sind die »Stange« (0,33 Liter) und das kleinere »Herrgöttli« (0,2 Liter).

Bier aus Chur | Helles in der Dose | Bier aus Rheinfelden | Etikett des dunklen Calanda-Biers

Weißwein

Der wohl bekannteste Weißwein der Schweiz ist der zarte, frische Fendant aus dem Wallis, der traditionell zu Fondue und Raclette gereicht oder als Aperitif getrunken wird. Vom Genfer See stammen die ausgewogenen Weine der Lavaux-Region, die feinen La-Côte-Weine und die aromatischen Chablais-Weine. Gleichfalls aus dieser Gegend und aus Neuchâtel kommt der leichte, unaufdringliche Chasselas, der zu hellem Fleisch und Käse serviert oder als Aperitif getrunken wird. Das Sylvaner-Gebiet in der Ostschweiz ist ebenso für seine intensiven Weißweine berühmt, die man zu Fisch und Spargel genießt. Chardonnay wird hauptsächlich um Genf und im Wallis angebaut. Er passt ausgezeichnet zu Fisch und Meeresfrüchten.

Swiss Blanc von der Abtei Rheinau

Pinot Gris aus Neuchâtel

Fendant, ein Chasselas aus dem Wallis

Mont-sur-Rolle Grand Cru de La Côte

Wein aus der Genfer Region

Merlot aus dem Tessin

Pinot Noir, ein intensiver Roter

Dôle aus der Sion-Region

Rotwein

Einer der edelsten Schweizer Rotweine ist der Dôle, eine Cuvée aus der Gamay- und Pinot-Noir-Traube. Die intensiven reinen Pinot-Noir-Weine folgen an zweiter Stelle. Beide kommen vor allem aus dem Wallis und passen zu rotem und weißem Fleisch sowie zu Käse. An den Weinbergen um den Genfer See wachsen die leichten Salvagnin- und Gamay-Weine, die es oft zu rotem Fleisch und warmen Vorspeisen gibt. Die Gegend um den Lac de Neuchâtel bringt einen Gamay hervor, der ausgezeichnet zu Geflügel, Kalbfleisch und Käse passt. Der Blauburgunder aus der Ostschweiz harmoniert mit Geflügel. Typisch für das Tessin ist der rubinrote Merlot, der oft zu Risotto serviert wird.

Schnäpse und Liköre

Ein Teil der Obsternte wird in der Schweiz zur Herstellung von Obstbränden und Fruchtlikören benutzt. Zu den beliebtesten Schnäpsen zählen das Kirschwasser und der aus Williams-Birnen hergestellte Branntwein. In den französischsprachigen Regionen des Landes stellt man den »Pruneau«, einen Pflaumenschnaps, im Tessin den Grappa (aus Trester) her. Der »Betzi« in den deutschsprachigen Gebieten ist ein Obstbrand aus einer Mischung verschiedener Früchte. Darüber hinaus gibt es Liköre aus Äpfeln, Quitten, Pflaumen, Aprikosen, Kirschen, Himbeeren oder auch Kräutern, die als Digestif getrunken werden. Bei der Zubereitung eines Fondues verwendet man traditionellerweise einen guten Schuss Kirschwasser.

Williamine-Birnengeist

Grundbacher Pflaumengeist

Grappa aus dem Tessin

Apfelschnaps aus Zug

Restaurantauswahl

Bern

Altes Tramdepot
Brauerei Restaurant F
Regionale Küche SK C3
Grosser Muristalden 6, 3006
📞 031 368 1415
Genießen Sie eine Mahlzeit in der einzigartigen Atmosphäre eines ehemaligen Straßenbahndepots mit zugehöriger Brauerei. Tische im Innen- und Außenbereich.

Le Mazot F
Regionale Küche SK C3
Bärenplatz 5, 3011
📞 031 311 7088
Das Spezialitäten-Restaurant ist bei Einheimischen und Urlaubern gleichermaßen für Raclette und Rösti beliebt. Netter Service.

Okra F
Indisch SK C3
Lorrainestrasse 9, 3013
📞 031 332 1844 ● Mo
Okra liegt in einem ruhigen Stadtviertel und serviert indische Gerichte, auch weniger bekannte Rezepte. Tische im Freien.

Vis-à-Vis-Tipp
Restaurant Beaulieu F
Regionale Küche SK C3
Erlachstrasse 3, 3012
📞 031 331 2525
● Ostern – Pfingsten
Das altmodische Restaurant pflegt traditionelle Schweizer und Berner Küche. Spezialität des Hauses ist Rösti. Es gibt auch vegetarische Gerichte. Wöchentlich wechselnder Businesslunch.

Restaurant Tulsi F
Asiatisch SK C3
Freiestrasse 65, 3012
📞 031 508 2202 ● So
Traditionelles Restaurant in ruhiger Umgebung. Auf den Tisch kommen frisch zubereitete Sushi und Gerichte aus dem Wok. Samstagabends All-you-can-eat-Büfett. Auch zum Mitnehmen.

Schmiedstube F
Regionale Küche SK C3
Schmiedenplatz 5, 3011
📞 031 311 3461 ● So
Erleben Sie die Atmosphäre einer alten Berner Gaststätte in einem modernen Gebäude nahe dem Zytglogge. Frische Zutaten bestimmen die Tagesgerichte. Bei schönem Wetter Tische im Freien. Es gibt auch Gerichte für Kinder.

Restaurantkategorien siehe Seite 257

tibits F
Vegetarisch SK C3
Bahnhofplatz 10, 3011
📞 031 312 9111
Die Schweizer Kette serviert saisonal wechselnde vegetarische Gerichte nach Gewicht *(siehe S. 270)*.

The Beef Steakhouse & Bar FF
Steakhaus SK C3
Kramgasse 74, 3011
📞 031 311 6400 ● So
Restaurant für Fleischliebhaber mit Gerichten von Tatar bis hin zu kanadischem Büffel. Delikat: der marinierte Rinderbraten.

Brasserie Bärengraben FF
Regionale Küche SK C3
Grosser Muristalden 1, 3006
📞 031 331 4218
Das Restaurant bietet typische Brasserie-Speisen und regionale Kost. Vom beliebten Sommergarten hat man einen schönen Blick auf die Stadt.

Frohegg FF
International SK C3
Belpstrasse 51, 3007
📞 031 382 2524 ● So, Feiertage
Restaurant im Bistro-Stil mit sehr gutem Service. Beachten Sie die monatlich wechselnde Speisekarte mit internationalen Gerichten (vor allem indische) und die Mittagsmenüs zum Festpreis.

Klösterli Weincafe FF
International SK C3
Klösterlistutz 16, 3013
📞 031 350 1000
Preisgekrönte Küche und freundliche Atmosphäre – ideal für ein entspanntes Gespräch. Probieren Sie Berner Dörrfleisch mit Käse.

Das Sterne-Restaurant Chesery in einem Chalet in Gstaad

Preiskategorien
Die Preise gelten für ein Drei-Gänge-Menü pro Person mit einer halben Flasche Hauswein, inklusive Steuern und Service.
F unter 60 Franken
FF 60 – 120 Franken
FFF über 120 Franken

Restaurant Harmonie FF
Regionale Küche SK C3
Hotelgasse 3, 3011
📞 031 313 1141 ● Sa, So
Das bei Einheimischen und Urlaubern beliebte Restaurant ist auf regionale Küche spezialisiert, vor allem auf Fondue. Freundlicher Service und helles Interieur.

Restaurant Suder FF
Traditionell SK C3
Weissensteinstrasse 61, 3007
📞 031 371 5767 ● So, Mo
Das Restaurant ist in einem ehemaligen Bahnhofsgebäude untergebracht und hat einen schön beleuchteten Wintergarten. Suder serviert saisonale Gerichte aus heimischen Erzeugnissen.

Ristorante Luce FF
Italienisch SK C3
Zeughausgasse 28, 3011
📞 031 310 9999
Das Restaurant ist auf die Küche der Emilia-Romagna spezialisiert. Die Gäste laben sich an Pizza und Nudelgerichten sowie Fisch- und Fleischspezialitäten.

Zebra FF
Mediterran SK C3
Schwalbenweg 2, 3012
📞 031 301 2340 ● So
Das gemütliche Lokal bringt vor allem lecker zubereitete Speisen aus frischen Bio-Produkten auf den Teller. Hübscher Garten mit Tischen im Freien. Keine Kreditkarten.

Zimmermania FF
Französisch SK C3
Brunngasse 19, 3011
📞 031 311 1542 ● So, Mo
Geboten sind französische Bistro-Kost in altmodischem Ambiente und tadelloser Service. Probieren Sie die Zwiebelsuppe und die Entenleber.

Restaurant Essort FFF
International SK C3
Jubiläumsstrasse 97, 3005
📞 031 368 1111 ● So, Mo
Zeitgemäße, gut zubereitete Gerichte und aufmerksamer Service in einfacher, aber stilvoller Umgebung. Die Leidenschaft des Besitzers für Fotografie bestimmt das Dekor des Restaurants.

Restaurant Kornhauskeller FFF
Regional-italienisch SK C3
Kornhausplatz 18, 3000
031 327 7272
Kornhauskeller gehört zu einer großen Kette schweizerisch-italienischer Restaurants und ist in einem ehemaligen Getreidespeicher untergebracht. Vor allem mittags zieht es viele Gäste an.

Wein & Sein FFF
International SK C3
Münstergasse 50, 3011
031 311 9844   So, Mo
Das Gourmet-Restaurant bietet mittags und abends Festpreismenüs. Wein & Sein überzeugt mit innovativer Küche zu angemessenen Preisen. Reservierung empfohlen.

Mittelland, Berner Oberland und Wallis

BREITEN OB MÖREL:
Restaurant Taverne FF
Traditionell SK D4
Breitenstrasse 1, 3983
027 927 1022
Das einfache Berggasthaus genießt hohes Ansehen für seine vorzügliche Küche. Zubereitet werden Gerichte aus heimischen Produkten. Nur Abendessen und lediglich Platz für elf Gäste.

BRIG: Wii Stuba F
Regional-französisch SK D4
Bahnhofstrasse 9, 3900
027 923 1428
 So, Mo; 2 Wochen im Juli/Aug
Weinstube mit herzhafter französisch-schweizerischer Küche, darunter Raclette und Käsefondue. Internationale Gästeklientel.

CHERMIGNON D'EN HAUT:
Café Cher-Mignon FF
Traditionell SK C4
Tsanveulle 16–18, 3971
027 483 2596   So, Mo; Juni
Das beliebte Restaurant mit schlichtem Interieur offeriert eine anspruchsvolle Auswahl an köstlichen Speisen. Am Wochenende ist es auf 30 Gäste beschränkt, Reservierung unabdingbar.

CRANS-MONTANA:
Pas de l'Ours FFF
Französisch SK C4
41, rue Pas de l'Ours, 3963
027 485 9333
Genießen Sie hervorragend präsentierte Gerichte mit Zutaten aus der Region in einem Michelin-prämierten Restaurant. Pas de l'Ours pflegt schweizerisch-provenzalische Küche. Dazu gehört ein legeres Bistro.

Wandtäfelung und frische Blumen im Restaurant Suder, Bern

Vis-à-Vis-Tipp

GSTAAD:
Michels Stallbeizli F
Traditionell SK C4
Gsteigstrasse 41, 3780
079 338 6116
Der bewirtschaftete Bauernhof ist bei Familien beliebt. Der Speiseraum ist vom Kuhstall durch eine Glasscheibe getrennt. Von Mai bis September nur Gruppen. Nur Barzahlung.

GSTAAD: Chesery FFF
Traditionell SK C4
Alte Lauenstrasse 7, 3780
033 744 2451   Mo
Küchenchef Robert Speth kann 18 Gault-Millau-Punkte und einen Michelin-Stern vorweisen. Kochkunst der Spitzenklasse.

INTERLAKEN:
Gasthof Hirschen F
Traditionell SK C4
Hauptstrasse 11, 3800   Mo, Di
033 822 1545
Drei Restaurants in einem servieren Speisen aus heimischen Zutaten, u. a. Käsefondue, Raclette und Wild. Gerichte für Kinder.

INTERLAKEN:
Restaurant Goldener Anker FF
International SK C4
Marktgasse 57, 3800
033 822 1672
Wählen Sie aus einem umfangreichen Angebot an regionalen und internationalen Gerichten. Gourmet-Restaurant mit Live-Musik.

INTERLAKEN: West End FF
Italienisch SK C4
Rugenparkstrasse 2, 3800
033 822 1744   So
Das klassische italienische Restaurant bezieht seine Zutaten direkt aus Parma. Versuchen Sie hausgemachte Pasta mit Trüffeln oder Pilzgerichte der Saison.

INTERLAKEN: WineArt FF
Mediterran SK C4
Jungfraustrasse 46, 3800
033 823 7374   So
Das Restaurant wird von einem Winzerverein betrieben und kann mehr als 600 offene Weine anbieten. Mediterran geprägte Speisekarte, modernes Dekor.

KANDERSTEG:
Nicos Restaurant FF
Traditionell SK C4
Äussere Dorfstrasse 99, 3718   Di
033 675 8480
Speisen Sie im gemütlichen Speiseraum mit prasselndem Kaminfeuer im Winter. Nicos bringt typische Gerichte der Bergregionen auf den Tisch, aus heimischen Produkten zubereitet.

LAUTERBRUNNEN: Schützen FF
Traditionell SK D4
Fuhren 439, 3822
033 855 5050
Genießen Sie köstlich zubereiteten Flammkuchen und Fondue in einem Holzchalet mit Blick auf die Berge und den Sommergarten. Die Speisen werden von Personal in Tracht aufgetischt.

MARTIGNY: Café National FF
Französisch SK B5
Route du Bourg 25, 1920
027 722 5390
 So (Sommer)
Außer den Speisen ist alles schlicht in dem beliebten Café mit lässiger Atmosphäre und freundlichem Personal. In der Nähe der alten Burg gelegen.

RIEDERALP: Danys Restaurant F
Traditionell SK D4
Haus Westside, 3987
027 927 1444
Dies ist ein guter Ort, um exzellent zubereitete Gerichte aus heimischen Zutaten zu probieren: Käsefondue, Fondue chinoise, Raclette und Grillfleisch.

SK = Straßenkarte *siehe hintere Umschlaginnenseiten*

RIEDERALP: Derby F
Traditionell　　　　　　　SK D4
Sportplatzweg, 3987
📞 027 927 1033　　　🔴 Fr abends
Genießen Sie traditionelle Kost und Weine aus der Region. Während der Skisaison wird jeden Abend Live-Musik gespielt. Es gibt eine helle, freundliche Bar.

SAAS-FEE: Dü Saas-Fee FF
Traditionell　　　　　　　SK D5
Untere Gasse 3 , 3906
📞 079 356 4092　　　🔴 Sommer
Das Restaurant in einer Holzscheune ist auf Wurst, Fondue und Raclette spezialisiert. Gepflegtes, stilvolles Interieur und erstklassige Weinauswahl.

SAAS-FEE: Essstube FF
Traditionell　　　　　　　SK D5
Hannigstrasse 47, 3906
📞 027 958 7810　　　🔴 So
In dem preiswerten Speiselokal kommt traditionelle Kost mit individueller Note auf den Tisch. Minimalistisches Dekor mit Fotos von Speisen an den Wänden.

**SAAS-FEE:
Waldhotel Fletschhorn** FFF
Französisch　　　　　　　SK D5
Oberdorf, 3906
📞 027 957 2131
Das renommierte französische Restaurant in einem Relais-et-Châteaux-Hotel ist zu Recht stolz auf 18 Gault-Millau-Punkte und einen Michelin-Stern. Kochkurse und großer Weinkeller.

**SCHILTHORN:
Restaurant Piz Gloria** FF
Traditionell　　　　　　　SK C4
Schilthorn, 3825
📞 033 856 2156
Piz Gloria war das erste Drehrestaurant in den Alpen. Heute ist es mit 2970 Metern immer noch das zweithöchste. Herrlicher Blick auf Eiger, Mönch und Jungfrau.

SIERRE: La Contrée FF
Französisch　　　　　　　SK C4
1, rue de la Vanire, 3960
📞 027 455 1291　　　🔴 Mo, Di
Vertilgen Sie das begehrte Steak tartare oder das ungewöhnliche Fischtatar, und spülen Sie mit Wein nach. Terrasse mit Blick auf die Weinberge und die Alpen.

SION: Brasserie Grand Pont FF
Europäisch-asiatisch　　　SK C5
6, rue du Grand-Pont, 1950
📞 027 322 20 96　　　🔴 So
Die Speisekarte dieses einladenden Restaurants im Herzen der Altstadt von Sion verbindet auf fantasievolle Weise europäische und asiatische Kochkunst. Der Service ist unaufdringlich.

SION: Tartare House FF
Französisch　　　　　　　SK C5
24, avenue de France, 1950
📞 027 322 7200　　　🔴 So, Mo
Wie der Name sagt, finden Sie hier eine Reihe von Tatar-Gerichten auf der Karte, auch Fischtatar, dazu Gemüse und Obst. Mittags gibt es Festpreismenüs.

SOLOTHURN: Thai Sunshine F
Thai　　　　　　　　　　SK C3
Berntorstrasse 13, 4500
📞 032 530 1898　　　🔴 So
Authentische scharfe Thai-Küche und hervorragender Service. Die Einrichtung ist veraltet, doch das Essen ist sehr gut.

**SOLOTHURN: Zum Alten
Stephan** FFF
Europäisch　　　　　　　SK C3
Friedhofplatz 10, 4500
📞 032 622 1109　　　🔴 So, Mo
Das Restaurant hat einen Michelin-Stern sowie eine sehr gute Lage in der Altstadt.

THUN: Essen und Trinken FF
Traditionell　　　　　　　SK C3
Untere Hauptgasse 32, 3600
📞 033 222 4870　　　🔴 Di, Mi
In der Bar des hübschen Restaurants gibt es Cocktails und sehr guten Wein. Kleine, gut zusammengestellte Speisekarte.

**TÖRBEL:
Bergrestaurant Moosalp** FF
Traditionell　　　　　　　SK C5
Törbel, 3923
📞 027 952 1495　　　🔴 Apr, Mai
Das abgeschiedene Bergrestaurant ist wegen seiner Fondues und des Raclettes einen Besuch wert. Probieren Sie Dörrfleisch.

VERBIER: Chez Martin F
Traditionell　　　　　　　SK C5
Route de Station 100, 1936
📞 027 771 2252
Das Restaurant ist bei Einheimischen und Urlaubern gleichermaßen beliebt für seine üppig-herzhaften Gerichte. Sommerterrasse.

VERBIER: Brasserie Le Bec FF
Traditionell　　　　　　　SK C5
77, rue de Médran, 1936
📞 027 775 4404
Das angesagteste Restaurant in Verbier befindet sich unten an den Pisten und gehört zu einem Hotelkomplex. Snacks und Essen.

VERBIER: La Marlenaz FF
Traditionell　　　　　　　SK C5
Route de Marlenaz, 1936
📞 027 771 5441
Auf der Sonnenterrasse des charmanten, rustikalen Hotels serviert man auf 1850 Meter Höhe regionale und internationale Gerichte.

Zum Alten Stephan – Stadtbeiz, Solothurn

**VISP: Restaurant Pizzeria
Buon Gusto** F
Italienisch　　　　　　　SK D4
Allmei 5, 3930
📞 027 946 6161　　　🔴 So
In dem einfachen Speiseraum kommt eine große Bandbreite an italienischen Gerichten wie Pasta und Pizza auf den Tisch.

ZERMATT: Café du Pont F
Regionale Küche　　　　　SK C5
Oberdorfstrasse 7, 3920
📞 027 967 4343
Das stark frequentierte Lokal bietet angeblich das beste Fondue in Zermatt, außerdem regionale und schweizerische Gerichte.

ZERMATT: Chez Vrony FF
Traditionell　　　　　　　SK C5
Findeln, 3920
📞 027 967 25 52　　　🔴 Mai
Das seit rund 100 Jahren bestehende, mit einem Michelin-Stern ausgezeichnete Restaurant in 2100 Meter Höhe mit atemberaubendem Blick auf das Matterhorn ist eine Institution Zermatts.

ZERMATT: Zum See FF
Traditionell　　　　　　　SK C5
Wicheweg 44, 3920
📞 027 967 2045
Zum See gehört zu den renommiertesten Bergrestaurants in den Alpen und ist bei Skifahrern beliebt. Oft wechselnde Karte.

Genf

Bistrot du Bœuf Rouge F
Französisch　　　　　　　SK A5
17, rue Alfred-Vincent, 1201
📞 022 732 7537　　　🔴 Sa, So
Das Restaurant ist auf französische Kost spezialisiert, insbesondere auf Speisen aus der Region Lyon. Tolle Weinauswahl.

Restaurantkategorien *siehe Seite 257* Preiskategorien *siehe Seite 264*

Café du Soleil F
Traditionell SK A5
6, place du Petit-Saconnex, 1209
📞 022 733 3417
Beliebtes Lokal mit freundlicher Atmosphäre und internationaler Kundschaft. Auf der Speisekarte findet sich traditionelle Schweizer Kost, darunter auch Fondue.

Chez Boubier Café de Paris F
Steakhaus SK A5
26, rue Mont-Blanc, 1201
📞 022 732 8450
Ehrwürdige Genfer Institution, berühmt für ihre Speisekarte mit einem Gericht: Entrecôte mit Pommes frites und grünem Salat.

Chez Ma Cousine
Vieille Ville F
Französisch SK A5
6, place du Bourg-de-Four, 1204
📞 022 310 9696
Hier gibt es nur Hähnchengerichte vom Grill mit köstlichen *pommes provençale*.

Inglewood Plainpalais F
Fast Food SK A5
44, boulevard du Pont-d'Arve, 1205
📞 022 320 3866 ● So
Preisgekröntes Burger-Lokal mit vorzüglichen Fleischgerichten, die nach Wunsch zubereitet werden. Reservierung empfohlen.

Le Radar de Poche F
Italienisch SK A5
8, rue des Chaudronniers, 1204
📞 022 311 3668 ● So
In dem kleinen Café mit Bar gibt es nur mittags Mahlzeiten. Nette Atmosphäre und einfache Kost, bei den Einheimischen beliebt.

Le Thermomètre F
Französisch SK A5
22, rue Neuve-du-Molard, 1204
📞 022 310 2535 ● Sa, So
Familienrestaurant im amerikanischen Stil mit einfacher Speisekarte. Mittags wird eine Reservierung dringend empfohlen.

Les Armures FF
Traditionell SK A5
1, rue du Puits-Saint-Pierre, 1204
📞 022 310 3442
Mittelalterliches Dekor mit Ritterrüstungen und Schwertern. Lecker: Fondue sowie schweizerische oder französische Gerichte.

Brasserie des Halles de l'Île FF
Regionale Küche SK A5
1, place de l'Île, 1204
📞 022 311 0888
Das charmante Restaurant serviert Tapas und gut zubereitete Gerichte à la carte. Am Wochenende gibt es Brunch.

L'Entrecôte Couronnée FF
Französisch SK A5
5, rue des Pâquis, 1201
📞 022 732 8445
● Sa mittags, So, Mo.
Reizvolles, preisgekröntes kleines Bistro mit heimischen Fleischgerichten. Sehr zu empfehlen ist das Steak mit Buttersauce.

La Gondola FF
Italienisch SK A5
4, rue Muzy, 1207
📞 022 736 1212 ● So
Das familiengeführte Restaurant mit Pizzeria mit Holzkohleofen ist wunderbar. Neben Pizza gibt es sehr feine Nudel-, Fleisch- und Fischgerichte.

Le Rouge et Le Blanc FF
Mediterran SK A5
27, quai des Bergues, 1201
📞 022 731 1550 ● So
Mittags ein Restaurant, abends eine Tapas-Bar. Es gibt gutes Essen in schöner Lage am Fluss mit Blick auf den Jet d'Eau.

Thai Phuket FF
Thai SK A5
33, avenue de France, 1202
📞 022 734 4100 ● Sa mittags
Thai Phuket gilt als bestes Thai-Restaurant der Region. Erstklassige Speisen und große Weinkarte.

Vis-à-Vis-Tipp

Le Vieux Bois FF
Französisch SK A5
12, avenue de la Paix, 1202
📞 022 919 2426 ● Sa, So
Le Vieux Bois ist das Arbeitslabor der berühmten Schweizer Hotelfachschule L'École Hôtelière de Genève. Köche und Kellner sind aufmerksam und emsig. Die Preise sind angemessen. Zum Restaurant gehört ein wunderschöner Sommergarten.

Du Parc des Eaux-Vives FFF
Brasserie SK A5
82, quai Gustave Ador, 1211
📞 022 849 7575
Erfreuen Sie sich an einem außergewöhnlichen Blick auf den Genfer See. Das Restaurant bietet gehobene Küche mit Zutaten je nach Jahreszeit. In der Brasserie gibt es einfache Kost in entspannter Atmosphäre.

Hôtel d'Angleterre –
Windows Restaurant FFF
Französisch SK A5
17, quai du Mont-Blanc, 1201
📞 022 906 5514
Greifen Sie tief in die Tasche für das Erlebnis im exquisiten Fünf-Sterne-Restaurant mit atemberaubendem Blick auf den Genfer See und die Bergkulisse.

Rasoi by Vineet FFF
Indisch SK A5
1, quai Turrettini, 1201
📞 022 909 0000
● Mitte Juli – Mitte Aug
Das erste indische Gourmet-Restaurant in Genf kann einen Michelin-Stern vorweisen. Schickes Interieur, innovative Küche.

La Table du 9 FFF
Europäisch SK A5
9, rue Verdaine, 1204
📞 022 310 2550 ● So
Das einladende Restaurant in der Genfer Altstadt bietet eine kleine, aber abwechslungsreiche Speisekarte mit europäischen, vorwiegend französisch-italienischen Gerichten in großen Portionen.

Tse Yang FFF
Chinesisch SK A5
19, quai du Mont-Blanc, 1201
📞 022 732 5081
Das chinesische Restaurant genießt in Genf hohes Ansehen. Besonders empfehlenswert sind die Szechuan-Gerichte. Aufmerksamer Service.

Chez Vrony in Zermatt – wunderbares Speisen in 2100 Metern Höhe

SK = Straßenkarte *siehe hintere Umschlaginnenseiten*

Vertig'O FFF
Französisch SK A5
11, quai du Mont-Blanc, 1211
📞 022 909 6073
🔴 Sa mittags, So, Mo
Klassische französische und schweizerisch-französische Küche in einem Restaurant mit Michelin-Stern, geführt von Küchenchef Jérôme Manifacier.

Westschweiz

AIGLE: La Pinte Communale FF
Italienisch/Französisch SK B4
4, place du Marché, 1860
📞 024 466 6270 🔴 So
Hausgemachte Pasta und wohlschmeckende Hauptgerichte, zubereitet aus frischen regionalen Zutaten. Auch Kindergerichte.

LES AVANTS:
Auberge de la Cergniaulaz FF
Traditionell SK B4
18, route de la Cergniaule, 1833
📞 021 964 4276
🔴 Mo, Di; Jan–März
Genießen Sie die wunderbare Aussicht von der Terrasse oder vom ländlich-gemütlichen Speiseraum. Erstklassige Küche.

AVENCHES:
Restaurant des Bains FF
International SK B3
1, route de Berne, 1580
📞 026 675 3660
🔴 So u. Di abends; Mo
Das kinderfreundliche Restaurant bietet ein großes Spektrum professionell zubereiteter internationaler Gerichte.

BRENT: Le Pont de Brent FFF
Französisch SK B4
4, route de Blonay, 1817
📞 021 964 5230 🔴 So, Mo
Le Pont de Brent, ausgezeichnet mit einem Michelin-Stern, brilliert mit exzellenter französischer Küche. Vorbildlicher Service.

BULLE: L'Écu FF
Traditionell SK B4
5, rue Saint-Denis, 1630
📞 026 912 9318 🔴 Mo, Di
L'Écu wird für die Qualität seiner regionalen Produkte gepriesen – Waldpilze, Wasservögel und Fisch aus dem See. Preiswerte Option.

CAUX: Plein-Roc FF
Traditionell SK B4
Aux Rochers de Naye, 1824
📞 021 989 8374
Plein-Roc liegt sehr schön mit Blick auf den Genfer See. Man erreicht das Lokal mit der Zahnradbahn von Montreux. Schweizerische und französische Küche.

CHAMBÉSY:
Plage du Reposoir FF
International SK A4
222, route de Lausanne, 1292
📞 022 732 4265
Restaurant am See mit vielen Spielmöglichkeiten für Kinder. Auf der Karte stehen Nudel- und Fischgerichte sowie Pizza.

LA CHAUX-DE-FONDS:
Crêperie Poivre et Sel F
Crêperie SK B3
2, rue des Terreaux, 2300
📞 032 968 1074 🔴 So
Das moderne Speiselokal serviert leckere Pfannkuchen mit vielen verschiedenen Füllungen – süß oder herzhaft. Netter Service.

LA CHAUX-DE-FONDS:
Brasserie de la Fontaine FF
Traditionell SK B3
17, avenue Léopold-Robert, 2300
📞 032 534 4985
Die Stammgäste schätzen die einfache, aber solide Brasserie-Kost sowie die Biersorten aus der hauseigenen Brauerei.

CRISSIER: Restaurant de l'Hôtel de Ville de Crissier FFF
Französisch SK B4
1, rue d'Yverdon, 1023
📞 021 634 0505 🔴 So, Mo
Das Restaurant wird von Küchenchef Franck Giovannini geführt und genießt schon lange eine sehr gute Reputation für seine fabelhafte französische Küche.

CULLY: Auberge du Raisin FF
Traditionell SK B4
1, place de l'Hôtel-de-Ville, 1096
📞 021 799 2131 🔴 So
Das charmante Speiselokal serviert Fisch aus dem See und andere regionale Spezialitäten zusammen mit Wein aus Lavaux.

Eingang zum Hotel du Raisin in Cully mit der Auberge du Raisin

DELÉMONT:
Hôtel Restaurant du Midi FF
Französisch SK C2
10, place de la Gare, 2800
📞 032 422 1777
🔴 Di mittags, Mi
Das Restaurant bietet sowohl Gourmetküche als auch Bistro-Kost. Fisch und Meeresfrüchte bestimmen die gehobene Cuisine, dazu passen die Weine.

DELÉMONT: Le Mexique FF
Traditionell SK C2
142, route du Vorbourg, 2800
📞 032 422 1333 🔴 Mo
Der Name täuscht – Le Mexique ist auf italienische und Tessiner Küche spezialisiert. Großer Garten als Tummelplatz für Kinder.

LES DIABLERETS: Auberge de la Poste Restaurant FF
Traditionell SK B4
8, rue de la Gare, 1865
📞 024 492 3124 🔴 Mi
Gute Auswahl an regionalen Spezialitäten: Fondue, Croûtes au fromages (weingetränktes Brot mit Käse überbacken) und gegrillte Steaks. Großartige Aussicht.

FRIBOURG:
Crêperie Sucré Salé F
Crêperie SK B3
50, rue de Lausanne, 1700
📞 026 321 3250 🔴 Mo
Süße, herzhafte und vegetarische Pfannkuchen in der Fußgängerzone in der Innenstadt. Auf den Tisch kommen Salate, Suppen und eine Vielfalt an Waffeln.

FRIBOURG: L'Aigle-Noir FF
Regional SK B3
10, rue des Alpes, 1700
📞 026 322 4977 🔴 So, Mo
Die Sommerterrasse gewährt schöne Ausblicke über die Altstadt. Die Speisekarte verzeichnet gute Kost aus der Region, darunter Fondue und Fleischgerichte.

FRIBOURG:
Café Restaurant Le Jura FF
Traditionell SK B3
20, route du Jura, 1700
📞 026 466 3228 🔴 So
Das Café in dem gleichnamigen Hotel ist vor allem mittags stark frequentiert. Auf der Karte dominieren französische und schweizerisch-französische Gerichte.

GRUYÈRES:
Le Chalet de Gruyères F
Traditionell SK B4
53, rue du Bourg, 1663
📞 026 921 2154
Das Lokal in einer attraktiven, ehemaligen Mühle ist auf Fondue Gruyère spezialisiert. Zudem gibt es Raclette und Grillfleisch.

WESTSCHWEIZ | 269

Terrasse des Pinte de Pierre-à-Bot in Neuchâtel

LAUSANNE:
Luncheonette Café F
Vegetarisch SK B4
5, rue Grand St-Jean, 1003
078 912 5510 So
Das vegetarische Café serviert Bio-Teigtaschen, Salate und Suppen, zudem Fair-Trade-Tee und -Kaffee. Die Atmosphäre ist entspannt und freundlich.

LAUSANNE: Vieux Lausanne FF
Europäisch SK B4
6, rue Pierre Viret, 1003
021 323 53 90 Mo
Das Bistro im Pariser Stil liegt versteckt unweit der Kathedrale. Hier genießt man steak tartare und andere gute Gerichte in großzügigen Portionen sowie freundlichen Service.

LAUSANNE:
La Table d'Edgard FFF
Französisch SK B4
7, rue du Grand-Chêne, 1003
021 331 3131 So, Mo
Das Restaurant des opulenten Lausanne Palace & Spa Hotel ist mit einem Michelin-Stern prämiert und serviert vorzügliche französische Speisen und Weine.

MONTREUX: Beijing Town F
Asiatisch SK B4
50, avenue du Casino, 1820
021 961 3883
Das kleine Restaurant überzeugt mit preiswerter chinesischer, malaysischer und thailändischer Kost. Auch zum Mitnehmen.

MONTREUX:
Délifrance Montreux F
Französisch SK B4
Place de la Paix, 1820
021 961 3594 So
Das gemütliche Selbstbedienungscafé mit Bäckerei und Sandwich-Angebot legt Wert auf hochwertige Zutaten. Von der hübschen Terrasse genießen die Gäste die herrliche Aussicht.

MONTREUX:
Caveau du Museum FF
Traditionell SK B4
40, rue de la Gare, 1820
021 963 1662 So
Das Interieur mit viel Holz schafft eine gemütliche Atmosphäre. Zu den Spezialitäten zählen Kartoffelgratin mit zehn Sorten Käse. Nur mittwochs gibt es die Charbonnade-Trilogie mit drei Sorten gegrilltem Fleisch und fünf selbst gemachten Saucen.

Vis-à-Vis-Tipp

MURTEN: La Pinte
du Vieux Manoir FF
Modern-regional SK B3
18, rue de Lausanne, 3280
026 678 6180
Mo, Di; Mitte Dez–Mitte Feb
Küchenchef Franz W. Faeh zaubert exzellent zubereitete regionale und internationale Speisen, zuweilen mit asiatischer Note. Bei schönem Wetter kann man auf der Terrasse speisen – mit Blick auf den Murtensee.

NEUCHÂTEL:
Pinte de Pierre-à-Bot F
Traditionell SK B3
106, route de Pierre-à-Bot, 2000
032 725 3380
Das Lokal liegt außerhalb von Neuchâtel und bietet einfache, ehrliche, preisgünstige Kost mit Grillfleisch, Fisch und Meeresfrüchten sowie Fondue.

NEUCHÂTEL:
Brasserie Le Cardinal FF
Traditionell SK B3
9, rue du Seyon, 2000
032 725 1286 So
Populäre Brasserie mit Alte-Welt-Charme. Die Karte wird von exzellenten französischen Gerichten dominiert.

LE NOIRMONT:
Georges Wenger FFF
Französisch SK B2
2, rue de la Gare, 2340
032 957 6633 Mo, Di
Zwei Michelin-Sterne, zwei elegante Speiseräume und exquisite Gourmetküche garantieren hohes Ansehen. Sehr gute Weine.

NYON: Café du Marché FF
International SK A4
3, rue du Marché, 1260
022 362 4979 So, Mo
Das Café du Marché bietet einfache internationale Kost mit Spezialitäten der Saison. Am Samstag zieht der Brunch viele Gäste an.

PAYERNE: Auberge
de Vers Chez Perrin FF
Mediterran SK B3
1, La Foule d'en-Haut, 1551
026 660 5846
Sa mittags, So abends; Mo; 1.–14. Aug
Das Lokal ist bekannt für Grillfleisch vom offenen Feuer und für mediterrane Gerichte aus Italien, Frankreich und Spanien.

PERREFITTE:
Restaurant de L'Étoile FF
Traditionell SK C2
4, Gros Clos, 2742
032 493 1017
So; Mo mittags
Die umfangreiche Speisekarte bietet traditionelle Gerichte und Brasserie-Kost aus frischen saisonalen Zutaten.

PORRENTRUY:
Des Trois Tonneaux F
Regional SK B2
16, rue des Baiches, 2900
032 466 1317 Di, So
Das altmodische Bistro ist bekannt für seine hausgemachte Spezialität: gâteau au fromage (köstlicher Käsekuchen). Zudem sind vegetarische Gerichte verfügbar.

SAIGNELÉGIER: Café du Jura F
Regionale Küche SK B2
2, rue Bel-Air, 2350
032 950 1143 So
Das einfache Lokal bringt herzhafte Fleischgerichte auf den Teller wie Bœuf bourguignon und andere regionale Spezialitäten.

ST-URSANNE: La Couronne F
Regionale Küche SK C2
3, rue du 23 Juin, 2882
032 461 3567
Mi; Okt–Apr: Do
Käsegerichte in vielen Variationen sind auf der Speisekarte des La Couronne stark vertreten. Eine Spezialität des Hauses ist die leckere frische Forelle.

SK = Straßenkarte siehe hintere Umschlaginnenseiten

ST-URSANNE:
Hôtel du Bœuf FF
Traditionell SK C2
60, rue du 23 Juin, 2882
📞 032 461 3149
Die einfache Landgaststätte genießt einen guten Ruf für ihre Gastfreundlichkeit und Hausmacherkost zu moderaten Preisen. Auch vegetarische Gerichte.

YVERDON-LES-BAINS:
Crêperie l'Ange Bleu F
Crêperie SK B3
11, rue du Collège, 1400
📞 024 426 0996
Beliebte, kleine Crêperie mit *crêpes* und (pikanten) *galettes*. Außerdem gibt es Snacks, Salate und Hotdogs.

Nordschweiz

AARAU: Panini Cultura Caffè F
Italienisch SK D2
Laurenzentorgasse 14, 5000
📞 062 822 2220 ⬤ Mo
Mittags und abends gibt es in der Café-Bar leckere Sandwiches und Piadine (italienisches Fladenbrot). Im Sommer serviert man Eiscreme auf der Terrasse.

AARAU: Meat's FF
Steakhaus SK D2
Bahnhofstrasse 4, 5000
📞 062 822 5223
Meat's ist ein Steakhaus mit Grill und Weinstube im Herzen der Altstadt. Bei schönem Wetter sitzen die Gäste auf der Terrasse oder im Garten.

BADEN (DÄTTWIL): Pinte FF
Traditionell SK D2
Sommerhaldenstrasse 20, 5405
📞 056 493 2030 ⬤ Sa, So
Patrick Troxler und Nina Bhend führen ein Küchenteam, das sich regionalen Spezialitäten verschrieben hat. Nur europäische Weine. Im Angebot: Kochkurse.

BADEN: Restaurant Baldegg FF
Traditionell SK D2
Baldegg 1, 5400
📞 056 222 5735 ⬤ Mo
Genießen Sie während des Essens auf der Terrasse den herrlichen Blick auf die Alpen. Es gibt ausgiebig Schweizer saisonale Kost.

BASEL: Blindekuh F
Europäisch SK C2
Dornacherstrasse 192, 4053
📞 061 336 3300 ⬤ So–Di
Blindekuh wird von blinden und sehbehinderten Menschen geführt. Die Gäste essen in völliger Dunkelheit. Nehmen Sie das Überraschungsmenü.

Alles aus Eiche: das Kohlmanns in Basel

BASEL: tibits F
Vegetarisch SK C2
Stänzlergasse 4, 4051
📞 061 205 3999
Tibits ist eine Schweizer Kette, die vegetarische und vegane Gerichte anbietet, u. a. Suppen, Salate und eine Vielzahl von Hauptgerichten – abgerechnet wird nach Gewicht. Gesunde Fruchtsäfte.

BASEL: Kohlmanns Basel FF
Französisch SK C2
Steinenberg 14, 4001
📞 061 225 9393
Kohlmanns befindet sich in der Basler Altstadt und bietet eine Vielfalt an regionalen Spezialitäten. Probieren Sie Flammkuchen oder geräucherte Wurst.

BASEL: Restaurant Schnabel FF
Traditionell SK C2
Trillengässlein 2, 4051
📞 061 261 2121 ⬤ So
Schnabel ist eines der traditionsreichsten Restaurants in der Altstadt. Man serviert einheimische Spezialitäten mit mediterraner Note. Gute Wildgerichte und eine respektable Auswahl an Fisch und vegetarischen Gerichten.

BASEL: Rhywyera FF
Traditionell SK C2
Unterer Rheinweg 10, 4058
📞 061 683 3202 ⬤ So
Im Rhywyera pflegt man innovative Küche mit Zutaten aus der Region. Das Lokal besitzt eine schöne Terrasse mit Blick auf den Rhein. Reservierung empfohlen.

BASEL: Stucki FFF
Französisch SK C2
Bruderholzallee 42, 4059
📞 061 361 8222 ⬤ So, Mo
In drei Speisezimmern des hoch angesehenen, preisgekrönten Restaurants genießt man exquisite französische Cuisine. Probieren Sie den vorzüglich zubereiteten Heilbutt mit Wacholderglasur.

DORNACH:
Restaurant Schlosshof FF
Europäisch SK C2
Schlossweg 125, 4143
📞 061 702 0150
⬤ Mo; Sep–Apr
Die Speisekarte wechselt mit den Jahreszeiten, von Wild im Herbst bis Rösti im Winter und Grillfleisch im Sommer. Herrliche Aussicht auf Basel und Umland von der schattigen Gartenterrasse.

Vis-à-Vis-Tipp

EGLISAU: La Passion Gasthof Hirschen FFF
Französisch SK E2
Untergass 28, 8193
📞 043 411 1122 ⬤ So, Mo
Das La Passion verfügt über einen eleganten Speisesaal und ein zwangloseres, modernes Bistro mit Terrasse und herrlichem Blick auf den Rhein. Michelin und Gault Millau haben das Gourmet-Restaurant mehrfach prämiert.

KAISERSTUHL:
Fischbeiz Alte Post FF
Seafood SK D2
Rheingasse 6, 5466
📞 044 858 2203 ⬤ Di, Mi
Das preisgekrönte Restaurant serviert Gerichte sowohl mit Salz- als auch mit Süßwasserfischen. Von der schönen Terrasse sieht man auf den Rhein.

KAISERSTUHL: Landgasthof
Kaiserstuhl FF
Traditionell SK D2
Brünigstrasse 232, 6078
📞 041 310 1313
Das gastfreundliche, seit Langem familiengeführte Restaurant am See überzeugt mit guter Hausmacherkost und schönem Ausblick. Fisch ist die Spezialität des Hauses. Gäste können selbst welchen angeln.

Restaurantkategorien siehe Seite 257 *Preiskategorien siehe Seite 264*

LIESTAL: Bad Schauenburg FF
Europäisch SK C2
Schauenburgerstrasse 76, 4410
061 906 2727 So abends
Das angesehene Restaurant gehört zu einem Hotel gleichen Namens und serviert klassische europäische und Schweizer Gerichte mit kreativem Einschlag. Schöner Blick von der Terrasse.

MURI: Café Moospintli FF
Regional SK D2
Murimoos 897, 5630
056 675 5373
Kuchen, Sandwiches, Salate und Desserts in einem kinderfreundlichen, entspannten Café mit großem Garten. Keine alkoholischen Getränke.

RHEINFELDEN:
Feldschlösschen Restaurant FF
Traditionell SK D2
Feldschlösschenstrasse 32, 4310
061 833 9999
Das Restaurant liegt etwas versteckt in einer Brauerei und bringt schmackhafte Gerichte und Bier auf den Tisch. Nettes Personal.

WETTINGEN: China City F
Chinesisch SK D2
Alberich Zwyssigstrasse 81, 5430
056 426 9591 Mo
Das stilvoll eingerichtete chinesische Restaurant bietet eine gute Speisenauswahl und effizienten Service. Im Sommer kann man auf der Terrasse tafeln.

WETTINGEN:
Schloss Schartenfels FF
Mediterran SK D2
Schartenfelsstrasse 51, 5430
056 426 1927 Di
Das Schloss-Restaurant überzeugt mit kreativer, vorwiegend mediterraner Küche und stilvollem Dekor. Von der Terrasse hat man eine herrliche Aussicht.

WINTERTHUR: Tibet Bistro F
Asiatisch SK E2
Neuwiesenstrasse 14, 8400
052 534 1656 Mo
Kleine Speisekarte, doch die authentischen tibetanischen Speisen sind vorzüglich. Probieren Sie gedämpfte *momos* (tibetanische Klöße) in dem kleinen Restaurant mit lockerer Atmosphäre.

WINTERTHUR: Sporrer FF
International SK E2
Im Sporrer 1, 8408
052 222 2708 Mo, Di
Sporrer brilliert seit Langem mit exzellenter gutbürgerlicher Gourmetküche und sehr schöner Lage mit Blick über die Stadt. Zu den Vorzügen gehört ein Spielbereich für Kinder.

ZOFINGEN:
Federal Restaurant FF
International SK D2
Vordere Hauptgasse 57, 4800
062 751 8810 So, Mo
Das Federal Restaurant kann mit einem Angebot an erstklassigen europäischen und asiatischen Gerichten aufwarten. Gute Option für Feinschmecker, wobei es auch einige preiswerte Gerichte gibt.

ZOFINGEN:
Ristorante La Lupa FF
Italienisch SK D2
Kirchplatz 10, 4800
062 751 1236 Mo
Das kleine italienische Restaurant in der Altstadt serviert Pizza, Pasta und andere typische Speisen. Im La Lupa kann es sehr lebhaft zugehen – dann wird der Service langsamer.

Zürich

Fribourger Fonduestuebli F
Traditionell SK E2
Rotwandstrasse 38, 8004
044 241 9076 Juli, Aug
Das beliebte, preiswerte Fondue-Restaurant verfügt über ein Angebot an traditionellen Gerichten, kalten Vorspeisen und hervorragenden Nachspeisen.

Vis-à-Vis-Tipp

Haus Hiltl F
Vegetarisch SK E2
Sihlstrasse 28, 8001
044 227 7000
Haus Hiltl ist eine Züricher Institution und angeblich das älteste vegetarische Restaurant der Welt. Wählen Sie am Büfett aus, oder speisen Sie à la carte. Die Gerichte zeigen sowohl asiatische als auch italienische Einflüsse.

Holy Cow! F
Fast Food SK E2
Zähringerstrasse 28, 8001
021 323 1166,
Im Holy Cow! verwendet man ausschließlich saisonale Erzeugnisse aus der Region. Einfallsreiche Gerichte und Saucen sowie hervorragende Burger.

Josef F
International SK E2
Gasometerstrasse 24, 8005
044 271 6595
 Sa mittags, So
In dem legeren Lokal unterscheidet man nicht zwischen Vor- und Hauptspeisen. Alles wird nach Wunsch zusammengestellt.

Lily's Stomach Supply F
Fast Food SK E2
Langstrasse 197, 8005
044 440 1885
Das anspruchsvolle Fast-Food-Restaurant setzt auf frische Bio-Produkte und steht bei jungen Leuten hoch im Kurs. Die Speisekarte verzeichnet Gerichte aus Indien und dem Nahen Osten. Es gibt auch einen Lieferservice.

Raclette Stube F
Traditionell SK E2
Zähringerstrasse 16, 8001
044 251 4130
Das beliebte Raclette- und Fondue-Restaurant liegt im Herzen der Altstadt. Zudem steht eine große Vielfalt an Desserts und Kirschwasser zur Auswahl.

Reithalle F
International SK E2
Gessnerallee 8, 8001
044 212 0766
Das populäre Lokal ist in einem ehemaligen Stall untergebracht und serviert traditionelle Gerichte. Die Gäste sitzen an langen Gemeinschaftstischen, es herrscht eine gesellige Atmosphäre.

Speiseraum der Reithalle in Zürich

SK = Straßenkarte *siehe hintere Umschlaginnenseiten*

Thali Indian Restaurant F
Indisch SK E2
Schaffhauserstrasse 32, 8006
📞 043 541 8510
Das schlichte indische Restaurant bringt gute, authentische Kost auf den Tisch, u. a. schmackhafte *pakoras* (gebratenes Gemüse) und *thalis* in Schälchen.

Wirtschaft Neumarkt F
Regional SK E2
Neumarkt 5, 8001
📞 044 252 7939 ⬤ So
Genießen Sie traditionelle regionale Gerichte in einem stilvollen, ruhigen Restaurant in der Altstadt. Hübscher Garten.

Ban Song Thai FF
Thai SK E2
Kirchgasse 6, 8001
📞 044 252 3331 ⬤ So
Ban Song Thai gilt als das beste Thai-Restaurant der Schweiz. Reservierung wird hier dringend empfohlen. Alle Speisen sind köstlich – und glutamatfrei.

Bodega Española FF
Mediterran SK E2
Münstergasse 15, 8001
📞 044 251 2310
Spanische Weinbar von 1874. Im Erdgeschoss werden Tapas angeboten, im Restaurant in der oberen Etage geht es formeller zu.

Brasserie Lipp FF
Französisch SK E2
Uraniastrasse 9, 8001
📞 043 888 6666
Spezialitäten in der lebhaften Brasserie sind Fisch, Meeresfrüchte und Steaks. Von der Jules Verne Panoramabar hat man schönen Blick über die Stadt.

Hotel Restaurant Helvetia FF
Regional SK E2
Stauffacherquai 1, 8004
📞 044 297 9999 ⬤ So abends
Das Lokal ist ein lebhafter Treffpunkt, wo klassische Schweizer und französische Gerichte aus frischesten Produkten zubereitet werden. Reservierung empfohlen.

Pizzeria Scala FF
Italienisch SK E2
Rotbuchstrasse 1, 8006
📞 044 363 8550 ⬤ So
Erfreuen Sie sich in der beliebten Trattoria in einer ruhigen Wohngegend an Pizza und Pasta.

Sala of Tokyo FF
Asiatisch SK E2
Limmatstrasse 29, 8005
📞 044 271 5290 ⬤ So, Mo
Die preisgekrönte, renommierte Sushi-Bar war das erste Lokal dieser Art in der Schweiz.

Dolder Grand FFF
International SK E2
Kurhausstrasse 65, 8032
📞 044 456 6000
In diesem Schweizer Luxushotel ist Speisen ein exquisiter Genuss. Es bietet zwei preisgekrönte kulinarische Restaurants mit herausragenden innovativen Gerichten – das Gourmet-Restaurant The Restaurant und das informellere Saltz Restaurant.

Haus zum Rüden FFF
International SK E2
Limmatquai 42, 8001
📞 044 261 9566 ⬤ Sa, So
Sie haben die Wahl zwischen drei klimatisierten Speiseräumen in einem Gildehaus von 1295. Das gotische Zimmer ist imposant. Kochkunst mit frischen Zutaten.

Kronenhalle FFF
Französisch SK E2
Rämistrasse 4, 8001
📞 044 262 9900
Originale von Pablo Picasso und Henri Matisse tragen zum einzigartigen Ambiente der Kronenhalle bei, wo man klassische französische Küche bevorzugt.

Mesa FFF
International SK E2
Weinbergstrasse 75, 8006
📞 043 321 7575
⬤ Sa mittags, So
Mesa ist stolz auf einen Michelin-Stern und 17 Gault-Millau-Punkte. Außergewöhnliche Kochkunst und eine gute Weinkarte.

Rico's Kunststuben FFF
International SK E2
Seestrasse 160, 8700
📞 044 910 0715 ⬤ So, Mo
Das Restaurant verfügt über zwei Michelin-Sterne und 18 Gault-Millau-Punkte. Genießen Sie innovative Gerichte und herausragende Qualität in modernem Ambiente. Entspannter Service.

Ostschweiz und Graubünden

APPENZELL: Hôtel Appenzell F
Traditionell SK F2
Hauptgasse 37, 9050
📞 071 788 1515
Für die einfachen, preiswerten Gerichte werden frische Erzeugnisse direkt vom Markt verwendet. Zum weiteren Angebot gehören vegetarische Speisen, Frühstück und Nachmittagstee.

ARBON: Frohsinn F
Traditionell SK F2
Romanshornerstrasse 15, 9320
📞 071 447 8484 ⬤ So
Das große Restaurant besitzt eine eigene Brauerei und einen Bierkeller. Zur Auswahl stehen Steaks, Snacks und Fischgerichte.

AROSA: Gspan F
Traditionell SK F4
Gspanstrasse, 7050
📞 081 377 1494
Auf der Speisekarte finden sich interessante Rezepte aus Graubünden und andere traditionelle Gerichte. Herrlicher Ausblick.

BAD RAGAZ: Gasthof Loewen F
Traditionell SK F3
Löwenstrasse 5, 7310
📞 081 302 1306 ⬤ So, Mo
Restaurant am Flussufer, wo man sich in schwarz-weißem Ambiente von 1800 saisonale Gerichte schmecken lassen kann. Gute Weine zu moderaten Preisen.

CELERINA: Restorant Uondas FF
Traditionell SK F4
Via San Gian 7, 7505
📞 081 837 0101
⬤ Apr–Mitte Juni
Uondas verfügt über elegante, moderne Einrichtung und eine kinderfreundliche Atmosphäre. Probieren Sie Grillspezialitäten und die köstliche Eiscreme.

Edel-dezentes Dekor der Sala of Tokyo, der ersten Schweizer Sushi-Bar

ZÜRICH, OSTSCHWEIZ UND GRAUBÜNDEN

CHUR: Rätushof F
Traditionell SK F3
Bahnhofstrasse 14, 7000
081 252 3955
In dem preisgünstigen Lokal servieren freundliche Kellner der treuen Gästeschar herzhafte, sättigende Gerichte wie Rösti.

DAVOS: Montana Stube F
Traditionell SK F3
Bahnhofstrasse 2, 7260
081 420 7177 So, Mo, Di
Probieren Sie Brathähnchen gegart über offenem Feuer, eine der Spezialitäten dieses traditionellen Bergrestaurants mit eindrucksvoller Aussicht.

Verlockende süße Sünden bei Hanselmanns in St. Moritz

GLARUS: Schützenhaus F
Traditionell SK E3
Schützenhausstrasse 55, 8750
055 640 1052 Mo, Di
Das Lokal ist in einem denkmalgeschützten Gebäude untergebracht. Es gibt einfache, preiswerte Hausmacherkost und köstliche regionale Spezialitäten.

KLOSTERS: Chesa Grischuna FFF
Französisch SK F3
Bahnhofstrasse 12, 7250
081 422 22 22
Dieses gemütliche Restaurant im alten Chalet-Stil mit seinem eingespielten Team kreiert preisgekrönte französische Küche. Für einen Tisch sollte man rechtzeitig buchen.

KREUZLINGEN: Blaues Haus F
Event-Bar SK F2
Hauptstrasse 138, 8280
071 688 2498 So, Mo
Hierher kommen viele Gäste für einen Imbiss: Hühnchen, Käsetoast und Hamburger sind die typischen Bestellungen. Umfangreiche Auswahl an Malt-Whisky.

NEUHAUSEN AM RHEINFALL: Schlössli Wörth FF
Traditionell SK E2
Rheinfallquai 30, 8212
052 672 2421
Mi; Sep–März
Das Restaurant befindet sich in einem alten Zollhaus mit Sicht auf den größten Wasserfall Europas. Hervorragende Küche und Spielzimmer für Kinder.

POSCHIAVO: Hotel Albrici F
Italienisch SK G4
Piazza da Cumün 137, 7742
081 844 0173
Das Speiselokal ist in einem Gebäude aus dem 17. Jahrhundert untergebracht. Serviert werden Holzofenpizza, aber auch regionale Spezialitäten wie *pizzoccheri*, Bandnudeln, die aus Buchweizen hergestellt werden.

RAPPERSWIL: Villa Aurum FF
Französisch SK E3
Alte Jonastrasse 23, 8640
055 220 7282 So, Mo
Die Villa im Stadtkern verfügt über einen stimmungsvollen Speisesaal im Kellergeschoss. Der Schwerpunkt liegt auf saisonalen Bio-Produkten aus der Region.

**RORSCHACH:
Aqua Fine Dining** FF
Traditionell SK F2
Churerstrasse 28, 9400
071 858 3980 Di, Mi
Das Lokal lockt mit Themenabenden wie »Italienische Nacht« oder »1960er Jahre«. Zum Haus gehören eine Brauerei und ein Biergarten am See.

ST. GALLEN: Tres Amigos F
Mexikanisch SK F2
Hechtgasse 1, 9004
071 222 2506
Das lebhafte, preiswerte Lokal bietet mexikanisches Fast Food. Umfangreiche Weinkarte und viele Sorten mexikanisches Bier.

ST. GALLEN: Schoren FF
Mediterran SK F2
Dufourstrasse 150, 9000
071 260 1490 So
Es gibt mehrere stilvolle, gemütliche Speisezimmer und eine Wintertherasse. Auf den Tisch kommen herzhafte, gut zubereitete Grillfleischgerichte.

Vis-à-Vis-Tipp
ST. MORITZ: Hanselmanns FF
Café SK F4
Via Maistra 8
081 833 3864
Das Café ist so berühmt wie das Cresta-Rennen und beinahe so alt. Die Engadiner Nusstorte, wohl die beste der Welt, verführt Snowboarder ebenso wie adlige Gäste.

ST. MORITZ: Ecco FFF
Europäisch SK F4
Via Maistra 3, 7512
081 836 6300
Mo, Di; Sommer
Das spannend eingerichtete, elegante Restaurant ist Teil des Giordano-Berghotel-Komplexes außerhalb von St. Moritz, welches nur während der Wintermonate geöffnet ist. Küchenchef Rolf Fliegauf, ausgezeichnet mit zwei Michelin-Sternen, zaubert Meisterwerke der Kochkunst.

ST. MORITZ: La Marmite FFF
Modern-regional SK F4
Corviglia, 7500
081 833 6355
Gehobene Küche in großer Höhe wurde hier erfunden. La Marmite ist auf 2486 Metern immer noch das höchstgelegene Gourmet-Restaurant der Alpen. Hohe Dekoransprüche mit Leinen und Kristall. Es gibt Kaviar, Trüffel und eine exzellente Weinkarte.

**ST. MORITZ:
Talvo by Dalsass** FFF
Mediterran SK F4
Via Gunels 15, 7512
081 833 4455
Mo, Di; Apr–Juni, Okt, Nov
Die Speisekarte wechselt je nach Jahreszeit. Aber täglich kommt frischester Fisch aus Italien auf den Teller. Talvo besitzt einen Michelin-Stern und 18 Gault-Millau-Punkte.

**SCHAFFHAUSEN:
D'Chuchi** F
Europäisch SK E2
Brunnengasse, 8200
052 620 0528
Im Stadtzentrum von Schaffhausen bietet D'Chuchi nur wenige Tische und eine kleine Auswahl an innovativen Gerichten, darunter Herzhaftes wie saftigen Hackbraten sowie großartige Desserts, zu moderaten Preisen an.

SK = Straßenkarte *siehe hintere Umschlaginnenseiten*

SCHAFFHAUSEN: Zum Adler FF
Traditionell SK E2
Vorstadt 69, 8200
📞 052 625 5515   ⊙ Mo
Serviert werden Fleisch-, Fisch- und vegetarische Gerichte zusammen mit der berühmten Sauce des Hauses. Preiswerte Weine und nette Atmosphäre.

SCUOL: Crusch Alba FF
Regional SK G3
Pütvia 246, 7550
📞 081 864 1155
Behagliches Speiselokal mit herzhaften Spezialitäten aus Graubünden. Viele Gerichte basieren auf Käse und Tomaten.

SPLÜGEN: Bodenhaus F
Traditionell SK F4
Bodaweg 1, 7435
📞 081 650 9090
Das renovierte Gebäude von 1722 hat seinen ursprünglichen Charakter bewahrt. Kreative, leichte Gerichte nach Saison.

STEIN AM RHEIN: Adler FF
Traditionell SK E2
Rathausplatz 2, 8260
📞 052 742 6161
Die schmucke Fassade sorgt für einen schönen Empfang. Speisekarte mit regionalen Gerichten.

STEIN AM RHEIN: Rheingerbe FF
Traditionell SK E2
Schiffländi 5, 8260
📞 052 741 2991
⊙ Sommer: Di; Winter: Mo, Di
Lokal in einer ehemaligen Gerberei (16. Jh.) mit Terrasse am Rhein. Qualitätsküche mit Zutaten aus der Region. Reservieren Sie!

Vis-à-Vis-Tipp
VADUZ:
Restaurant Marée FFF
Europäisch SK F3
Mareestrasse 29, 9490
📞 423 239 0202   ⊙ Sa mittags
Das mit einem Michelin-Stern ausgezeichnete Marée von Hubertus Real im Hotel Sonnenhof bietet moderne europäische Gerichte mit frischen saisonalen Zutaten. Von der Terrasse genießen man eine herrliche Aussicht.

WEINFELDEN:
Pulcinella im Schwert FF
Italienisch SK E2
Wilerstrasse 8, 8570
📞 071 622 1266   ⊙ So, Mo
Liebevoll zubereitete italienische und regionale Spezialitäten, darunter hausgemachte Pasta. Gute Weine aus der Region.

Umgeben von Grün: Marée im Sonnenhof in Vaduz mit tollem Ausblick

ZUOZ: Dorta FF
Traditionell SK G4
Via Dorta 73, 7524
📞 081 854 2040   ⊙ Mo–Mi
Das Restaurant in einem charaktervollen Bauernhaus (16. Jh.) ist auf heimische Gerichte spezialisiert. Probieren Sie die Heussuppe.

Zentralschweiz und Tessin

ALTDORF:
Goldener Schlüssel FF
Traditionell SK E3
Rathausgasse 72, 3011
📞 031 311 0216   ⊙ So
Das Restaurant gehört zu einem kleinen Hotel und ist bekannt für Steak- und Schweinefleischgerichte. Es gibt Gerichte für Kinder.

ASCONA: Al Piazza F
Traditionell SK E5
Piazza G. Motta 29, 6612
📞 091 791 1181
Al Piazza liegt unweit vom Lago Maggiore und serviert italienische und Tessiner Gerichte – Pasta, Pizza und Polenta.

BECKENRIED:
Panorama Klewenalp FF
Traditionell SK D3
Klewen 1, 6375
📞 041 620 2922
Bergrestaurant mit Sonnenterrasse. Auf der Karte finden sich typische Gerichte der Gebirgsregion mit Fondue und Fleischplatten. Regelmäßig Musik-Events.

BELLINZONA:
Cantinin del Gatt F
Traditionell SK E5
Vicolo al Sasso 4, 6500
📞 091 825 2771   ⊙ So u. Mo abends; Ende Juli–Mitte Aug
Hier gibt es einheimische Gerichte in einem Speisezimmer mit Gewölbedecke. Probieren Sie Kaninchen mit wildem Bärlauch.

BÜRGENSTOCK: Taverne 1879 F
Traditionell SK D3
Bürgenstock, 6363
📞 041 619 1605   ⊙ Sa, So
Genießen Sie von der Terrasse oder vom stilvollen Speisesaal den herrlichen Seeblick. Das Lokal serviert Schweizer und regionale Spezialitäten.

CAVIGLIANO: Tentazioni FF
Mediterran SK E5
Via Cantonale, 6654
📞 091 780 7071
⊙ saisonal verschiedene Zeiten
Mediterrane Küche in einem Boutique-Hotel aus den 1950er Jahren. 2014 gewann Tentazioni bei Best of Swiss Gastro den ersten Preis in der Kategorie Gourmet. Nahe dem Dorf Verscio.

EINSIEDELN: Linde FF
International SK E3
Schmiedenstrasse 28, 8840
📞 055 418 4848
Bestellen Sie hausgemachte Pasta und frischen Fisch in einem hübschen Speisesaal mit Holzboden und Orientteppichen.

ENGELBERG:
Hotel Bänklialp FF
Traditionell SK D3
Bänklialpweg 25, 6390
📞 041 639 7373
Es gibt fünf individuell eingerichtete Speisezimmer, die alle servieren Schweizer Spezialitäten, etwa Fondue und Rösti. Oft finden Musikveranstaltungen statt.

KÜSSNACHT AM RIGI: Engel FF
Regionale Küche SK D3
Hauptplatz 1, 6403
📞 041 850 9217   ⊙ So, Mo
Das Engel befindet sich in einem Museumsgebäude mit Antiquitäten und Kunsthandwerk aus Holz. Einer der Speiseräume blickt auf eine 660-jährige Tradition zurück. Die Menüs werden je nach Jahreszeit zusammengestellt und eindrucksvoll präsentiert.

Restaurantkategorien siehe Seite 257   Preiskategorien siehe Seite 264

OSTSCHWEIZ, GRAUBÜNDEN, ZENTRALSCHWEIZ, TESSIN | 275

LOCARNO:
Casa del Popolo F
Italienisch SK E5
Piazza Corporazioni, 6600
☎ 091 751 1208 ● So
Die Trattoria in der Altstadt ist populär bei den Einheimischen, die hier Steak tartare, Pizza und Leber mit Zwiebeln genießen. Keine Kreditkarten.

LOCARNO:
La Cittadella Trattoria FF
Italienisch SK E5
Via Cittadella 18, 6600
☎ 091 751 5885 ● Mo
Im Erdgeschoss eine Trattoria mit Holzkohleofen. Oben im stilvollen Speiseraum kann man Seafood genießen.

LUGANO: Colibrì F
Italienisch SK E5
Via Aldesago 91, 6974
☎ 091 971 4242
Das Restaurant auf dem Monte Brè liegt 15 Minuten Auto- oder Tramfahrt vom Zentrum Luganos entfernt. Gäste blicken von der Terrasse über den See.

LUGANO: Arté al Lago FFF
Französisch SK E5
Piazza Emilio Bossi 7, 6906
☎ 091 973 4800 ● So, Mo
Luganos einziges Restaurant mit einem Michelin-Stern. Küchenchef Frank Oerthle ist auf Fisch und Meeresfrüchte spezialisiert. Exzellenter Wein sowie Seeblick.

LUZERN: La Cucina F
Italienisch SK D3
Pilatusstrasse 29, 6002
☎ 041 226 8888
Ein Qualitätsmaßstab für italienische Küche. Zu den Spezialitäten gehören hausgemachte Pasta und Pizza. Von Holz geprägtes Interieur mit Kerzenlicht.

LUZERN: Hofgarten F
Traditionell SK D3
Stadthofstrasse 14, 6006
☎ 041 410 8888
Die vegetarische Speisekarte verzeichnet hausgemachte Pasta mit Bio-Gemüse, Käse und Polenta. Bücher und Zeichenmaterial sorgen dafür, dass sich die Kinder nicht langweilen.

LUZERN: Old Swiss House FF
Traditionell SK D3
Löwenplatz 4, 6002
☎ 041 410 6171 ● Mo
Restaurant in einem Fachwerkhaus nahe dem berühmten Löwendenkmal. Old Swiss House erntet begeisterte Kritiken von Besuchern aus aller Welt. Typische Schweizer Küche und ein Weinkeller mit 30 000 Flaschen.

LUZERN: La Terrazza FF
Italienisch SK D3
Metzgerrainle 9, 6400
☎ 041 410 3631
Zu den Spezialitäten des beliebten, preiswerten Restaurants am Fluss gehören Pizza, Risotto, Bruschetta und Pasta. Modernes Ambiente mit hohen Decken und Gewölbenischen.

MENDRISIO: Grotto Bundi F
Traditionell SK E5
Viale alle Cantine 24, 6850
☎ 091 646 7089 ● Mo
Grotto Brundi ist der richtige Ort für traditionelle Küche aus dem Tessin. Probieren Sie die über offenem Feuer gegarte Polenta sowie die Vielfalt an Wild-, Fleisch- und Käsespezialitäten.

PILATUS: Queen Victoria FFF
Traditionell SK D3
Schlossweg 1, 6010
☎ 041 329 1111
Viktorianischer Speisesaal mit Marmorsäulen in einem Restaurant auf einer Bergkuppe. Atemberaubender Blick auf die Alpen.

RIGI KALTBAD: Bergsonne FFF
International SK D3
Fyrabigweg 1, 6356
☎ 041 399 8010
Genießen Sie den wundervollen Ausblick auf den See und die Berge von den großen Terrassen im Restaurant Bergsonne. Die frischen Zutaten stammen direkt aus der heimischen Landwirtschaft. Sehr gute Weinauswahl. Entspannte Atmosphäre.

STANS: Cubasia F
Asiatisch-kubanisch SK D3
Stansstaderstrasse 20a, 6370
☎ 041 619 7171 ● Mo
Das einladende Restaurant überzeugt mit einer ungewöhnlichen Mischung aus herzhafter chinesischer und kubanischer Kost. Live-Musik.

STEINEN: Adelboden FFF
Europäisch SK E3
Schlagstrasse, 6422
☎ 041 832 1242
● So, Mo; Ende Juli–Mitte Aug
Restaurant in einem alten Wohnhaus aus dem 18. Jahrhundert. Die französische Küche ist mit zwei Michelin-Sternen prämiert.

VALLE DI BLENIO:
Centro Pro Natura F
Traditionell SK E4
Via Lucomagno, Acquacalda, 6718
☎ 091 872 2610
Das Restaurant des Umweltzentrums ist einfach eingerichtet und wartet mit gesunder Kost aus heimischen Produkten auf.

VERSCIO: Grotto Pedemonte F
Traditionell SK E5
Stradón 46, 6653
☎ 091 796 1818
● Mi; Nov–März
Beliebtes Lokal mit regionaler Kost in einem kleinen Steinhaus mit Bergblick. Im Freien stehen Granittische und Feigenbäume.

Vis-à-Vis-Tipp

WEGGIS: Park Grill FFF
International SK D3
Hertensteinstrasse 34, 6353
☎ 041 392 0505 ● Mo, Di
André Jaeger führt eines von zwei mehrfach prämierten Lokalen des Château Park Hôtel. Der Schwerpunkt liegt auf frischesten regionalen Produkten, darunter viel Selbstgezogenes und Wild.

ZUG: AnaCapri Ristorante FF
Italienisch SK E3
Fischmarkt 2, 6300
☎ 041 710 2424
Serviert werden preiswerte Nudelgerichte sowie Fleisch und Fisch mit saisonalen Zutaten. Sehr schöner Ausblick.

Rustikaler Speiseraum des Dorta in Zuoz

SK = Straßenkarte *siehe hintere Umschlaginnenseiten*

Sport und Aktivurlaub

Wussten Sie es schon? Die Schweizer gehören zu den fittesten, gesündesten und auch aktivsten Menschen weltweit. Es muss an der Schweizer Luft liegen, dass es einen nach draußen drängt, um etwas in freier Natur zu unternehmen.

Das taten 1864 auch die ersten britischen Wintergäste in St. Moritz. Sie griffen sich die Holzschlitten der Bauern, mit denen diese Holz transportierten, und erfanden so die Vorläufer von Sportarten, die später olympisch geadelt wurden.

Sport in der Schweiz ist eher aktiv als Zuschauersport. Bei allem, was man tut: Man genießt immer einen unvergleichlichen Blick auf Wälder, kristallklare Bergseen, schneebedeckte Berggipfel oder in der Sonne glitzernde Gletscher. Keine Angst vor der Bergwelt: Schweizer Bergführer gehören zu den professionellsten der Welt.

Schlittenfahrt bei Klosters in Graubünden

Wintersport

Schlittenfahren ist die älteste Form von Wintersport in der Schweiz und bei Schweizer Familien noch immer sehr beliebt. Sogar Feriengebiete ohne Skipisten haben Schlittenbahnen, manche davon sind auch nachts geöffnet. Grindelwald bietet eine 15 Kilometer lange Bahn (siehe S. 86). Varianten der traditionellen Art sind Rodeln (mit Reifen) und Schnee-Rafting, bei der eine Art Schlauchboot die Piste hinunterfährt.

Schneeschuhe sind bei Familien beliebt und auch bei Wanderern, die damit Wintertouren unternehmen. Bergführer bieten ambitionierte Schneeschuh-Wanderungen zu abgelegenen Tälern an. Wer sich allein auf den Weg macht, sollte markierte Pfade nicht verlassen und an die Lawinengefahr denken.

Fast jedes Schweizer Dorf hat eine Eislaufbahn – oft mit vielen Kindern, die eine winterliche Karnevalsatmosphäre heraufbeschwören. Viele Feriengebiete haben auch Eislaufhallen, in denen Eistanz und Eishockey stattfinden. Curling hat sich als Sportart durchgesetzt, vor allem seit den ersten Erfolgen der Schweizer bei den Winterolympiaden. In Urlaubsorten wie Davos und Wengen werden Gäste dazu ermuntert, bei Hockey- und Curling-Wettbewerben mitzumachen.

Es gibt natürlich auch Zuschauersport in der Schweiz. Hierbei ist St. Moritz, der Geburtsort des Winterurlaubs, führend. Nur hier gibt es ein Gourmet-Festival mit einem Bankett auf dem Eis, ein Pferderennen (White Turf) sowie Cricket-, Polo- und Golfturniere, die alle auf dem zugefrorenen See ausgetragen werden (siehe S. 37).

Vor allem Kinder lieben die Hundeschlittenrennen, bei denen Huskys über verschneite Waldpfade jagen.

Das Klettern auf den Eistürmen zugefrorener Wasserfälle hat mittlerweile Hochkonjunktur. Die Weltmeisterschaften wurden mehrmals in Saas-Fee abgehalten (siehe S. 94).

Einzigartig ist das Eistauchen im Lac Lioson (1900 Meter oberhalb des Genfer Sees). Hier steigen entsprechend ausgerüstete Taucher durch ein Eisloch in den See und schwimmen mit den Fischen.

Infos zu Skifahren und Snowboarden finden Sie auf Seite 280f.

Bergsteigen

Mit Bergen wie dem Matterhorn und dem Eiger zieht die Schweiz schon lange Bergsteiger aus aller Welt an. Der Brite Edward Whymper bezwang 1865 als Erster das Matterhorn (siehe S. 94). Heute sieht man neben traditionellen Bergsteigern, die Viertausender »sammeln«, immer mehr Felskletterer.

Felsklettern (oder Free Climbing) ist eine Herausforderung, bei der man ohne Hilfsmittel mit minimalem Halt für Finger

Felskletterer in den sonnigen Schweizer Alpen

Wanderer an einem sommerlichen Bergsee

und Füße eine Steilwand erklimmt. Dies hat zu vielen Hallen-Kletterwänden geführt, an denen man trainieren kann.

Gipfelstürmer, die jedem Wetter und jeder Jahreszeit trotzen, finden gute Schweizer Bergführer, die sie begleiten, etwa vom Tessin in den Jura zu den berühmten Gipfeln des Berner Oberlands, ins Wallis oder nach Graubünden. Haken, Eisäxte, Steigfelle und andere Kletterausrüstung kann man in den Bergsteigerorten bekommen.

Wandern

Kein anderes Land bietet eine solche Vielfalt an Wandermöglichkeiten, exakt ausgeschildert und in das Netzwerk der Post-Busse *(siehe S. 299)* eingebunden, die noch in den hintersten Weiler fahren. Tourismusbüros organisieren thematische Wanderungen (Pilze sammeln, Schmetterlinge identifizieren, Weinbergtouren oder Wanderungen von einem Gourmet-Restaurant zum nächsten). Auf einigen Wanderungen wird das Gepäck von Maultieren oder Lamas befördert.

Von leichten Spaziergängen durch flaches Parkland bis zu riskanten Routen – im Italienischen *via ferrata*; ein mit Stahlseilen abgesicherter Klettersteig – oder Gletschertouren: Die Schweiz bietet 60 000 Kilometer markierter Wanderwege. Auch im Sommer befördern Skilifte die Gäste auf hochalpine Weiden, von wo aus Wanderungen beginnen.

Im Sommer kann man quasi auf dem Dach der Alpen wandern, von Saas-Fee in der Schweiz nach Chamonix in Frankreich oder nach Aosta in Italien. Die mehrtägige Strecke ist als *Haute Route* bekannt. Man übernachtet in Hütten des Schweizer Alpen-Clubs *(siehe S. 281)*. Sie liegen alle einen Tagesmarsch auseinander.

Wanderer sollten eine Versicherung mit Rücktransport per Hubschrauber haben und Wirte oder das Tourismusbüro über ihre Route und vermutliche Rückkehr informieren.

Flugsport

Die einzige Möglichkeit, die Größe und Schönheit der Schweizer Gletscher und Gletscherspalten sowie der Gipfel wirklich zu erfassen, ist, sie aus der Luft zu bewundern. Sightseeing-Flüge in kleinen Flugzeugen oder Hubschraubern von Bern, Zürich oder Sion aus sind erstaunlich preiswert.

Heißluftballons überqueren die Gipfel in der Regel nicht, doch eine Fahrt ist gleichwohl ein besonderes Erlebnis. Es gibt über 500 Ballons und 50 Flugzentren in der Schweiz. Château d'Oex besitzt ein Mikroklima, das ideal für Ballonflüge ist *(siehe S. 37)*. Crans-Montana, Verbier und Davos veranstalten Heißluftballon-Wettbewerbe.

Paragliding bzw. Gleitschirmfliegen ist in alpiner Luft ganz unvergleichlich, wegen der enormen Auf- und Abwinde, die hier vorkommen. Großen Spaß macht es, als »Passagier« mitzufliegen. Es braucht dafür keine Erfahrung. Verschiedene Schulen bieten Ferienkurse an, in denen man die international anerkannte Schweizer Fluglizenz erwerben kann.

Wassersport

Bergseen, gletschergespeiste Flüsse und Wasserfälle machen die Schweiz zum idealen Land für Wassersport. Schweizer Segler überraschten die Welt 2003 und 2007, als ihre Yacht *Alinghi* den America's Cup gewann. Schaufelraddampfer, Segelboote, Ruderboote, Schlauchboote, Kanus und Kajaks – alle sieht man auf den Wassern des Genfer Sees, Bodensees und des Lac de Neuchâtel sowie auf Rhein und Rhône. Auch Windsurfen und Wasserski sind beliebt. An größeren und kleineren Seen

Paraglider über den schneebedeckten Gipfeln des Berner Oberlands

Windsurfing – eine beliebte Sportart auf Schweizer Seen

bieten seriöse Schulen Training für Anfänger und Fortgeschrittene an.

Jeder See hat mindestens einen Sommerstrand *(plage)* oder ein Freibad am See. Es gibt auch viele Wasserparks mit Rutschen.

Auf den Flüssen kann man neue Sportarten testen, etwa Hydrospeed (Riverboogie). Daneben gibt es traditionelles Rafting. In Bern lassen sich an Hochsommertagen Menschen gern in der schnellen Strömung der Aare treiben – schwimmend, in Tubes oder auf Flößen.

Radfahren

Sowohl Mountainbikes als auch Tourenräder kann man fast überall mieten, insbesondere in den Bahnhöfen *(siehe S. 299)*. Auch E-Bikes sind mittlerweile im Angebot. Es gibt neun nationale Fernradwege auf befestigten Straßen (ca. 3300 Kilometer). Hinzu kommen zahllose Routen über Bergpässe und durch verlassene Weiler. Begleitete E-Bike-Touren, z. B. die Langstrecke vom Genfer See zum Bodensee, ergänzen das Angebot.

Für weniger Fitte und für Familien gibt es reine Bergab-Strecken. Im Sommer dienen manche Skilifte dazu, Räder auf 3000 Meter Höhe oder höher zu transportieren. Von oben mäandern unbefestige Pfade und Graswege durch Wiesen voller Wildblumen hinab ins Tal. Waghalsigere Radfahrer können speziell präparierte schwierige Wege mit Sprungschanzen oder Klippen testen.

Aus Gründen des Umweltschutzes und um normale Radfahrer vor Sportfahrern zu schützen, ist in manchen Urlaubsgebieten sportliches Radfahren nur in bestimmten Bereichen erlaubt.

Abenteuersport

Bungee-Jumping und Kanu fahren (über Stromschnellen und Felsen) gehören zu den Extremsportarten. Der Bungee-Sprung vom Staudamm der Verzasca bei Locarno gilt mit 220 Metern als einer der höchsten der Welt. Mittlerweile kann man allerdings (gesichert mit Stahlseilen) auch in Canyons springen.

In die Schlucht der Vispa bei Saas-Fee und in die Gletscherschlucht bei Grindelwald können sich auch unerfahrene Urlauber an Stahlseilen hinablassen und dabei in schwindelerregender Höhe sicher baumeln. Ein ähnliches Erlebnis bietet der Hochseilpark »Flying Fox« in der Nähe von Engelberg. Manche Ferienorte haben auch »Hängeparcours« *(sentiers suspendus)* in den Baumwipfeln installiert.

Höhlen kann man mit professioneller Hilfe erkunden. Zwei der zehn größten Höhlensysteme der Welt liegen in der Schweiz: das Hölloch im Kanton Schwyz und die Siebenhengste-Hohgant-Höhle im Kanton Bern.

Freizeitsport

Golf ist vor der Szenerie der Schweizer Alpen sehr beliebt. In Crans-Montana werden die Omega European Masters ausgetragen. Viele Golfplätze bieten spektakuläre Aussichten auf Seen und Berge.

Tennisplätze (in Hallen und im Freien) gibt es eigentlich überall, was man in der Heimat von Roger Federer, dem Schweizer Tennisass, auch erwarten darf.

Reiten ist eine gute Sportart, um ländliche Gebiete kennenzulernen, in die man sonst nicht kommen würde. Eine Schweizer Pferderasse sind die Freiberger vom Hochplateau Freiberge (Franches-Montagnes; *siehe S. 137*) im Jura. Die kleinen, leichten Kaltblüter, die auch bei der Schweizer Armee zum Einsatz kommen, sind gutmütig und ausdauernd – ideal für Ausritte und zum Westernreiten.

Mountainbiker in den Schweizer Alpen

Auf einen Blick

Wintersport

Cresta Tobogganing Club
Via Ruinatsch 9, 7500 St. Moritz.
📞 081 832 2052.
🌐 cresta-run.com

Eistauchen am Lac Lioson
Restaurant du Lac Lioson, 1862 Les Mosses.
📞 024 491 1144.
🌐 lesmosses.ch

Rodelbahn Pradaschier – Churwalden
Postfach, 7075 Churwalden.
📞 081 356 2207.
🌐 lenzerheide.com

Schweizer Eislauflehrer Verband
In der Brunnmatt 1, 8103 Unterengstringen.
📞 079 679 0317.
🌐 selv.ch

Schweizerischer Schlittenhundesportklub
Lenggstrasse 10, 5322 Koblenz.
📞 079 401 7103.
🌐 schlittenhundesportklub.ch

St. Moritz Polo Club
Via Maistra 24, 7500 St. Moritz.
📞 081 839 9292.
🌐 stmoritz.ch

Swiss Alpine Guides
Postfach 29, 3800 Interlaken.
📞 033 822 6000.
🌐 swissalpineguides.ch

Swiss Guides
Case Postale, 1936 Verbier.
📞 079 446 2289.
🌐 swissguides.com

Swiss Skating
Haus des Sports, Postfach 606, 3000 Bern 22.
📞 031 359 7360.
🌐 swissiceskating.ch

Bergsteigen

Kletterhallen
🌐 kletterportal.ch

Mammut Alpine School
Birren 5, 5703 Seon.
📞 062 769 8183.
🌐 bergschule-uri.ch

Schweizer Alpen-Club (SAC)
Monbijoustr. 61, 3000 Bern 23.
📞 031 370 1818.
🌐 sac-cas.ch

Schweizer Bergführerverband
Hadlaubstrasse 49, 8006 Zürich.
📞 044 360 5366.
🌐 4000plus.ch

Swiss Rock Guides
🌐 swissrockguides.com

Wandern

Adrenaline – Bergführer-Büro
CP 54, 1936 Verbier.
📞 079 205 9595.
🌐 guides-verbier.com

Dachorganisation Schweizer Wanderwege
Monbijoustr. 61, 3007 Bern.
📞 031 370 1020.
🌐 swisshiking.ch

Eurotrek
Dörflistrasse 30, 8057 Zürich.
📞 044 316 1000.
🌐 eurotrek.ch

Mountain Evasion
La Gare, 1865 Les Diablerets.
📞 024 492 1232.
🌐 mountain-evasion.ch

Trekking Team
Casa Rosina, 6652 Tegna.
📞 091 780 7800.
🌐 trekking.ch

Flugsport

Air Glaciers (Helikopterflüge)
Flughafen Sion, 1951, Sion.
📞 027 329 1415.
🌐 air-glaciers.ch

Fly Time (Paragliding)
Place de la Gare, 1934 Le Chable.
📞 079 606 1264.
🌐 fly-time.ch

Scenic Air & Skydiving
Postfach 412, 3800 Interlaken.
📞 033 821 0011.
🌐 skydiveswitzerland.ch

Schweizerischer Ballonverband (SBAV)
Bannstrasse 1, 4124 Schönenbuch, Basel.
📞 061 481 3222.
🌐 sbav.ch

Wassersport

Aqua Park
Route de la Plage, 1897 Le Bouveret.
📞 024 482 0011.
🌐 aquaparc.ch

Schweizerische Windsurfverbände
🌐 windsurf.ch

Schweizerischer Kanu-Verband
Rüdigerstrasse 10, 8045 Zürich.
📞 043 222 4077.
🌐 swisscanoe.ch

Swiss Adventures
Alpinzentrum, 3780 Gstaad.
📞 033 748 4161.
🌐 swissadventures.ch

Swiss Sailing
Talgutzentrum 27, 3063 Ittigen.
📞 031 359 7266.
🌐 swiss-sailing.ch

Swissraft
Punt Arsa Promenade 19, 7013 Domat/Ems.
📞 081 911 5250.
🌐 swissraft.ch

Radfahren

Alpen Cross (Mountainbiking)
Hirzlistrasse 7, 8638 Goldingen.
📞 055 412 8844.
🌐 alpencross.ch

E-Bike Switzerland
22, rue des Grottes, 1201 Genf.
📞 078 601 6957.
🌐 bikeswitzerland.com

Veloland Schweiz
Spitalgasse 34, 3011 Bern.
📞 031 318 0128.
🌐 veloland.ch

Abenteuersport

Alpin Center Zermatt
Bahnhofstrasse 58, 3920 Zermatt.
📞 027 966 2460.
🌐 alpincenter-zermatt.ch

Garbely Adventure
In den Lussen, 3999 Oberwald.
📞 027 973 2575.
🌐 garbely-adventure.ch

Sentier Suspendu
1944 La Fouly.
📞 027 783 2545.
🌐 sentier-suspendu.ch

Freizeitsport

Association Suisse de Golf
Place de la Croix-Blanche 19, 1066 Epalinges.
📞 021 785 7000.
🌐 asg.ch

Schweizerischer Freibergerverband
Les Longs Prés, 1580 Avenches.
📞 026 676 6343.
🌐 fm-ch.ch

Schweizerischer Tennisverband
Solothurnstrasse 112, 2501 Biel (Bienne).
📞 032 344 0707.
🌐 swisstennis.ch

Schweizerischer Verband für Pferdesport
Papiermühlestrasse 40h, 3000 Bern 22.
📞 031 335 4343.
🌐 fnch.ch

Swiss Golf Network
Sandrainstrasse 17, 3007 Bern.
📞 044 586 9866.
🌐 swissgolfnetwork.ch

Ski-Urlaub

Ski-Urlaub wurde im 19. Jahrhundert in der Schweiz erfunden – zusammen mit dem ultimativen Wintersport-Hotel, dem Chalet, sowie einer beispielhaften Infrastruktur rund um die Pisten. Die Schweiz liegt nach wie vor auf Platz eins für Wintersport-Urlauber. Nur hier kann man vom Flugzeug gleich in den Zug umsteigen, um dann direkt zu einem der großen Skigebiete zu gelangen. Nirgendwo sonst findet man so viele autofreie Zonen, darunter Zermatt, Saas-Fee, Wengen und Mürren. Die Schweiz hat mehr Viertausender als jeder andere Alpenstaat – zudem die höchsten Skilifte und größten Skigebiete mit traumhaften Konditionen.

Mitten im Jump: Snowboarder bei Leysin

»Magic Carpet« in Wengen, ein Förderband für Anfänger

Skifahren

Es gibt in der Schweiz über 330 Skigebiete und rund 2400 Bergbahnen und Skilifte, die jährlich 310 Millionen Gäste transportieren. Der neue »Magic Carpet«, ein Förderband-Skilift, wurde für Anfänger und Kinder konstruiert. Zermatt und Saas-Fee haben unterirdische, vom Wetter unabhängige Standseilbahnen, die auch von Umweltschützern begrüßt werden.

Schweizer Ferienorte verwenden keinerlei Chemie für Kunstschnee und haben die Salzstreuung für verschneite Straßen drastisch reduziert. Wälder und die Tiere, die darin überwintern, werden auf diese Weise stärker geschützt. Kostenlose Busse (einige mit Solarenergie) sind Teil der Umweltpolitik.

Schweizer Skipässe gehören zu den teuersten in Europa, doch die Rabatte für Familien sind die günstigsten weltweit. So können Kinder in manchen Skigebieten kostenlos fahren.

In der Schweiz besteht für Skifahrer zwar keine Helmpflicht, doch Aufklärungskampagnen haben für die europaweit höchste Tragequote von Helmen gesorgt. Unbedingt sollten Kinder und Jugendliche einen Helm tragen.

Snowboarden

Die Trennung zwischen Skifahren und Snowboarden ist nicht mehr ganz so eindeutig wie früher. Jahrelang ging der Trend zu immer kürzeren, breiteren Skiern. Außerdem haben Skifahrer und Snowboarder mittlerweile ähnliche Techniken: Carving (mit tiefen Spuren auf der Piste), Freeride (lange schnelle Wendungen im Tiefschnee) und Freestyle (Sprünge etc.).

Kein Urlaubsort verbietet Snowboards oder begrenzt deren Benutzung auf bestimmte Areale. Es ist vielmehr so: In den früheren »Snowboard Parks« vollführen Snowboarder und Skifahrer Seite an Seite ihre Jumps.

Reisezeit

Skigebiete mit Gletschern wie Zermatt und Saas-Fee sind im Sommer und Winter geöffnet. Hoch gelegene Resorts wie Verbier öffnen Anfang November und schließen im Mai. Allerdings musste auch die Schweiz in den letzten zehn Jahren erleben, dass es immer weniger Schneefall zu Saisonbeginn gibt. Hauptsaison ist an Weihnachten, Ostern und den ganzen Februar über. Viele Hotels und Resorts bieten im ruhigeren Januar hohe Rabatte an. Im März hat man den besten Mix aus relativ günstigen Preisen, längeren Tagen, Sonnenschein und Schnee.

Skigebiete

Die Schweiz bietet Skivergnügen für jeden Geldbeutel. **Zermatt**, **St. Moritz**, **Davos**, **Gstaad** und **Verbier** sind die mondänsten Urlaubsorte. Gebiete mit Gletschern garantieren die höchste Schneesicherheit. Neben Zermatt, Verbier und **Saas-Fee** gibt es hier auch die familienfreund-

Blick von Blatten auf das Breithorn

lichen Skibegiete **Les Diablerets** und **Engelberg** mit vielen entsprechenden Einrichtungen.

Gäste, die auf langen, gut präparierten Pisten fahren wollen, finden eine unglaubliche Vielfalt in den Feriengebieten vor, die sich zusammengeschlossen haben. Die **Portes du Soleil** umfassen zwölf Resorts, 300 Pisten und rund 200 Skilifte. Zermatt bietet zusammen mit dem italienischen Cervinia 360 Kilometer Langlauf-Loipen.

Charmante Chalets findet man in Mürren, **Wengen**, **Andermatt** und Saas-Fee. Familien lieben die Ruhe und das gute Preis-Leistungs-Verhältnis von **Val d'Anniviers**, **Adelboden** und **Kandersteg**.

Unterkunft

Ski-Urlaub in einem Schweizer Chalet oder einem der alten Grandhotels ist ein Erlebnis an sich. Doch es geht auch preisgünstiger, etwa in Gästehäusern oder Apartments für Selbstversorger.

Wer in Supermärkten wie Migros einkauft, spart Geld. Man kann auch in einer Stadt absteigen und dann jeden Tag zu einem anderen Skigebiet fahren. So bietet das günstige Sion, Kanton Wallis, 24 Skigebiete in der nahen Umgebung.

Abseits der Pisten

Etwa die Hälfte aller Skifahrer bewegen sich gern außerhalb der Pisten im weichen hohen Schnee. Informieren Sie sich unbedingt über die Lawinengefahr. Es gibt bei qualifizierten Bergführern eine enorme Nachfrage nach »Touren jenseits der Piste«. Urlauber sollten dabei gegen Risiken entsprechend versichert sein (etwa inklusive einer Rettung per Hubschrauber, die in der Schweiz schon bei kleineren Unfällen auf der Piste zum Einsatz kommen).

Skifahrer im Pulverschnee jenseits der Piste, Kanton Uri

Auf dem Gipfel

In der Schweiz gibt es über 40 autorisierte Zonen, auf denen Hubschrauber Skifahrer auf der Suche nach jungfräulichem Schnee absetzen dürfen. Bergführer sind dafür allerdings obligatorisch. Gruppen werden nach Können zusammengestellt.

Ebenso populär ist der Aufstieg mit Skiern. In großen Höhen gibt es Hunderte bewirtschafteter Hütten, die auch Verpflegung bieten. Meist liegen sie einen Tagesmarsch auseinander.

Die berühmteste Skiwanderung über Gletscher startet in Saas-Fee und endet eine Woche später in Chamonix (Frankreich).

Auf einen Blick

Information

Internationaler Ski Verband
w fis-ski.com

Lawinenbulletin
w slf.ch

Meteo Swiss
w meteoswiss.ch

Schweiz Tourismus
w myswitzerland.com

Wallis Schweiz
C 027 327 3570.
w valais.ch

Führer, Schulen, Ausrüstung

Air Glaciers (Hubschrauberflüge)
C 033 856 0560.

Mountain Air
C 027 771 6231.
w mountainairverbier.com

Schweizer Alpen-Club (SAC)
C 031 370 1818.
w sac-cas.ch

Schweizer Bergführerverband
C 044 360 5366.
w 4000plus.ch

Schweizer Skischulen
C 031 810 4111.
w snowsports.ch

Snowparks Schweiz
w bergfex.ch

Swiss Rent a Sport
C 081 410 0818.
w swissrent.com

Swiss Snowboard
w swisssnowboard.ch

Skigebiete

Adelboden
C 033 673 8080.
w adelboden.ch

Andermatt
C 041 888 7100.
w andermatt.ch

Davos
C 081 415 2121.
w davos.ch

Engelberg
C 041 639 7777.
w engelberg.ch

Gstaad
C 033 748 8181.
w gstaad.ch

Kandersteg
C 033 675 8080.
w kandersteg.ch

Les Diablerets
C 024 492 0010.
w diablerets.ch

Portes du Soleil
C 024 477 2361.
w portesdusoleil.com

Saas-Fee
C 027 958 1858.
w saas-fee.ch

St. Moritz
C 081 837 3333.
w stmoritz.ch

Val d'Anniviers
C 0848 848 027.
w valdanniviers.ch

Verbier
C 027 775 3888.
w verbier.ch

Wengen
C 033 856 8585.
w wengen.ch

Zermatt
C 027 966 8100.
w zermatt.ch

Spas und Wellness

Höhenluft und heilkräftige, aus den Tiefen der Alpen sprudelnde Thermalquellen haben die Schweiz schon immer zum bevorzugten Reiseziel für Kurgäste gemacht. Doch mittlerweile wandelt sich das alte »Kurmodell«. Der Trend geht eher zu Wellness, d. h. zu Maßnahmen und Behandlungen, die dem körperlichen und seelischen Wohlgefühl, der Fitness, der Vorbeugung und auch der Gesundheitsförderung dienen. Moderne Schweizer Spas sind hier führend, nicht allein, was den Komfort anbelangt, sondern auch bei neuen und teilweise exotischen Behandlungsmethoden. Kein anderes Land bietet eine solche Palette an Wellness-Erfahrungen, von traditionellen Kuren in Thermalbädern bis zu den neuesten kosmetischen Gesichts- und Körperbehandlungen.

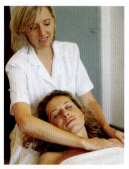

Therapeutische Massage in der Clinique La Prairie bei Montreux

Thermalbäder
Die Schweiz besitzt viele Thermalquellen, aber nur 20 Thermalbäder. Diese Kurorte sind ein angenehmer Mix aus Althergebrachtem und neuen Wellness-Trends. Sie bieten Thermalzentren, Läden, Gärten, Sportmöglichkeiten und viel Kultur. Die Bäderkuren erfolgen – nach medizinischer Anweisung – in modernen Behandlungszentren und umfassen Hydrotherapie, Physiotherapie, Schlammpackungen, Massage und Balneotherapie (medizinische Bäder).

In **Bad Ragaz** wird das mineralreiche Wasser einer Quelle der nahen Schlucht genutzt. Es hilft gegen rheumatische und neurologische Beschwerden. In den Kliniken werden auch kosmetische Behandlungen angeboten.

Das schwefelhaltige Wasser in **Lenk** hilft gegen Atembeschwerden. Das moderne Gesundheitszentrum hat auch eine Klinik für Inhalationsbehandlungen, Physiotherapie, Lymphdrainagen und weitere Spezialbehandlungen für Lungenkranke. Man kann auch traditionelle Kuren gegen Rheumatismus, zur Gewichtsreduzierung und Schönheitsbehandlungen buchen.

Leukerbad ist mit 65 Thermalquellen, 22 Thermalbädern und einem großen Zentrum für Hydrotherapie das größte europäische Thermalbad. Das heiße mineralreiche Wasser ist bei Rheumatismus, Herz-Kreislauf-Krankheiten und hormonellen Problemen, bei der Rehabilitation nach Unfällen, Operationen oder Schlaganfällen sowie in der Sportmedizin hilfreich.

Die kohlensäurehaltigen Quellen von **St. Moritz** liegen am höchsten. Sie werden im medizinischen Zentrum nach neuesten medizinischen Erkenntnissen angewendet.

Das Thermalwasser von **Yverdon-les-Bains** gilt seit der Römerzeit bei Rheumatismus und Atembeschwerden als lindernd. Heute finden die Anwendungen im Centre Thermale statt, einem modernen Komplex mit Innen- und Außenpools, Fitness-Center, Saunen, türkischen Bädern und Solarien. Ergänzend erhält man hier Schlammpackungen und Massagen.

Medizinische Spas
Schweizer Kurorte sind für ihre medizinische Exzellenz bekannt. Die exklusive **Clinique La Prairie** bei Montreux hat sich auf Anti-Aging spezialisiert. Sie wurde kürzlich um einen ultramodernen Spa-Bereich erweitert und mit neuen medizinischen Geräten für die ästhetisch-plastische Chirurgie ausgestattet. Ebenfalls in Montreux liegt **La Clinic** – mit dem Angebot eines Fünf-Sterne-Hotels. Sie ist spezialisiert auf Anti-Aging, plastische Chirurgie, ästhetische Zahnbehandlung und Haartransplantation. Das **Kempinski Grand Hotel des Bains** in St. Moritz bietet ein medizinisches Spa und ein Wellness-Spa. Gäste haben Zugang zum medizinischen Zentrum von St. Moritz.

Höhenluft und heißes Thermalwasser für Gesundheit und Wohlbefinden: Gäste in Leukerbad, Wallis

SPAS UND WELLNESS

Hotel-Spas

Viele Vier- und Fünf-Sterne-Hotels haben mittlerweile opulente Spa-Bereiche. Das neue ESPA-Spa hat das **Victoria-Jungfrau Grand Hotel & Spa** in Interlaken in eine Wellness-Oase verwandelt. Hier gibt es ultramoderne Behandlungsräume, Thermalbereiche, Ruheräume und Behandlungen der Extraklasse.

Das Spa im **Le Mirador Resort & Spa** besitzt miteinander verbundene Innen- und Außenpools. Es gibt Angebote für Massagen, Hydrotherapie, Wellness-Behandlungen und Diätprogramme.

Grindelwalds **Alpine Resort Grand Regina** bietet Wellness-Behandlungen und Massagen an. Das Spa besitzt Pools, Thermalhöhlen, einen Kneipp-Rundgang, Bäder, Dampfräume und Eisbrunnen.

Die denkmalgeschützte **Therme Vals** ist ein einzigartiges Erlebnis mit Innen- und Außenbädern. Es gibt Aromatherapie, Feuerbad, Thalasso-Packungen, Akupressur, Klangbäder und mehr.

La Réserve am Genfer See besitzt neben Innen- und Außenpools, Saunen und Hamam insgesamt 17 Räume für unterschiedliche, auch exotische Behandlungen.

ESPA-Spa im Victoria-Jungfrau Grand Hotel & Spa, Interlaken

Die Tschuggen Bergoase im **Tschuggen Grand Hotel** in Arosa wurde in den Berg hineingebaut und ist über eine Glasbrücke mit dem Hotel verbunden. Neben dem faszinierenden Wellness-Bereich gibt es eine große Auswahl an Massagen (u. a. Lomi-Lomi- und Ayurveda-Massagen) und ästhetischen Behandlungen (etwa Faltenunterspritzung).

Das Spa Cinq Mondes im **Beau-Rivage Palace** in Lausanne offeriert asiatische und ganzheitliche Behandlungen. Neben den Pools gibt es etwa eine tropische Duschenpromenade und japanische Blumenbäder.

Das **Grand Hotel Bellevue** in Gstaad bietet eine Wohlfühloase im asiatischen Stil mit Kneipptherapie, Aromatherapie, Massagen und Shiseido-Anwendungen.

Das Alpine Refugium im **Hotel Mirabeau** setzt auf die Wirkung alpiner Bergkräuter, insbesondere des Edelweißes. Das Spa ist mit dem Hotel durch einen Tunnel verbunden und bietet u. a. Bergkristall-Blüten-Dampfbad, Giftsteinofen-Dampfbad, Sauna mit Gletscherwasser-Schwallduschen und Wasserbetten.

Auf einen Blick

Thermalbäder

Bad Ragaz
St. Gallen.
081 300 4020.
spavillage.ch

Lenk
Simmental.
033 736 3535.
lenk.ch

Leukerbad
Wallis.
027 472 7171.
leukerbad.ch

St. Moritz
Engadin.
081 837 3333.
stmoritz.ch

Yverdon-les-Bains
Waadt (Vaud).
024 423 6101.
yverdonlesbainsregion.ch

Medizinische Spas

Clinique La Prairie
Clarens-Montreux.
021 989 3311.
laprairie.ch

Kempinski Grand Hotel des Bains
St. Moritz.
081 838 3838.
kempinski.com/stmoritz

La Clinic
Montreux.
021 966 7000.
laclinic.ch

Hotel-Spas

Alpine Resort Grand Regina
Grindelwald.
033 854 8600.
grandregina.ch

Beau-Rivage Palace
Lausanne.
021 613 3333.
brp.ch

Grand Hotel Bellevue
Gstaad.
033 748 0000.
bellevue-gstaad.ch

Hotel Mirabeau
Zermatt.
027 966 2560.
hotel-mirabeau.ch

La Réserve
Genfer See.
022 959 5959.
lareserve.ch

Le Mirador Resort & Spa
Vevey.
021 925 1111.
kempinski.com/de/montreux

Therme Vals
Vals.
081 926 8080.
therme-vals.ch

Tschuggen Grand Hotel
Arosa.
081 378 9999.
tschuggen.ch

Victoria-Jungfrau Grand Hotel & Spa
Interlaken.
033 828 2828.
victoria-jungfrau.ch

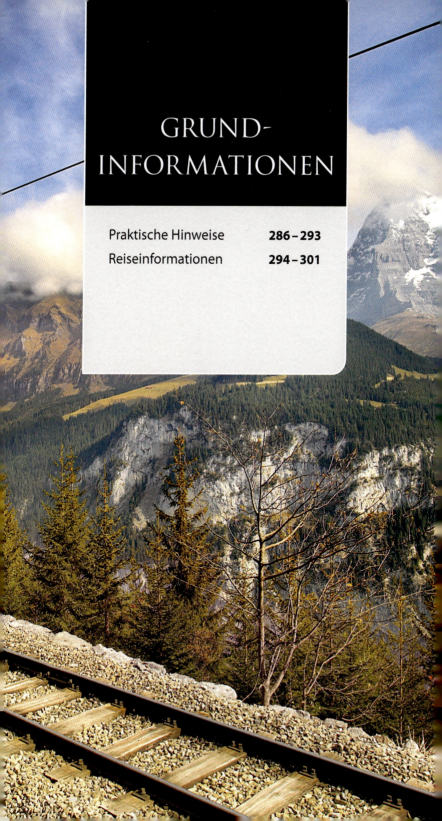

GRUND-INFORMATIONEN

Praktische Hinweise	**286 – 293**
Reiseinformationen	**294 – 301**

Praktische Hinweise

Die Schweiz ist ein beliebtes Reiseland und zieht sowohl während der Wintersportsaison als auch im Sommer viele Besucher an. Der Fremdenverkehr ist eine wichtige Säule der Schweizer Wirtschaft, das Land verfügt über eine ausgezeichnete Infrastruktur und erstklassige Serviceleistungen.

Die Schweiz bietet neben eindrucksvoller Natur auch eine beachtlich große Zahl an kulturellen Sehenswürdigkeiten. Auch in den Tourismusbüros der französischsprachigen Schweiz und in einigen großen Hotels der nicht deutschsprachigen Kantone wird Deutsch gesprochen.

Zudem verfügt die Schweiz über eines der effizientesten und praktischsten öffentlichen Nahverkehrssysteme in Europa. Man kann aber auch mit dem Auto oder dem Zug sehr komfortabel reisen oder die wunderschönen Seen mit dem Boot erkunden.

Reisezeit

Die beste Reisezeit hängt entscheidend von der Art des Urlaubs ab. Die Wintersportsaison beginnt Mitte Dezember und dauert bis ins späte Frühjahr. Um Weihnachten und Ostern sowie im Februar sind die beliebten Wintersportorte allerdings ziemlich überlaufen.

Der Sommer in der Schweiz ist angenehm warm. Es wird nur selten sehr heiß. Ihren Höhepunkt erreicht die Sommersaison Anfang Juli bis Ende August. Unterkünfte sind in dieser Zeit etwas schwieriger zu finden. Die Sehenswürdigkeiten sind dann stark frequentiert.

Die Jahreszeiten Frühling und Herbst sind ruhiger und ideal zum Wandern geeignet. Die Berge sind in dieser Zeit besonders schön: Blumen und Bäume blühen oder nehmen die schillerndsten Herbstfarben an. Zudem finden auf dem Land im Frühjahr und Herbst die meisten Volksfeste statt, bei denen auch Besucher gern gesehen sind.

Einreise und Zoll

Die Schweiz ist zwar kein Mitglied der Europäischen Union (EU), unterzeichnete aber 2005 das Schengener Abkommen. Damit entfallen seit Dezember 2008 die Personenkontrollen an den Landgrenzen zu anderen Schengen-Staaten (darunter etwa Deutschland und Österreich), seit 2009 auch Personenkontrollen an den Luftgrenzen. Gegenstände und Waren für den persönlichen Gebrauch dürfen zollfrei ein- und ausgeführt werden. Seit 2011 gehört auch Liechtenstein zu den Schengen-Anwendern.

Gleichwohl müssen sich Urlauber in der Schweiz ausweisen können. Für deutsche Staatsangehörige genügt hierfür der Reisepass, ein vorläufiger Reisepass oder ein (vorläufiger) Personalausweis – auch wenn diese weniger als ein Jahr abgelaufen sind. Auch jedes Kind benötigt ein eigenes Ausweisdokument mit Lichtbild.

Urlauber, die Haustiere in die Schweiz mitnehmen möchten, brauchen hierfür den EU-Heimtierausweis. Die Tiere müssen gegen Tollwut geimpft und gechipt sein.

Öffnungszeiten

Die meisten Museen oder Sehenswürdigkeiten wie archäologische Ausgrabungsstätten haben an sechs Tagen in der Woche geöffnet. Viele haben montags, einige auch dienstags geschlossen. Bei allen in diesem Buch beschriebenen Sehenswürdigkeiten sind in der Regel auch die Öffnungszeiten angegeben.

Postämter, Banken und Tourismusbüros sind im Allgemeinen montags bis freitags zwischen 8 oder 9 Uhr und 18.30 Uhr, teilweise auch samstags zwischen 8 oder 9 Uhr und 12 oder 13 Uhr offen. Läden und Kaufhäuser haben teilweise längere Öffnungszeiten.

In kleineren Orten machen die meisten Läden noch eine Mittagspause. In einigen Ferienorten sowie in Bahnhöfen haben Läden dagegen auch ein paar Stunden am Sonntag geöffnet.

Sprachen

Deutsch ist mit gut zwei Drittel Anteil die am weitesten verbreitete Sprache in der Schweiz, gefolgt von Französisch (ca. 23 Prozent), Italienisch (ca. 8,5 Prozent) und

Tourist Center beim BärenPark in Bern

◀ Bergbahn von Lauterbrunnen nach Mürren *(siehe S. 87)*

Zeitungskiosk mit deutschen, französischen und italienischen Blättern

Rätoromanisch (ein Prozent). Viele Einwohner der französischsprachigen Schweiz sprechen auch Englisch. In den Tourismusbüros der französisch- und italienischsprachigen Schweiz kommt man ebenfalls mit Englisch weiter, wenn nicht sowieso auch Deutsch gesprochen wird.

Schweizerdeutsch *(Schwyzerdütsch)* ist ein Sammelbegriff für die in der Deutschschweiz gesprochenen alemannischen Dialekte. Es unterscheidet sich vom Hochdeutschen teilweise erheblich, besitzt einen eigenen Satzbau und ein eigenes Vokabular. Schweizerdeutsch wird eher umgangssprachlich als schriftlich gebraucht. Schriftsprache in der Schweiz ist das Hochdeutsche.

Etikette
Die Schweizer sind freundliche Menschen mit einem Hang zum Formellen. So gilt es als sehr unhöflich, eine Frage zu stellen oder eine Bestellung aufzugeben, ohne zuvor sein Gegenüber in der entsprechenden Sprache zu begrüßen. Händeschütteln ist üblich und geschätzt, auch bei Kindern. Die Begrüßung bzw. Verabschiedung mit Wangenkuss wird von Region zu Region und je nach Bekanntschaftsgrad unterschiedlich gehandhabt. Schweizer laden seltener nach Hause ein, ein gemeinsames Essen in einem Restaurant oder eine Einladung zu einem Drink ist wahrscheinlicher.

Zeitungen
Die Presse des Landes wird von französisch- und deutschsprachigen Zeitungen dominiert. Zu den führenden Tageszeitungen gehören etwa die bürgerliche *Neue Zürcher Zeitung*, der liberale *Tages-Anzeiger*, die progressive *Le Temps* und das Boulevardblatt *Blick*. Wöchentlich erscheinen das liberale Magazin *Die Weltwoche* und die linksgerichtete *Wochenzeitung*. Im Tessin ist der italienischsprachige *Corriere del Ticino* verbreitet.

Die großen deutschen und österreichischen Tages- und Wochenzeitungen, etwa die *Süddeutsche Zeitung*, die *ZEIT* oder der *Kurier*, sind in den größeren Ferienorten und in größeren Bahnhöfen meist am Erscheinungstag erhältlich.

Elektrizität
Die Stromspannung in der Schweiz beträgt wie in allen anderen Ländern Europas 230 Volt bei 50 Hz. Zweipolige Eurostecker passen überall.

Botschaften
Die Hauptvertretungen der verschiedenen Länderbotschaften in der Schweiz befinden sich in Bern. Auf ihren jeweiligen Websites bieten sie neben detaillierten Informationen zu Einreise- und Zollbestimmungen auch Wissenswertes über Politik, Wirtschaft und Kultur des Landes sowie aktuelle Reise- und Sicherheitshinweise für ihre Staatsbürger.

Auf einen Blick
Botschaften

Deutsche Botschaft, Schweiz
Willadingweg 83,
3006 Bern.
Postanschrift:
Postfach 250,
3000 Bern 15.
📞 0041 (0)31 359 4343.
🌐 bern.diplo.de

Österreichische Botschaft, Schweiz
Kirchenfeldstrasse 77–79,
3005 Bern.
📞 0041 (0)31 356 5252.
🌐 aussenministerium.at/bern

Schweizer Botschaft, Deutschland
Otto-von-Bismarck-Allee 4a,
10557 Berlin.
📞 0049 (0)30 390 4000.
🌐 eda.admin.ch/berlin

Schweizer Botschaft, Österreich
Prinz Eugen-Strasse 9a,
1030 Wien.
📞 0043 (0)1 79 505.
🌐 eda.admin.ch/wien

Schweizer Tourismusbüros

Schweiz Tourismus
Rossmarkt 23,
60070 Frankfurt am Main.
📞 00800 100 200 29.

Schwindgasse 20, 1040 Wien.
📞 00800 100 200 29.
🌐 myswitzerland.com/de

Nützliche Websites

Kunst und Kultur
🌐 prohelvetia.ch

Museen
🌐 museums.ch

Skigebiete
🌐 bergfex.ch

Links zu (fast) allen Themen
🌐 schweizerseiten.ch

Sicherheit und Gesundheit

Aufgrund der ausgezeichneten Infrastruktur und der überaus niedrigen Kriminalitätsrate ist die Schweiz ein ausgesprochen angenehmes und sicheres Reiseland. Die Schweizer sind hilfsbereit und freundlich und heißen Besucher gern willkommen. Das Klima ist angenehm, das Wasser in den Seen und Flüssen sauber. Vorsicht geboten ist lediglich bei sportlichen Aktivitäten wie Skifahren oder Wandern, vor allem in größeren Höhen. Dort können Lawinen abgehen. Nach heftigen Regenfällen bilden auch Muren eine Gefahr.

Streifenwagen der Genfer Polizei

Persönliche Sicherheit

Die Schweiz ist eines der sichersten Länder der Welt. Dennoch sollte man kein unnötiges Risiko eingehen, etwa indem man sich nachts an unbekannten Plätzen aufhält. Umsicht ist auch angebracht beim Geldabheben an Automaten, in öffentlichen Verkehrsmitteln oder bei größeren Menschenansammlungen. In den Straßen und auf den Plätzen größerer Städte treiben öfters Taschendiebe auf der Suche nach Brieftaschen und Kreditkarten ihr Unwesen. Für die Aufbewahrung von Wertsachen sollte man die Hotelsafes nutzen. Keinesfalls sollte man sie im Auto liegen lassen, auch wenn dieses abgeschlossen ist.

Beim Aufenthalt in (Jugend-)Herbergen empfiehlt sich ein kleines Vorhängeschloss, das vorhandene Schließfächer noch sicherer macht.

Vorsicht und Geistesgegenwart sind meist der beste Schutz. Wer dennoch Opfer eines Diebstahls wird, sollte dies sofort der Polizei melden. Der Polizeibericht muss der Versicherung vorgelegt werden. Den Verlust oder Diebstahl von Kreditkarten sollte man ebenfalls so schnell wie möglich der jeweiligen Kreditkartenfirma anzeigen *(Notfallnummern bei Kartenverlust siehe S. 290)*, dann ist die Haftung bei Missbrauch begrenzt.

Allein reisende Frauen haben in der Schweiz in der Regel keinerlei Probleme.

Entspannt im Stadtverkehr: Polizist auf Fahrradstreife

Polizei

Die Schweizer sind sehr gesetzestreu und erwarten dies auch von den Gästen ihres Landes. Allein das Überqueren der Straße bei roter Fußgängerampel kann eine polizeiliche Verwarnung – eventuell mit Geldstrafe – zur Folge haben. Ernstere Gesetzesverstöße, etwa Drogenbesitz, werden mit Gefängnis oder Ausweisung geahndet. Es empfiehlt sich, immer einen gültigen Personalausweis oder Reisepass bei sich zu tragen.

Alle Kantone haben ihre eigene bewaffnete Polizei. Jeder Kanton hat auch eigene Gesetze, obwohl die Unterschiede minimal sind.

Gesundheit

Bei der Einreise in die Schweiz sind keine Impfungen vorgeschrieben. In einigen Gebieten der Schweiz besteht saisonal die Gefahr der Übertragung von FSME durch Zeckenbisse. Leitungswasser kann man überall in der Schweiz bedenkenlos trinken. Auch das Wasser von öffentlichen Brunnen ist trinkbar, falls es nicht mit »Kein Trinkwasser« (»Eau non potable«, »Acqua non potabile«) gekennzeichnet ist. Flusswasser sollte man allerdings besser nicht trinken,

Städtischer Streifenwagen

auch wenn das Wasser noch so sauber wirkt.

Wer sich in Höhen von über 3000 Metern aufhält, riskiert, Symptome einer leichten Höhenkrankheit zu bekommen (Übelkeit, Kopfschmerzen und Müdigkeit). In der Regel verschwinden die Symptome nach etwa 48 Stunden wieder. Lindernd wirken Aspirin und Bettruhe. Sollten die Symptome jedoch anhalten, müssen Sie sich auf jeden Fall in geringere Höhen zurückbegeben.

Im Gebirge, wo die Luft dünner ist und die Sonnenstrahlen von Schnee oder Wasser reflektiert werden, kann auch ein Sonnenstich drohen.

SICHERHEIT UND GESUNDHEIT | 289

Rettungshubschrauber im Einsatz in Crans-Montana

Vorbeugend sollte man viel Wasser trinken sowie Kopfbedeckung und Sonnenbrille tragen. Eine Creme mit hohem Lichtschutzfaktor (Lippen nicht vergessen!) ist ein Muss.

Das Wetter in den Bergen kann schnell umschlagen. Dann drohen eisiger Wind, Regen und Schneestürme. Mehrere Schichten warmer und regendichter Kleidung, eine Kopfbedeckung, Wasser und Proviant sind für jeden Skifahrer und Wanderer unerlässlich. Verschlechtern sich die Wetterbedingungen zusehends, kehrt man am besten um. An den größeren Seen sollte man schon bei Sturm-Vorwarnung mit dem Boot das Ufer aufsuchen.

Eingang zu einer Apotheke in St. Gallen

Medizinische Versorgung

Die medizinische Versorgung der Schweiz ist privat organisiert. Jede Behandlung muss also bezahlt werden. Für gesetzlich versicherte Bürger aus EU-Staaten gilt die Europäische Krankenversicherungskarte (EHIC). Sie regelt die Versorgung bzw. die Kostenrückerstattung im Fall einer Krankheit oder eines Unfalls. Das ist besonders wichtig bei einem Ski- oder Bergwanderurlaub sowie für Extremsportler.

Einsatzwagen mit Ausrüstung

Der Einsatz von Rettungshubschraubern verursacht enorme Kosten. Und: Auch bei kleineren Unfällen werden in den Bergen zunehmend Helikopter eingesetzt. Achtung: In der EHIC ist kein Rücktransport nach einer schweren Erkrankung oder einem Unfall im Ausland enthalten. Dafür müssen Sie eine Auslandskrankenversicherung abschließen.

Die etwas teureren Hotels, die Botschaften *(siehe S. 287)* und die Tourismusbüros verfügen über Adresslisten der ansässigen Ärzte, an die man sich im Fall einer Erkrankung wenden kann. Ansonsten hilft das Branchenbuch. Fast jedes Krankenhaus (»Spital«, »Hôpital«, »Ospedale«) hat eine Notaufnahme, die rund um die Uhr geöffnet ist. Vor einem Krankenhausaufenthalt sollte man allerdings – wenn möglich – die jeweilige Versicherung informieren.

Apotheken

Jede Apotheke (»Pharmacie«, »Farmacia«) ist durch ein Schild in Form eines grünen Kreuzes gekennzeichnet. Das Personal in Apotheken ist gut ausgebildet und sehr hilfsbereit. Es kann Ratschläge bei kleineren gesundheitlichen Problemen erteilen.

Apotheken mit Not- bzw. Nachtdienst haben rund um die Uhr geöffnet. Die jeweilige Adresse ist an jeder Apotheke angeschlagen.

Notfälle

Bei Notfällen sollte man den Euro-Notruf (112) wählen. Polizei (117), Krankenwagen bzw. Rettungsdienst (144), Feuerwehr (118) oder Rettungshubschrauber (1414) kann man auch unter ihren anderen Nummern erreichen.

Falls ein Polizeidokument unterzeichnet werden muss (z. B. bei einer Zeugenaussage), sollte der Inhalt verstanden worden sein. Wer selbst in einen Unfall verwickelt wurde, sollte seine Versicherung benachrichtigen. Die jeweilige Botschaft *(siehe S. 287)* stellt bei Bedarf einen Rechtsbeistand zur Verfügung.

Auf einen Blick

Notfälle

Euro-Notruf
📞 112.

Polizei
📞 117 (oder 112).

Feuerwehr
📞 118 (oder 112).

Krankenwagen
📞 144 (oder 112).

Bereitschaftsarzt/ Bereitschaftszahnarzt
📞 111.

Rettungshubschrauber
📞 1414.

Pannenhilfe
📞 140.

Fast alle öffentlichen Telefone funktionieren ausschließlich mit Telefonkarte. Das Rufen eines Rettungshubschraubers kostet 0,40 Franken, die anderen Nummern sind kostenfrei.

Nützliche Nummern

Lawinenwarnung
📞 187.

Verkehrsinformation
📞 163.

Wetterbericht
📞 162.

Banken und Währung

Die in der Schweiz sowie in Liechtenstein geltende Währung ist der Schweizer Franken. Neben Bargeld sind für Urlauber vor allem Kredit- und Debitkarten (z. B. girocard) praktische Zahlungsmittel. In grenznahen Gebieten und Tourismuszentren wird auch der Euro als Zahlungsmittel akzeptiert. Die Ein- und Ausfuhr von Bargeld im Wert von über 10 000 Schweizer Franken muss deklariert werden.

Zahlungsmittel

Die Schweizer sind stolz auf ihre Währung, den Schweizer Franken. Er gehört zu den stabilsten Währungen der Welt und verfügt über entsprechendes Renommee. Die Schweizerische Nationalbank versuchte seit 2011, einen Mindestkurs von 1,20 Franken für einen Euro zu halten, da die massive Überbewertung des Schweizer Franken eine Bedrohung für die Schweizer Wirtschaft (auch für den Tourismus) darstellt. Am 15. Januar 2015 hob sie diesen Mindestkurs allerdings auf.

An einigen Orten des Landes können Rechnungen auch in Euro beglichen werden. Dazu gehören neben grenznahen Gebieten und Ferienzentren auch Fahrkartenschalter der Schweizer Bundesbahn SBB *(siehe S. 296f)*, Flughäfen *(siehe S. 294f)* und die Verkaufsstellen der Schweizer Autobahnvignette *(siehe S. 298)*.

Geldautomat der Basler Kantonalbank

Banken

Die meisten Banken haben montags bis freitags von 8 oder 9 Uhr bis 16.30 Uhr geöffnet. Viele machen von 12 bis 14 Uhr Mittagspause. Schweizer Franken erhält man entweder am Schalter oder rund um die Uhr an Geldautomaten mit Kredit- oder Debitkarte.

Debitkarten wie die **girocard** gibt es in einer Ausführung mit Maestro-Logo oder V PAY-Logo. Beide funktionieren in der Schweiz. PostFinance ist das schweizerische Pendant der deutschen Postbank.

Kredit- und Debitkarten

Die Akzeptanz von Kreditkarten ist in der Schweiz sehr hoch. Dennoch sollten Besucher darauf vorbereitet sein, in einigen Läden, Hotels und Restaurants nur bar bezahlen zu können. Am weitesten verbreitet sind **MasterCard** und **Visa**, doch auch **American Express** und **Diners Club** werden oft akzeptiert. Einige Läden und Bezahlautomaten an Tankstellen akzeptieren ausschließlich von Schweizer Banken ausgegebene Kreditkarten als bargeldloses Zahlungsmittel.

Mehrwertsteuer-Rückerstattung

Der normale Mehrwertsteuersatz liegt in der Schweiz bei 7,7 Prozent, ermäßigt bei 3,7 bzw. 2,5 Prozent. Zwar kann man sich ab einem Warenwert von 400 Franken die Schweizer Mehrwertsteuer rückerstatten lassen, muss aber dann beim Import die Einfuhrumsatzsteuer (in Deutschland 19 Prozent) bezahlen – kein guter Deal.

Auf einen Blick
Schweizer Banken

Credit Suisse AG
Paradeplatz 8,
8001 Zürich.
📞 044 333 1111.
🌐 credit-suisse.com

PostFinance
📞 0848 888 710.
🌐 postfinance.ch

UBS AG
Bahnhofstrasse 45,
8001 Zürich.
📞 044 234 1111.
🌐 ubs.com

Zürcher Kantonalbank
Bahnhofstrasse 9,
8001 Zürich.
📞 0844 84 38 23.
🌐 zkb.ch

Kartenverlust

Allgemeiner Notruf
📞 0049 116 116.
🌐 sperr-notruf.de

American Express
📞 0049 (0)69 9797 1000.

Diners Club
📞 0041 (0)91 800 4141.

MasterCard
📞 0800 897 092.

Visa
📞 0800 894 732.

girocard
📞 0049 (0)69 740 987.

Filiale der Credit Suisse, eine der größten Banken in der Schweiz

BANKEN UND WÄHRUNG | 291

Währung

Die Schweizer Währung ist der Schweizer Franken (franz. »franc suisse«, ital. »franco svizzero«, rätoromanisch »franc svizzer«) – abgekürzt: SFr. bzw. Fr. (ISO-Abkürzung: CHF). Der Franken teilt sich in 100 Rappen (frz. »centimes«, ital. »centesimi«, rätoromanisch »raps«) auf. 1798 wurde mit dem Franken erstmals eine für die gesamte Schweiz gültige Währung geschaffen. 1907 erhielt die neu gegründete Schweizerische Nationalbank (SNB) das alleinige Recht zur Ausgabe von Banknoten. Seit 1974 gibt die Schweiz jährlich Sondermünzen aus. Aufgrund der Zolleinheit zwischen der Schweiz und dem Fürstentum Liechtenstein ist der Franken auch dort gültige Währung.

Banknoten

Schweizer Banknoten gibt es in sechs Werten: zu 10, 20, 50, 100, 200 und 1000 Franken. Sie unterscheiden sich in Größe und Farbe. Die Scheine zählen zu den fälschungssichersten der Welt. Seit 2016 wird schrittweise eine neue Serie mit neuem Design und neuen Sicherheitsmerkmalen herausgegeben. Alle hier abgebildeten Scheine stammen aus der achten Serie von 1995.

10-Franken-Schein
(Le Corbusier)

20-Franken-Schein
(Arthur Honegger)

50-Franken-Schein
(Sophie Taeuber-Arp)

100-Franken-Schein
(Alberto Giacometti)

200-Franken-Schein
(Charles Ferdinand Ramuz)

1000-Franken-Schein
(Jacob Burckhardt)

5 Franken **2 Franken** **1 Franken** **½ Franken** **20 Rappen**

10 Rappen **5 Rappen**

Münzen

Schweizer Münzen gibt es in sieben Werten: 1, 2 und 5 Franken sowie 5, 10, 20 und 50 Rappen. Alle Münzen sind von silberner Farbe – mit Ausnahme der goldfarbenen 5-Rappen-Münze.

Kommunikation

Wie auch die anderen Serviceleistungen in der Schweiz, so sind Telefon und Post effizient und zuverlässig. Die modernen öffentlichen Telefone der Swisscom verfügen über ein elektronisches Telefonbuch sowie über einen Fax-, E-Mail- und Textnachrichten-Service. Die Schweizerische Post (»La Poste Suisse«, »La Posta Svizzera«) bietet einen gleichermaßen modernen und umfassenden Service sowie andere nützliche Dienste. Das benachbarte Liechtenstein hat ein davon unabhängiges Telefon- und Postsystem.

> **Nützliche Nummern**
> - Ländervorwahlen: Schweiz: 0041, Liechtenstein: 00423, Deutschland: 0049, Österreich: 0043.
> - Ortsvorwahlen: Zürich: 043 bzw. 044, Bern: 031, Genf: 022.
> - Inlandsauskunft Schweiz und Liechtenstein: 111.
> - Deutschland Direkt: 0800 55 45 49.

Telefonzelle der Swisscom

Telefon

Das wichtigste Telekommunikationsunternehmen der Schweiz ist die **Swisscom**. Sie betreibt rund 4200 öffentliche Telefone, die meisten davon befinden sich vor Postämtern oder auf Bahnhöfen. Jedes dieser Telefone hat einen Teleguide, mit dem man sich Zugang zu einem elektronischen Telefonbuch verschaffen und E-Mails, Textnachrichten oder Faxe verschicken kann. Die Anweisungen sind in vier Sprachen (auch auf Englisch).

Nur wenige öffentliche Telefone funktionieren mit Münzen (Schweizer Franken oder auch Euro), die meisten benötigen eine »Taxcard« (Telefonkarte). Die Karten gibt es für 5, 10 und 20 Franken auf Postämtern, in Bahnhöfen, bei Zeitungskiosken und online.

Gespräche innerhalb der Schweiz sind an den Wochenenden sowie an Werktagen zwischen 19 und 7 Uhr am billigsten. Inlandsgespräche mit der Nummer 0800 sind gebührenfrei. Vom Hotelzimmer aus ist Telefonieren am teuersten.

Schweizer Telefonnummern bestehen aus zehn Ziffern – davon drei Ziffern für die Ortsvorwahl, die immer mitgewählt werden muss.

Mobiltelefon

In der Schweiz funktionieren GSM-Mobiltelefone problemlos. Seit Juni 2017 sind sämtliche Roaming-Gebühren in der EU, im EWR, aber nicht in der Schweiz entfallen. Hier droht also immer noch eine hohe Handy-Rechnung. Solange Sie sich in der Eidgenossenschaft befinden, sollten Sie die mobile Datenverbindung deaktivieren, da sonst durch den Empfang von E-Mails oder WhatsApp-Nachrichten Kosten anfallen können. Aktuelle Preise der deutschen Netzbetreiber finden Sie u. a. unter www.teltarif.de/roaming/schweiz.

Ein preiswertes Handy mit Schweizer Prepaid-Karte kann für längere Aufenthalte eine geldsparende Alternative sein. Schweizer Mobilfunk-Netzbetreiber sind Swisscom Mobile, Sunrise und Salt.

Unter Nutzung eines kostenloses WiFi-Spots, etwa im Hotel, kann man per VoIP und WhatsApp auch in der Schweiz kostenlos ins Ausland telefonieren.

Internet

Auch wenn Internet-Cafés angesichts der weiten Verbreitung von Laptops, Tablet-Computern und Smartphones im Rückzug sind: Es gibt immer noch Terminals an vielen öffentlichen Orten, die Zugang zum Internet ermöglichen. Swisscom betreibt etwa 2100 WLAN-Hotspots. Auch in den meisten Hotels wird WLAN angeboten, ebenso in vielen Cafés und Fast-Food-Restaurants – und zwar oft kostenlos.

Internet-Kiosk in Lugano, Tessin

KOMMUNIKATION | 293

Postamt in Neuchâtel

Die SBB bietet an 80 Bahnhöfen sowie in vielen Zügen in der ganzen Schweiz kostenlosen Zugang ins Internet. Auch in den Linienbussen von PostAuto hat man kostenlosen Internet-Zugang.

Viele regionale Fremdenverkehrsämter bieten speziell auf die jeweilige Stadt bzw. Region zugeschnittene Smartphone-Apps mit aktuellen Informationen kostenlos zum Download an.

Postämter

Postämter größerer Städte haben montags bis freitags von 7.30 oder 8 bis 18 oder 18.30 Uhr geöffnet, samstags nur bis 11 oder 12 Uhr. In kleineren Städten machen sie zwischen 12 und 14 Uhr Mittagspause. In Zürich, Genf, Bern und Basel bleiben Postämter in der Nähe der Bahnhöfe bis etwa 21 oder 22 Uhr geöffnet. Für diesen Service zahlt man eine Extra-Gebühr. Viele Postämter bieten auch eigene Geldautomaten (»Postomat«) und sind zugleich Verkaufsstellen für Schreibutensilien und Büromaterial.

Briefkasten im deutschsprachigen Teil der Schweiz

Briefmarken

Briefmarken bekommt man in Filialen der Post, in Zeitungsläden, online und auch an der Hotelrezeption. Darüber hinaus gibt es in Postfilialen und neben Briefkästen Briefmarkenautomaten.

Die Schweizer Post (französisch La Poste Suisse, italienisch La Posta Svizzera, rätoromanisch La Posta Svizra) hat ein zweigleisiges System. Inlandsbriefe in Form von A-Post (1 Franken für Standardbriefe bis 100 Gramm) werden am Folgetag ausgeliefert. B-Post (0,85 Franken) erreicht ihr Ziel in zwei bis drei Tagen.

Auslandsbriefe bis zu 20 Gramm können als »Priority« (1,50 Franken innerhalb Europas) oder »Economy« (1,40 Franken in Europa) versendet werden. Erstere werden innerhalb von zwei bis vier Tagen in Europa ausgeliefert. Letztere brauchen vier bis acht Tage in Europa.

Liechtenstein

Das Fürstentum hat eine eigene Telefongesellschaft, die Telecom FL1, und eine eigene Post, die Liechtensteinische Post. Es bringt auch eigene Briefmarken heraus, die bei Sammlern sehr begehrt sind. Das System von A- und B-Post sowie die Portopreise sind die gleichen wie in der Schweiz.

Swisscom- und Telecom-FL1-Telefonkarten können in beiden Ländern verwendet werden. Gespräche von der Schweiz nach Liechtenstein gelten als Auslandsgespräche, man muss also die Ländervorwahl 00423 mitwählen. Ein Anruf von Liechtenstein in die Schweiz gilt als Inlandsgespräch und erfordert keine Ländervorwahl.

Auf einen Blick

Telefon

Gelbe Seiten (Geschäfte und Service)
W local.ch

Swisscom
W swisscom.ch

Internet

Charly's Multimédia
7, rue de Fribourg,
1201 Genf.
☎ 022 901 1313.
W charlys.com

Post

Die Post/La Poste/La Posta
W post.ch

Liechtenstein

FL1
W telecom.li

Liechtensteinische Post
W post.li

Schild eines Postamts in der deutschsprachigen Schweiz

Reiseinformationen

Die Schweiz liegt im Zentrum Europas und besitzt exzellente Verkehrsverbindungen. Über die drei großen Schweizer Flughäfen (Zürich, Basel, Genf) gelangt man in alle Metropolen und in viele Schweizer Städte. Die sechs weiteren Flughäfen bedienen eher den Inlandsflugverkehr. Das öffentliche Verkehrssystem ist ebenfalls sehr effizient, einfach zu benutzen und mit einer Vielzahl an Vergünstigungen versehen. Ergänzt durch Busverbindungen, ermöglicht das dichte Eisenbahnnetz ein schnelles, angenehmes Reisen in fast jede Ecke des Landes. Auf den gut ausgebauten Straßen der Schweiz (auf Autobahnen sind Vignetten erforderlich) kommt man rasch voran. Ein gut gewartetes Straßennetz führt auch in die entlegensten Winkel des Landes.

Hinweisschild Flughafen Zürich

Anreise mit dem Flugzeug

Die Schweiz wird mehrmals täglich direkt von allen größeren Städten in Deutschland und Österreich angeflogen. Zielflughäfen sind Zürich, Basel, Bern, Genf und Lugano.

Dabei hat man bei Linienflügen die Wahl zwischen den drei großen Fluggesellschaften **Lufthansa**, **Austrian** und **Swiss**. Auch einige preiswerte Airlines wie **Eurowings** oder **EasyJet** bieten Flüge in die Schweiz an.

Aber auch bei Lufthansa, Austrian oder Swiss findet man immer wieder spezielle, preisgünstige Angebote für die Schweiz. Interessant können zudem Pauschalangebote sein, bei denen Flug und Übernachtungen kombiniert sind.

Gegebenenfalls sind auch Angebote in Erwägung zu ziehen, bei denen im Flugpreis schon ein Mietwagen inbegriffen ist. Die großen Autovermieter, z. B. Avis oder Hertz (siehe S. 299), haben Niederlassungen an allen Flughäfen der Schweiz.

Swiss

Die Schweizer Fluggesellschaft Swiss International Air Lines AG mit Sitz in Basel, einst die nationale Airline der Schweiz, ist seit 2007 eine 100-prozentige Tochter der Lufthansa. Die Airline hat auch an anderen Schweizer Flughäfen (Bern, Genf, Lugano und Zürich) sowie an vielen größeren Airports anderer Länder Vertretungen – darunter auch in Berlin, Düsseldorf, Frankfurt am Main, Graz, Linz und Wien.

2008 übernahm die Swiss die Edelweiss Air AG mit Sitz in Kloten, eine Chartergesellschaft, die zu internationalen Urlaubsdestinationen fliegt.

Schweizer Flughäfen

Die drei größten Flughäfen der Schweiz sind **Zürich**, **Basel** und **Genf**. Zürich und Genf sind direkt an das Schweizer Eisenbahnnetz angeschlossen.

Alle drei Flughäfen haben ausgezeichnete Anschlussverbindungen an den öffentlichen Nahverkehr und bieten regelmäßige und rasche Verbindungen per Bus oder Bahn ins jeweilige Stadtzentrum. Der Transfer dauert in der Regel nicht länger als zehn bis 20 Minuten. Die Tickets sind zudem preiswert.

Der Basler **EuroAirport** ist in einen Schweizer und einen EU-Sektor aufgeteilt. Er liegt sechs Kilometer nordwestlich von Basel auf französischem Staatsgebiet und bedient auch Mulhouse (Mülhausen) im Elsass und Freiburg im Breisgau. Neben vielen Inlandsflügen bietet der EuroAirport Flüge zu mehreren europäischen Städten an.

Die Schweiz verfügt außerdem über einige kleinere Flughäfen mit vorwiegend nationalen und einigen wenigen internationalen Verbindungen. **Bern-Belp** bietet Flüge in andere europäische Städte. Von **Lugano-Agno**, dem Flughafen von Lugano, gibt es mehrmals am Tag Flüge in Schweizer Städte wie Basel, Bern, Genf und Zürich sowie zu einigen italienischen Destinationen.

Der Flughafen Zürich ist der verkehrsreichste der Schweiz

Terminal im internationalen Flughafen Zürich

Der kleine Flughafen **Sion** ist der beste Zielflughafen für die Weiterfahrt in viele Wintersportgebiete. Hier hat auch Air Glaciers, das größte Helikopterunternehmen der Schweiz, seinen Hauptsitz.

Fluggepäck Express

Wer in die Schweiz fliegt, kann den praktischen Service **Fluggepäck Express** nutzen. Vom Check-in-Schalter des Heimatflughafens aus kann man sein Gepäck direkt zu sehr vielen Bahnhöfen in der Schweiz senden, wo man es dann nach Belieben abholen kann. Manche Hotels nehmen einem auch noch diese Mühe ab.

Für diesen Service benötigt man ein spezielles Gepäckschild, das pro Gepäckstück (maximal 32 Kilogramm) derzeit 22 Franken kostet. Man erhält es bei den Verkaufsstellen von Swiss Travel System (siehe Kasten rechts).

Der Service ist unabhängig von der Fluggesellschaft, mit der Sie reisen. Sperrige Gepäckstücke wie Fahrräder werden nicht transportiert. Auch aktuelle Sicherheitsbestimmungen können den Service einschränken.

Check-in am Bahnhof

Auch bei Flügen von der Schweiz aus kann man ab 24 Stunden vor Abflug das Gepäck am Bahnhof aufgeben und gleichzeitig auch alle anderen Check-in-Formalitäten erledigen, etwa sich eine Bordkarte besorgen. Die Kosten belaufen sich beim Check-in mit Bordkarte auf 22 Franken pro Gepäckstück.

Das Gepäck wird zum Flughafen transportiert. Am Heimatflughafen kann man es dann abholen. Der Service steht an über 50 Bahnhöfen für den Abflug ab Zürich und Genf sowie an 27 Bahnhöfen für den Abflug ab Bern zur Verfügung.

Auf einen Blick

Fluglinien

Swiss
- 0848 700 700 (Schweiz).
- 069 8679 8000 (Deutschland).
- 0810 810 840 (Österreich).
- swiss.com

Austrian
- 043 547 9797 (Schweiz).
- 05 1766 1000 (Österreich).
- austrian.com

Lufthansa
- 0900 900 922 (Schweiz).
- 069 86 799 799 (Deutschland).
- lufthansa.com

Eurowings
- eurowings.com

EasyJet
- easyjet.com

Gepäck

Check-in am Bahnhof
- 0900 300 300 (Schweiz).
- sbb.ch

Fluggepäck Express (Swiss Travel Service)
- myswitzerland.com/de-de/transport-reisen/unterwegs.html

Bus, der die Passagiere vom Terminal zum Flugzeug bringt

Flughafen	Information	Entfernung zur Innenstadt	Fahrzeit mit dem Taxi	Fahrzeit mit Bus oder Zug
Basel	061 325 3111	4 km	10 Minuten	Bus: 20 Minuten
Bern	031 960 2111	6 km	20 Minuten	Bus: 25 Minuten
Genf	022 717 7111	4 km	10 Minuten	Zug: 6 Minuten Bus: 15 Minuten
Lugano	091 610 1282	3 km	10 Minuten	Bus: 15 Minuten
Zürich	043 816 2211	13 km	25 Minuten	Zug: 9 Minuten

Mit dem Zug unterwegs

Das gut ausgebaute Schweizer Eisenbahnnetz bietet hervorragende Transportmöglichkeiten. Die Züge sind modern, sauber und komfortabel. Sie fahren häufig und pünktlich. Besonders praktisch ist, dass die Fahrpläne auf die anderen öffentlichen Verkehrsmittel abgestimmt sind. Außerdem kann man sich Tickets online oder via Smartphone-App besorgen. Hinzu kommt: Man sieht sehr viel von der Schweiz, wenn man mit dem Zug unterwegs ist. Kombi-Fahrten mit Zug und Schiff zeigen die beeindruckende Landschaft von ihrer schönsten Seite: Berge, Pässe, Täler, Flüsse und Seen.

Mit dem InterCity fährt man komfortabel und schnell

Anreise mit dem Zug

Von Deutschland oder Österreich aus mit dem Zug in die Schweiz zu fahren ist einfach und problemlos. An allen größeren deutschen und österreichischen Bahnhöfen werden direkte Verbindungen oder Verbindungen mit einmaligem Umsteigen angeboten.

Die Dauer der Fahrt hängt natürlich vom Ausgangspunkt und Ziel der Reise ab. Während man von Süddeutschland aus bereits in dreieinhalb Stunden in Schaffhausen in der Nordschweiz ist, dauert die Fahrt etwa nach Lugano im Tessin schon rund sieben Stunden und die Fahrt von Wien nach Genf sogar neun Stunden. Letztere Fahrt kann man auch im Liege- bzw. Schlafwagen genießen.

Wem dies trotz der landschaftlichen Reize des Zugfahrens zu lange dauert, sollte eine Flugverbindung in Betracht ziehen *(siehe S. 294f)*.

In der Regel verkehren ECs (EuroCity-Züge) grenzüberschreitend in ganz Europa. Es gibt auch ICEs (InterCity-Express-Züge) zwischen Deutschland und der Schweiz.

Bahnhofshalle mit Anzeigetafel und Wegweisern

Züge

Die Eisenbahngesellschaft der Schweiz ist SBB/CFF/FFS (»Schweizerische Bundesbahnen«, »Chemins de Fer Fédéraux Suisses«, »Ferrovie Federali Svizzere«). Das Streckennetz der SBB deckt nahezu das gesamte Land ab. Die übrigen Routen werden von kleineren Gesellschaften bedient.

Die meisten Züge verkehren von 6 bis 24 Uhr, zwischen den großen Städten gibt es stündliche Verbindungen. In allen Zügen der Schweizerischen Bundesbahnen herrscht Rauchverbot. Langstreckenzüge wie der InterCity (IC), EuroCity (EC) und InterRegio (IR) haben auch Bordrestaurants oder zumindest einen Getränkeservice.

Die Züge transportieren auch Gepäck von einem Bahnhof zum anderen. Das bietet sich für Reisende an, die sich auf einer Besichtigungstour ohne »Ballast« bewegen wollen *(siehe S. 295)*.

Bahnpässe

Bahnpässe gibt es in der Schweiz in mehreren Varianten. Sie bieten erhebliche Vergünstigungen und können auch in anderen öffentlichen Verkehrsmitteln benutzt werden, etwa Bussen, Trams, Seilbahnen und Schiffen.

Auf einen Blick

SBB-Fahrplan
☎ 0900 300 300. 🌐 sbb.ch

Bahnpässe
🌐 swisstravelsystem.com
🌐 raileurope.com

Panoramarouten

Bernina Express
☎ 081 288 6565.
🌐 rhb.ch

Glacier Express
☎ 0848 642 442.
🌐 glacierexpress.ch

GoldenPass Line
☎ 0900 245 245 oder 021 989 8190. 🌐 goldenpassline.ch

Wilhelm Tell Express
☎ 0900 300 300.
🌐 sbb.ch

Der »Swiss Travel Pass« ermöglicht unbegrenztes Reisen mit fast allen Zügen, Überlandbussen und Schiffen sowie mit Trams und Stadtbussen in 90 Städten. Bei den Eisenbahnen, Seil- und Zahnradbahnen gibt es 50 Prozent Rabatt. Der Eintritt zu mehr als 500 Museen ist gratis. Den Pass gibt es für drei, vier, acht oder 15 Tage.

Der »Swiss Travel Pass Flex« ermöglicht unbegrenztes Reisen an drei, vier, acht oder 15 beliebigen Tagen eines Monats (Vorteile wie beim »Swiss Pass«). Das »Swiss Transfer Ticket« deckt eine Reise von der Schweizer Grenze oder von einem Schweizer Flughafen zum Zielort ab (nur online und außerhalb der Schweiz erhältlich). Bei der »Swiss Half Fare Card« gibt es zusätzlich noch 50 Prozent Rabatt auf alle Reisen. Bei der »Family Card« reisen Kinder unter 16 Jahren in Begleitung eines Erwachsenen kostenlos (sämtliche Pässe finden Sie unter www.swiss-pass.ch oder www.sbb.ch oder www.swisstravelsystem.com).

Bahnpässe erhält man in Reisebüros oder in Schweizer Tourismusbüros in Deutschland und Österreich sowie natürlich im Internet.

Der Glacier Express durchquert auf seiner Strecke 91 Tunnel

Panoramarouten

Mit »Panoramazügen« kann man in die schönsten Ecken der Schweiz gelangen. Einige der Züge haben Wagen mit Glasdach, die einen Panoramablick ermöglichen.

Zu den beliebtesten Zügen gehören der **Glacier Express** von St. Moritz oder Davos über den Oberalp-Pass nach Zermatt, der **Bernina Express** von Davos, Chur oder St. Moritz über den Bernina-Pass nach Tirano (Italien) und der **Wilhelm Tell Express**, der mit einer Fahrt auf dem Vierwaldstättersee beginnt und durch den Gotthard-Tunnel bis nach Lugano führt. Die **GoldenPass Line** fährt von Montreux über den Brünig-Pass nach Luzern. Tickets für diese Züge kann man an jedem Bahnhof, online oder via App kaufen.

Doppeldeckerwagen eines SBB-Zugs

Eisenbahnnetz in der Schweiz

Mit Auto, Bus, Fahrrad und Schiff unterwegs

Die Autobahnen ziehen sich kreuz und quer durch die Schweiz, verbinden die großen Städte miteinander und garantieren eine schnelle Fortbewegung mit Auto und Bus. Auf Panoramastraßen gelangt man zu Bergpässen und schönen Alpentälern. PostBusse fahren zu den abgelegeneren Städten und Dörfern. Etwas langsamer, aber keineswegs weniger lohnenswert ist die Fahrt mit dem Fahrrad. Die vielen Radwege haben auch gute Anschlüsse an Bus- und Zugverbindungen, bei denen man Räder mitnehmen darf. Bei einer Schifffahrt auf einem der vielen Seen sieht man oft die schönsten Bergpanoramen.

Straßenschild in der Westschweiz

Anreise mit dem Auto

Aufgrund des hervorragend ausgebauten Autobahnnetzes zwischen Deutschland, Österreich und der Schweiz stellt die Anreise mit dem Auto eine Alternative zum Fliegen dar.

Wer vom westlichen Süddeutschland mit dem Auto in die Schweiz will, gelangt über die A5 nach Basel. Von dort aus geht es entweder auf der A2 nach Süden und auf der A1 weiter in Richtung Solothurn und Bern oder auf der A3 nach Osten in Richtung Zürich. Wer aus dem östlichen Süddeutschland kommt, fährt – am Bodensee vorbei – entweder auf der Schweizerischen A1 Richtung St. Gallen oder auf der A13 an der liechtensteinischen Grenze entlang nach Süden Richtung Chur.

Beachten Sie, dass Sie für Schweizer Autobahnen eine Vignette benötigen *(siehe Autobahnen)*. Für die Anreise über Bregenz (Pfändertunnel) ist zusätzlich eine österreichische Vignette erforderlich. Die billigste Variante für die Fahrt durch Österreich, eine 10-Tages-Vignette, kostet neun Euro.

Über den Bodensee gibt es auch Autofähren. Die am meisten benutzte verkehrt zwischen Meersburg und Konstanz, das an das Schweizerische Kreuzlingen grenzt.

Straßenverkehrsregeln

Wenn nicht anders angegeben, beträgt die Höchstgeschwindigkeit 120 km/h auf Autobahnen, 100 km/h auf den autobahnähnlichen Autostraßen und 80 km/h auf anderen Straßen. In geschlossenen Ortschaften liegt sie bei 50 km/h, in verkehrsberuhigten Zonen bei 30 km/h. Zum Fahren genügt der nationale Führerschein.

In der Schweiz herrscht Anschnallpflicht (auch auf den Rücksitzen). Kinder unter zwölf Jahren müssen hinten sitzen, Kinder unter sieben in einem Kindersitz. Telefonieren mit einem Mobiltelefon ist nur mit Freisprechanlage erlaubt. Die Promillegrenze liegt bei 0,5. Verletzungen der Verkehrsordnung werden mit hohen Geldstrafen geahndet.

Alle Fahrzeuge müssen tagsüber mit Tagfahr- oder Abblendlicht fahren.

Bei einer Panne erreichen Sie unter der Telefonnummer **140** Tag und Nacht Hilfe. Auch der **ADAC Auslandsnotruf** (Tel. 0049 89 22 22 22) vermittelt Pannenhilfe. ADAC-Partnerclub in der Schweiz ist der Touring Club der Schweiz (TCS; www.tcs.ch).

Autobahnen

Für die Benutzung der grün gekennzeichneten Schweizer Autobahnen benötigt man eine Jahres-Vignette. Sie kostet derzeit 40 Franken und ist von Anfang Dezember des Vorjahrs bis Ende Januar des Folgejahrs gültig. Man bekommt sie u. a. an Grenzübergängen, Tankstellen, in Tourismusbüros und online. Wer ohne gültige Vignette fährt, zahlt eine Strafe von 200 Franken.

Auch für Motorräder, Anhänger und Wohnwagen muss man eine Vignette erwerben.

In den Alpen unterwegs

Die Schweiz kennt keine generelle Winterreifenpflicht. Allerdings sind Autofahrer in den Alpen zur Verwendung von Schneeketten verpflichtet, sofern ein Schild dies anzeigt. Schilder an den Straßen in die Berge informieren über den Zustand der Straße und ob ein Pass geöffnet ist. Die Tunnel durch den Sankt Gotthard, San Bernardino und der St.-Bernhard-Pass sind ganzjährig geöffnet. Auch hier fällt eine Gebühr an. Ein Autozug fährt durch Lötschberg-, Furka-, Albula- und Vereina-Tunnel.

Kurvige Bergstraße durch die Schweizer Alpen

Die meisten Hochalpenpässe sind zwischen Juni und Oktober befahrbar – dies hängt jedoch von den Wetterbedingungen ab.

An Bergstraßen hat das aufwärtsfahrende Fahrzeug bei gleichem Fahrzeugtyp Vorfahrt, leichtere Wagen müssen schweren Vorfahrt gewähren.

Grand Tour

Das Fremdenverkehrsamt des Landes, **Schweiz Tourismus**, hat unter dem Namen Grand Tour eine Route durch die Schweiz für Auto- und Motorradfahrer zusammengestellt. Die Strecke führt zu 45 Attraktionen des Landes, darunter zwölf UNESCO-Welterbestätten und zwei Biosphären.

Empfohlen wird bei einer täglichen Fahrzeit von wenigstens fünf Stunden eine Reisedauer von insgesamt sieben Tagen. Die Gesamtstrecke der Grand Tour beträgt 1643 Kilometer. Eine App (Android, iOS) für Smartphones dient anhand geladener GPS-Daten als Guide. Weitere Informationen finden Sie unter www.myswitzerland.com.

Autobahnschild

Mietwagen

Alle großen internationalen Autovermietungen haben Vertretungen in der Schweiz. Die Büros befinden sich an den wichtigsten Flughäfen sowie in den großen Städten. In der Schweiz muss der Fahrer eines Mietwagens mindestens 20 Jahre alt sein (für bestimmte Fahrzeuge 25 Jahre).

Busse und PostAutos

Bergige oder abgelegene Regionen der Schweiz erreicht man mit Regionalbussen. Die meisten Bushaltestellen befinden sich in der Nähe von Bahnhöfen. Die Fahrpläne sind aufeinander abgestimmt.

Regionen, die für Züge unzugänglich sind, kann man mit dem gelben PostAuto erreichen, dessen Haltestellen man leicht am Logo erkennt. Außer Post und Passagieren befördern diese Busse auch einzelne Gepäckstücke, was vor allem für Wanderer interessant ist. Sie können ihr Gepäck am Ziel ihrer Wanderung am Postamt oder Bahnhof abholen.

Haltestelle des PostAutos

Fahrräder

Die Schweiz verfügt über eine bemerkenswert fahrradfreundliche Infrastruktur. Räder (»Velos« genannt) sowie mittlerweile auch E-Bikes kann man an Bahnhöfen mieten (»Location de Vélos«, »Bici da noleggiare«) und an einem anderen Bahnhof wieder abgeben. Informationen gibt es bei der SBB (siehe S. 296). In den meisten Zügen und auch in PostAutos kann man Räder mitnehmen. **PubliBike** nennt sich das (e)Bikesharing-Angebot von PostAuto, SBB und Rent a Bike. In immer mehr Städten kann man sich am Bahnhof ein Fahrrad oder E-Bike mieten. Diesen Dienst kann man preiswert mit Abo, aber auch ohne Abo mit Kreditkarte bezahlen.

Empfohlene Radwege sind durch rote Schilder mit einem weißen Fahrradsymbol gekennzeichnet. In den Tourismusbüros bekommt man entsprechende Fahrradkarten. Durch die Schweiz ziehen sich einige Langstrecken-Fahrradwege: Die Nord-Süd-Route (360 km) verläuft von Basel nach Chiasso im Tessin.

Schifffahrt

Ein Bootsausflug auf einem der Schweizer Seen ist eine entspannende Angelegenheit. Auf dem Vierwaldstättersee gibt es z. B. Raddampfer, auf Bodensee, Zürichsee, Genfer See und Lago di Lugano verkehren Schiffe und Fähren (siehe auch S. 301).

Bahnpässe wie der »Swiss Travel Pass« (siehe S. 297) gelten für alle Seen, außer für den Lago Maggiore – meist für eine kostenlose Schifffahrt, mindestens aber für 50 Prozent Ermäßigung.

Wo kein Zug fährt: PostBus auf einer steilen Alpenstraße

Auf einen Blick

Mietwagen

Avis
☎ 0848 811 818.
🌐 avis.ch

Europcar
☎ 0848 808 099.
🌐 europcar.ch

Hertz
☎ 0848 822 020.
🌐 hertz.com

Postbusse

PostAuto Schweiz
🌐 postauto.ch

Fahrräder

PubliBike
☎ 058 453 5050.
🌐 publibike.ch

SchweizMobil
🌐 schweizmobil.ch

Bootsausflüge

Schifffahrtsgesellschaften
🌐 schweizer-schifffahrt.ch
Hier finden Sie die 16 großen Schifffahrtsgesellschaften, etwa:
🌐 bodensee-schiffe.ch
🌐 cgn.ch (Genfer See)
🌐 zsg.ch (Zürichsee)
🌐 lakelucerne.ch (Vierwaldstättersee)
🌐 bielersee.ch

In Städten unterwegs

Der Großteil der Schweizer Städte, vor allem das historische Zentrum größerer Orte, ist kompakt und damit gut zu Fuß zu erkunden. Oft finden sich hier auch Fußgängerzonen oder verkehrsberuhigte Bereiche. Um die Sehenswürdigkeiten außerhalb des Zentrums zu besichtigen, kann man sich der Busse, Straßenbahnen, Vorstadtzüge und manchmal auch der Seilbahnen bedienen. Die Orientierung fällt leicht, da viele Pässe für alle öffentlichen Verkehrsmittel gelten. Taxis stehen ebenfalls zur Verfügung, sind aber recht teuer. An den Bahnhöfen kann man Fahrräder als alternative Fortbewegungsmittel mieten. Einen unvergesslichen Eindruck des Landes bekommt man sicher bei einem der zahlreich angebotenen Bootsausflüge.

Geführte Besichtigungstour durch ein Stadtzentrum

Taxi

Da der öffentliche Nahverkehr in der Schweiz so gut funktioniert, lohnt sich ein Taxi meist nicht. Die Preise sind zwar von Stadt zu Stadt unterschiedlich, aber generell hoch. Neben einer Grundgebühr gibt es eine Zusatzgebühr für jeden gefahrenen Kilometer (St. Moritz: 8 Fr. Grundgebühr, 3,80 Fr./km; Zürich: 8 Fr. Grundgebühr, 5 Fr./km). Nachts und am Wochenende wird ein weiterer Zuschlag verlangt.

Taxis haben keine bestimmte Farbe, dafür aber ein Taxi-Schild auf dem Dach. Vor fast jedem Bahnhof befindet sich ein Taxistand. Man kann auch per Telefon ein Taxi bestellen.

Bus und Tram

Die schnellste Fortbewegungsart innerhalb der Schweizer Städte ist die Fahrt mit dem (Trolley-)Bus oder der Straßenbahn. Sie fahren regelmäßig zwischen 5 und 24 Uhr, Nachtbusse allerdings nur an den Wochenenden. In allen Wagen befindet sich ein Streckenplan mit allen Haltestellen. Der Fahrer bzw. ein Tonband kündigt jede kommende Haltestelle an. Wer aussteigen möchte, muss dies per Knopfdruck signalisieren. Bustüren öffnen sich automatisch, Tramtüren werden von den Fahrgästen per Knopfdruck geöffnet.

S-Bahn und Métro

Zürich, Bern, Genf und andere Schweizer Städte besitzen eine S-Bahn (»RER« auf Französisch). Knotenpunkt aller Linien sind die Hauptbahnhöfe. Von dort aus kann man sowohl in die Vororte als auch in die Nachbarstädte fahren. Fahrräder kann man in fast allen S-Bahnen mitnehmen. Das Streckennetz ist im Inneren der Wagen ausgehängt.

Städte, die an besonders steilen Hängen liegen (beispielsweise Lausanne und Fribourg), verfügen zudem über Standseilbahnen. In Lausanne führt sie vom Hauptbahnhof aus in zwei Richtungen: eine zum Stadtzentrum, die andere nach Ouchy, einem Vorort am Ufer des Genfer Sees. Lausanne ist zudem die einzige Stadt in der Schweiz, die auch eine U-Bahn (Métro) hat.

Fahrkarten

Welche Fahrkarten es gibt und was sie kosten, steht an den Bus- und Straßenbahnhaltestellen. Die meisten Städte sind in verschiedene Zonen aufgeteilt. Je mehr Zonen man durchquert, desto teurer ist das Ticket. Die Fahrkarten sind nur für einen bestimmten Zeitraum gültig (von einer Stunde bis zu einem Tag oder länger), können aber für alle Verkehrsmittel verwendet werden. In Zürich gilt ein Ticket z. B. für Busse, Straßenbahnen, S-Bahnen und Schiffe.

An jeder Haltestelle gibt es einen Fahrkartenautomaten, an dem man mit Bargeld, Geldkarten, die man am Zeitungskiosk erhält, sowie gängigen Debit- und Kreditkarten zahlen kann. Vor Antritt der Fahrt muss der Fahrschein entwertet werden. Es werden regelmäßig Kontrollen durchgeführt (auch von Beamten in Zivil). Schwarzfahren kostet ab 90 Franken, bei ungenügender Fahrkarte (Graufahren) 30 bis 75 Franken.

Der »Swiss Travel Pass« und der »Swiss Travel Pass Flex« *(siehe S. 297)* gelten in 90 Schweizer Städten für alle Ver-

Tramlinie 8 zum Hardplatz in Zürich

Bus nach Bülach im Kanton Zürich

kehrsmittel (die Städte sind auf dem Pass aufgelistet), zudem hat man Gratis-Eintritt in rund 500 Museen des Landes und 50 Prozent Ermäßigung in allen Bergbahnen. In einigen Städten werden Besucherpässe verkauft. Die »ZürichCARD« z. B. kostet 24 Franken für einen und 48 Franken für drei Tage. Damit erhält man auch Ermäßigungen bei Besichtigungstouren und freien bzw. ermäßigten Eintritt in viele Museen.

Schild mit Hinweis auf begrenztes Parken

Parken

Das Autofahren im Stadtzentrum kann manchmal nervenaufreibend sein. Einfacher ist es, das Auto auf einem »Park and Ride«-Parkplatz vor der Innenstadt stehen zu lassen und auf Bus oder Tram umzusteigen.

Parkplätze am Straßenrand und in Parkhäusern sind in Städten recht teuer. Die Plätze sind durch farbige Linien gekennzeichnet. Für die weiße Zone benötigt man einen Parkschein, den man gut sichtbar im Auto hinterlässt. In der blauen Zone braucht man eine Parkscheibe (z. B. in Tourismusbüros und Banken erhältlich). In der roten Zone kann man mit Parkscheibe 15 Stunden kostenlos parken. Falschparken/Zeitüberschreitung wird mit Strafen geahndet (40–120 Fr., wird auch im Ausland eingetrieben). An vielen Parkautomaten kann man nur mit Münzen oder einer Geldkarte bezahlen.

Kostenlose Parkplätze bieten die großen Supermärkte, allerdings sind sie offiziell Kunden vorbehalten.

Fahrräder

Aufgrund der konsequenten Schweizer Umweltschutzpolitik sieht man in den Städten viele Radfahrer. Radwege, Radampeln und Fahrradständer sind allgegenwärtig. An vielen Hauptbahnhöfen kann man sich Räder leihen. In manchen Städten ist dieser Service sogar kostenlos. Für die traditionelle Radausleihe braucht man einen Reisepass und hinterlegt eine Kaution, für PubliBike (siehe S. 299) nur die Daten einer Kreditkarte. Informationen erhalten Sie in Tourismusbüros und auch im Internet unter www.rentabike.ch oder www.publibike.ch.

Zu Fuß unterwegs

Viele der ältesten und am besten erhaltenen Stadtzentren der Schweiz wurden ganz oder teilweise in Fußgängerzonen umgewandelt, um die originale Atmosphäre und das ruhige Ambiente zu bewahren. Empfohlene Rundgänge sind direkt auf den Gehwegen durch eine durchgehende Linie oder durch Fußsymbole auffällig gekennzeichnet. Bei den Hauptsehenswürdigkeiten befinden sich Informationstafeln.

In manchen Städten bieten die Tourismusbüros neben Stadtplänen und anderen hilfreichen Materialien auch geführte Stadtbesichtigungen in deutscher, französischer, italienischer oder englischer Sprache an.

Schiffe und Fähren

Von Autofähren bis hin zu Sightseeing-Kreuzfahrten bieten die Seen der Schweiz viel Entspannung und die Möglichkeit, die Schönheit der Städte an Seeufern aus einer einzigartigen Perspektive zu genießen. Vom Wasser aus lässt sich die oft malerische Uferarchitektur am besten genießen. Umrahmt von Weiden und Gipfeln in der Ferne lassen sich Städte wie Genf, Zürich, Konstanz, Neuenburg und Lugano ganz neu entdecken. Kreuzfahrten werden meist nur in den Sommermonaten angeboten. Längere Kreuzfahrten auf dem Lago Maggiore führen von Locarno oder Ascona nach Stresa im italienischen Teil des Sees.

Basel bietet Urlaubern eine einzigartige Rheinüberquerung auf nicht motorisierten Fähren, die per Kabel gezogen werden.

Tickets können in der Regel entweder an den Ticketschaltern an den Bootsanlegestellen oder direkt auf den Schiffen bzw. Fähren gekauft werden. Der Swiss Travel Pass (siehe S. 297) gilt für alle Wasserstraßen des Landes mit Ausnahme des Lago Maggiore.

Historisches Dampfschiff auf dem Genfer See

Textregister

Seitenangaben in **fetter** Schrift beziehen sich auf Haupteinträge

A

Aarau **155**
  Restaurants 270
Aare (Fluss) 55, 70
  Aareschlucht 83
Aargau (Kanton) 43, 139, 155
Aargauer Kunsthaus (Aarau) 155
Abenteuersport 278f
Abholzung 25f
Abteien/Klöster
  Clostra San Jon (Müstair) 204f
  Église Abbatiale (Payerne) 129
  Kartause Ittingen 186
  Kloster Einsiedeln 31, **230f**
  Kloster Engelberg 233
  Kloster Königsfelden 156
  Kloster Muri 141, **156**, 167
  Kloster St. Georgen (Stein am Rhein) 186
  Rheinau 157
  St. Gallen 31, **190f**
  St-Maurice 88
  Zisterzienserkloster (Wettingen) 140, **156**
Ad Parnassum (Klee) 61
ADAC 298
Adelboden **86**
  Skigebiete 281
Adler, Gasthof (Bürglen) 228
Aeschi 78
Affoltern 75
Aigle 123, **125**
  Hotels 250
  Restaurants 268
Aiguilles Rouges, Les 89
Airlines 284f
Airolo **223**
  Hotels 254
Albrecht I. 156
Alemannen 39, 129, 154
Aletschgletscher 21, 28, **95**
Alm-Öhi 195
Almauftrieb 35, 94
Alp Ota 205
Alpen
  Auto fahren 299
  Entstehung 28f
  Landschaft 26f
Alpenkonvention 25
Alpenpässe *siehe* Pässe
Alpenrose 27
Alpensteinbock 27
Alphorn 24, 36
Älplerchilbi 36
Alpnachstad 233
Alpstein-Massiv 192
Altdorf 211, **228**
  Hotels 254
  Restaurants 274
Alte Kanzlei (Zofingen) 155
Altes Zeughaus (Schaffhausen) 184
Altes Zeughaus (Solothurn) 76
American Express 290
Ammertenspitz 86
Amphitheater, römisches (Avenches) 129
Andermatt **227**
  Hotels 254
  Skigebiete 281
Andersen, Hans Christian 124
Anker, Albert 60, 135, 160, 174

Anna Feodorowna, Großherzogin 104f
Anna von Habsburg, Königin 152
Anna-Seiler-Brunnen (Bern) 59
Anthroposophische Gesellschaft 154
Antiquitäten
  Bern 68f
  Genf 111
  Zürich 178f
Apotheken 289
Appenzell **192f**
  Feste und Festivals 34f, 37
  Hotels 253
  Restaurants 272
Appenzell-Ausserrhoden (Halbkanton) 42, 181, 192
Appenzell-Innerrhoden (Halbkanton) 42, 181, 192
Appenzeller Schaukäserei (Stein) 192f
Appenzeller Volkskunde-Museum (Stein) **192**, 193
Arbon 187
  Restaurants 272
Archäologie
  Antikenmuseum (Basel) 147
  Archäologische Sammlung (Universität Zürich) 172
  Augusta Raurica 154
  Laténium, Parc et Musée d'Archéologie de Neuchâtel 135
  Musée Archéologique Gallo-Romain (Martigny) 88
  Musée d'Histoire du Valais (Sion) 90
  Musée Romain (Avenches) 129
  Musée romain (Lausanne) 121
  Römerhaus (August) 154
  Steinkreis aus der Jungsteinzeit (Yverdon-les-Bains) 132
  siehe auch Museen und Sammlungen
Architektur 24, **30f**
  Architekturmuseum (Basel) 146
  Freilichtmuseum Ballenberg **84f**
  Schweizer Chalet 31
Ardez 204
Armee 25
Arolla 89, 92
Arosa **255**
  Hotels 253
  JazzAscona 35
  Restaurants 272
Arp, Hans 171, 189, 219, 221
Arsenal, Altdorf 228
Art Basel 23, **35**, 142
Art Brut 120
Asam, Cosmas Damian und Egid Quirin 230f
Ascona 220, **221**
  Hotels 254
  Restaurants 274
Atelier Hermann Haller (Zürich) 172f
Au-dessus de Paris (Chagall) 175
Auditorium Strawinsky (Montreux) 124
Auer, W.H. 58f
Augusta Raurica **154**
Augustinergasse (Basel) 145, **147**
Auserwählte, Der (Hodler) 60
Ausrüstung, Wintersport 281
Austrian (Fluggesellschaft) 295
Autos
  Alpen 299
  Anreise mit 298
  Autobahnen 298
  Mietwagen 299
  Parken 299
  Straßenverkehrsregeln 298
  Vignette 298

Autos (Museen)
  Automobilmuseum, Château de Grandson 133
  Musée de l'Auto, Fondation Pierre Gianadda (Martigny) 88
  Verkehrshaus (Luzern) 242
Autovermietung 299
Avenches 39, **128f**
  Festival d'Opéra 35
  Hotels 250
  Restaurants 268
Axalp 82

B

Bach-Festival (Lausanne) 36
Bachalpsee 26, 86
Bacon, Francis 154
Bad Pfäfers 194
Bad Ragaz **194**, 282
  Hotels 253
  Restaurants 272
Baden 152f, **158f**
  Hotels 252
  Restaurants 270
  Zentrumskarte 159
Bahnhofstrasse (Zürich) **168f**
Bahnreisen *siehe* Züge
Balexert-Einkaufszentrum (Genf) 110
Baliere (Frauenfeld) 186
Ballenberg, Freilichtmuseum 31, **84f**
Ballonfahrten 277
  Heißluftballonwoche (Château d'Oex) 37
Balzers 196
Banken **290**
  Bankenwesen 23, 46
Baptisterium, Riva San Vitale 215
BärenPark (Bern) **64**
Bärenplatz (Bern) 56, **58**, 68
Barfüsserplatz (Basel) 144
Bari, Meister von 106
Barockarchitektur 31
Barrage de la Grande Dixence **89**
Barrage de Mauvoisin 89
Bars 256
Basel **142–151**
  Detailkarte: Altstadt 144f
  Feste und Festivals 34–37, 142
  Fürstbischöfe 137
  Geschichte 40f
  Hotels 252
  Kanton 42, 71, 139
  Restaurants 270
  Zentrumskarte 143
Basel World 34
Basler Papiermühle (Basel) 147
Bâtiment des Forces-Motrices (Genf) **108f**
Baud (Familie) 133
Beatenberg 23
Beckenried
  Hotels 254
  Restaurants 274
Bed and Breakfast 246f
Beer von Bildstein, Johann Michael 190
Bella Tola 93
Bella Lui 92
Bellinzona 51, 209, **224f**
  Hotels 255
  Restaurants 274
  Zentrumskarte 225
Bénichon, La (Fribourg) 36
Berggasthöfe 247
  Im Heu schlafen 247

Bergsteigen 276f, 279
Bern 50, **52–69**
  Altstadt **56f**
  Detailkarte: Altstadt 56f
  Feste und Festivals 34–37, **66**
  Geschichte 41, 43, 53
  Hotels 248
  Kanton 39, 71
  Restaurants 264f
  Shopping 68f
  Unterhaltung 68f
  Zentrumskarte 54f
Berner Alpen 71, 72, 226
Berner Oberland *siehe* Mittelland, Berner Oberland und Wallis
Berneuse 125
Bernhard, hl. 88
Bernhardiner 88
Bernina Express 33, 296f
Bernina-Pass **205**
Bernisches Historisches Museum **65**, 79, 133
Bernoulli, Jakob und Johann 42, 142
Berschis 194
Berthold IV., Herzog von Zähringen 130
Berthold V., Herzog von Zähringen 53, 59
Best Western (Hotelkette) 246f
Beyeler, Hilda und Ernst 154
Bèze, Théodore de 104
Bianco, Lago 205
Biasca 220
Bibliotheken
  Stadt- und Universitätsbibliothek (Bern) 63
  Stiftsbibliothek (St. Gallen) 188
Biel (Bienne) 22, **74**
Bielersee 22, 74
Bier 262
Bierflaschenmuseum (St. Gallen) 189
Bietschhorn-Gruppe 95
Bill, Max 24
Birchermüesli 258
Bise (Nordwind) 26
Bisse du Roh 92
Blaues Pferd II (Marc) 61
Blausee 86
Blei- und Silbermine (S-charl) 204
Blümlisalphorn 86
Bocion, François 117
Böcklin, Arnold
  Der Krieg 174
  Das Spiel der Nereiden 151
Bödeli 79
Bodensee **187**
Bodmer, Paul 170
Boltigen 87
Bon Génie (Genf) 110f
Bonivard, François 126f
Bonnard, Pierre
  In einem südlichen Garten 61
Bootsfahrten 299, 301
Botanische Gärten *siehe* Parks und Gärten
Botschaften 287
Botta, Mario 24
  Chiesa di San Giovanni Battista (Mogno) 222
  Monte-Tamaro-Kapelle 214
  Museum Tinguely (Basel) 147
Bourbaki Panorama (Luzern) 241
Bovys (Familie) 128
Bramantino 219
Brambrüesch 200
Brancusi, Constantin 161
  Vogel im Weltall 175

Brandis, Ortlieb von 201
Braque, Georges 60, 189
Braunwald 193
Breguet, Abraham-Louis 136
Breiten ob Mörel
  Restaurants 265
Brenno (Fluss) 223
Brent
  Restaurants 268
Brienz **82**
Brienzer Rothorn 82
Brienzer Rothornbahn 33, 82
Brienzersee 72, **82**
Brig **94f**
  Hotels 248
  Restaurants 265
Briner, Jakob 160
Brione-Verzasca 223
Brissago 220
Brown, Sidney 159
Brücken
  Alte Brücke (Olten) 74
  Holzbrücke (Baden) 139, **158**
  Holzbrücke (Emmental) 75
  Kapellbrücke (Luzern) **236**, 239
  Mittlere Rheinbrücke (Basel) 143f
  Monbijoubrücke (Bern) 58
  Münsterbrücke (Zürich) 165
  Nydeggbrücke (Bern) 63
  Pont de Berne (Fribourg) 131
  Ponte dei Salti (bei Lavertezzo) 48f, 223
  Spreuerbrücke (Luzern) 237
Brugg 156
Brunnen **229**
  Hotels 255
Brunner, Caspar 59
Bücher
  Bern 69
  Genf 111
  Zürich 178f
Bugnion, Charles-Juste 120
Bührle, Emil G. 173
Bulle
  Restaurants 268
Bundeshaus (Bern) 52, **58f**
Bundesplatz (Bern) 56, **58**
Bundesrat 22
Bundesversammlung 22, 43, 52
Bündner Kunstmuseum (Chur) 200
Bündner Naturmuseum (Chur) 200
Bungee-Jumping 278
Burckhardt, J.R. 146
Burgdorf 75
Burgen, Festungen und Schlösser
  Burg Gutenberg (Balzers) 196
  Castelgrande (Bellinzona) 30, **224**
  Castello di Misox (Mesocco) 209
  Castello di Montebello (Bellinzona) 225
  Castello di Sasso Corbaro (Bellinzona) 225
  Castello Visconteo (Locarno) 218
  Chaste Tarasp 204
  Château d'Aigle 125
  Château d'Ouchy (Lausanne) 121
  Château d'Yverdon (Yverdon-les-Bains) 132
  Château de Cheneaux (Estavayer-le-Lac) 129
  Château de Chillon 30, 112, **126f**
  Château de Delémont 137
  Château de Grandson 133
  Château de Gruyères 128
  Château de Neuchâtel 134
  Château de Tourbillon (Sion) 90

Château de Valère (Sion) 90
Château de Vidomnes (Sierre) 92
Château St-Maire (Lausanne) 117
Erlach 74
Festung Fürigen (Stans) 233
Fort de Pré-Giroud (bei Vallorbe) 133
Frauenfeld 186
Goldswil 82
Hospental 227
Landvogteischloss (Baden) 158f
Lenzburg 155
Montebello (Bellinzona) 30
Munot (Schaffhausen) 51
Murten 128
Museggmauer (Luzern) 240
Oberer Turm (Kaiserstuhl) 157
Rapperswil 193
Regensberg 157
Riedholzschanze (Solothurn) 76
Ruine Stein (Baden) 158
Sasso Corbaro (Bellinzona) 30
Schloss Arenenberg 187
Schloss Burgdorf 71
Schloss Hüneg (Hilterfingen) 78
Schloss Laufen 186
Schloss Oberhofen (Thuner See) 79
Schloss Thun 75
Schloss Vaduz 197
Schloss Wimis (Niedersimmental) 87
Schloss Zurzach 157
Schlössli (Aarau) 155
Seedorf 228
Spiez 78
Tour de la Bâtiaz (Martigny) 88
Tour des Sorciers (Sion) 91
Turmhof (Steckborn) 187
Vufflens-le-Château 30, 122
Vulpera 204
Zug 232
siehe auch Historische Gebäude und Monumente; Museen und Sammlungen; Paläste, Palais und Palazzi
Bürgenstock 232
  Restaurants 274
Bürgerkrieg 43
Bürgi, Jost
  Globus 166
Bürglen 211, **228**
Burgunder 39, 40
Busse 299, 300
Byron, Lord 121, 124, 127

C

Cabanes Blanches (van Gogh) 175
Cabaret Voltaire (Zürich) 171
Caesar, Julius 88
Café Schober (Zürich) 179
Calame, Alexandre 64, 76
Calanda 200
Calvin, Johann 42, 97
  Cathédrale St-Pierre (Genf) 102
  Mur de la Réformation (Genf) 104
Camping 247
Canyons
  Via-Mala-Schlucht 209
Capanna Regina Margherita 94
Cartigny *siehe* Palais Cartigny
Casa Genardini (Sonogno) 223
Casa Granda (Stampa) 208
Casa Torre (Poschiavo) 205
Casinos
  Bern 67
  Montreux 124f

Castelgrande (Bellinzona) 30
Castres, Édouard 241
Caux
  Restaurants 268
Cavaglia 205
Cavigliano
  Restaurants 274
Centovalli **222**
  Hotels 255
Centre Pasquart (Biel/Bienne) 74
Centre Thermal (Yverdon-les-Bains) 132
CERN siehe Europäische Organisation für Kernforschung
Cevio 222
Cézanne, Paul 60, 77, 88, 150, 154, 159, 236
Chagall, Marc 236
  Au-dessus de Paris 175
  Fraumünster (Zürich) 170
Chalandamarz 34
Chalets **31**, 281
Challant, Bischof Boniface de 90
Chamanna Cluozza (Schweizerischer Nationalpark) 206
Chambésy
  Restaurants 268
Chamois 27
Chandolin 93
Chaplin, Charles 124
Charles VII, König von Frankreich 40f
Château siehe Burgen, Festungen und Schlösser
Château d'Oex
  Heißluftballonwoche 37
Châtel-St-Denis
  Feste und Festivals 36
Cheneaux, Château de (Estavayer-le-Lac) 129
Chiggiogna 223
Chillon, Château de 30, 112, **126f**
Chinagarten (Zürich) 172, 177
Chironico 223
Christus im Grab (Holbein) 151
Chur **198–201**
  Hotels 253
  Restaurants 273
  Zentrumskarte 199
Churchill, Winston 133
Churfirsten-Massiv 193, 194
Cinéma, Le (Collectif d'enfants) 120
Clearing (White) 24
Clubs
  Bern 67
  Genf 109
  Zürich 177
Col du Grand-St-Bernard **88f**
Collection de l'Art Brut (Lausanne) 120
Collegio Papio (Ascona) 31, **221**
Columba, hl. 133
Combats des reines (Kuhkämpfe) 22, 34, 36, 94
Como, Bischöfe von 218, 224
Como, Lago di 200
Confiserie Sprüngli (Zürich) 179
Coppa Romana 37
Corot, Jean-Baptiste Camille 128, 159, 173
  Le Quai des Pâquis à Genève 107
Corviglia 208
Cosmorama (Verkehrshaus, Luzern) 243
Coubertin, Baron Pierre de 120
Courbet, Gustave 173
Cranach, Lucas 160
Crans-Montana **92**
  European Masters (Golfturnier) 36
  Hotels 248
  Restaurants 265

Credit Suisse 168, 290
Crissier
  Restaurants 268
Crousaz, Rodolphe de 116
Cucchi, Enzo 214
Cully 123
Curling 276
  Coppa Romana 37

D

Dada (Kunstrichtung) **171**
Dählhölzli, Tierpark (Bern) 65
Dämme
  Barrage de la Grande Dixence **89**
  Barrage de Mauvoisin 89
Dampfzentrale (Bern) 67
Davel, Jean 117
David übergibt Goliaths Haupt dem König Saul (Rembrandt) 151
Davos **195**
  Festivals 37
  Hotels 253
  Restaurants 273
  Skigebiete 280f
Deep Purple 125
Degas, Edgar 77, 159, 160, 173
Delacroix, Eugène 150, 173
Delémont **137**
  Hotels 250
  Restaurants 268
Depression, wirtschaftliche 46
Deusser, August 157
Deutsch, Niklaus Manuel
  Die Versuchung des heiligen Antonius durch Dämonen 60
Deutsche Sprache 19, 22
Deutschland Direkt 292
Diavolezza 205
Die Schweiz entdecken **10–15**
Diego (Giacometti) 47
Dimitri (Clown) 222
Diners Club 290
Dirr, Franz Anton 190f
Disteli, Martin 74
Dolmetsch (Kunsthandwerk, Zürich) 179
Dom (Berg) 94
Domodossola 95, 222
Dorfmuseum (Riehen) 154
Dornach **154f**
  Restaurants 270
  Schlacht von 40
Doyle, Sir Arthur Conan 83
Drama siehe Theater
Drei-Pässe-Tour 226f
Drei-Schwestern-Massiv 197
Dreibündenstein 200
Dreißigjähriger Krieg 42
Dubuffet, Jean 120
Dufour, Général 104
Dufourspitze 94
Dumas, Alexandre 134
Dunant, Henri 43, 46
Dürrenmatt, Friedrich 23

E

Edelweiß 27, 283
Eggishorn 21
Eglisau **157**
  Restaurants 270
Église siehe Kirchen
Egmont, Justus von 229
EHIC (Europäische Krankenversicherungskarte) 289
Eichenberger Tea Room (Bern) 69

Eidgenössische Technische Hochschule (Zürich) 24, **172**
Eiger 72, 83
Eingeschlafene Trinkerin (Picasso) 61
Einkaufen siehe Shopping
Einreise 286
Einsiedeln
  Hotels 255
  Kloster Einsiedeln **230f**
  Restaurants 274
Einstein, Albert 24, 59
Einsteinhaus (Bern) **59**
Einwohnerzahl 16
Eis auf dem Fluss (Monet) 60
Eisenbahn siehe Züge
Eishockey, Spengler Cup (Davos) 37
Eistauchen 276
El Greco 160
Elektrizität 287
Emme (Fluss) 75
Emmental **75**
Engadin **204**
  Engadin Skimarathon 34
  Engadiner Museum (St. Moritz) 208
Engelberg **233**
  Hotels 255
  Restaurants 274
  Skigebiete 281
Engelberger Aa (Fluss) 233
Engstligenfälle 86
Engstligental 86
Ensinger, Matthäus 62
Enzian 27
Erasmus 142
Eringertal siehe Val d'Hérens
Erlach 74
Erlach, Hieronymus von 63
Erlacherhof (Bern) 63
Erlenbach 87
Escalade, L' (Genf) 97
Escaliers du Marché (Lausanne) 115, **116**
Espace Jean Tinguely – Nikki de Saint Phalle (Fribourg) 131
Essen und Trinken
  Getränke 262f
  Lebensmittelindustrie 44
  Schweizer Küche 258f
  siehe auch Käse; Schokolade; Weine
Estavayer-le-Lac 129
  Hotels 250
ETH Zürich siehe Eidgenössische Technische Hochschule
EU-Heimtierausweis 286
Eugénie, Kaiserin 187
Euler, Leonhard 43
Euro, Akzeptanz 290
Europäische Organisation für Kernforschung (CERN) 24, 97
Europäische Union 47
European Masters (Crans-Montana) 36
Euseigne, Pyramides d' 92
Evolène 92
Export 23
Expovina (Zürich) 36
Extremsport 278f

F

Fabro, Luciano 189
Fahrräder 299, 301
  Verleih 278, 301
Falstaff im Wäschekorb (Füssli) 174
Family Card (Bahnpass) 297
Farel, Guillaume 104, 134
Fasel, Hans 130
Fasnacht 37, 142, 212

Fast Food 256
Faulhorn 86
Fauna *siehe* Tierwelt
Feiertage 37
Fellner, Ferdinand 172
Felskinn 94
Feste und Festivals **34–37**
 Bern 66f
 Fête de la Désalpe 36
Festungen *siehe* Burgen, Festungen und Schlösser
Fête de l'Escalade 37
Fête des Vendanges 36
Feuchtmayer, Franz Joseph Anton 190f
Feuerwehr 289
FIFA World Football Museum 173
Film *siehe* Kino
 Internationales Filmfestival (Locarno) 35
First 86
Flexi Pass **297**, 300
Flon-Viertel (Lausanne) 120
Flora 27
Flüelen 228
Flüge, Sightseeing 277
Fluggepäck Express 295
Flugreisen **294f**
 Flughäfen 294f
 Fluglinien 294f
Flugsport 277, 279
Flugzeuge, Verkehrshaus (Luzern) 243
Föhn 26
Fondation Beyeler (Riehen) 154
Fondation de l'Hermitage (Lausanne) 120
Fondation Oskar Kokoschka (Vevey) 124
Fondation Pierre Gianadda (Martigny) 88
Fondue 256f, **258**
Fontaine de St-Jacques (Fribourg) 115
Fontaine St-Jean (Fribourg) 20
Fontana, Domenico 216
Försterzunft, Haus der (Biel/Bienne) 74
Forum Schweizer Geschichte Schwyz (Schwyz) 229
Fotografie
 Fotomuseum (Winterthur) 161
 Museum im Bellpark (Kriens) 241
Foxtrail (St. Gallen) 189
Fragonard, Jean-Honoré 159
Franches-Montagnes **137**
Frankenherrschaft 39
Französisch-Preußischer Krieg 241
Französische Revolution 241
Französische Sprache 19, 22
Frauen
 Allein reisende 288
 Wahlrecht in der Schweiz 47
Frauenfeld **186**
Freiberge
 siehe Franches-Montagnes
Freie Hochschule für Geisteswissenschaft (Dornach) 155
Freizeitsport 278f
Fresken, Krypta des Münsters (Basel) 148
Fribourg (Freiburg) **130f**
 Detailkarte 130f
 Feste und Festivals 36
 Hotels 251
 Kanton 42, 113
 Restaurants 268
Friedrich III., König 41
Frisch, Max 22f
Fritschi-Skulptur 239
Fronleichnam (katholische Kantone) 35, 94

Fronwagplatz (Schaffhausen) 184
Frühstück 256
Fuorn, Pass dal 207
Furka-Pass 94, 226
Fürstenberg, Heinrich von 40
Füssli, Henri
 Falstaff im Wäschekorb 174

G

Gais 192
Gallus 188
Galluspforte (Münster, Basel) 148
Gämsen 27
Gandria 215
Gansabhauet (Sursee) 36
Garbo, Greta 133
Gärten *siehe* Parks und Gärten
Gästehäuser **246f**, 281
Gästekarten 246
Gauguin, Paul 159, 173
 Ta matete 150
Geigenbauschule (Brienz) 82
Geldumtausch 290
Gemmi-Pass 93
Generalstreik 46
Geneva English Drama Society 109
Genf 50, **96–111**
 Anreise 99
 Detailkarte: Altstadt 100f
 Feste und Festivals 34f, 37
 Fête de l'Escalade 37
 Fêtes de Genève 35, 109
 Geschichte 97
 Hotels 250
 Kanton 43, 97, 113
 Restaurants 266–268
 Shopping 110f
 Unterhaltung 108f
 Völkerbund 46
 Zentrumskarte 98f
Genfer Konvention 103
Genfer See 113, **122f**
Geologie **28f**
 Geologie- und Gletscherzentrum (Les Haudères) 92
 Geologisches Museum der Burg von Seedorf 228
 Gletschergarten (Luzern) 241
 »Kochtöpfe der Riesen« (Cavaglia-Ebene) 205
Gepäck
 Fluggepäck Express 295
 Transport in Zügen 296
Geranienmarkt (Bern) 68
Gerechtigkeitsbrunnen (Bern) 63
Gerechtigkeitsgasse (Bern) 57, **63**, 68
Geschichte **38–47**
 Bündnis der »Urkantone« 39f, 42
 Bürgerkrieg 43
 Frühe Siedler 39
 Helvetische Republik 43
 Reformation 42
 Schweizerische Eidgenossenschaft 43
 Unabhängigkeitskampf 40f
 Weltkriege 46f
Gessler, Hermann 41, 228f
Gesundheit **288f**
 Spas und Wellness **282f**
Getränke **262f**
 Weine 263
Giacometti, Alberto 24, 161, 174, 189, 200
 Diego 47
 Stampa 208

Giacometti, Augusto
 Fraumünster (Zürich) 170
 Grossmünster (Zürich) 171
 Kirche St. Jacob (Klosters) 195
 Kirche St. Martin (Chur) 198
 Pfarrkirche (Adelboden) 86
 Stampa 208
Giacometti, Giovanni 76, 117, 160, 200
Giessbachfälle 82
Gillan, Ian 124f
Giornico 223
 Schlacht von 225
girocard 290
Giumaglio 222
Glacier Express 32, 226
Glärnisch-Massiv 193
Glarus **193**
 Feste und Festivals 34
 Kanton 39, 181
 Restaurants 273
Glasarbeiten, Glasi Museum (Hergiswil) 233
Gleitschirmfliegen 277, 279
Gletscher
 Aletschgletscher 21, **95**
 Feegletscher 94
 Geologie 28
 Geologie- und Gletscherzentrum (Les Haudères) 92
 Glacier de Moiry 93
 Glacier des Diablerets 125
 Gletschergarten (Luzern) 241
 Gornergletscher 94
 Oberer Gletscher 86
 Plaine Morte 92
 Pro Natura Zentrum Aletsch 95
 Titlis 233
Gletschergarten (Luzern) 241
Glis 95
Globus (Kaufhaus)
 Bern 69
 Genf 110f
 Zürich 179
Gobelins, Historisches Museum (Bern) 65
Goethe, Johann Wolfgang von 154
Goetheanum (Dornach) 154f
GoldenPass Line 296f
Goldswil, Burg 82
Golf 278f
 European Masters (Crans-Montana) 36
Goppenstein 86
Gornergletscher 93
Gornergrat **93**
Göschenen 227
Gotische Architektur 30
Gotthard-Basistunnel 32
 siehe auch St.-Gotthard-Pass
Gottlieben **187**
Goya y Lucientes, Francisco José de 160
Grand-Place (Vevey) 124
Grandfey-Viadukt 42
Grandhotel Giessbach 82
Grandson **133**
 Schlacht von 133
Graphische Sammlung (Eidgenössische Technische Hochschule, Zürich) 172
Graubünden
 Kanton 43, 181, 198
 siehe Ostschweiz und Graubünden
Graues Haus (Chur) 199
Gregor X., Papst 118
Griechische Kunst, Musée d'art et d'histoire (Genf) 106
Grimentz 93

Grimsel-Pass 94, **226**
Grindelwald 83, **86**
   Hotels 248
   World Snow Festival 37
Grossbasel, Viertel (Basel) 142
Großer St.-Bernhard-Pass **88f**
Grottes de Vallorbe 133
Grünewald 160
Grütschalp 86f
Gruyères **128**
   Hotels 251
   Restaurants 268
Gstaad **87**
   Hotels 248
   Restaurants 265
   Skigebiete 280f
   Swiss Open (Tennisturnier) 35
Guarda 204
Guisan, General Henri 46f
Guitare sur un guéridon (Picasso) 175
Gurtenfestival (Bern) 66

H

Habsburg, Dynastie **39–42**
Habsburg, Elizabeth von 156
Habsburg, Graf, Redebot von 156
Hammetschwand-Lift 229
Handwerk *siehe* Kunsthandwerk
Harder Kulm (Interlaken) 79
Hasle-Rüegsau 75
Hauptbahnhof (Zürich) 44, 165, **168**
Haus zum Kirschgarten (Basel) 146
Haus zum Ritter (Schaffhausen) 184
Haus zur Rüden (Zürich) 171
Haus zur Saffran (Zürich) 171
Haus zur Zimmerleuten (Zürich) 171
Heidi (Spyri) **194f**
Heilige Familie, Die (Rubens) 175
Heinrich II., Kaiser 149, 186
Heintz, Daniel 62
Heißluftballons 37, 277
Helmer, Hermann 172
Helmhaus (Zürich) 170
Helvetier 39, 128
Helvetische Republik 43
Hemingway, Ernest 124
Herbstmesse (Basel) 36
Hérémence 89
Hergiswil **233**
Herisau 192
Herzog, Jacques 24
Hesse, Hermann 24
Hilterfingen 78
Hinterrhein (Fluss) 209
Historische Gebäude und Monumente
   Adler, Gasthof (Bürglen) 228
   Alte Kanzlei (Zofingen) 155
   Altes Zeughaus (Schaffhausen) 184
   Altes Zeughaus (Solothurn) 76
   Atelier Hermann Haller (Zürich) 172f
   Baliere (Frauenfeld) 186
   Bundeshaus (Bern) 52, **58f**
   Casa Torre (Poschiavo) 205
   Collegio Papio (Ascona) 31, **221**
   Einsteinhaus (Bern) 59
   Engel Hotel (Küssnacht) 232
   Erlacherhof (Bern) 63
   Graues Haus (Chur) 199
   Haus Bethlehem (Schwyz) 229
   Haus der Försterzunft (Biel/Bienne) 74
   Haus zum Kirschgarten (Basel) 146
   Haus zum Ritter (Schaffhausen) 184
   Haus zur Rüden (Zürich) 171
   Haus zur Saffran (Zürich) 171
   Haus zur Zimmerleuten (Zürich) 171

Heidi Weber Museum (Zürich) 173
Ital Reding-Hofstatt (Schwyz) 229
Käfigturm (Bern) 56, **58**, 59
Kornhaus (Bern) 56, 67
Löwendenkmal (Luzern) 241
Luzernhaus (Frauenfeld) 186
Maison de Ville (Fribourg) 130
Maison des Halles (Neuchâtel) 134
Maison Rousseau 100
Maison Supersaxo (Martigny) 86
Maison Supersaxo (Sion) 91
Maison Tavel (Genf) 100, **104**
Mayenfisch (Kaiserstuhl) 157
Metzgern-Zunfthaus (Zofingen) 155
Mon-Repos (Lausanne) 120
Monument National (Genf) 101
Mur de la Réformation 104
Nutli-Hüschi (Klosters) 195
Ostermundigen-Haus (Freilicht-
   museum Ballenberg) 84
Palais de Justice (Genf) 103
Palais des Nations (Genf) 97, **105**
Park-Villa Rieter 173
Pierres du Niton (Genf) 101
Pinacoteca Casa Rusca (Locarno) 219
Richterswil-Haus (Freilichtmuseum
   Ballenberg) 84
St.-Alban-Tor (Basel) 147
Schmiedstube (Schaffhausen) 185
Spalentor (Basel) 142
Spaniola-Turm (Pontresina) 205
Stadtturm (Baden) 158
Steinkreis aus der Jungsteinzeit
   (Yverdon-les-Bains) 132
Telldenkmal (Altdorf) 228
Tour d'Île (Genf) 99
Vazerol-Denkmal (Chur) 199
Villa Ciani (Lugano) 217
Villa dei Cedri (Bellinzona) 225
Villa Tribschen (Luzern) 241
Villa Turque (La Chaux-de-
   Fonds) 137
Villa Wesendonck (Zürich) 173
Waaghaus (St. Gallen) 188
Wasserturm (Luzern) 236
Zeughaus (Biel/Bienne) 74
Zur Geduld (Winterthur) 160
Zur Linde (Kaiserstuhl) 157
Zytglogge (Bern) 57, **59**
Zytglogge (Solothurn) 76, **77**
siehe auch Abteien/Klöster; Burgen,
   Festungen und Schlösser; Kathe-
   dralen; Kapellen; Kirchen; Museen
   und Sammlungen; Paläste, Palais
   und Palazzi; Rathäuser
Historisches und Völkerkundemuseum
   (St. Gallen) 189
Höchstgeschwindigkeiten 298
Hockenhorn 86
Hodler, Ferdinand 24, **58**, 77, 135, 160f, 174, 200
   Der Auserwählte 60
Möbel, Musée d'art et d'histoire
   (Genf) 107
Schweizerisches Alpines Museum 64
Höhenkrankheit 288
Hohentengen 157
Höhlen
   Grottes de Vallorbe 133
   Höllgrotten (Baar) 213
   Hölloch (Schwyz) 278
   Nidlenloch (Weissenstein) 74
   Siebenhengste-Hohgant-Höhle
      (Kanton Bern) 278
Holbein, Hans 76, 160
   Christus im Grab 151
Höllgrotten (Baar) 213

Holocaust 47
Holzbrücke (Baden) 139, **158**
Holzbrücke (Emmental) 75
Holzschnitzerei
   Schule für Holzbildhauerei (Brienz) 82
Horloge Fleurie (Genf) 101
Hörnli 195
Hornung, Samuel 95
»Hornussen« 24
Hortense, Königin 187
Hospental 227
Hotel Il Fuorn (Schweizerischer
   Nationalpark) 206
Hôtel du Lac (Interlaken) 79
Hôtel de Ville *siehe* Rathäuser
Hotels **246–255**
   Berggasthöfe
   Bern 248
   Camping 247
   Genf 250
   Herbergen 247
   Hotelkategorien 247
   Hotelketten 246
   Hotelwahl 246
   Im Heu schlafen 247
   Mittelland, Berner Oberland und
      Wallis 248f
   Nordschweiz 252
   Ostschweiz und Graubünden 253f
   Preise 246f
   Skiferien 281
   Spas 283
   Westschweiz 250–252
   Zentralschweiz und Tessin 254f
   Zürich 252f
Hubschrauberflüge 281
Hugenotten 42, 44, 136
Hunde
   Bernhardiner **88**
Hus, Jan 187
Hutstock 233
Hütten (für Skifahrer) 281
Hydrospeed (Riverboogie) 278

I

Île Rousseau (Genf) 97
In einem südlichen Garten (Bonnard) 57
Industrie 19, 40f
Inferno Triathlon 35
Inn (Fluss) 200
Innertkirchen 79
Intellektuelle und Künstler 23f
Interlaken **75**
   Feste und Festivals 35
   Hotels 245f
   Restaurants 270
Internationaler Autosalon (Genf) 34
Internationales Jazzfestival (Bern) 34
Internationales Olympisches Komitee
   (IOC) 112, 116
Internationales Rotes Kreuz (und Roter
   Halbmond) 21, 39, 42
   Hôtel de Ville (Genf) 99
   Musée International de la Croix-
      Rouge et du Croissant-Rouge **101**
Internet-Cafés 292f
Intragna 218
   Hotels 258
   Restaurants 282
Isole di Brissago 216
Ital Reding-Hofstatt (Schwyz) 225
Italienische Sprache 19, 22
Ittingen 182
Ivrea, Bartolomeo da 215

J

Jaquet-Droz, Pierre und Henri-Louis 135
Jardin Anglais (Genf) 101
Jaspers, Karl 142
Jazz
  Internationales Jazzfestival (Bern) 34, **66**
  JazzAscona (Ascona) 35
  Marian's Jazzroom (Bern) 67
  Montreux Jazz Festival 23, 35, 124
  Zürich 177
Jeanneret, Charles-Édouard *siehe* Le Corbusier
Jeanrichard, Daniel 136
Jelmoli (Zürich) 168, 179
Jet d'Eau (Genf) **101**
Jodeln 24, 36, 94
Johann, Herzog von Schwaben 156
Johann Jacobs Museum (Zürich) 164, **173**
Johann Nepomuk, hl. 137
Juden 47
  Jüdisches Museum der Schweiz 142
Jugendherbergen 247
Julius II., Papst 40
Jung, Carl G. 46f
Jungfrau 72, 83
  Touristikmuseum (Unterseen) 79
  UNESCO-Welterbe 95
Jungfraujoch **83**
JungfrauPark, Interlaken 79
Jura (Berge) 29, 74
Jura (Kanton) 113, 137
Juweliere
  Bern 69
  Genf 110f
  Zürich 178f

K

Kaffee 262
  Johann Jacobs Museum (Zürich) 173
Käfigturm (Bern) 56, **58**, 59
Kaiserstuhl **157**
  Restaurants 270
Kajak fahren 277f
Kakteen, Städtische Sukkulenten-Sammlung (Zürich) 173
Kandersteg **86**
  Hotels 248
  Restaurants 265
  Skigebiete 281
Kandinsky, Wassily 161, 236
Kantone 22f
  Karte 18f
  Landsgemeinde 34
  »Urkantone« (Waldstätte) 39
Kanu fahren 277
Kapellbrücke (Luzern) 236, 239
Kapellen
  Berschis 194
  Bundeskapelle (Brunnen) 229
  Chapelle Notre-Dame de Compassion (Martigny) 88
  Monte Tamaro 214
  Riedertal 228
  St.-Mamerten-Kapelle (Triesen) 196
  St.-Peterskapelle (Luzern) 239f
  San Vittore 209
  Santa Maria (Pontresina) 205
  Tellkapelle (bei Flüelen) 229
Kapellplatz (Luzern) 239, **240**
Karl I., Kaiser 156
Karl der Große, Kaiser 39, 88, 170f
  Clostra San Jon (Müstair) 204f

Karl der Kühne, Herzog von Burgund 65, 128, 130, 133, 166
Karneval 37
  Lötschental 95
Karten
  Baden: Zentrumskarte 159
  Basel: Detailkarte Altstadt 144f
  Basel: Zentrumskarte 143
  Bellinzona: Zentrumskarte 225
  Bern: Detailkarte 56f
  Bern: Zentrumskarte 54f
  Chur: Zentrumskarte 199
  Drei-Pässe-Tour 226f
  Fribourg (Freiburg): Zentrumskarte 130f
  Genf: Detailkarte Altstadt 100f
  Genf: Zentrumskarte 98f
  Genfer See 122f
  Lago di Lugano 214f
  Lausanne: Zentrumskarte 117
  Liechtenstein 196f
  Locarno: Zentrumskarte 219
  Lugano: Detailkarte 216f
  Luzern: Detailkarte Altstadt 238f
  Luzern: Zentrumskarte 237
  Mittelland, Berner Oberland und Wallis: Regionalkarte 72f
  Neuchâtel: Zentrumskarte 135
  Nordschweiz: Regionalkarte 140f
  Ostschweiz und Graubünden: Regionalkarte 182f
  St. Gallen: Zentrumskarte 189
  Schaffhausen: Detailkarte 184f
  Schweiz 16f
  Schweiz: Überblickskarte 50f
  Schweizer Kantone und Sprachgebiete 18f
  Schweizerischer Nationalpark 206f
  Sion: Zentrumskarte 91
  Solothurn: Zentrumskarte 77
  Thunersee 78f
  Tunnel und Eisenbahnen 32f
  Westschweiz: Regionalkarte 114f
  Winterthur: Zentrumskarte 161
  Zentralschweiz und Tessin: Regionalkarte 212f
  Zürich: Zentrumskarte 164f
Käse **260f**
  Appenzeller Schaukäserei (Stein) 192f
  Emmental 75
  Export 261
  Herstellung 23, 260
  Käsesorten 261
  Kloster Engelberg 233
  Läden (Genf) 111
  La Maison du Gruyère 128
Kathedralen
  Cathédrale Notre-Dame (Lausanne) 30, 50, **118f**
  Cathédrale Orthodoxe Russe (Genf) 104f
  Cathédrale St-Nicolas (Fribourg) 30, 113, **130**
  Cathédrale St-Pierre (Genf) 30, 100, **102f**
  Cattedrale San Lorenzo (Lugano) 216
  Chur **200f**
  Grossmünster (Zürich) 30, **170f**
  Münster (Basel) 30, 145, **148f**
  Münster (Bern) 30, 55, 57, **62f**
  Münster Allerheiligen (Schaffhausen) 30, 185
  Notre-Dame du Glarier (Sion) 91
  Stiftskirche St. Gallen 31, **190f**
  St.-Ursen-Kathedrale (Solothurn) 76
  siehe auch Abteien; Kapellen; Kirchen

Kauffmann, Angelika 199f
Kaufhäuser
  Bern 69
  Genf 110f
  Zürich 179
Kelten
  Laténium, Parc et Musée d'archéologie de Neuchâtel 135
Kern, E.S. 160
Kinder
  Bern 67
  Family Card (Bahnpass) 297
  Kunstmuseum (Winterthur) 161
  Restaurants 257
  Schweizer Kindermuseum (Baden) 158
  Skigebiete 280
Kindlifresserbrunnen (Bern) 59
Kino
  Bern 66
  Genf 109
  Zürich 177
Kirchen
  Andermatt 227
  Anglikansiche Kirche (Zermatt) 93
  Augustinerkirche (Zürich) 169
  Barockkirche (Bürglen) 228
  Basilique Notre-Dame (Fribourg) 131
  Brione-Verzasca 223
  Chiesa Collegiata dei SS Pietro e Stefano (Bellinzona) 211, **224f**
  Chiesa dei SS Pietro e Paolo (Ascona) 221
  Chiesa di San Biagio (Ravecchia) 225
  Chiesa di San Giovanni Battista (Mogno) 222
  Chiesa di San Rocco (Bellinzona) 224
  Chiesa di San Vittore (Locarno) 218
  Chiesa Nuova (Locarno) 218
  Chiesa San Francesco (Locarno) 218
  Chiesa Santa Maria delle Grazie (Bellinzona) 224
  Chiesa Sant'Antonio Abate (Locarno) 219
  Chiggiogna 223
  Chironico 223
  Église Abbatiale de Romainmôtier 132
  Église Collégiale (Neuchâtel) 134
  Église des Cordeliers (Fribourg) 131
  Église St-François (Lausanne) 116
  Église St-Jean-Baptiste (Grandson) 133
  Église St-Laurent (Lausanne) 116
  Église St-Marcel (Delémont) 137
  Église St-Théodule (Sion) 91
  Franziskanerkirche (Luzern) 237
  Französische Kirche (Bern) 56, **59**
  Fraumünster (Zürich) 170
  Gemeindekirche (Regensberg) 157
  Giornico 223
  Glis, Pilgerkirche 95
  Gotische Kirche (Palagnedra) 222
  Heiliggeistkirche (Bern) 56
  Hofkirche (Luzern) 51, **240f**
  Jesuitenkirche (Luzern) 212, 237
  Jesuitenkirche (Solothurn) 77
  Kirche St. Jacob (Klosters) 195
  Kirche St. Johann (Schaffhausen) 185
  Kirche St. Luzius (Chur) 198
  Kirche St. Martin (Chur) 198
  Kirche St. Martin (Zillis) 209
  Kirche St. Mauritius (Appenzell) 192
  Kirche St. Oswald (Zug) 232
  Kirche St. Peter und St. Paul (Bern) 64
  Kirche St. Peter und St. Paul (Küssnacht) 232

Kirchen *(Fortsetzung)*
  Kirche St. Ulrich (Kreuzlingen) 187
  Leonhardskirche (Basel) 146
  Madonna di Ponte (Lago Maggiore) 220
  Malvaglia 223
  Maria zum Trost (Schaan) 197
  Martinskirche (Basel) 144
  Notre-Dame de Valère 90
  Nydeggkirche (Bern) 63
  Obere Kirche (Zurzach) 157
  Pfarrkirche Mariä Himmelfahrt (Baden) 158
  Pfarrkirche St. Martin (Schwyz) 229
  Pfarrkirche St. Peter und St. Paul (Stans) 233
  Predigerkirche (Zürich) 171
  Reformierte Kirche (Eglisau) 140
  Romanische Kirche (Biasca) 223
  Romanische Kirche (St-Pierre-de-Clages) 89
  Romanisch-gotische Stiftskirche (St-Ursanne) 137
  San Carlo di Negrentino (Negrentino) 223
  San Rocco (Lugano) 217
  St. Benedict (Biel/Bienne) 74
  St. Katharina (Kaiserstuhl) 157
  St. Laurenzen-Kirche (St. Gallen) 188
  Sankt Peter (Zürich) 162, **169**
  Santa Maria degli Angeli (Lugano) 217
  Santa Maria del Castello (Mesocco) 209
  Santa Maria del Sasso (Morcote) 214
  Santa Maria della Misericordia (Ascona) 221
  Santa Maria delle Grazie (Maggia) 222
  Santuario della Madonna del Sasso (Locarno) 219, 221
  Stadtkirche (Olten) 74
  Stadtkirche (Winterthur) 160
  Stadtkirche (Zofingen) 155
  Verenamünster (Zurzach) 157
  Vogorno 222f
  Wasserkirche (Zürich) 170
  siehe auch Abteien/Klöster; Kapellen; Kathedralen
Kirchner, Ernst Ludwig 200
  Kirchner Museum (Davos) 195
Kissling, Richard 163
KKL (Luzern) 236
Klausen-Pass 193
Klee, Paul 24, 47, 65, 221, 236
  Ad Parnassum 61
  Senecio (Baldgreis) 150
Kleinbasel, Viertel (Basel) 141, 142, **147**
Kleine Scheidegg 83
Kleines Matterhorn 93
Klettern 276f, 279
Klima 26, **35–37**, 286
  Wetterbericht 289
Klöster *siehe* Abteien/Klöster
Kloster Einsiedeln 31, **230f**
Kloster Königsfelden **156**
Kloster Muri 141, **156**, 167
Klosters **195**
  Hotels 253f
  Restaurants 273
Knabenschiessen (Zürich) 36
Knox, John 104
Kokoschka, Oskar 124, 225
Kolin, Wolfgang 232
Kornhaus (Bern) 56, 67
Kommunikation **292f**
  Museum für Kommunikation (Bern) 64f

Konzert Theater Bern 66f
Konzertsäle *siehe* Theater
Kramgasse (Bern) 57, **59**, 68
Krankenhäuser 289
Krankenwagen 289
Kreditkarten 290
  Notruf 290
Kreuzgassbrunnen (Bern) 59
Kreuzlingen **187**
  Restaurants 273
Krieg, Der (Böcklin) 174
Kriens 233, 241
Kriminalität 288
Krokodil 242
Kuhkämpfe *(combats des reines)* 24, 34, 36, 94
Kultur und Kongresszentrum Luzern 236
Kulturcasino (Bern) 67
Kunigunde, Kaiserin 149
Kunst (Läden)
  Bern 68f
  Genf 111
Kunsthalle, -haus, -museum *siehe* Museen und Sammlungen
Kunsthandwerk
  Castello di Sasso Corbaro (Bellinzona) 225
  Freilichtmuseum Ballenberg **84f**
  Heimatmuseum Schanfigg (Arosa) 195
  Läden (Bern) 68f
  Läden (Zürich) 178f
  Winkelriedhaus (Stans) 233
Kunstwanderweg (Lavertezzo – Brione) 223
Küssnacht 229, **232**
  Hotels 255
  Restaurants 274

L

La Chaux-de-Fonds **136f**
  Hotels 250
  Restaurants 268
La Côte, Weinregion 122
La Neuveville 74
La Praille, Einkaufszentrum (Genf) 110
La Tène 39
Lagalb 205
Lago Maggiore 210, **220f**
Landesmuseum Zürich (Zürich) **166f**, 205
Landestypische Architektur 31
Landsgemeinde 34, 192
Landvogteischloss (Baden) 158f
Landwirtschaft 23
Laténium, Parc et Musée d'archéologie de Neuchâtel 135
L'Auberson 133
Laupen, Schlacht von 41
Lausanne 50, **116–121**
  Feste und Festivals 34, 36
  Hotels 251
  Restaurants 269
  Zentrumskarte 117
Lauterbrunnen 86, **87**
  Hotels 249
  Restaurants 265
Lavertezzo 222f
Lawinengefahr 289
Le Corbusier 24, 437, 137
  Heide Weber Museum (Zürich) 173
Le Locle **136**
  Hotels 251
Le Noirmont
  Restaurants 269

Lederwaren
  Bern 69
  Zürich 178f
Leemann, Jules 44
Léman, Lac *siehe* Genfer See
Lenin (eigentlich Wladimir Iljitsch Uljanow) 46
Lenk 87, 282
Lenzburg 155
Lenzerheide 200
Leoncavallo, Ruggero 220
Leopold, Prinz 40
Les Diablerets **125**
  Hotels 250
  Restaurants 268
  Skigebiete 280f
Les Haudères 92
Lesage, George-Louis 44
Leukerbad **93**, 194
  Hotels 249
Leysin **125**
  Hotels 251
Lichtensteig 193
Liechtenstein 181, **196f**
  Karte 196f
  Kommunikation 293
  Währung 291
Liestal
  Restaurants 271
Liköre 263
Limmat (Fluss) 158
Limmatquai (Zürich) 171
Lindenhof (Zürich) 169
Linthal 193
Lionza 222
Literaturfestival (St-Pierre-de-Clages) 89
Locarno **218f**, 221
  Feste und Festivals 35
  Hotels 255
  Restaurants 275
  Zentrumskarte 219
Locarno, Vertrag von 218
Loeb (Bern) 69
Lothringen, Ita von 156
Lötschberg-Tunnel 72, 86
Lötschental 37
  Brauchtum **95**
Lottinga 223
Louis XIV, König von Frankreich 40, 166
Louis XVI, König von Frankreich 241
Löwendenkmal (Luzern) 241
Lucerne Festival 23, 35, 236
Lucomagno-Pass 223
Ludwig, deutscher König 170
Lufthansa 295
Lugano 214, **216f**
  Detailkarte 216f
  Feste und Festivals 34f
  Hotels 255
  Restaurants 275
Lugano, Lago di **214f**
Lugano Festival (Lugano) 34
Luini, Bernardino 217
Luther, Martin 104
Luzernhaus (Frauenfeld) 186
Luzern 51, **236–243**
  Detailkarte: Altstadt 238f
  Fasnacht 212, 239
  Feste und Festivals 34f
  Hotels 255
  Kanton 35, 207
  Lucerne Festival 23, 35, 236
  Restaurants 275
  Zentrumskarte 237
  siehe auch Vierwaldstättersee

M

Magadino 221
Maggi, Julius 44
Maggia 222
Maggiore, Lago
  siehe Lago Maggiore
Maienfeld **194f**
Mailand, Herzöge von 218, 224f
Maison d'Ailleurs (Yverdon-les-Bains) 132
Maison de Ville (Fribourg) 130
Maison des Halles (Neuchâtel) 134
Maison du Gruyère, La 128
Maison Rousseau (Genf) 100
Maison Supersaxo (Martigny) 88
Maison Supersaxo (Sion) 91
Maison Tavel (Genf) 100, **104**
Malacridis, Jacobinus de 91
Malbun-Steg 197
Maloja-Pass 208
Malvaglia 223
Manet, Édouard 60, 150, 160
Mann, Thomas 172, 195
Männlichen 87, 244f
Marc, Franz
  Blaues Pferd II 61
Marc Aurel, Kaiser 39, 117, 129
Marian's Jazzroom (Bern) 67
Marignano, Schlacht von 42
Marionetten
  siehe Puppen
Märkte
  Bellinzona 224
  Bern 68f
  Chur 199
  Genf 110f
  Kapellplatz (Luzern) 240
  Maison des Halles (Neuchâtel) 134
  Marché-Concours national des chevaux (Saignelégier) 137
  Marktplatz (Basel) 143, 144
  Vevey 124
Marktgasse (Bern) 56, **59**
Marktplatz (Basel) 143, 144
Marktplatz (St. Gallen) 188
Marmot 27
Martigny 36, **88**
  Restaurants 265
MasterCard 290
Matisse, Henri 77, 154, 236
Matterhorn 50, **94**
  Geologie 28
  Matterhorn Museum (Zermatt) 93
  Schweizerisches Alpines Museum (Bern) 64
Matterhorn-Gotthard-Bahn 33
Mattmarksee 94
Mayenfisch (Kaiserstuhl) 157
Medizinische Spas 282f
Medizinische Versorgung 289
Meglinger, Kaspar 237
Mehrwertsteuer 290
  Rückerstattung 290
Meienreuss-Pass 227
Meinrad 230
Meiringen **83**
Melide 214
Mellingen, Ratskammer aus 167
Menthon, Bernhard von, Bischof von Aosta 88
Mercury, Freddie 124
Mesocco **209**
Métro 300
Metzgern-Zunfthaus (Zofingen) 155
Meuron, Pierre de 24
Mietwagen 299
Minotel Suisse 246f

Miró, Joan 154, 161, 189
Mittagessen 256
Mittelallalin 94
Mittelland, Berner Oberland und Wallis **70–95**
  Hotels 248f
  Regionalkarte 72f
  Restaurants 265f
  Unterwegs in 72
Mobiltelefon 292
Moesa (Fluss) 209
Mogno 222
Moiry-Damm 93
  Glacier de Moiry 93
Mollis 194
Monbijoubrücke (Bern) 58
Mönch 72, 83
Mondrian, Piet 154, 161
Monet, Claude 150, 155, 159, 160, 173, 236
  Eis auf dem Fluss 60
Mont Blanc 89
Mont-Pèlerin
  Hotels 251
Monte Brè 214, **215**
Monte Generoso 215
Monte Rosa **94**
Monte San Salvatore 214
Monte Tamaro 214
Montebello (Bellinzona) 30
Monthey 88
Montreux 123, **124f**, 282
  Hotels 251
  Jazz Festival 23, 35, 124
  Restaurants 269
Monument National (Genf) 101
Moods (Zürich) 177
Moon and Stars (Locarno) 35
Moore, Henry 20f
Moosbrugger, Kaspar 230
Morat
  siehe Murten
Morcote 214
Mörel 95
Morgarten, Schlacht von 40, 229
Morges
  Feste und Festivals 34
  Hotels 251
Moritzersee 208
Moser, Karl 159
Mosesbrunnen (Bern) 63
Moulins Souterrains du Col-des-Roches 136
Mountainbiken 278
Mucha, Alfons 225
Mülenen 32, 78
Müller, Josef Felix 189
Munch, Edvard 174
Munot (Schaffhausen) 51
Münster *siehe* Kathedralen
Münsterbrücke (Zürich) 165
Münstergasse (Bern) 57, **63**, 69
Münsterplatz (Basel) 145
Münsterplatz (Bern) 63, 68
Munt della Bescha 205
Munt la Schera (Schweizerischer Nationalpark) 206
Mur de la Réformation 104
Muri **156**
  Hotels 252
  Restaurants 271
Mürren 86, **87**
  Hotels 249
  Skigebiete 281
Murten (Morat) 114, **128**
  Hotels 251
  Restaurants 269

Murten (Morat), Schlacht von 128, 130
Murtensee 128
Musée Gutenberg (Fribourg) 131
Museen und Sammlungen
  Aargauer Kunsthaus (Aarau) 155
  Antikenmuseum (Basel) 147
  Appenzeller Brauchtumsmuseum (Urnäsch) **192**, 193
  Appenzeller Volkskunde-Museum (Stein) **192**, 193
  Archäologische Sammlung (Universität Zürich) 172
  Augusta Raurica 154
  Automobilmuseum (Grandson) 133
  Basler Papiermühle (Basel) 147
  Bernisches Historisches Museum (Bern) **65**, 79, 133
  Bierflaschenmuseum (St. Gallen) 189
  Bourbaki Panorama (Luzern) 241
  Bundesbriefmuseum (Schwyz) 229
  Bündner Kunstmuseum (Chur) 200
  Bündner Naturmuseum (Chur) 200
  Casa Genardini (Sonogno) 223
  Casa Granda (Stampa) 208
  Centre Pasquart (Biel/Bienne) 74
  Chaplin's World (Vevey) 124
  Collection de l'Art Brut (Lausanne) 120
  Dorfmuseum (Riehen) 154
  Engadiner Museum (St. Moritz) 208
  Espace Frédéric Rouge (Aigle) 125
  Espace Jean Tinguely – Nikki de Saint Phalle (Fribourg) 131
  FIFA World Football Museum 173
  Fondation Beyeler (Riehen) 154
  Fondation de l'Hermitage (Lausanne) 120
  Fondation Oskar Kokoschka (Vevey) 124
  Fondation Pierre Gianadda (Martigny) 88
  Forum Schweizer Geschichte Schwyz (Schwyz) 229
  Fotomuseum (Winterthur) 161
  Freilichtmuseum Ballenberg 31, **84f**
  Geologisches Museum (Burg Seedorf) 228
  Geschichtsmuseum (Herisau) 192
  Glasi Museum (Hergiswil) 233
  Graphische Sammlung (Eidgenössische Technische Hochschule, Zürich) 172
  Haus Bellerive (Zürich) 173
  Heidi Weber Museum (Zürich) 172f
  Heimatmuseum Arosa-Schanfigg (Arosa) 195
  Helmhaus (Zürich) 170
  Historisches Museum (Basel) 145, **146**
  Historisches Museum (Luzern) 237
  Historisches Museum Uri (Altdorf) 228
  Historisches und Völkerkundemuseum (St. Gallen) 189
  Höfli (Stans) 233
  Johann Jacobs Museum (Zürich) 164, **173**
  Jüdisches Museum der Schweiz 142
  Kirchner Museum (Davos) 195
  Klostermuseum St. Georgen (Stein am Rhein) 186
  Kunst Halle (St. Gallen) 189
  Kunsthalle (Basel) 146
  Kunsthalle (Bern) 64
  Kunsthalle Winterthur 160
  Kunsthaus (Zug) 232
  Kunsthaus (Zürich) **174f**
  Kunstmuseum (Basel) **150f**

TEXTREGISTER

Museen und Sammlungen
(Fortsetzung)
Kunstmuseum (Bern) **60f**
Kunstmuseum (Liechtenstein) 197
Kunstmuseum (Luzern) 236
Kunstmuseum (Olten) 74
Kunstmuseum (St. Gallen) 189
Kunstmuseum (Solothurn) 76f
Kunstmuseum (Thun) 75
Kunstmuseum (Winterthur) 160f
Kunstmuseum Basel | Gegenwart (Basel) 147
Landesmuseum Zürich (Zürich) **166f**
Laténium, Parc et Musée d'archéologie de Neuchâtel 135
Maison d'Ailleurs (Yverdon-les-Bains) 132
MASI LAC (Museo d'arte della Svizzera italiana; Lugano) 217
MASI Palazzo Reali (Lugano) 217
Matterhorn Museum (Zermatt) 93
Migros Museum für Gegenwartskunst (Zürich) 168
Moulins Souterrains du Col-des-Roches 136
Musée Archéologique Gallo-Romain (Martigny) 88
Musée d'Art et d'Histoire (Fribourg) 131
Musée d'art et d'histoire (Genf) 106f
Musée d'art et d'histoire (Neuchâtel) 45, 135
Musée d'Art du Valais (Sion) 90
Musée de l'Auto (Martigny) 88
Musée Baud (L'Auberson) 133
Musée cantonal d'archéologie et d'histoire (Lausanne) 117
Musée cantonal des Beaux-Arts (Lausanne) 117
Musée et Chiens du Saint-Bernard 88f
Musée du CIMA (Sainte-Croix) 133
Musée du Fer et du Chemin de Fer (Vallorbe) 132f
Musée de Grenouilles (Estavayer-le-Lac) 129
Musée Gutenberg (Fribourg) 131
Musée d'Histoire du Valais (Sion) 90
Musée historique (Lausanne) 116f
Musée d'Horlogerie (Le Locle) 136
Musée International de la Croix-Rouge et du Croissant-Rouge (Genf) 105
Musée international d'Horlogerie (La Chaux-de-Fonds) 136f
Musée Jenisch (Vevey) 124
Musée jurassien d'art et d'histoire (Delémont) 137
Musée de la Nature du Valais (Sion) 90
Musée Olympique (Lausanne) 121
Musée Romain (Avenches) 129
Musée romain (Lausanne) 121
Musée Valaisan de la Vigne et du Vin (Sierre) 92
Musée du Vieux Genève 104
Musée de la vigne et du vin (Aigle) 123, **125**
Museo Civico di Belle Arti (Lugano) 217
Museo Comunale d'Arte Moderna (Ascona) 221
Museo Nazionale del San Gottardo 223
Museum (Castello di Sasso Corbaro, Bellinzona) 225
Museum (Müstair) 205

Museum zu Allerheiligen (Schaffhausen) 185
Museum Alpin (Pontresina) 205
Museum Appenzell 192
Museum im Bellpark (Kriens) 241
Museum im Blauen Haus (Appenzell) **192**, 193
Museum Burg Zug (Zug) 232
Museum für Gestaltung (Zürich) 168
Museum für Kommunikation (Bern) 54, **64f**
Museum der Kulturen (Basel) 145, 147
Museum Langmatt (Baden) 159
Museum Lindwurm (Stein am Rhein) 186
Museum Murten (Murten) 128
Museum Oskar Reinhart am Stadtgarten (Winterthur) 160
Museum Rietberg (Zürich) 173
Museum Tinguely (Basel) 147
Museum für Urgeschichte(n) (Zug) 232
Naturhistorisches Museum (Basel) 147
Naturhistorisches Museum (Bern) 65
Naturmuseum (St. Gallen) 189
Natur-Museum (Luzern) 237, 240
Neues Museum Biel (Biel/Bienne) 74
Nietzsche-Haus (Sils) 208
Pharmazie-Historisches Museum (Basel) 143
Pinacoteca Casa Rusca (Locarno) 219
[plug in] (Basel) 147
Rätisches Museum (Chur) 198
Richard Wagner Museum (Luzern) 241
Römerhaus (Augst) 154
Saaser Museum (Saas-Fee) 94
S AM Schweizerisches Architekturmuseum (Basel) 146
Sammlung E. G. Bührle (Zürich) 173
Sammlung Oskar Reinhart »Am Römerholz« (Winterthur) 160
Sammlung Rosengart (Luzern) 236
St.-Bernard-Museum (Martigny) 88
Schweizer Kindermuseum (Baden) 158
Schweizer Schützenmuseum (Bern) 65
Schweizerisches Alpines Museum (Bern) 64
Segantini Museum (St. Moritz) 208
Sherlock-Holmes-Museum (Meiringen) 83
Spielzeug Welten Museum Basel 142
Spielzeugmuseum, Dorf und Rebbaumuseum (Riehen) 154
Swiss Science Center Technorama (Winterthur) 161
Tell-Museum (Bürglen) 228
Textilmuseum (St. Gallen) 188
Touristikmuseum (Unterseen) 79
Uhrenmuseum Beyer (Zürich) 168
Verkehrshaus (Luzern) 242f
Villa dei Cedri (Bellinzona) 225
Winkelriedhaus (Stans) 233
Zentrum Paul Klee (Bern) 65
Zunfthaus zur Meisen (Zürich) 169
Museggmauer (Luzern) 240
Musik
  Bern 66f, 68f
  Genf 108f
  Zürich 176f
Musikautomaten, Musée du CIMA (Sainte-Croix) 133

Musikfestivals
  Bach-Festival (Lausanne) 36
  Festival d'Opéra Avenches 35
  Gurtenfestival (Bern) 64
  Internationales Jazzfestival (Bern) 34, 66
  Lugano Festival (Lugano) 34
  Luzern Festival 23, 35, 236
  Montreux Jazz Festival 23, 35
  Osterfestspiele (Luzern) 34
  Snow and Symphony (St. Moritz) 34
  Verbier Festival 89
Musikläden, Bern 69
Müstair **204f**

N

Nadelwerk (Luzern) 237
Näfels 194
Napoléon I. 43, 88, 95
Napoléon III. 187
Nationalfeiertag 35
Nationalpark, Schweizerischer 29, 181, **206f**
Nationalsozialismus 46f
  Emigration deutscher Künstler 221
  Skandal um Nazi-Gold 47
Naturhistorisches Museum (Basel) 147
Naturhistorisches Museum (Bern) 65
Naturmuseum (St. Gallen) 189
Natur-Museum (Luzern) 237, 240
Negrentino 223
Nemtynakht, Statuette des 104
Nestlé, Henri 44, 124
Neuchâtel **134f**
  Feste und Festivals 36, 134
  Geschichte 43
  Hotels 251
  Kanton 43, 113, 135
  Restaurants 269
  Zentrumskarte 135
Neuchâtel, Lac de 129, 134f
Neujahr 37
Nidlenloch (Weissenstein) 74
Nidwalden (»Urkanton«) 36, 211, 233
Niederdorf (Zürich) 171
Niederer, Roberto 233
Niederschläge 36
Niesen 32, 78
Nietzsche, Friedrich 142
  Nietzsche-Haus (Sils) 208
Niklaus-Thut-Platz (Zofingen) 155
Nikolaus 37
Nordschweiz **138–161**
  Geschichte 139
  Hotels 252
  Regionalkarte 140f
  Restaurants 270f
  Unterwegs in 141
Notrufnummern
  Deutschland Direkt 292
  Euro-Notruf **289**
  Kreditkartenverlust 290
  Nationale Notrufnummern 289
Nouvel, Jean 236
Nufenen-Pass 93
Nutli-Hüschi (Klosters) 195
Nydeggbrücke (Bern) 63
Nyon
  Hotels 251
  Restaurants 269

O

Oberdorf 74
Obere Gasse (Chur) 198f
Oberer Turm (Kaiserstuhl) 157

TEXTREGISTER | 311

Oberhofen, Schloss 79
Oberrofels 195
Obersee 195
Obwalden (»Urkanton«) 36, 211
Oeschinensee 86
Öffentlicher Nahverkehr 300
Öffnungszeiten 286
   Banken 290
   Läden Genf 110
   Läden Zürich 178
   Restaurants 265
Olivone 223
Olten **74**
Olympische Spiele
   Musée Olympique (Lausanne) 121
Omega 74
Oper
   Festival d'Opéra Avenches 35
   Genf 108
   Opernhaus (Zürich) 172, 176f
Oppenheim, Meret 77
Orchestre de la Suisse Romande 108
Orelli (Familie) 218f
Orelli, Christoforo 219
Orelli, G. A. F. 219
Osso, Lago d' 209
Osterfestspiele (Luzern) 34
Ostermundigen-Haus (Freilichtmuseum Ballenberg) 84
Ostschweiz und Graubünden **180–209**
   Detailkarte: Schaffhausen 184f
   Geschichte 181
   Hotels 253f
   Regionalkarte 182f
   Restaurants 272–274
   Unterwegs in 183
Ouchy 121
Outdoor-Aktivitäten 24f, **288–293**
Ova dal Fuorn (Schweizerischer Nationalpark) 207
Ova Spin (Schweizerischer Nationalpark) 206

P

Palagnedra 222
Palais Cartigny, Salon du (Genf) 107
Palais de Justice (Genf) 103
Palais des Nations (Genf) 97, **105**
Paläste, Palazzi und Palais
   Bischöflicher Hof (Chur) 198
   Casa Granda (Stampa) 208
   Château de Delémont 137
   Freulerpalast (Näfels) 194
   Palais de Rumine (Lausanne) 117
   Palazzo Albricci (Poschiavo) 205
   Palazzo Christoforo Orelli (Locarno) 219
   Palazzo della Conferenza (Locarno) 218
   Palazzo Franzoni (Cevio) 222
   Palazzo Pretorio (Cevio) 222
   Palazzo Riva (Lugano) 216
   Petit Palais (Genf) 104
   Stockalper-Palast (Brig) 95
Palazzo dei Congressi (Lugano) 217
Papier
   Basler Papiermühle (Basel) 147
Paracelsus 142
Paragliding 277, 279
Paris, Pierre-Adrien 135
Park-Villa Rieter (Zürich) 173
Parken 301
Parks und Gärten
   Botanischer Garten (Basel) 142
   Botanischer Garten (Schynige Platte) 79

   Botanischer Garten (Weissenstein) 74
   Chinagarten (Zürich) 172, 177
   Jardin Anglais (Genf) 101
   Mystery Park (Interlaken) 79
   Parc de l'Hermitage (Lausanne) 120
   Parc des Bastions (Genf) 104
   Parc des Nations (Genf) 98, **105**
   Parc Mon-Repos (Lausanne) 120
   Parc Olympic (Lausanne) 121
   Rosengarten (Bern) 64
   Rosengarten (Rapperswil) 193
   Schadaupark (Thun) 75
   Solitude Park (Basel) 147
   Städtische Sukkulenten-Sammlung (Zürich) 173
   Swissminiatur (Melide) 214
   Zürichhornpark (Zürich) 164, **172f**
Pass, Personalausweis 286
Pässe 299
   Bernina 205
   dal Fuorn 207
   Furka 94, 226
   Gemmi 93
   Grimsel 94, 226
   Großer St. Bernard **88f**
   Klausen 193
   Lucomagno 223
   Maloja 208
   Meienreuss 227
   Nufenen 94
   San Bernardino 209
   Simplon 94, **95**
   St. Gotthard 45, **223**
   Susten 226
Passugg 200
Pauschalangebote 294
Payerne **129**
   Restaurants 269
Perrier, François 129
Persönliche Sicherheit 288
Pestalozzi, Johann Heinrich 132
Peter II. von Savoyen 132
Peterzano, Simone 225
Petit Palais (Genf) 104
Petrini, Giuseppe Antonio 217
Pferde 278
   Marché-Concours national des chevaux (Saignelégier) 137
Pferderennen 37
Pharmazie-Historisches Museum (Basel) 143
Piano, Renzo 65, 154
Piazza della Riforma (Lugano) 216
Piazza Grande (Locarno) 218
Picabia, Francis 171
Picasso, Pablo 77, 150, 154, 160, 236
   Eingeschlafene Trinkerin 61
   Guitare sur un guéridon 175
Piccard, Professor Auguste 46
Pierres du Niton (Genf) 101
Pigne d'Arolla 89
Pilatus (Berg) **232f**
Pilatus, Pontius 233
Pinacoteca Casa Rusca (Locarno) 219
Pissarro, Camille 150, 159
Piz Bernina 205
Piz Gloria (Restaurant) 266
Piz Roseg 205
Pizokel 200
Pizzo Lucendro 223
Pizzo Uccello 209
Place du Bourg-de-Four (Genf) 101, **103**
Place de la Fusterie (Genf) 110f
Place des Halles (Neuchâtel) 134
Place de la Palud (Lausanne) 116

Place St-François (Lausanne) 116
Plaine Morte 92
Plaine de Plainpalais (Genf) 110f
Planetenweg (Weissenstein) 74
Planken 197
Plant, Jacques Ambrosius von 200
[plug in] (Basel) 147
Pointillismus 61
Politische Parteien 22f
Polizei 288f
Polo 37
Polybahn (Zürich) 172
Pont de Berne (Fribourg) 131
Ponte dei Salti (bei Lavertezzo) 222f
Pontresina **205**
Porrentruy
   Restaurants 269
Portes du Soleil (Skigebiet) **88**, 292f
Porzellan, Zunfthaus zur Meisen (Zürich) 169
Poschiavo **205**
   Restaurants 273
Post 293
PostAutos 299
Poussin, Nicolas 160
Prätschli 195
Preise
   Hotels 246f
   Restaurants 257
Preiswerte Unterkünfte 246f
   Im Heu schlafen 247
Preußen 43
Pringy 128
Prisoner of Chillon, The (Byron) 123, 127
Privatunterkünfte 246
Pro Natura Zentrum Aletsch 95
Promenade Lungolago Giuseppe Motta (Locarno) 218
PubliBike 299
Punt la Drossa (Schweizerischer Nationalpark) 206
Puppen
   Berner Puppentheater 63, 67
   Spielzeug Welten Museum Basel 142
   Théâtre des Marionettes de Genève 108
Pyramides d'Euseigne 92

Q

Quai des Pâquis à Genève, Le (Corot) 107

R

Rabatte
   Gästekarten 246
   Skipässe 280
   Tickets, Bahnpässe 296f, 300f
Räbechilbi (Richterswil) 36
Raclette 256f, 259
Radfahren **278**, 279, **299**, 301
Raetz, Markus 77
Rafting 277
Rapperswil **193**
   Hotels 254
   Restaurants 273
Räter 39, 198
Rathäuser
   Hôtel de Ville (Delémont) 137
   Hôtel de Ville (Fribourg) 130
   Hôtel de Ville (Genf) 103
   Hôtel de Ville (Neuchâtel) 135
   Hôtel de Ville (Sion) 91
   Hôtel de Ville (Yverdon-les-Bains) 132
   Küssnacht 232
   Palazzo Civico (Bellinzona) 224

Rathäuser *(Fortsetzung)*
  Palazzo Civico (Lugano) 216
  Rathaus (Basel) 138, **143**, 144
  Rathaus (Bern) 53, 57, **64**
  Rathaus (Biel/Bienne) 74
  Rathaus (Chur) 199
  Rathaus (Luzern) 31, 238, **240**
  Rathaus (Schaffhausen) 184
  Rathaus (Schwyz) 229
  Rathaus (Solothurn) 77
  Rathaus (Stein am Rhein) 186
  Rathaus (Winterthur) 160
  Rathaus (Zofingen) 155
  Rathaus (Zug) 232
  Rathaus (Zürich) 171
  Stadthaus (Baden) 158
Rathaussammlung (Stein am Rhein) 186
Rätische Alpen 204f
Rätoromanisch 18f, 22, 181
Rauchen, in Restaurants 257
Ravecchia 225
Rebbaumuseum (Riehen) 154
Reformation 42, 97
  Mur de la Réformation (Genf) 104
Regensberg **156f**
Regierungsplatz (Chur) 199
Reichenbachfälle 83
Reinhart, Oskar 160
Reiseinformationen **294–301**
  Auto fahren 298f
  Bahnreisen 296f
  Busreisen 299
  Fahrkarten/Pässe 296f, 300f
  Flugreisen 294f
  Genf 99
  Mittelland, Berner Oberland und Wallis 72
  Nordschweiz 141
  Öffentlicher Nahverkehr 300
  Ostschweiz und Graubünden 183
  Schifffahrt 299, 301
  Taxis 300
  Westschweiz 114
  Zentralschweiz und Tessin 213
  Zürich 165
Reisezeit 286
Reiten 278f
Reitschule (Bern) 67
Religion 22
Rembrandt
  David übergibt Goliaths Haupt dem König Saul 151
  Lithografien, Musée Jenisch (Vevey) 124
Renaissance-Architektur 31
Renoir, Auguste 159f
Restaurants **256–275**
  Bern 264f
  Genf 266–268
  Kinder 257
  Mahlzeiten 256f
  Mittelland, Berner Oberland und Wallis 265f
  Nordschweiz 270f
  Öffnungszeiten 257
  Ostschweiz und Graubünden 272–274
  Preise und Trinkgeld 257
  Restaurantarten 256
  Restaurantkategorien 257
  Speisekarte 257
  Vegetarische Gerichte 257
  Westschweiz 268–270
  Zentralschweiz und Tessin 274f
  Zürich 271f
Reuss (Fluss) 236f, 240
Rhein 139, 157
Rheinau 157
Rheinfall (Schaffhausen) 184, **186**
Rheinwald 209
Rhônetal 71f
Richard Wagner Museum (Luzern) 241
Richter, Gerhard 189
Richterswil 36
Richterswil-Haus (Freilichtmuseum Ballenberg) 84
Riederalp **95**
  Restaurants 265f
Riederfurka 95
Riedertal 228
Riehen **154**
Rigi (Berg) 229, 232
Rigi Kaltbad
  Restaurants 275
Rigi-Kulm 229
Ringgenberg 82
Riva San Vitale 215
Riviera, Schweizer 124
Rockmusik
  Gurtenfestival (Bern) 66
Rodari, Thomas 224
Rodin, Auguste René 150, 161
Rohan, Henri Duc de 103
Roitschäggättä (Lötschental) 37
Rolex 74
Rolle 122
Romainmôtier **132**
Romanelli, Francesco 190
Romanische Architektur 30
Romantik-Gruppe (Hotelkette) 246f
Römer 39
  Augusta Raurica 154
  Avenches 128f
  Castello Visconteo (Locarno) 218
  Musée Archéologique Gallo-Romain, Fondation Pierre Gianadda (Martigny) 88
  Musée Romain (Avenches) 129
  Musée Romain (Lausanne) 121
  Römerhaus (Augst) 154
  Römerholz (Winterthur) 160
Ronco 220
Rorschach **187**
  Restaurants 273
Rosablanche 89
Rose d'Or (TV-Preise) 23
Rosengart, Siegfried und Angela 236
  Sammlung Rosengart (Luzern) 236
Rösti 258f
Rotair-Seilbahn (Engelberg) 233
Rote Fabrik (Zürich) 177
Roth, Dieter 77
Rothko, Mark 154
Rousseau, Henri
  Urwaldlandschaft mit untergehender Sonne 151
Rousseau, Jean-Jacques 23, 132
  Île Rousseau (Genf) 101
  Maison Rousseau (Genf) 100
  Statue 101
Rubens, Peter Paul
  Die Heilige Familie 175
Rudersport
  Ruderwelt (Luzern) 34
Rudolf I., Kaiser 40, 148
Rugenwald (Interlaken) 79
Ruine Stein (Baden) 158
Rütli-Wiese 39f, 47, 211
  Urnersee 228

S

S-Bahn 300
S-charl 204
Saas-Fee **94**
  Hotels 249
  Restaurants 266
  Skigebiete 280f
Saaser Museum (Saas-Fee) 94
Sacre du Printemps (Strawinsky) 124
Saignelégier **137**
  Restaurants 269
Saint-Luc 93
Saint Phalle, Nikki de 131, 147, 168
St-Maurice 88
St-Pierre-de-Clages **89**
St-Saphorin 123
St-Ursanne **137**
  Hotels 251
  Restaurants 269f
Sainte-Croix **133**
Salgesch 92
Sammlung Oskar Reinhart »Am Römerholz« (Winterthur) 160
Sammlung Rosengart (Luzern) 236
San Bernardino 209
San-Bernardino-Pass **209**
San Vittore 209
St.-Alban-Viertel (Basel) 146, **147**
St.-Bernhard-Pass, Großer **88f**
  Bernhardiner **88**
St. Gallen **188–191**
  Feste und Festivals 35
  Hotels 254
  Kanton 43, 181
  Restaurants 273
  Zentrumskarte 189
St.-Gotthard-Pass 45, **223**
  Gotthard-Basistunnel 32
  Gotthard-Tunnel 45, 223, 242
St. Jakob, Schlacht von 41
St. Moritz 194, **208**
  Feste und Festivals 34
  Hotels 254
  Restaurants 273
  Skigebiete 280f
  Wintersport 37
St. Petersinsel 74
Säntis 192, 233
Sargans 194
Sasso Corbaro (Bellinzona) 30
Savoyen, Haus 97
Savoyen, Herzöge von 122, 126
Schaan 197
Schadaupark (Thun) 75
Schaffhausen 51, **184f**
  Detailkarte 184f
  Hotels 254
  Kanton 42, 181
  Restaurants 273f
  Rheinfall 186
Schanfigg, Heimatmuseum (Arosa) 195
Schaukäserei (Emmental) 75
Schauspielhaus (Zürich) 176
Schengen-Abkommen 286
Schifffahrt 299, 301
Schiller, Friedrich 35, 79
  Schillerglocke (Schaffhausen) 185
Schilthorn 87
  Restaurants 266
Schlittenfahren 276
Schlossberg 233
Schlösser *siehe* Burgen, Festungen und Schlösser
Schmiedstube (Schaffhausen) 185
Schneeschuh-Wanderungen 276
Schokolade und Pralinés
  Desserts 258
  Herstellung 23, 44f
  Läden (Bern) 69
  Läden (Genf) 111
  Läden (Zürich) 179

Schöllenenbahn 33
Schuhe (Läden)
  Bern 69
  Zürich 178
Schule für Holzbildhauerei (Brienz) 82
Schützen
  Knabenschiessen (Zürich) 36
  Schweizer Schützenmuseum (Bern) 65
Schützenbrunnen (Bern) 59
Schwägalp **192**
Schwarze Madonna, Kloster Einsiedeln 230
Schwarzsee 27
Schweiz (Schweizerische Eidgenossenschaft) 39–43, 211
  Einwohnerzahlen 16, 22
  Entstehung der Alpen 28f
  Feste und Festivals 34–37
  Flora und Fauna der Alpen 27
  Geografie 16, 21
  Geschichte 38–47
  Kantone 18f, 22f
  Karten 16f, 50f
  Klima 26, **35–37**
  Neutralität 21, 25, 46f
  Porträt 20–25
  Regierung 22f
  Religion 22
  Schweizer Alpen 26f
  Sprachen 18f, 22, 287
  Umweltschutz 25
  Wirtschaft 23
  Wissenschaft 24
Schweizer Armee 25
Schweizer Armee- bzw. Offiziersmesser 68, 178
Schweizer Käse *siehe* Käse
Schweizer Kindermuseum (Baden) 158
Schweizer Schützenmuseum (Bern) **65**
Schweizergarde
  Königliche Leibgarde 166, 241
  Vatikan 25, 40
Schweizerischer Nationalpark 29, 181, **206f**
Schweizerisches Alpines Museum (Bern) **64**
Schwimmen 278
Schwingen (Ringkampf) 24
Schwyz **229**
  Hotels 255
  Kanton 39, 211, 229
  Schwyzer Schild (Wappen) 40
Schynige Platte 33, 79
  Schynige Platte-Bahn 33
Science-Fiction
  Maison d'Ailleurs (Yverdon-les-Bains) 132
Scuol **204**
  Hotels 254
  Restaurants 274
Sechseläuten (Zürich) 34
Seedorf 228
Seelisberg 228
Seen
  Bachalpsee 26, 86
  Bielersee 22, 74
  Blausee 86
  Bodensee 187
  Brienzersee 72, **82**
  Genfer See 113, **122f**
  Lac de Neuchâtel 129, 134f
  Lac des Dix 89
  Lago Bianco 205
  Lago da Silvaplana 22
  Lago di Lugano **214f**
  Lago di Vogorno 222

Lago d'Osso 209
Lago Maggiore 210, **220f**
Mattmarksee 94
Moritzersee 208
Murtensee 128
Obersee 195
Oeschinensee 86
Schifffahrt 299, 301
Schwarzsee 27
Silsersee 208
Thunersee 72, **78f**
Totensee 228
Untersee 195
Urnersee 228f
Vierwaldstättersee 211, 229
Walensee 194
Zugersee 229, 232
Zürichsee 163, **173**
Seewandel des Petrus, Der (Witz) 106
Segantini, Giovanni 200, 208, 225
Segantini Museum (St. Moritz) 208
Segeln 277, 279
Selbstversorger (Ski-Urlaub) 281
Sempach, Schlacht von 155, 233
Semper, Gottfried 161, 172
Senecio (Klee) 150
Serodine, Giovanni 221
Sert, José Maria 105
Sgraffito 204, 238
Shelley, Mary 124
Sherlock-Holmes-Museum (Meiringen) 83
Shopping
  Bern 68f
  Genf 110f
  Zürich 178f
Sicherheit
  Bergsteigen und Wandern 277, 288
  Persönliche Sicherheit 288f
Sierre **92**
Sightseeing in Städten 301
Signal de Sauvabelin (Lausanne) 120
Silber- und Bleimine, S-charl 204
Sils **208**
Silsersee 208
Silvaplana, Lago da 22, 37
Silvretta-Gruppe 204
Simmental **87**
Simplon-Pass 94, **95**
Simplon-Tunnel 46
Simsonbrunnen (Bern) 54, **59**
Sion 73, **90f**
  Hotels 249
  Restaurants 266
  Zentrumskarte 91
Sisikon 228
Sisley, Alfred 159
Sitten *siehe* Sion
Skating 276
Ski-Urlaub **280f**
  Abseits der Pisten 281
  Bergrettung 289
  Reisezeit 280
  Skigebiete 280f
  Snowboarden 280
  Unterkunft 281
Snow and Symphony (St. Moritz) 34
Snowboarden 280f
  Extreme Verbier (Verbier) **34**, 89
Soazza 209
Soglio 208
Solferino, Schlacht von 105
Solothurn **76f**
  Hotels 249
  Kanton 42, 71
  Restaurants 266
  Zentrumskarte 77

Sonderbund 43
Sonnenscheindauer 35
Sonnenschutz 288f
Sonogno 223
Soussillon 93
Souvenirs
  Bern 68f
  Genf 110f
  Zürich 178f
Spalentor (Basel) 142
Spaniola-Turm (Pontresina) 205
Spas und Wellness **282f**
  siehe auch Thermalbäder
Speisekarte 257
Spengler Cup (Davos) 37
Spiel der Nereiden, Das (Böcklin) 151
Spielzeuge
  Schweizer Kindermuseum (Baden) 158
Spielzeugmuseum (Riehen) 154
Spiez 78, 87
Spirituosen 263
Spitzen, Stickarbeiten
  Museum Appenzell 192
  Textilmuseum (St. Gallen) 188
Sport und Aktivurlaub 24f, **276–279**
Sprachen 18f, 22, 286f
  Karte Sprachgebiete 18f
  Sprachführer 318–320
Spreuerbrücke (Luzern) 237
Sprüngli 168, 179
Spyri, Johanna 194
Stadt- und Universitätsbibliothek (Bern) 63
Stadthaus (Winterthur) 161
Stadtturm (Baden) 158
Stampa 208
Stand 233
Standseilbahnen 32
  Crans-Montana 92
  Heimwehfluh 79
  Linthal – Braunwald 193
  Niesen 78
  Polybahn (Zürich) 172
  Reichenbachfälle 83
  Stanserhorn 233
  siehe auch Zahnradbahnen
Stans **233**
  Hotels 255
  Restaurants 275
Stanserhorn 233
Stauder, Franz Carl 77
Stechelberg 87
Steckborn 187
Stein (bei Appenzell) 192
Stein am Rhein **186**
  Fassadenbilder 30
  Hotels 254
  Restaurants 274
Steiner, Rudolf 154
Steinkreis aus der Jungsteinzeit (Yverdon-les-Bains) 132
Sternenplatz (Luzern) 239
Stiftsbibliothek (St. Gallen) 188
Stockalper von Thurm, Kaspar Jodok 95
Stockalper-Palast (Brig) 95
Stockhorn 94
Straßenverkehrsregeln **298**
Strawinsky, Igor
  Sacre du Printemps 124
Street Parade (Zürich) 35
Studer, F. 59
Suchard, Philippe 44f
Suisse Romande 113

Sursee 36
Susten-Pass 226
Swiss (Airline) 294f
Swiss Hotel Association 246f
Swiss Open Gstaad (Tennisturnier) 35
Swiss Pass **297**, 299, 300
Swissminiatur (Melide) 214
Symbolismus 58

T

Ta matete (Gauguin) 150
Tamina (Fluss) 194
Taminaschlucht 194
Tanz
  Genf 108f
  Zürich 176
Tàpies, Antoni 189
Tarasp 204
Taxis 300
Telefon 292
Tell, Wilhelm 35, 41, **228**
  Aufführungen von Schillers Drama 79
  Tell-Museum (Bürglen) 228
  Telldenkmal (Altdorf) 228
  Tellkapelle (bei Flüelen) 229
  Tellplatte (bei Flüelen) 228f
Temperaturen 37
Tennis 278f
  Swiss Open 35
Tessin (Kanton) 43, 211
  siehe Zentralschweiz und Tessin
Textilindustrie 44
Theater
  Auditorium Strawinsky (Montreux) 124
  Berner Puppentheater 63, 67
  Comédie de Genève 108f
  Dampfzentrale (Bern) 67
  DAS Theater an der Effingerstrasse (Bern) 66
  Grand-Théâtre de Genève 108f
  KKL (Luzern) 236
  Konzert Theater Bern 66f
  Kulturcasino (Bern) 67
  Opernhaus (Zürich) 172, 176f
  Rugenwald (Interlaken) 79
  Schauspielhaus (Zürich) 176f
  Stadthaus (Winterthur) 161
  Theater am Käfigturm (Bern) 66
  Theater Remise (Bern) 66f
  Théâtre Am Stram Gram (Genf) 108f
  Théâtre de Carouge (Genf) 108f
  Théâtre des Marionettes de Genève 108f
  Théâtre du Grütli (Genf) 108f
  Tonhalle (Zürich) 176f
  Victoria Hall (Genf) 108f
Thermalbäder
  Bad Pfäfers 194
  Bad Ragaz **194**, 282
  Baden 139, 158f
  Centre Thermal (Yverdon-les-Bains) **132**, 282
  Lenk 87, 282
  Leukerbad **93**, 282
  St. Moritz-Bad **208**, 282
  Zurzach 157
Thomas-Mann-Archiv (Zürich) 172
Thorwaldsen, Bertel 241
Thumb, Peter 188, 190
Thun **75**
  Restaurants 266
Thunersee 72, **78f**
Thun-Panorama (Thun) 75
Thurgau (Kanton) 43, 181, 186

Tickets
  Bern 66f
  Genf 108
  Öffentlicher Nahverkehr 300
  Zürich 176f
Tilleul de Morat (Fribourg) 130
Tinguely, Jean 24
  Brunnen (Basel) 146
  Espace Jean Tinguely – Nikki de Saint Phalle (Fribourg) 131
  Museum Tinguely (Basel) 147
  Zürichhorn Park 172
Titlis 233
Toggenburg **193**
Tolstoi, Leo 124
Tonhalle (Zürich) 176
Törbel
  Restaurants 266
Totensee 226
Toulouse-Lautrec, Henri de 88
Tour Bel-Air und Salle Métropole (Lausanne) 116
Tour de la Bâtiaz (Martigny) 88
Tour de Mayen 125
Tour des Sorciers (Sion) 91
Tour d'Île (Genf) 99
Touren
  Bodensee 187
  Drei-Pässe-Tour 226f
  Liechtenstein 196f
  Schweizerischer Nationalpark 206f
  Thunersee 78f
  Um den Lago Maggiore 220f
Tourismus 23, 45
Tourismusbüros 287
  Bern 66f
  Genf 108
  Zürich 176f
Touristikmuseum (Unterseen) 79
Trams 300
Triesen 196
Triesenberg 196
Trinkgeld (Restaurants) 257
Trivulzio (Familie) 209
Trogen 192
Trubschachen 75
Trümmelbach, Wasserfälle bei 87
Tschäggätta 95
Tschiertschen 200
Tunnel **32f**
  Gotthard-Basistunnel 33
  Karte 32f
  Lötschberg 72, 86
  St. Bernhard 89
  St. Gotthard 45, 223, 242
  Simplon 46
Türkische Bad, Das (Vallotton) 107
Turmhof (Steckborn) 187
Twann 74
Tzara, Tristan 171

U

Uhren
  Biel (Bienne) 74
  Herstellung 44f, **136**
  Horloge Fleurie (Genf) 101
  Läden (Bern) 69
  Läden (Genf) 110f
  Läden (Zürich) 178f
  Musée d'art et d'histoire (Neuchâtel) 135
  Musée d'Horlogerie (Le Locle) 136
  Musée international d'horlogerie (La Chaux-de-Fonds) 136f
  Uhrenmuseum Beyer (Zürich) 168

Umweltschutz 25
  Skigebiete 280
Universitäten
  Basel 142
  Bern 58
  St. Gallen 189
  Zürich 172
UNO 25, 47, 97
  Palais des Nations (Genf) **105**
Unterhaltung
  Bern 66f
  Genf 108f
  Zürich 176f
Untersee 195
Unterseen 79
Unterwalden (Kanton) 39, 211
Unterwasser 193
Uri (Kanton) 39, 211, 228
Urirotstock 233
Urnäsch 192
Urnersee **228f**
Ursicinus, Einsiedler 137
Urwaldlandschaft mit untergehender Sonne (Rousseau) 151

V

Vaduz 196, **197**
  Hotels 254
  Restaurants 274
Val Bregaglia 51, **208**
Val Calanca 209
Val d'Anniviers **93**
  Hotels 249
  Skigebiete 281
Val d'Arolla 92
Val de Bagnes 89
Val d'Hérémence 89
Val d'Hérens **92**
Valle di Blenio **223**
  Restaurants 275
Valle Leventina 223
Valle Maggia **222**
Valle Mesolcina 209
Valle Verzasca 222f
Vallorbe **132f**
Vallotton, Félix
  Das Türkische Bad 107
Van Gogh, Vincent 77, 88, 154, 159, 160, 173
  Cabanes Blanches 175
Vaud siehe Waadt
Vazerol-Denkmal (Chur) 199
Vegetarische Gerichte 257
Verbier **89**
  Feste und Festivals 34
  Hotels 249
  Restaurants 266
  Skigebiete 280f
Vereinte Nationen siehe UNO
Verscio 222
  Restaurants 275
Versuchung des heiligen Antonius durch Dämonen, Die (Deutsch) 60
Vevey 123, **124**
  Hotels 251
Via-Mala-Schlucht 209
Vicosoprano 208
Vierwaldstättersee 211, 229
Villa Ciani (Lugano) 217
Villa dei Cedri (Bellinzona) 225
Villa Tribschen (Luzern) 241
Villa Turque (La Chaux-de-Fonds) 137
Villa Wesendonck (Zürich) 173
Vira 221
Visa (Kreditkarte) 290
Visconti (Familie) 218

Visp
 Hotels 249
 Restaurants 266
Vissoie 93
Vitznau 229
 Hotels 2595
Vogel Gryff (Basel) 37, 142
Vogel im Weltall (Brancusi) 175
Vogorno 222f
Völkerbund 46, 103
 Palais des Nations (Genf) 105
 Vertrag von Locarno 218
Voltaire 120
Vorwahlnummern 292
Vufflens-le-Château 30, 122
Vulpera 204

W

Waadt (Kanton) 43, 113
Waaghaus (St. Gallen) 188
Waffenindustrie 46
Waffenlauf 25
Wagner, Richard 173
 Richard Wagner Museum (Luzern) 241
Währung **290f**
Waisenhausplatz (Bern) 58, 68
Waldstätte 38, 211
 Bündnis der »Urkantone« 39f
 Urnersee 228f
Walensee **194**
Walenstadt 194
Walenstadtberg 194
Waller, Joseph 197
Wallis (Kanton) 43, 71
 siehe Mittelland, Berner Oberland und Wallis
Wandern 277, 279
 Planetenweg (Weissenstein) 74
 Schweizerischer Nationalpark 207
Wannenmacher, Josef 188, 190
Warhol, Andy 154
Wassen 227
Wasser
 Mineralwasser 262
 Wasserqualität 288
Wasserfälle
 Engstligenfälle 86
 Giessbachfälle 82
 Giumaglio 222
 Reichenbachfälle 83
 Rheinfall (Schaffhausen) 184, **186**
 Thurwasserfälle (Unterwasser) 193
 Trümmelbach 87
Wassersport 277–279
Wasserturm (Luzern) 236
Watteau, Antoine 159
Wechselstuben 290
Weesen 194
Weggis
 Hotels 255
 Restaurants 275
Weihnachtsmarkt (Bern) 68
Wein und Weinanbau
 Fête des Vendages (Neuchâtel) 36, 134
 Fête des Vignerons (Vevey) 123
 Musée de la vigne et du vin (Aigle) 123, **125**
 Musée Valaisan de la Vigne et du Vin (Sierre) 92
 Rebbaumuseum (Riehen) 154
 Schweizer Getränke **262f**

Weinhandlungen (Genf) 111
Weinhandlungen (Zürich) 179
Weinmarkt (Luzern) 238, **240**
Weissenstein **74**
Weisshorn 195
Wellness
 siehe Spas und Wellness
Weltausstellung 1851 44
Weltkrieg, Erster 46
Weltkrieg, Zweiter 47
Wengen 83, 86, **87**
 Hotels 249
 Skigebiete 280
Wengwald 87
Westfälischer Friede 42
Westschweiz **112–137**
 Geschichte 113
 Hotels 250–252
 Regionalkarte 114f
 Restaurants 268–270
 Unterwegs in 114
Wetterhorn 86
Wettingen **156**
 Restaurants 271
White, Gillian 24
White Turf (St. Moritz) 37
Whymper, Edward 93f
Wiener Kongress 43
Wil 193
Wilderswil **759**
Wildhaus 193
Wildtiere 27, 206
 siehe auch Zoos
Wilhelm Tell (Schiller) 79
Wilhelm Tell Express 296
Windisch 156
Windsurfen 278f
Winkelried, Arnold 233
Winkelriedhaus (Stans) 233
Wintersport **276**, 279, **280f**
 Saison 286
Winterthur **160f**
 Hotels 252
 Restaurants 271
 Zentrumskarte 161
Wirtschaft 23, 44f
Witz, Konrad
 Der Seewandel des Petrus 106
Wocher, Marquard 75
Wolf, Caspar 76, 156
World Snow Festival (Grindelwald) 37

X

Xtreme Verbier (Verbier) **34**, 89

Y

Yverdon-les-Bains **132**, 282
 Hotels 252
 Restaurants 270

Z

Zahnradbahnen 32f
 Brienzer Rothornbahn 32, 82
 Gornergrat 93
 Jungfrau-Region 79, 83
 Pilatus 233
 Rigi-Kulm 229
 Schynige Platte 33, 79
Zähringen, Haus 75, 128, 163
 Berthold IV., Herzog 130
 Berthold V., Herzog 53, 59
Zähringerbrunnen (Bern) 59
Zappa, Frank 124

Zeitungen 287
Zentralschweiz und Tessin **210–243**
 Geschichte 211
 Hotels 254f
 Regionalkarte 212f
 Restaurants 274f
 Unterwegs in 213
Zentrum Paul Klee (Bern) 65
Zermatt 73, **93**
 Hotels 249
 Restaurants 266
 Skigebiete 280f
Zeughaus (Biel/Bienne) 74
Zibelemärit (Bern) 36, 68
Zillis **209**
Zinal 93
Zinal-Rothorn 93
Zionistischer Kongress 142
Zirkusschule (Verscio) 222
Zisterzienserkloster (Wettingen) 140, **156**
Zita, Kaiserin 156
Zofingen **155**
 Restaurants 271
Zoll 286
Zoos
 BärenPark (Bern) **64**
 Parc de l'Hermitage (Lausanne) 120
 Tierpark Dählhölzli (Bern) 67
Zug **232**
 Hotels 255
 Kanton 39, 211, 232
 Restaurants 275
Züge **296f**
 Bernina Express 33, 205, 296f
 Centovallibahn 222
 Fluggepäck Express 295
 Gepäckaufgabe 295
 Glacier Express 32, 226, 296f
 GoldenPass Line 296f
 Karten 32f, 297
 Matterhorn-Gotthard-Bahn 33
 Metro Alpin 94
 Musée du Fer et du Chemin de Fer- (Vallorbe) 133
 Schöllenenbahn 33
 Tunnel und Eisenbahnen 32f
 Verkehrshaus (Luzern) 242
 Wilhelm Tell Express 296f
 siehe auch Standseilbahnen; Zahnradbahnen
Zugersee 229, 232
Zunfthaus zur Meisen (Zürich) 169
Zur Geduld (Winterthur) 160
Zur Linde (Kaiserstuhl) 157
Zürich 51, **162–179**
 Anreise 165
 Feste und Festivals 34–37
 Geschichte 163
 Hotels 252f
 Kanton 39, 139, 163
 Restaurants 271f
 Shopping 178f
 Unterhaltung 176f
 Zentrumskarte 164f
Zürichhornpark (Zürich) 164, **172f**
Zürichsee 163, 169, **173**
Zurzach 157
Zweisimmen 87
Zwingli, Ulrich 42
 Geburtshaus (Wildhaus) 193
 Grossmünster (Zürich) 163, 171
 Parc des Bastions (Genf) 104
Zytglogge (Bern) 157, **59**
Zytglogge (Solothurn) 76, **77**

Danksagung und Bildnachweis

Dorling Kindersley und Hachette Livre Polska bedanken sich bei allen, durch deren Arbeit, Unterstützung und Engagement dieses Buch ermöglicht wurde.

Publisher
Douglas Amrine

Publishing Manager
Kate Poole

Managing Editors
Helen Townsend, Jacky Jackson

Kartografie
Uma Bhattacharya, Mohammad Hassan, Jasneet Kaur, Casper Morris

DTP
Vinod Harish, Vincent Kurien, Jason Little, Azeem Siddiqui

Redaktionelle Mitarbeit
Namrata Adhwaryu, Hansa Babra, Hilary Bird, Andrew Bishop, Julie Bond, Louise Cleghorn, Kati Clinton, Caroline Elliker, Karen Fitzpatrick, Anna Freiberger, Priya Kukadia, Priyanka Kumar, Rahul Kumar, Jude Ledger, Carly Madden, Kate Molan, George Nimmo, Reetu Pandey, Susie Peachey, Clare Peel, Rada Radojicic, Catherine Richards, Sands Publishing Solutions, Jaynan Spengler, Hollie Teague, Nicky Twyman, Conrad Van Dyk, Vinita Venugopal, Antoinette Verlan, Stewart Wild, Ed Wright

Überprüfung der Fakten und Daten
Doug Sager

Bildredaktion
Rachel Barber, Rhiannon Furbear, Sumita Khatwani, Ellen Root

Register
Helen Peters

Weitere Textbeiträge
Catherine Beattie, Doug Sager

Weitere Fotografien
Ian O'Leary

Besondere Unterstützung
Appenzellerland Tourismus; Artothek, Baud V. Maydell; Bellinzona Turismo; Biel/Bienne Seeland Tourismus; Burgerbibliothek, Bern; Corbis; Enteturistico Lago Maggiore; Furrer Jakob (Fotografien der Bierflaschen, S. 262); Historisches Museum Basel (Therese Wollmann); Kunsthaus (Cécile Brunner); Kunstmuseum Basel; Kunstmuseum Bern (Regula Zbinden); Alicja Kusch (Fotografie von Bomi in Klif); André Locher (Fotografien von Yverdon-les-Bains und Mesocco); Lugano Turismo; Wojciech und Katarzyna Mędrzak; Grzegorz Mościbrocki (World of Alcoholic Drinks); Mövenpick Wein, Zug (Brigitte auf der Maur); Musée d'art et d'histoire, Genf (Isabelle Brun-Ilunga, Marc-Antoine Claivaz); Musée d'Art et d'Histoire, Neuchâtel (Marie-Josée Golles); Musée Romain, Avenches (Anne Hochuli-Gysel); Öffentliche Kunstsammlung Basel, Kunstmuseum und Museum für Gegenwartskunst (Maria-Theresa Brunner); Schweiz Tourismus, Zürich (Fred Schreiber); Schweizerisches Landesmuseum (Angelica Condrau, Andrea Kunz); Schweizer Botschaft, Warschau; Gerry Thönen (Fotografie eines Obstgartens); Tourismusbüro Genf (Frédéric Monnerat); Verkehrshaus, Luzern (Hans Syfrig, Martin Sigrist); Wistillerie Etter Soehne Ag, Zug (Eveline Etter); Zentralbibliothek, Zürich (Kristin Steiner).

Bildnachweis

o = oben, m = Mitte, u = unten, l = links, r = rechts, d = Detail.

Dorling Kindersley hat sich bemüht, alle Urheber ausfindig zu machen und zu nennen. Sollte uns dies in einigen Fällen nicht gelungen sein, bitten wir, dies zu entschuldigen und uns zu benachrichtigen. In der nächsten Auflage werden wir versäumte Nennungen nachholen.

Kunstwerke wurden mit freundlicher Genehmigung folgender Copyright-Inhaber reproduziert: *Fenster im Fraumünster*, Marc Chagall ©ADAGP, Paris und DACS, London 2012 170mo; Poster (Detail), Kirchner Museum Davos © Dr. Wolfgang & Ingeborg Henze-Ketterer, Wichtrach/Bern 195ur; *Sheep piece*, 1971/72 (LH627), Henry Moore, dieses Kunstwerk wurde mit freundlicher Erlaubnis der Henry Moore Foundation reproduziert 173o; *Fasnachtsbrunnen*, 1977, Jean Tinguely © ADAGP Paris und DACS, London 2012 146ol; *Schwimmwasserplastik*, 1980, Jean Tinguely © ADAGP, Paris und DACS, London 2012 147u.

123RF.com: Matteo Cozzi 15or; Micha Klootwijk 125ur.

4Corners Images: Günter Gräfenhain 48–49; SIME/Giovanni Simeone 280ur; SIME/Johanna Huber 276mlo; SIME/Siegfried Eigstler 64ol.

Alamy Stock Photos: age fotostock Spanien, S. L. 52, 80–81; Arterra Picture Library 234–235; Chris Batson 293m; Walter Bibikow 210; Danita Delmont 268um; Design Pics Inc./Natural Selection Dan Sherwood 276ur; Eddie Gerald 282ur; Tim Graham 2–3; Marc Grimberg 259m; Dennis Hallinan 71; Roberto Herrett 163um; imageBROKER 92ol, 152–153, 202–203; Jankurnelius 20; Andre Jenny 258ml; Joana Kruse 162; Les. Ladbury 286ur; Photo Patricia White 270; Mo Peerbacus 292ur; Photo Mere Switzerland 288mlo; Photos 12 47or; STOCKFOLIO 12or; StockShot/Karen Jones 280ml; StockShot/Mike Weyerhaeuser 280or; Superstock 83ur; tbkmedia.de 278ol; vario images GmbH & Co.KG 188mlo.

Appenzellerland Tourismus: 192ul.

Art Deco Hotel Montana: 255ur.

Artothek: 58um.

AWL Images: Peter Adams 112; Jon Arnold 96; Ian Trower 244–245.

Badrutt's Palace Hotel: 254ol.

Ballenberg: M.Gyger 85om.

Baur au Lac: 253or.

Bellinzona Turismo: 224mlo.

Biel/Bienne Seeland Tourismus: P. Brisset 22ol.

Burgerbibliothek, Bern: 41u.

Chesery: 264um.

Chez Vrony: 267ur.

Clinique La Prairie: 282mlo.

Collectif d'enfants: *Le cinéma*, um 1950, Gouache und Collage auf Papier, 294 x 173,5cm © Collection de l'Art Brut, Lausanne/Photo: Claude Bornand, Lausanne 120ul.

Corbis: 262; O. Alamany & E. Vicens 26ul, 27mru, 181u; 83or; Morton Beebe 88or, 111mr; Bettmann 44mlu, 44ur, 46ol, 46um, 46mru, 88ur; Jacques Bock/Sygma 108mlo; Barnabas Bosshart 178mlo; Christie's Images *Diego*, 1963–64, Corbis 45mru; Robert Eric/Sygma 109ol; Farrell Grehan 8–9; Historical Picture Archive 44mlo, 45m; Pat Jerrold/Papilio 27um, 27ul; Wolfgang Kaehler 19or; Charles & Josette Lenars 37ul; Kelly-Mooney Photography 30or; Francis G. Mayer 42um; Richard T. Nowitz 31or; Gianni Dagli Orti 43ul; José F. Poblete 26–27m, 138; Annie Poole/Papilio 27ol; Christian Sarra-

BILDNACHWEIS | 317

mon 87ur; Leonard de Selva 45ur; Ted Spiegel 40or; Ink Swim 45om, 232m; Tim Thompson 27ur; Vittoriano Rastelli 25or; Ruggero Vanni 31m; Jean Bernard Vernier/Sygma 47mru, 47ul, 110mlo, 111ol; Scott T. Smith 26ml; Sandro Vanini 31ur, 56ul, 218mlo; Pierre Vauthey/Sygma 31mr, 35ul; Patrick Ward 31ul; Werner Forman 145ol; Nik Wheeler 1; Adam Woolfitt 26or; Zefa/Uli Wiesmeier 281or.

Dorta: 275ur.

Dreamstime.com: Asdf–1 298ul; Steve Allen 14ol; Arocas 13ur; Astra490 125ol; Astra490 139mu, 194ul, 211um; Philip Bird 301ur; Eva Bocek 15ul; Cosmopol 97mu; Stefano Ember 218ur, Emicristea 126ml; Exinocactus 194om; Georgesixth 232om; Hai Huy Ton That 101ur; Neil Harrison 89ur, Sang Lei 11ol; Deni Linine 300ur; Roberto Maggioni 295ol; Marekusz 287ol, 293o; Mathes 58or; Nui7711 294ur, Olegmit 180; Arseniy Rogov 10mlo, 292ml; Sergiyn 75ur; Spunky1234 14mr; Milan Surkala 196ml, Victor Torres 55or; Travelpeter 113mu, 213ur; Tupungato 54ul; Tosca Weijers 278ur; Matthew Weinel 65ur; John Wollwerth 12ul.

Enteturistico Lago Maggiore: T. Krueger 218or.

Fairmont Le Montreux Palace: 251um.

Fondation du Château de Chillon: 126ul, 127mr.

Genève Tourisme: 108ur.

Getty Images: The Asahi Shimbun 33mru; LOOK/Bernard van Dierendonck 277ol; Stephen Studd 239ur.

Grand Resort Bad Ragaz: 246ur, 252ur.

Gstaad Palace: 246mlo, 248ul.

Hanselmanns: 256mo, 273or.

Robert Harding Picture Library: Werner Dieterich 13or.

Historisches Museum Basel: 145ur.

Oldrich Karasek: 5or, 72mlu.

Piotr Kiedrowski: 110mru, 111or.

Kohlmanns Basel 270or.

Kunsthaus Zürich: 38, 45mro, 174ul, 174mlo, 175mu; Dadaistische Arbeit, Hans Arp © DACS, London 2012 171or; Au-dessus de Paris, 1968, Marc Chagall ©ADAGP, Paris und DACS, London 2012 175mr; Vogel im Weltall, 1925, Constantin Brancusi ©ADAGP, Paris und DACS, London 2012 175om; Guitare sur un guéridon, 1915, Pablo Picasso ©Succession Picasso/DACS 2012 175mro.

Kunstmuseum Basel: 150um, 150mlu, 151mo, 151mro, 151mru, 151um; Senecio (Baldgreis), 1922, Paul Klee ©DACS 2012 150or; Brennende Giraffe, 1936–37.

Kunstmuseum Bern: 60mlo, 60ml; Peter Lauri 60ur, 61mru; In einem südlichen Garten, 1914 Pierre Bonnard ©ADAGP, Paris und DACS, London 2012 61om; Ad Parnassum, 1932, Paul Klee ©DACS 2012 61mro; Eingeschlafene Trinkerin, 1902, Pablo Picasso ©Succession Picasso/DACS 2012 61um.

Landesmuseum Zürich: (2003) 39ur, 40um, 41om, 41mro, 43ol.

Lausanne Palace & Spa: 250or.

Lugano Turismo: 214or.

Musée d'Art et d'Histoire, Neuchâtel: 44–45m.

Musée d'art et d'histoire, Genf: MAH 43mru,106mlu, 106or, 107mr; Jean Marc Yersin 106mo, 106mu; Yves Siza 106ul; Bettina Jacot-Descombes 107om; Le Bain Turc, 1907, Félix Édouard Vallotton 107mlu.

Musée Olympique, Lausanne: 121ur.

Museum für Gestaltung/Fleck Balagh: 168ol.

Öffentliche Kunstsammlung, Basel: Martin Bühler 40ml.

Małgorzata Omilanowska: 30ml, 30mr, 51or, 51ul, 55ur, 57om, 62ml, 62or, 62ul, 63ol, 164mlo, 165mr, 169ur, 170um, 172or, 178um, 179ol, 301or.

Park Hotel Sonnenhof: Restaurant Marée 257ol, 274or.

Photolibrary: imagebroker.net/Meinrad Riedo 240ul; Mauritius Die Bildagentur Gmbh/Beuthan Beuthan 259ol.

Pinte de Pierre-à-Bot: 269ol.

Police de Genève: 288mru/ul.

Rhätische Bahn: 297or.

Reithalle: 271ur.

Sala of Tokyo, Zürich: Doris Staub 272or.

SBB: 296ml, 296ol.

Schweizerischer Nationalpark: 206or, 206ml, 206ul, 207ol.

Schweizerisches Landesmuseum, Zürich: 166–167 (alle).

Schweiz Tourismus: 4ur, 73or, 115mro, 195om, 195ul; U. Ackermann 24ul; D. Brawand 229ur; R. Brioschi 176ur; L. Degonda 28or, 123mro, 123mru; S. Eigstler 27mo; S. Engler 34ur, 36ur, 109mr, 123ul, 176ul; Höllgrotten in Baar 213or; P. Maurer 22m, 33ol, 236mlo; F. Pfenniger 28ml; K. Richter 24or; M. Schmid 21u, 29ol, 123ol, 229ol; H. Schwab 27mr, 232ul; C. Sonderegger 22u, 23or, 23ur, 25ul, 32or, 32ml, 32ul, 32ur, 33or, 33ul, 34mlo, 35mlo, 36mo, 37mlo, 123ur, 173u, 182ml, 183or/ur, 212mlo, 224ul, 233ur, 236or, 236ul.

Restaurant Suder: Renate Fankhauser 256ur, 265or.

Superstock: age fotostock 284–286; Yoko Aziz/age fotostock 101mlo; Higuchi Hitoshi/Prisma 228um.

Tessiner Tourismusagentur (ATT SA): 214m, 214mlu, 215ol, 215mr, 219mr, 220mlu, 221um; Alessio Pizzicannella 220or.

Thun-Thunersee Tourismus: 78mo.

Tierpark Dählhölzli: RANDO 67mr.

Tse Yang: 257ur.

Verkehrshaus: 242or/mlo/mlu/um, 243mr/ur; Photopress/Sigi Tischler 242ur; Photopress/Alexandra Wey 243ml.

Victoria-Jungfrau Grand Hotel & Spa: 247ol; 283or.

Whitepod: 249or.

Paweł Wroński: 92mlu, 94ur, 120ul, 299ul.

Zentralbibliothek, Zürich: 40–41m, 42mru.

Zum Alten Stephan – Stadtbeiz: 266or.

Vordere Umschlaginnenseiten

Alamy Images: age fotostock Spain, S. L. Lom; Joana Kruse Ror; Photo Patricia White 2 Lul; **AWL Images**: Peter Adams Lol; Jon Arnold Lum; Walter Bibikow Rum; **Corbis**: Jose F. Poblete Rom; **Dreamstime.com**: Olegmit Rur

Umschlag

Vorderseite: **Dreamstime.com**: Vladimir Mucibabic (Hauptbild).

Buchrücken: **Dreamstime.com**: Vladimir Mucibabic o; **DK Images**: Wojciech und Katarzyna Mędrzak u.

Alle anderen Bilder © Dorling Kindersley.
Weitere Informationen unter
www.dkimages.com

Sprachführer

Deutsch ist die am weitesten verbreitete Sprache in der Schweiz, gefolgt von Französisch und Italienisch. Schweizerdeutsch, das sich vom Standard-Hochdeutschen zum Teil erheblich unterscheidet *(siehe S. 287)*, ist eine Umgangssprache. Da sie zudem aus mehreren verschiedenen Dialekten besteht, sind unten nur die französischen und italienischen Übersetzungen der deutschen Ausdrücke wiedergegeben. Wichtige Begriffe des Schweizerdeutsch sind Äxgüsi (Entschuldigen Sie!), Grüezi (Guten Tag!) und Ufwiederluege (Auf Wiedersehen!).

Notfälle

Deutsch	Französisch	Italienisch
Hilfe!	Au secours!	Aiuto!
Halt!	Arrêtez!	Alt!
Holen Sie einen Arzt!	Appelez un médecin!	Chiami un medico!
Holen Sie einen Krankenwagen!	Appelez une ambulance!	Chiami una ambulanza!
Holen Sie die Polizei!	Appelez la police!	Chiami la polizia!
Holen Sie die Feuerwehr!	Appelez les pompiers!	Chiami i pompieri!
Wo finde ich ein Telefon?	Où y a-t-il un téléphone?	Dov'è il telefono?
Wo ist das Krankenhaus?	Où est l'hôpital?	Dov'è l'ospedale?

Grundwortschatz

Deutsch	Französisch	Italienisch
ja	oui	si
nein	non	no
bitte	s'il vous plaît	per favore
danke	merci	grazie
Entschuldigen Sie.	Excusez-moi.	Mi scusi.
Guten Tag!	Bonjour!	Buon giorno!
Auf Wiedersehen!	Au revoir!	Arrivederci!
Tschüss!	Salut!	Ciao!
hier	ici	qui
dort	là	la
Was?	quel/quelle?	quale?
Wo/Wohin?	où?	dove?

Nützliche Redewendungen

Deutsch	Französisch	Italienisch
Wo ist …?	Où est …?	Dov'è …?
Wo sind …?	Où sont …?	Dove sono …?
Sprechen Sie Deutsch?	Parlez-vous allemand?	Parla tedesco?
Sprechen Sie Englisch?	Parlez-vous anglais?	Parla inglese?
Ich verstehe.	Je comprends.	Capisco.
Ich verstehe nicht.	Je ne comprends pas.	Non capisco.
Es tut mir leid.	Je suis désolé.	Mi dispiace.
groß	grand	grande
klein	petit	piccolo
offen/geöffnet	ouvert	aperto
zu/geschlossen	fermé	chiuso
links	à gauche	a sinistra
rechts	à droite	a destra
in der Nähe	près	vicino
weit	loin	lontano
auf/oben	en haut	su
ab/unten	en bas	giù
früh	de bonne heure	presto
spät	en retard	tardi
Eingang	l'entrée	la entrata
Ausgang	la sortie	l'uscita
WC/Toilette	les toilettes/les WCs	il gabinetto

Telefonieren

Deutsch	Französisch	Italienisch
Ich möchte ein Ferngespräch führen.	Je voudrais faire un interurbain.	Vorrei fare una interurbana.
Ich möchte ein R-Gespräch führen.	Je voudrais faire une communication PCV.	Vorrei fare una telefonata a carico del destinatario.
Ich versuche es später noch einmal.	Je rapellerai plus tard.	Ritelefono più tardi.
Kann ich eine Nachricht hinterlassen?	Est-ce que je peux laisser un message?	Posso lasciare un messaggio?

Im Hotel

Haben Sie ein Zimmer frei?	Est-ce que vous avez une chambre libre?	Avete camere libere?
Doppelzimmer	chambre à deux	camera doppia
Doppelzimmer mit zwei Betten	une chambre à deux lits	una camera con due letti
Einzelzimmer	une chambre à une personne	una camera singola
mit Bad/Dusche	avec salle de bains/douche	con bagno/doccia
Wie viel kostet das Zimmer?	Combien coûte la chambre?	Quanto costa la camera?
Wo ist das Bad?	Où est la salle de bains?	Dov'è il bagno?
mit Frühstück	avec petit-déjeuner	con prima colazione
mit Halbpension	en demi-pension	mezza pensione
Schlafsaal	le dortoir	il dormitorio
Schlüssel	la clef	la chiave
Ich habe reserviert.	J'ai fait une réservation.	Ho fatto una prenotazione.

Sightseeing

Bus	l'autobus	autobus
Straßenbahn	le tramway	tram
Zug	le train	il treno
Bushaltestelle	la gare routière	la stazione d'autobus
Bahnhof	la gare	la stazione
Information	les renseignements	l'informazioni
Boot	le bateau	la barca
(Dampf-)Schiff	le bateau (à vapeur)	il battello (a vapore)
Schifffahrt	la navigation	la navigazione
Parkplatz	la place de stationnement	il parcheggio
Parkhaus	le parking	l'autosilo
(Miet-)Fahrrad	le vélo (de location)	la bicicletta (a noleggio)
Flughafen	l'aéroport	l'aeroporto
Bank	la banque	il banco
Kirche	l'église	la chiesa
Dom/Kathedrale	la cathédrale	il duomo
Hauptplatz	la place centrale	la piazza principale
Post	le bureau de poste	la posta
Tourismusbüro	l'office du tourisme	l'ente turistico

Zeit

Vormittag	le matin	la mattina
Nachmittag	l'après-midi	il pomeriggio
Abend	le soir	la sera
morgens	le matin	di mattina
nachmittags	l'après-midi	di pomeriggio
abends	le soir	di sera
gestern	hier	ieri
heute	aujourd'hui	oggi
morgen	demain	domani
Montag	lundi	lunedì
Dienstag	mardi	martedì
Mittwoch	mercredi	mercoledì
Donnerstag	jeudi	giovedì
Freitag	vendredi	venerdì
Samstag	samedi	sabato
Sonntag	dimanche	domenica

Shopping

Wie viel kostet das?	C'est combien, s'il vous plaît?	Quant'è, per favore?
Ich hätte gern …	Je voudrais …	Vorrei …
Haben Sie …?	Est-ce que vous avez …?	Avete …?
teuer	cher	caro
preiswert	pas cher/bon marché	a buon prezzo
Bank	la banque	la banca
Buchhandlung	la librairie	la libreria
Apotheke	la pharmacie	la farmacia
Friseur	le coiffeur	il parrucchiere
Markt	le marché	il mercato
Zeitungskiosk	le magasin de journaux	l'edicola
Reisebüro	l'agence de voyages	l'agenzia di viaggi

Im Restaurant

Haben Sie einen Tisch für …?	Avez-vous une table pour …?	Avete una tavola per …?
Zahlen, bitte.	L'addition, s'il vous plaît.	Il conto, per favore.
Ich bin Vegetarier.	Je suis végétarien/ne.	Sono vegetariano/a.
Ober	Madame/Mademoiselle/Monsieur	cameriera/cameriere
Speisekarte	le menu/la carte	il menù
Weinkarte	la carte des vins	la lista dei vini
Frühstück	le petit déjeuner	la prima colazione
Mittagessen	le déjeuner	il pranzo
Abendessen	le dîner	la cena

Auf der Speisekarte

Artischocken	les artichauts	i carciofi
Bohnen	les haricots	i fagioli
Brot	le pain	il pane
Ei	l'œuf	l'uovo
Eis	la glace	il gelato
Ente	le canard	l'anatra
Fenchel	le fenouil	il finocchio
Fisch	le poisson	il pesce
Fleisch	la viande	la carne
Garnelen	les crevettes	i gamberetti
gebacken	cuit au four	al forno
gebraten	rôti	arrosto
gekocht	cuit	lesso
Gemüse	les légumes	i contorni
vom Grill	grillé	alla griglia
Hähnchen	le poulet	il pollo
Hummer	le homard	il gambero
Kaffee	le café	il caffè
Kartoffeln	les pommes de terre	le patate
Käse	le fromage	il formaggio
Knoblauch	l'ail	l'aglio
Knödel	la boulette	il gnocco
Kuchen	le gâteau	la torta
Lamm	l'agneau	l'agnello
Leber	le foie	il fegato
Meeresfrüchte	les fruits de mer	i frutti di mare
Milch	le lait	il latte
Mineralwasser	l'eau minérale	l'acqua minerale
Obst	le fruit frais	la frutta
Pfeffer	le poivre	il pepe
Pommes frites	les frites	le patate fritte
Reis	le riz	il riso
Rindfleisch	le bœuf	il manzo
Rotwein	le vin rouge	il vino rosso
Sahne	la crème	la panna
Salz	le sel	il sale
Schaltiere	les crustacés	i frutti di mare
Schinken	le jambon	il prosciutto
Schokolade	le chocolat	il cioccolato
Schweinefleisch	le porc	carne di maiale
Spinat	les épinards	i spinaci
Steak	le bifteck/le steak	la bistecca
Suppe	le potage	la zuppa
Tee	le thé	il tè
Thunfisch	le thon	il tonno
Tomate	la tomate	il pomodoro
Weißwein	le vin blanc	il vino bianco
Wurst	la saucisse	la salsiccia
Zitrone	le citron	il limone
Zucker	le sucre	lo zucchero
Zwiebel	l'oignon	la cipolla

Vis-à-Vis

VIS-À-VIS-REISEFÜHRER

Ägypten • Alaska • Amsterdam • Apulien • Argentinien • Australien • Bali & Lombok • Baltikum • Barcelona & Katalonien • Beijing & Shanghai • Belgien & Luxemburg • Berlin • Bodensee • Bologna & Emilia-Romagna • Brasilien • Bretagne • Brüssel • Budapest • Chicago • Chile • China • Costa Rica • Dänemark • Danzig • Delhi, Agra & Jaipur • Deutschland • Dresden • Dublin • Florenz & Toskana • Florida • Frankreich • Gardasee • Gran Canaria • Griechenland • Großbritannien • Hamburg • Hawaii • Indien • Irland • Istanbul • Italien • Italienische Riviera • Japan • Jerusalem • Kalifornien • Kambodscha & Laos • Kanada • Karibik • Kenia • Korsika • Krakau • Kreta • Kroatien • Kuba • Las Vegas • Lissabon • Loire-Tal • London • Madrid • Mailand • Malaysia & Singapur • Mallorca • Marokko • Mexiko • Moskau • München & Südbayern • Myanmar • Neapel • Neuengland • Neuseeland • New Orleans • New York • Niederlande • Nordspanien • Norwegen • Österreich • Paris • Peru • Polen • Portugal • Prag • Provence & Côte d'Azur • Rom • San Francisco • St. Petersburg • Sardinien • Schottland • Schweden • Schweiz • Sevilla & Andalusien • Sizilien • Slowenien • Spanien • Sri Lanka • Stockholm • Straßburg & Elsass • Südafrika • Südengland • Südtirol • Südwestfrankreich • Teneriffa • Thailand • Thailand – Strände & Inseln • Tokyo • Tschechien & Slowakei • Türkei • Umbrien • USA • USA Nordwesten & Vancouver • USA Südwesten & Las Vegas • Venedig & Veneto • Vietnam & Angkor • Washington, DC • Wien • Zypern

www.dorlingkindersley.de

Vis-à-Vis

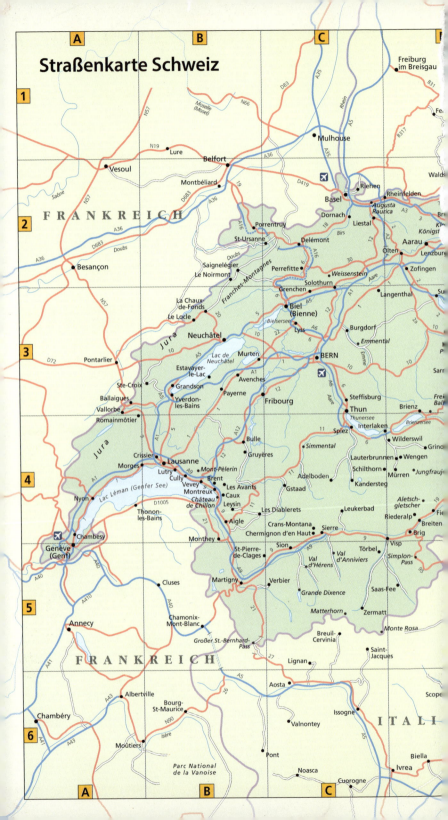